LA
GUÍA COMPLETA

DE
PROFECÍAS BÍBLICAS

LA
GUÍA COMPLETA

DE
PROFECÍAS BÍBLICAS

STEPHEN M. MILLER

inspiración para la vida
CASA PROMESA
Una división de Barbour Publishing, Inc.

Este no es el libro sobre profecías bíblicas de su padre.

Bueno, en realidad, si su padre se lo prestó, entonces es de él.

Pero esa es la cuestión.

La metáfora es clara: no es simplemente otro libro sobre profecías bíblicas como los publicados en otras décadas. ¿O acaso va a tomar al pie de la letra lo que digo?

Este es el problema cada vez que intentamos entender las profecías de la Biblia. ¡Por Dios! Muchas se escribieron en forma de poesía. ¿Debemos tomarlas de manera literal?

La rosa es roja.
La violeta es azul.
El azúcar es dulce.
Pero más dulce eres tú. [v.d.t.]

Para ser honestos... un tanto agria.

Quizás más de la cuenta, en un mal día.

Crecí en una época y en un lugar donde las personas estaban demasiado entusiasmadas con las profecías. Un entusiasmo muy exagerado. Recuerdo los gráficos y las líneas del tiempo en las escuelas dominicales. Recuerdo los meticulosos esquemas sobre cómo se desenvolverían los acontecimientos en el planeta Tierra.

Pero hasta ahora, de nada han servido.

Nada ocurrió.

Por eso quiero ser muy directo sobre cómo abordaré las profecías de la Biblia. Y quiero explicar por qué.

Primero el porqué.

1. Ya he tenido suficiente. Estoy hastiado de especialistas sobre el fin de los tiempos que cuentan cómo sucederán las cosas. Parece ser que lo único que aciertan es en los desaciertos. Ya no les creo más. Hasta una gitana leería en la borra del té lo mismo que ellos leen en pasajes bíblicos llenos de simbolismo.

Y pido disculpas si alguna gitana se ofende porque la comparo con un especialista sobre el fin de los tiempos.

2. Hasta Daniel estaba perplejo. El profeta Daniel tuvo impresionantes visiones sobre el fin de los tiempos; pero cuando tuvo que interpretarlas, le fue imposible.

Daniel, que era un profeta muy listo, fue consejero de reyes en dos imperios: Babilonia y Persia. Pero de todos modos no tuvo la lucidez suficiente como para interpretar sus propias visiones. Tuvo que descender el ángel Gabriel para explicárselas.

Apareciendo súbitamente, Gabriel dijo: "Debes comprender que los sucesos que has visto en tu visión tienen que ver con el tiempo del fin" (Daniel 8:17).

Daniel se desmayó. Quedó tendido, el rostro contra el suelo. Espero que si alguna vez Gabriel viene a explicarme algo, que me avise antes por mensaje de texto.

Si un profeta, sabio o intérprete de sueños como Daniel no pudo siquiera interpretar sus propias visiones del futuro, ¿por qué habría yo de confiar en algún predicador que pretende tener una respuesta para todo?

3. Especular sobre el fin del mundo es una inútil pérdida de tiempo.

Pero no lo es para algunos especialistas en el fin de los tiempos que pregonan sus teorías. Es un negocio rentable para ellos.

Pero no puedo pasar por alto lo que el apóstol Pablo les dijo a los de Tesalónica, una ciudad en la actual Grecia. Los tesalonicenses estaban obsesionados con la segunda venida, y Pablo les dijo que siguieran adelante con sus vidas. Algunos habían renunciado a sus empleos como si lo último que Jesús hubiese dicho antes de ascender al cielo fuese: "Relájense".

Jesús no deseaba que sus seguidores se obsesionaran con su regreso. Instantes después de que Jesús abandonó este planeta, un ángel se apareció a los discípulos y les habló así: "¿Por qué están aquí parados, mirando al cielo?" (Hechos 1:11).

Jesús no instruyó a sus discípulos a que esperaran el fin del mundo.

Les ordenó que llevaran el mensaje hasta los lugares más lejanos de la tierra (Hechos 1:8). Este pedido que Jesús les hizo se conoce como "la gran comisión".

Éste es el punto. Este libro no me hará rico.

Si quisiera volverme rico con este libro, estos serían los dos pasos que bailaría para usted:

Paso uno: Haría publicar anuncios junto a profecías bíblicas imposibles de pasar por alto y diría: "¿Ven? Esto lo predijo la Biblia".

Paso dos: Haría publicar anuncios acerca de corceles que golpean sus cascos, naciones golpeadas y líderes agitadores. Después divulgaría esas historias junto con profecías bíblicas que siguen más o menos el mismo tema y que se refieren a un futuro desastre. Todo lo que haría entonces sería sacar conclusiones, como un escritor de ficción intentando cerrar una historia. Les pondría nombres a los corceles. ¿Qué le parece la guerra nuclear? Identificaría las naciones. Por ejemplo, Israel, Rusia y China. Y en cuanto a líderes agitadores, azuzaría el nido de víboras y prestaría atención... pues siempre están merodeando. Después lanzaría un nombre y de algún modo lo vincularía con el anticristo. ¿Acaso podría una víbora en el pasto ser el embajador del anticristo?

El punto es que yo no escribo ficción.

Me eduqué como periodista. Para mí, la Biblia es lo que da la primicia exclusiva.

Así es, entonces, cómo abordaré este libro.

Hablaré de las profecías de la Biblia como si fuesen las noticias.

En vez de decirle a usted lo que debe creer, le diré lo que los expertos bíblicos dicen creer. Y le explicaré por qué dicen que lo creen. (En realidad, no sabemos lo que creen. No podemos leer las mentes de los demás. Sólo conocemos aquello que ellos dicen creer. Aprendí esto de una de mis primeras clases de periodismo. Muchas gracias, Kent State University).

Prepárese. Estos eruditos y eruditas no suelen ponerse de acuerdo entre sí. Quizás estén de acuerdo con que blanco es blanco y negro es negro, pero no espere que se pongan de acuerdo con cuál es el camino hacia Roma.

He hecho lo mejor posible para reproducir las opiniones de una vasta gama de eruditos bíblicos, desde los más tradicionales hasta los no tan tradicionales.

Y una última advertencia.

Si usted es como yo, sentirá algo así como un mareo una vez que finalice la sección sobre el Apocalipsis. Mareo, no a causa de una posesión demoníaca, sino gracias a sus expertos conocimientos bíblicos, de los cuales algunos dirán que son la misma cosa. Pero no es mi caso. Me agradan los eruditos bíblicos.

Sin embargo, hay tantas teorías sobre el significado de una profecía, sobre todo aquellas que tienen que ver con el fin de los tiempos, que suele producir cierto mareo.

Si esto es lo que le sucede, me gustaría decirle algo. Tiene mi autorización para ir al final del libro. Esto es algo que ningún escritor de ficción se atrevería a decir. Lea, entonces, el último párrafo. Está en la página 344.

Quizás le ayude a sentirse mejor para afrontar lo que viene.

Una palabra de agradecimiento

Una vez discutí con un gerente de producción.

La discusión era sobre los créditos de una revista que yo editaba. El gerente no quería que yo mencionara los nombres de las personas que habían contribuido.

"¿No le fastidia tener que leer todos esos créditos al final de una película?" me preguntó.

"Si la película es buena —le dije en una de las pocas discusiones en las que salí airoso— me gusta leer los créditos. Quiero conocer los nombres de las personas que hicieron ese maravilloso trabajo".

He aquí algunas de las personas que contribuyeron a que este libro saliera a la luz.

Mi esposa Linda A. Miller. Ella es enfermera, lo que me permite trabajar tiempo completo como escritor independiente —aunque ello signifique que esté siempre al borde del desempleo. Nuestros hijos, Becca y Brad, que crecieron y abandonaron el nido. El silencio adicional es de mucha ayuda, también. Pero en realidad prefiero el bullicio. Y el desorden, Brad. De veras.

Paul K. Muckley, editor de Barbour. Me guía con mucha amabilidad durante el proceso de edición.

Steve Laube, mi agente. Me guía con mucha amabilidad durante el contrato.

Catherine Thompson, diseñadora editorial de Barbour. Ve visiones que muchos otros no ven. Y luego las vuelca en libros, algunos de los cuales llevan mi nombre.

Donna Maltese, correctora y revisora, con tanta precisión por los detalles que hasta creo que es un cíborg.

Kelly Williams, Annie Tipton, Ashley Casteel y Ashley Schrock, quienes contribuyeron en el proceso de edición y producción.

Dios los bendiga a todos ellos.

Y Dios lo bendiga a usted al leer este libro, y sobre todo al leer Su libro.

Steve

Stephen M. Miller
StephenMillerBooks.com

EVALÚE SUS CONOCIMIENTOS SOBRE PROFECÍAS BÍBLICAS

Si esto fuese una clase sobre profecías bíblicas, esto que le muestro podría ser una evaluación de conocimientos, es decir, una herramienta que les permitirá tanto a usted como al profesor establecer un punto de referencia sobre lo que usted cree saber.

Pero esto no es más que un libro. La evaluación le permitirá saciar su curiosidad natural.

Esta evaluación formula algunas de las preguntas más importantes que la gente se hace cuando de profecías se trata. Las respuestas, que están al pie de la página, lo llevarán a las secciones del libro que abordan cada tema. Satisfacción inmediata. ¿A quién no le agrada?

Espero que, una vez que esté leyendo este libro, pueda disfrutar recorriendo sus páginas.

VERDADERO O FALSO

1. La tarea principal de un profeta bíblico consistía en predecir el futuro.

2. Quienes en la actualidad se dicen profetas se ajustan a la descripción que proporciona la Biblia solamente si Dios les habla a ellos en visiones, en sueños o en persona.

3. Posiblemente los profetas creían que muchas de sus predicciones se referían al futuro lejano y que no se limitaban solamente a la generación del profeta.

4. Las predicciones de los profetas de Dios eran siempre correctas, ya que la exactitud total era la señal de un verdadero profeta.

5. En algunas profecías bíblicas, *Babilonia* era una palabra en código que simbolizaba al Imperio romano, ya que los romanos, al igual que los babilonios, destruyeron Jerusalén y el Templo.

6. La palabra *infierno* en la Biblia casi siempre es la traducción de una palabra hebrea que se refiere a un valle en donde hoy se emplaza Jerusalén.

7. Muchos expertos bíblicos respetables enseñan que el autor del Apocalipsis utilizaba códigos para no referirse al futuro sino al pasado, es decir, al sufrimiento de judíos y cristianos en su época.

8. La marca de la bestia, el 666, es el número que se obtiene al sumar las letras del nombre del emperador Nerón tal como aparecía en las monedas romanas. (Las letras de los antiguos tenían equivalentes numéricos).

9. La visión que Juan tuvo de la nueva Jerusalén, de la que muchos dicen es el cielo, tiene forma de un cubo de aproximadamente la mitad de las dimensiones de la Luna.

10. Las descripciones del fin del mundo coinciden con algunas de las teorías científicas más populares sobre cómo terminará el mundo.

1. Falso (Ver "¿Qué es exactamente un profeta?" página 12) 2. Verdadero (Ver "¿Tiene Dios profetas en la actualidad?" página 14) 3. Falso (Ver "¡Isaías tenía un escritor fantasma?" (página 76) 4. Falso (Ver el capítulo "¿Hubo algún profeta que erró su predicción?" (página 36) 5. Verdadero (Ver "Primera bestia: el Imperio romano", página 274) 6. Verdadero (Ver "El problema con el infierno", página 328) 7. Verdadero (Ver "¿El Apocalipsis es historia, profecía o ninguna de las dos?" página 228) 8. Verdadero (Ver "Segunda bestia: Nerón", página 275) 9. Verdadero (Ver "La nueva Jerusalén: Las características", página 335) 10. Verdadero (Ver "Cuando Dios apague la luz", página 340)

LAS PREGUNTAS MÁS FRECUENTES SOBRE LOS PROFETAS

Niño judío en Nueva York con su *talit*, o chal de oración, 1911.

Profetas que desafían un perfil. Dios eligió personalmente a sus profetas para transmitir sus mensajes al pueblo judío y a las naciones extranjeras. Los profetas, que consistían en un grupo muy diverso de personas, incluyeron al menos a un niño, Jeremías, que quizás no era mucho mayor que este niño judío con su libro de oración (arriba a la derecha). También hubo mujeres que sirvieron como profetas, como Débora, a quien se considera uno de los jueces más famosos de Israel en la era de Sansón y Gedeón. Pero la mayoría fueron hombres. Algunos sirvieron durante un breve tiempo, como Amós. Otros sirvieron durante la mayor parte de su vida adulta, como por ejemplo Isaías, que profetizó durante cuarenta años.

¿QUÉ ES EXACTAMENTE UN PROFETA?

Entonces EL SEÑOR *me dijo [a Moisés], "...Levantaré un profeta como tú de entre sus hermanos israelitas. Pondré mis palabras en su boca, y él dirá al pueblo todo lo que yo le ordene".*

DEUTERONOMIO 18:17-18

En tiempos bíblicos, algunas personas escuchaban a Dios. Algunos hablaban con Él. Los profetas eran quienes escuchaban. Los sacerdotes, quienes hablaban. Los sacerdotes tomaban los pedidos que la gente le hacía a Dios y le pedían que los perdonara, los sanara o los bendijera, según lo que pedía el adorador, trayendo un sacrificio adecuado.

Según cómo caía la moneda, si los sacerdotes eran cara, los profetas eran cruz. Los profetas llevaban los pedidos que Dios les hacía a las personas:

Después oí que el Señor preguntaba: "¿A quíen enviaré como mensajero a este pueblo? ¿Quién irá por nosotros?" —Aquí estoy yo —le dije—. Envíame a mí.

Isaías 6:8

Luego el Señor *extendió su mano, tocó mi boca y dijo: "¡Mira, he puesto mis palabras en tu boca! Hoy te doy autoridad para que hagas frente a naciones y reinos".*

Jeremías 1:9–10

¿Qué tipo de personas eligió Dios como profetas?

No tenían un perfil muy prolijo, como lo tenían los sacerdotes. Los sacerdotes legítimos eran descendientes de Aarón, hermano mayor de Moisés. Debían cumplir ciertos requisitos morales y físicos: no les era permitido rasurarse la barba, casarse con una mujer divorciada ni tener algún defecto físico visible, como por ejemplo la ceguera (Levítico 21).

No obstante, los profetas parecían tener algo en común: Dios los había elegido personalmente. Algunos fueron adinerados consejeros de reyes; otros eran pobres. Si bien hubo mujeres entre los profetas, la mayoría eran hombres.

Los profetas, de orígenes muy diversos, incluían a:

- **Un hombre que se casó con una prostituta.** Dios le pidió que la tomara por mujer. "Ve y cásate con una prostituta, de modo que algunos de los hijos de ella sean concebidos en prostitución. Esto ilustrará cómo Israel se ha comportado como una prostituta, al volverse en contra del Señor y al rendir culto a otros dioses" (Oseas 1:2).

- **Un granjero.** Dios lo convocó para un deber temporario: "No soy profeta profesional ni fui entrenado para serlo. No soy más que un pastor de ovejas y cultivador de las higueras sicómoros. Sin embargo el Señor me llamó y me apartó de mi rebaño y me dijo: 'Ve y profetiza a mi pueblo en Israel'" (Amos 7:14–15).

ESTADÍSTICASPROFÉTICAS

Más de una cuarta parte de la Biblia es profecía: advertencias, promesas y predicciones.

Esto abarca más de 8,000 de los aproximadamente 31,000 versículos bíblicos.

Pero la Biblia no se redactó con capítulos y versículos. Stephen Langton, erudito de París, dividió la Biblia en capítulos en el siglo XIII para poder hallar más fácilmente un pasaje cualquiera.

Doscientos años más tarde, el rabino Isaac Nathan dividió en versículos la Biblia judía, que los cristianos conocemos como Antiguo Testamento.

Un siglo después, en 1551, el erudito parisino Robert Estienne publicó el Nuevo Testamento dividido en capítulos y versículos. Justo a tiempo para la aparición de la famosa versión King James de la Biblia, que se publicó sesenta años después, en 1611.

- **Un joven.** Los expertos bíblicos dicen que la palabra hebrea utilizada para describir a Jeremías como "joven" indica que posiblemente fuese apenas un adolescente: "'Oh Soberano SEÑOR,' respondí, '¡No puedo hablar por ti! ¡Soy demasiado joven!'. 'No digas: *Soy demasiado joven*', me contestó el SEÑOR, 'porque debes ir dondequiera que te mande y decir todo lo que te diga'" (Jeremías 1:6–7).

Al igual que los traductores de hoy, los profetas tenían la misión de transmitir el mensaje de otro: el mensaje de Dios. A veces, el mensaje traía promesas de esperanza. Pero muy a menudo, el mensaje advertía a la gente sobre los problemas que sobrevendrían a menos que cambiaran algunas cosas.

Los profetas animaban a los judíos a que honraran la antigua promesa de servir a Dios en respuesta a sus bendiciones. Si la gente se negaba, los profetas les advertían que sufrirían las consecuencias escritas en su pacto con Dios: enfermedad, hambruna y, finalmente, invasiones, derrota y exilio de su patria (Deuteronomio 29).

¿DIOS TIENE PROFETAS EN LA ACTUALIDAD?

Es posible, aunque es difícil estar seguros.

Algunos ministros se hacen llamar profetas e insisten en que hablan la palabra de Dios cada vez que predican sobre la Biblia. Algunos finalizan sus sermones diciendo: "Es palabra del Señor", una frase que más bien se recita después de leer en voz alta la Biblia en un servicio de adoración. Se parece mucho a la frase que algunos profetas bíblicos utilizaron para comenzar su mensaje: "¡Escucha la palabra del SEÑOR, oh pueblo de Israel!" (Oseas 4:1).

La diferencia entre los profetas de la Biblia y los predicadores de la actualidad es que los profetas recibían el mensaje de primera mano. Los mensajes que transmitían provenían directamente de Dios, muy a menudo por visiones y sueños vívidos.

Algunos eruditos cristianos opinan que, como ya tenemos la Biblia, que contiene todo lo que la gente necesita saber acerca de Dios y la Salvación, ya no hay tanta necesidad de profetas como la hubo en tiempos antiguos.

¿QUIÉNES ERAN LOS PROFETAS?

Nunca más hubo en Israel un profeta como Moisés, que hablara CON DIOS cara a cara… Nunca nadie tuvo más poder que Moisés, ni pudo imitar las grandes cosas que los israelitas le vieron hacer.

DEUTERONOMIO 34:10, 12 TLA

Moisés fue el primero en la Biblia en actuar como uno de los profetas de Dios transmitiendo sus palabras a la gente. Pero no fue el primero del que se tenga noticias.

El primero en la lista fue un hombre que no fue exactamente un profeta; era algo así como una gallina con el instinto de supervivencia de una zarigüeya. ¿Su nombre? Abraham, cuya fama posterior fue gracias a su inquebrantable fe en Dios. Pero a la sazón, Abraham se hallaba apacentando sus rebaños en una región gobernada por el rey Abimelec de Gerar, a unas 45 millas (72 kilómetros) al sur de Jerusalén.

Abraham temía que el rey pusiera sus ojos en Sara, su esposa, y que por desearla tanto terminara matándolo. Si el libro de Génesis narra la historia de Abraham en orden cronológico, Sara tendría entonces 90 años para esa época, y aparentemente era tan atractiva que cualquiera podría perder la vida por ella. Y aunque el relato fuese una escena retrospectiva, en tal caso Sara tendría al menos 66 años. Esa era su edad cuando ella y su esposo se mudaron a lo que es hoy Israel. Habían vivido en la región que hoy es Irak y Siria.

Abraham le dijo al rey que Sara era su hermana. Una verdad a medias. Era su media hermana pues tenían el mismo padre pero distintas madres. Pero era ciento por ciento su esposa.

Parecía que Abraham, con toda justicia, temía al rey. Abimelec decidió que Sara sería la nueva belleza madura de su harén. Pero antes de que él durmiera con ella, Dios le envió una advertencia en un sueño muy vívido: "Eres hombre muerto, porque esa mujer que has tomado, ¡ya está casada!... Ahora devuelve esa mujer a su esposo; y él orará por ti, porque es profeta. Entonces vivirás; pero si no la devuelves, puedes estar seguro de que tú y todo tu pueblo morirán" (Génesis 20:3, 7).

Final feliz. Abraham recuperó a su chica. Abimelec y su pueblo recuperaron la oportunidad de seguir con vida.

Esta es la primera vez que la Biblia habla de un profeta. Pero esta función de Abraham de orar a Dios para salvar la vida del rey es más bien la del sacerdote. No obstante, Dios mismo llamó profeta a Abraham.

CONTANDO LOS PROFETAS

Cuente todos los profetas de la Biblia, de Génesis a Apocalipsis. Sólo hallará algunos, aproximadamente cuarenta notables que abarcan dos mil años de historia desde Abraham, el primer profeta de la Biblia, hasta Juan, el último, el escritor del Apocalipsis.

Esto da un promedio de, al menos, un profeta destacado cada cincuenta años.

Parece más que suficiente: más o menos un profeta por generación. Pero los nombres y los números son engañosos. Hubo largos intervalos entre algunos de estos notables, quizás setecientos años entre el primero, Abraham, y el segundo, Moisés. Y alrededor de cuatrocientos años entre Malaquías, el último profeta del Antiguo Testamento, y la primera profetisa en el Nuevo Testamento: una mujer llamada Ana, que estuvo en la presentación de Jesús en el Templo. Podríamos decir que, por momentos, hubo sequía de profetas.

Por otra parte, parecía que algunas generaciones que corrían un peligro poco habitual tenían profetas de sobra. En una línea del tiempo, los profetas más eminentes se concentran en tres fechas clave:

- **930 a.C.** La nación de Israel se divide en dos: En el norte, Israel; en el sur, Judá.

- **722 a.C.** Invasores asirios de la actual Irak borran del mapa a la nación judía del norte, Israel, y envían al exilio a sus sobrevivientes de más influencia. Los asirios vuelven a poblar la tierra con sus propios pioneros, quienes se casan con los judíos que habían quedado; a sus hijos se los conoce como samaritanos, una raza a la cual los judíos de sangre pura llegaron a detestar.

- **586 a.C.** Invasores babilonios, es decir, los antiguos iraquíes, derrotaron a los asirios y borraron del mapa a la nación judía del sur, Judá; también arrasaron Jerusalén y mandaron al exilio a la mayoría de sus sobrevivientes.

Los profetas a lo largo de los siglos. La mayoría de los profetas que descollaron lo suficiente como para figurar en la Biblia se agrupan alrededor de sucesos muy importantes en la historia judía y de la cristiandad: el Éxodo que libró a los judíos de la esclavitud en Egipto, una disputa interna que terminó dividiendo a la nación judía en dos, la caída de ambas naciones a manos de sus conquistadores, y la muerte de Jesús.

Gad

Natán

Miriam

Saúl

Aarón

Abraham

Moisés

Débora   Samuel

2100

1400

1100   1000

a.C.

aprox. 1400 Éxodo - salida de Egipto

Joel, fecha desconocida

Algunos ubican el Éxodo hacia el 1200 a.C.
Foto: Valle de Armagedón (Valle de Jezreel)

De repente, la tierra que Dios le había prometido a los descendientes de Abraham estaba en manos de pueblos paganos.

Los judíos no pudieron alegar que no estaban avisados. La mayoría de los profetas que le dan su nombre a algunos libros de la Biblia fueron enviados por Dios para ese mismo propósito.

Los profetas les advirtieron a los judíos que si no honraban el pacto que sus ancestros habían hecho con Dios, es decir, obedecer sus leyes y adorarle solamente a Él, Dios no cumpliría su parte: darles protección y bendición. Peor aún, Dios haría uso de la cláusula de penalización y desataría sobre los judíos hambruna, enfermedad y exilio. "Vayas donde vayas y en todo lo que hagas serás maldito" (Deuteronomio 28:19).

No fueron pocos los profetas que repetían una y otra vez lo mismo. Fueron cientos, quizás miles. Según la tradición judía, que pasó de boca en boca, hubo cientos de miles de profetas, hombres y mujeres.

Si bien la Biblia menciona apenas unos cuarenta profetas, sí habla de grupos de profetas que aparecen en distintas épocas en la historia de Israel:

[*Dios a Samuel,*] "*Encontrarás a un grupo de profetas que desciende del lugar de adoración. Estarán tocando un arpa, una pandereta, una flauta y una lira, y estarán profetizando*". 1 SAMUEL 10:5

(Cierta vez, cuando Jezabel intentaba matar a todos los profetas del SEÑOR, Abdías escondió a cien de ellos en dos cuevas; metió a cincuenta profetas en cada cueva y les dio comida y agua). 1 REYES 18:4

Cincuenta hombres del grupo de profetas también fueron y observaron de lejos cuando Elías y Eliseo se detuvieron junto al río Jordán. Luego Elías dobló su manto y con él golpeó el agua. ¡El río se dividió en dos y ambos cruzaron sobre tierra seca! 2 REYES 2:7-8

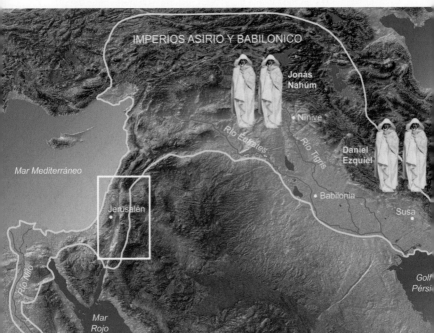

Ubicando a los profetas en su lugar. La mayoría de los profetas que les dan su nombre a los libros de la Biblia predicaron en Judá, la nación judía del sur. Oseas y Amós, en cambio, predicaron en Israel, la nación judía del norte, junto con Elías y Eliseo. Jonás llevó en persona su profecía a Nínive, la capital de Asiria, cerca de la actual Mosul en Irak. Más tarde, Nahúm predijo la caída de Nínive. Daniel y Ezequiel predicaron entre los exiliados judíos en Babilonia, en la actual Irak. Más tarde, Daniel sirvió en Susa, la capital del Imperio persa, lo que es hoy Irán.

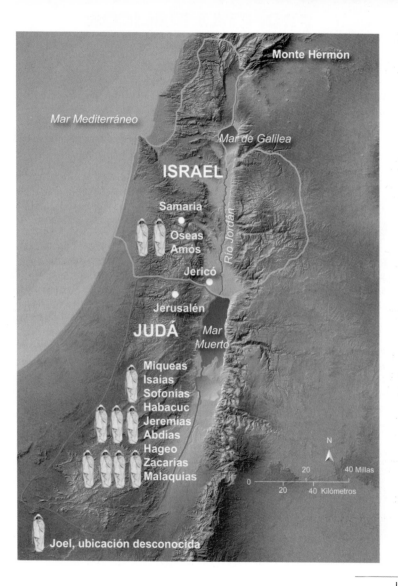

Monte Hermón

Mar Mediterráneo

Mar de Galilea

ISRAEL

Samaria

Oseas
Amós

Río Jordán

Jericó

Jerusalén

JUDÁ   Mar
Muerto

Miqueas
Isaías
Sofonías
Habacuc
Jeremías
Abdías
Hageo
Zacarías
Malaquías

N

0   20   40 Millas

0   20   40 Kilómetros

Joel, ubicación desconocida

PROFETAS BÍBLICOS: BREVE CURSO

Profeta: Aarón
Acreditado en: Éxodo 7:1
Suceso: Llevó el mensaje de Dios a los judíos durante la vuelta a su patria de su esclavitud en Egipto.

Profeta: Abraham
Acreditado en: Génesis 20:7
Suceso: Oró a Dios para que no mueran un rey y toda su familia.

Profeta: Ágabo
Acreditado en: Hechos 21:10
Suceso: Predijo una hambruna en todo el Imperio romano y el arresto del apóstol Pablo.

Profeta: Ahías
Acreditado en: 1 Reyes 11:29
Suceso: Le advirtió a Jeroboam que Dios dividiría en dos la nación y le daría el reino del norte (Israel) a Jeroboam y al hijo de Salomón solamente el reino del sur (Judá)

Profeta: Amós
Acreditado en: Amós 1:1
Suceso: Advirtió a Israel de una invasión inminente.

Profeta: Ana
Acreditado en: Lucas 2:36
Suceso: Ana, una viuda, vio al niño Jesús en su presentación en el Templo y difundió la nueva de que Dios había enviado a este niño para salvar al pueblo.

Profeta: Azarías
Acreditado en: 2 Crónicas 15:1
Suceso: Le prometió a Asa, rey de Judá, que Dios no lo abandonaría siempre y cuando él no dejara de lado a Dios.

Profeta: Daniel
Acreditado en: Daniel 7:1
Suceso: Daniel vio una visión de "alguien parecido a un hijo de hombre descender con las nubes del cielo", que muchos eruditos consideran es una visión de la segunda venida de Jesús.

Profeta: Débora
Acreditado en: Jueces 4:4
Suceso: Reunió al ejército de Israel para la batalla y ordenó atacar.

Profeta: Elías
Acreditado en: 1 Reyes 18:22
Suceso: Derrotó a los profetas y sacerdotes de la reina Jezabel en una contienda para hacer descender fuego del cielo y encender un altar para sacrificios. Después ordenó ejecutar a los falsos profetas y sacerdotes.

Profeta: Eliseo
Acreditado en: 1 Reyes 19:16
Suceso: Predijo que Jehú pondría fin a la dinastía de Acab y ungió a Jehú como rey.

Profeta: Ezequiel
Acreditado en: Ezequiel 1:3
Suceso: Predijo que Dios enviaría invasores a destruir la nación judía pero que más tarde Dios restauraría la nación.

Profeta: Gad
Acreditado en: 2 Samuel 24:11
Suceso: Le dio al rey David tres opciones de castigo por haber hecho un censo sin autorización: hambruna, plaga o guerra.

Profeta: Habacuc
Acreditado en: Habacuc 1:1
Suceso: Predijo una invasión que diezmaría a la nación de Judá.

Profeta: Hageo
Acreditado en: Hageo 1:1
Suceso: Prometió que si los judíos reconstruían el Templo de Jerusalén se acabaría la sequía.

Profeta: Oseas
Acreditado en: Oseas 1:1
Suceso: Llevó el mensaje de Dios que acusaba a los judíos de adulterio espiritual.

Profeta: Hulda
Acreditado en: 2 Reyes 22:14
Suceso: Esta mujer le afirmó a los funcionarios del rey Josías que las predicciones que habían leído en los rollos de Moisés finalmente ocurrirían: Jerusalén sería destruida.

Profeta: Iddo
Acreditado en: 2 Crónicas 9:29
Suceso: Autor de un libro perdido llamado *Las visiones de Iddo el vidente*.

Profeta: Isaías
Acreditado en: Isaías 6:8
Suceso: Predijo al rey Ezequías que Dios protegería a Jerusalén, que estaba rodeada por las fuerzas asirias.

Profeta: Jehú hijo de Hanani
Acreditado en: 1 Reyes 16:1
Suceso: Le advirtió al rey Baasa que Dios le quitaría la vida al rey y a su familia.

Profeta: Jeremías
Acreditado en: Jeremías 1:7
Suceso: Predijo y fue testigo de la caída de Jerusalén a manos de los invasores babilonios.

Profeta: Jesús
Acreditado en: Mateo 13:57
Suceso: Cumplió muchas profecías del Antiguo Testamento y muchas de sus propias profecías, entre ellas la de su ejecución.

Profeta: Joel
Acreditado en: Joel 1:1
Suceso: Utilizó una analogía con invasión de langostas para advertir sobre una invasión inminente.

Profeta: Juan
Acreditado en: Libro del Apocalipsis 1:1
Suceso: Vio visiones de Dios venciendo el pecado para siempre y al pueblo de Dios viviendo para siempre con el Señor.

Profeta: Juan el Bautista
Acreditado en: Mateo 3:3
Suceso: Anunció la llegada de Jesús como el Salvador enviado por Dios.

Profeta: Jonás
Acreditado en: Jonás 1:1
Suceso: Convenció a los ciudadanos de Nínive para que se arrepintieran.

Profeta: Judas
Acreditado en: Hechos 15:32
Suceso: Animó y fortaleció la fe de los creyentes gentiles en Antioquía, Siria.

Profeta: Malaquías
Acreditado en: Malaquías 1:1
Suceso: Les advirtió a los judíos que no era posible agradar a Dios solamente con los actos externos de la adoración.

Profeta: Miqueas
Acreditado en: Miqueas 1:1
Suceso: Les advirtió a las dos naciones judías que Dios las destruiría por sus injusticias y por su idolatría.

Profeta: Micaías
Acreditado en: 1 Reyes 22:6
Suceso: Les advirtió a los reyes judíos Acab y Josafat que su coalición perdería la batalla con Siria y que Acab moriría.

Profeta: Miriam
Acreditado en: Éxodo 15:20
Suceso: Transmitió mensajes durante el éxodo.

Profeta: Moisés
Acreditado en: Deuteronomio 34:10
Suceso: Dio los Diez Mandamientos y otras leyes a los judíos.

Profeta: Nahúm
Acreditado en: Nahúm 1:1
Suceso: Predijo que Dios destruiría el Imperio asirio por sus muchos pecados, entre ellos crímenes de guerra e idolatría.

Profeta: Natán
Acreditado en: 2 Samuel 7:2
Suceso: Confrontó al rey David sobre su relación adúltera con Betsabé.

Profeta: Abdías
Acreditado en: Abdías 1:1
Suceso: Anunció que Dios castigaría al país de Edom, en la moderna Jordania, por matar refugiados judíos.

Profeta: Obed
Acreditado en: 2 Crónicas 28:9
Suceso: Convenció a los soldados de Israel, la nación judía del norte, que liberara 200,000 cautivos después de librar una batalla con Judá, la nación judía del sur.

Profeta: Samuel
Acreditado en: 1 Samuel 3:20
Suceso: Predijo que David sería rey en lugar de Saúl.

Profeta: Saúl
Acreditado en: 1 Samuel 10:10
Suceso: Fue profeta por un tiempo.

Profeta: Semaías
Acreditado en: 2 Crónicas 12:5
Suceso: Le dijo al rey Roboam, hijo del rey Salomón, que Dios haría de Israel un súbdito de Egipto.

Profeta: Silas
Acreditado en: Hechos 15:32
Suceso: Animó y fortaleció la fe de los creyentes gentiles en Antioquía, Siria.

Profeta: Zacarías
Acreditado en: Zacarías 1:1
Suceso: Predijo que se volvería a construir el Templo de Jerusalén y que Israel volvería a ser una nación próspera.

Profeta: Sofonías
Acreditado en: Sofonías 1:1
Suceso: Predijo el fin de Judá y quizás del mundo.

Dulces sueños. Mientras descansaba en el camino, Jacob, el nieto de Abraham, tiene un sueño sobre una escalera al cielo y escucha a Dios repitiendo la promesa hecha a Abraham. Toda la tierra en lo que es hoy Israel les pertenecerían a Jacob y a sus descendientes. Dios solía comunicarse por medio de sueños cada vez que tenía un mensaje para alguien, fuese profeta o no.

¿CÓMO HABLÓ DIOS A LOS PROFETAS?

"Cuando yo, [EL SEÑOR], quiero decirles algo por medio de un profeta, le hablo a éste por medio de visiones y de sueños. Pero con Moisés, que es el más fiel de todos mis servidores, hablo cara a cara. A él le digo las cosas claramente, y dejo que me vea".

NÚMEROS 12:6-8 TLA

Cuando Dios tenía un mensaje para un profeta, la Biblia muestra que Él utilizaba variados métodos para comunicarse. El enfoque que parecía agradarle a Dios, y que encabeza esta lista de métodos, es uno del cual las personas de otras religiones decían que sus dioses también utilizaban:

LOS SUEÑOS

Durante los tiempos bíblicos, muchas culturas de Oriente Medio enseñaban que sus dioses hablaban a través de sueños. Los reyes de Egipto, Babilonia y Persia empleaban intérpretes para descifrar escenas crípticas de sus sueños. Dos judíos ascendieron a altos cargos pues interpretaron correctamente los sueños del rey: José en Egipto y Daniel en Babilonia y, más tarde, en Persia.

Los judíos piadosos, no obstante, no creían que los demás dioses pudieran hablarle a las personas. Creían que el único que tenía la capacidad de hablar en la escena onírica era el único y Todopoderoso Dios.

La Biblia señala que Dios habló a los profetas por medio de sueños:

> **LOS MÉTODOS FAVORITOS DE DIOS PARA CONTACTAR A SUS PROFETAS**
>
> Según la Biblia, Dios utilizó cuatro métodos principales para comunicarse con sus profetas:
> - sueños
> - visiones en estado como de trance
> - ángeles mensajeros
> - una voz celestial

Daniel tuvo un sueño y vio visiones mientras estaba en su cama.

DANIEL 7:1

"He oído a estos profetas decir: 'Escuchen el sueño que Dios me dio anoche'".

JEREMÍAS 23:25

Dios también habló a otros en sueños, tanto a quienes adoraban a Dios como a quienes no lo adoraban.

Entre aquellos que lo adoraban y que recibieron mensajes de Dios en sueños estaban:

Jacob. "Mientras dormía, soñó con una escalera que se extendía desde la tierra hasta el cielo... En la parte superior de la escalera estaba el Señor, quien le dijo: 'Yo soy el Señor, Dios de tu abuelo Abraham, y Dios de tu padre Isaac. La tierra en la que estás acostado te pertenece'". (Génesis 28:12–13).

El rey Salomón. "Esa noche el Señor se le apareció a Salomón en un sueño y Dios le dijo: '¿Qué es lo que quieres? ¡Pídeme, y yo te lo daré!'" (1 Reyes 3:5).

José, el esposo de María. "Después de que los sabios se fueron, un ángel del Señor se le apareció a José en un sueño. '¡Levántate! Huye a Egipto con el niño y su madre', dijo el ángel. 'Quédate allí hasta que yo te diga que regreses, porque Herodes buscará al niño para matarlo'" (Mateo 2:13).

Otros que claramente no adoraban a Dios y que aun así recibieron mensajes de Dios en sueños fueron:

Labán, el suegro de Jacob. "Dios se le había aparecido a Labán el arameo en un sueño y le había dicho: 'Te advierto que dejes en paz a Jacob'" (Génesis 31:24).

Los sabios de Oriente que vinieron a ver al niño Jesús. "Cuando llegó el momento de irse, volvieron a su tierra por otro camino, ya que Dios les advirtió en un sueño que no regresaran a Herodes" (Mateo 2:12).

La mujer de Pilato. "Deja en paz a ese hombre inocente [Jesús]. Anoche sufrí una pesadilla terrible con respecto a él" (Mateo 27:19).

Cómo distinguir entre un sueño divino y un sueño normal es algo que todos se preguntan. Quizás los sueños que provienen del cielo son especialmente vívidos y vienen sin aviso.

VISIONES

A veces los escritores bíblicos utilizaban la palabra *visión* simplemente como sinónimo de *sueño*, y a los sueños los llamaban "visiones nocturnas". Tal como lo describe uno de los amigos que fueron a consolar a Job, "[Dios] habla en sueños, en visiones nocturnas, cuando el sueño profundo cae sobre las personas mientras están acostadas" (Job 33:15).

Pero en otras historias, la palabra *visión* puede referirse también a una experiencia en trance o quizás una experiencia extracorporal.

El profeta Eliseo utilizó el suave sonido de un arpa para inducir lo que parece ser un trance. Cuando un rey buscó la dirección de Dios, el profeta Eliseo respondió: "'Ahora, tráiganme a alguien que sepa tocar el arpa'. Mientras tocaban el arpa, el poder del Señor vino sobre Eliseo" (2 Reyes 3:15).

Mientras defendía su función como líder de la iglesia, el apóstol Pablo les dijo a los cristianos de Grecia: "A mi pesar contaré acerca de visiones y revelaciones que provienen del Señor. Hace catorce años fui llevado hasta el tercer cielo. Si fue en mi cuerpo o fuera de mi cuerpo no lo sé; sólo Dios lo sabe" (2 Corintios 12:1–2).

ÁNGELES MENSAJEROS

Los ángeles no solo se le aparecieron en persona a Elías mientras huía de la reina Jezabel, quien había amenazado con matarlo. El ángel también le trajo provisiones celestiales: "Mientras dormía, un ángel lo tocó y le dijo: '¡Levántate y come!' Elías miró a su alrededor, y cerca de su cabeza había un poco de pan horneado sobre piedras calientes y un jarro de agua" (1 Reyes 19:5-6).

En otras oportunidades, los ángeles llevaban su mensaje en sueños y visiones. Un ángel se le apareció a José en sueños y le dijo: "José, hijo de David —le dijo el ángel—, no tengas miedo de recibir a María por esposa, porque el niño que lleva dentro de ella fue concebido por el Espíritu Santo" (Mateo 1:20).

Un ángel llamado Gabriel se le apareció una vez a Daniel. Es curioso que esta visión era para ayudarlo a Daniel a entender una visión anterior. "Vino luego [Gabriel] cerca de donde yo estaba; y con su venida me asombré, y me postré sobre mi rostro. Pero él me dijo: 'Entiende, hijo de hombre, porque la visión es para el tiempo del fin'" (Daniel 8:17 RVR1960).

LA VOZ DE DIOS

Como profeta, Moisés fue único en su género. Escuchó la voz de Dios y a veces vio manifestaciones del mismo Señor.

Cuando Dios se le apareció por primera vez para pedirle que volviera a Egipto para liberar a los judíos que estaban bajo esclavitud, Moisés estaba apacentando ovejas cerca del monte Sinaí. "Allí el ángel del SEÑOR se le apareció en un fuego ardiente, en medio de una zarza. Moisés se quedó mirando lleno de asombro porque aunque la zarza estaba envuelta en llamas, no se consumía... Cuando el SEÑOR vio que Moisés se acercaba para observar mejor, Dios lo llamó desde el medio de la zarza: ¡Moisés! ¡Moisés!" (Éxodo 3:2, 4).

Los judíos de la antigüedad sabían que la frase *el ángel del Señor* era una referencia a Dios mismo; del mismo modo que para muchos cristianos de la actualidad la frase *el Espíritu del Señor* lo es.

En otras ocasiones, Dios se le apareció a Moisés desde adentro de una nube o en un flameante pilar de fuego. Una vez Moisés le pidió a Dios poder verlo tal cual era: "Te suplico que me muestres tu gloriosa presencia" (Éxodo 33:18). Dios respondió: "No podrás ver directamente mi rostro, porque nadie puede verme y seguir con vida" (Éxodo 33:20). Pero Dios sí aceptó pasar al lado de Moisés. El Señor levantó su mano para cubrir su rostro del rostro del profeta mientras pasaba a su lado, pero le permitió a Moisés verlo de atrás.

Quizás otro ejemplo donde un profeta tuvo un contacto directo de esta clase con Dios fue cuando Jesús, desde el cielo, confrontó a Pablo, también conocido por su nombre hebreo Saulo. A la sazón, Pablo se dirigía a Damasco a arrestar a los judíos que divulgaban lo que él consideraba una herejía, pero que luego pasó a ser conocido como cristianismo.

"Una intensa luz del cielo brilló alrededor de mí. Caí al suelo y oí una voz que me decía: 'Saulo, Saulo, ¿por qué me persigues?'" (Hechos 22:6–7).

Algunos estudiosos de la Biblia se preguntan por qué Dios recurrió a métodos tan espectaculares para reclutar a Moisés y a Pablo. Pero la Biblia no lo explica. Supongo que fue porque ambos hombres desempeñarían funciones trascendentales en la historia del pueblo de Dios. Y ambos tenían sus motivos para no aceptar la oportunidad de ser parte del ministerio de Dios; quizás por esta razón Dios tuvo que torcerles un poco el brazo:

Moisés. Dios le ordenó que regresara a Egipto, donde se lo buscaba por homicidio (Éxodo 2:11–15; 3:10).

Pablo. Jesús le pidió intercambiar roles y unirse a aquellos a los que Pablo había arrestado para meterlos en la cárcel y para hacerlos ejecutar. Este cambio tan repentino lo haría parecer un traidor —lo cual ocurrió— y un blanco perfecto para la ejecución (Hechos 22:14–22).

A los dos les hacía falta una dosis de convencimiento adicional.

CÓMO LOS JUDÍOS Y GENTILES BUSCABAN A SUS DIOSES

Cuando los judíos querían consultar a Dios solían llevar su consulta a un profeta o al sumo sacerdote.

El sacerdote tenía una herramienta misteriosa "para determinar la voluntad del Señor para su pueblo" (Éxodo 28:30). Eran un par de objetos conocidos como "Urim y Tumim —el sorteo sagrado—" (Deuteronomio 33:8). Quizás se trataba de piedras o bloques de madera con marcas, que se arrojaban cual dados para que respondieran por sí o por no.

Los judíos creían que, como Dios estaba en control de su creación, la casualidad no existía. Es por eso que los discípulos eligieron al reemplazante de Judas echando suertes (Hechos 1:26). Los judíos imaginaban que Dios controlaba las suertes.

Cuando la gente de otras religiones deseaba tener un vistazo del futuro, o necesitaba una ayuda a la hora de tomar una decisión importante o buscaba una respuesta sobrenatural para una cuestión difícil, tenía varias opciones. Estas eran algunas de las más populares:

Consejos de los muertos. El fallecido profeta Samuel se aparece como espíritu y advierte al rey Saúl que perderá la batalla que pelearía al día siguiente. Y lo que es peor, le dice que Saúl y sus hijos se unirán a él antes del anochecer. En el antiguo Oriente Medio, los reyes solían consultar a los profetas antes de alguna batalla para conocer el resultado. Pero Saúl ya no tenía ningún profeta. Samuel había muerto; los ejércitos israelitas y filisteos aguardaban para destruirse el uno al otro al despuntar el alba, y en su desesperación, Saúl consultó a una médium para invocar el espíritu de Samuel, violando así la ley judía. Cuando apareció Samuel, la reacción de la médium demostró que ella era un fraude de pies a cabeza: "(La mujer) gritó" (1 Samuel 28:12).

- **Consultar adivinos.** Esto era ilegal según la ley judía: "Por ejemplo, jamás sacrifiques a tu hijo o a tu hija como una ofrenda quemada. Tampoco permitas que el pueblo practique la adivinación, ni la hechicería, ni que haga interpretación de agüeros, ni se mezcle en brujerías, ni haga conjuros; tampoco permitas que alguien se preste a actuar como médium o vidente, ni que invoque el espíritu de los muertos" (Deuteronomio 18:10–11).
- **Sacrificar un animal y buscar señales en el hígado.** Muchos creían que el hígado era de donde se originaba la sangre, y por ende la vida.
- **Arrojar objetos y ver en qué manera caían al suelo.** Los adivinos arrojaban palos, huesos o piedras.

Otros lugares comunes para buscar respuestas divinas incluían la astrología, el vuelo de las aves, hallar formas en una bola de cristal o leer las líneas de las palmas, una práctica que data de miles de años antes de Abraham, aproximadamente hacia el 3000 a.C.

PROFETAS GRIEGOS INHALANDO

Para cuando los profetas del Antiguo Testamento habían dejado de profetizar, aproximadamente cuatrocientos años antes de la llegada de Jesús, los profetas griegos del famoso oráculo de Delfos, que estaba ubicado en las montañas a unas 80 millas (130 kilómetros) al oeste de Atenas, inhalaban vapores misteriosos de una grieta en la tierra y transmitían mensajes de Apolo. Se creía que Apolo, hijo de Zeus, el dios principal de los griegos, predecía el futuro transmitiendo mensajes de su padre.

Más de una veintena de escritores griegos que vivieron en un lapso de muchos siglos, entre ellos algunos notables como Platón y Aristóteles, escribieron sobre el oráculo de Delfos. Plutarco (que vivó entre los años 46 y 120 de la era cristiana) había sido sacerdote de Delfos. Dijo que una profetisa conocida como Pyto, elegida entre respetables campesinos de la región, solía sentarse sobre la grieta e inhalar dulces vapores. Esto la llevaba a un estado de éxtasis frenético. Según Plutarco, la profetisa solía comportarse como un corredor entusiasmado después de haber ganado una carrera y danzaba alocadamente. En ese momento pronunciaba lo que Plutarco llamaba "palabras inspiradas" que no tenían sentido. Otros profetas instalados en el templo de Apolo interpretaban sus palabras.

Fragancia del cielo. Una profetisa se sienta sobre una grieta en la corteza terrestre en espera de noticias del dios griego Apolo. La profetisa está dentro del templo de Apolo, Grecia (a la derecha, las ruinas del templo). Este oráculo de Delfos era quizás el más famoso. Los vapores que emergían de la grieta inducían al éxtasis y hacían que los profetas y profetisas emitieran palabras ininteligibles; mientras tanto, otros profetas que estaban cerca traducían esas palabras.

El futuro en el hígado. Parece un juego de clavijas. Pero es el modelo en arcilla del hígado de una oveja, que un grupo selecto de sacerdotes babilonios usaban para predecir el futuro. El sacerdote o algún adorador que acudía al sacerdote hacía alguna pregunta sobre el futuro. Para lograr una respuesta, el sacerdote sacrificaba una oveja. Después extraería el hígado (ver foto pequeña) y buscaría alguna mancha y la compararía con el modelo, en el cual había notas grabadas sobre cómo interpretar las marcas en las distintas partes del hígado. Si el presagio era adverso, se cancelaban bodas o se rechazaban negocios. Este modelo data de los años 1900 a 1600 a.C., posterior a Abraham y anterior a Moisés. No obstante, los romanos todavía practicaban esta forma de adivinación dos mil años más tarde.

En los años noventa, un equipo de científicos, entre ellos un geólogo, un químico y un arqueólogo, investigó el lugar. Los científicos informaron que el lecho de roca de piedra caliza cubierta de petróleo tenía fallas, dos de las cuales cruzaban por debajo de las ruinas del templo de Apolo. Según su opinión, la fricción ocasionada por las fallas puede haber liberado vapores de etileno. Es un vapor con un olor algo dulce; en dosis pequeñas puede estimular centros cerebrales del placer e inducir un estado de euforia.

Otros escritores griegos opinaban que la profetisa se inspiraba tras haber bebido de un arroyo sagrado. Los historiadores creen que los profetas y profetisas de Apolo recurrían a técnicas diferentes según el lugar y la época. Delfos era uno de los oráculos de Apolo y el más famoso.

Delfos

Corinto

GRECIA

Atenas

N

Más que esplendor y ruina.
Los profetas les advertían a los judíos sobre las consecuencias de sus pecados, algo así como el fantasma de Marley en *Una canción de Navidad*, la novela de Charles Dickens; Marley le advierte a Scrooge sobre cuál sería su destino si seguía en su andar pecaminoso. No obstante, los profetas también ofrecían una palabra de esperanza. Aseguraban a las personas que Dios las perdonaría si así lo pedían. Y aunque no lo pidieran y tuvieran que soportar el castigo por sus pecados, los profetas decían que Dios jamás los abandonaría.

¿DE QUÉ HABLARON LOS PROFETAS?

"Quizá los habitantes de Judá se arrepientan cuando vuelvan a escuchar todas las cosas terribles que tengo pensadas para ellos. Entonces perdonaré sus pecados y maldades".

JEREMÍAS 36:3

¡Sorpresa! De ninguno de los profetas de la Biblia se tiene noticias de que hubieran dicho alguna vez: "Arrepiéntanse, ¡el fin está cerca!".

En cierto modo, Jesús estuvo cerca.

Él dijo: "Arrepiéntanse de sus pecados y vuelvan a Dios, porque el reino del cielo está cerca" (Mateo 3:2). Pero la frase "el reino del cielo" no significaba el fin del mundo. Equivale a otra frase del Nuevo Testamento: "Reino de Dios". El Reino de Dios incluye a cualquiera que invita a Dios a reinar en su vida.

Por eso es que no sería justo catalogar a los profetas de la misma manera.

Los profetas transmitían diversos tipos de mensaje. Lo que ellos decían dependía de los sucesos de su tiempo. Pero hay una fecha clave en el calendario, un punto de inflexión en la historia que cambió la realidad para el pueblo judío, así como también el mensaje principal de los profetas. Esa fecha es el día en que desapareció Israel, de modo tan eficaz como si los enemigos la hubiesen borrado del mapa con una bomba atómica.

Fue en el 586 a.C. La nación judía del norte, Israel, había caído 136 años antes, derrotada y desmantelada en el 722 a.C. por los invasores asirios que provenían de la actual Irak. Y ahora era el turno de Judá, la nación judía del sur. Babilonia, también en la actual Irak, era una superpotencia de Oriente Medio que invadió y subyugó una ciudad judía tras otra. Los babilonios dejaron la capital, Jerusalén, para lo último, para después saquearla y arrasarla. Más tarde obligaron a la mayoría de los sobrevivientes judíos a ir al exilio en Babilonia para que el imperio pudiera vigilar de cerca a esta raza molesta y rebelde.

MENSAJE ANTES DE LA CAÍDA: CALLEJÓN SIN SALIDA A LA VISTA

Hasta la victoria de Babilonia sobre Jerusalén, los profetas solían advertir a sus compatriotas judíos que ahí era donde sus caminos los llevarían. A un callejón sin salida.

El latiguillo preferido de los profetas entre los años 600 y 700 a.C., como por ejemplo Isaías y Jeremías, era el de juicio divino.

Si en algún momento hubiesen podido juntarse, comparar notas y resumir sus profecías en un solo mensaje, los puntos más importantes que les habrían transmitido a los judíos hubiesen sido:

- **Dios los ama.** "Me dije a mí mismo: '¡Cómo quisiera tratarlos como a mis propios hijos!' Sólo quería darles esta hermosa tierra, la posesión más maravillosa del mundo. Esperaba con anhelo que me llamaran 'Padre', y quise que nunca se alejaran de mí" (Jeremías 3:19).

- **Ustedes rechazaron a Dios.** "Esto ilustrará cómo Israel se ha comportado como una prostituta, al volverse en contra del Señor y al rendir culto a otros dioses" (Oseas 1:2).

- **Ustedes quebrantaron el pacto de servir a Dios a cambio de su protección.** "Israel y Judá han roto el pacto que hice con sus antepasados" (Jeremías 11:10).

- **Dios invocará la cláusula de penalización y los enviará al exilio.** "¡Maldito todo el que no obedece las condiciones de mi pacto!... Y debido a que se negaron a obedecer, traje sobre ellos todas las maldiciones descritas en este pacto" (Jeremías 11:3, 8). Para una lista completa de penalizaciones, ver Deuteronomio 28:15–68.

- **Después del castigo, Dios restaurará la nación judía.** "Pondré fin a su cautiverio y restableceré su bienestar. Los reuniré de las naciones adonde los envié y los llevaré a casa, de regreso a su propia tierra" (Jeremías 29:14).

- **Vuélvanse a Dios y Él no los castigará.** "Presenta tus confesiones y vuélvete al Señor. Dile: 'Perdona todos nuestros pecados y recíbenos con bondad para que podamos ofrecerte nuestras alabanzas' ...El Señor dice: 'Entonces yo los sanaré de su falta de fe; mi amor no tendrá límites, porque mi enojo habrá desaparecido para siempre.'" (Oseas 14:2, 4).

MENSAJE DESPUÉS DE LA CAÍDA: SE VIENEN LOS DÍAS SOLEADOS

No fue necesario que los profetas profetizaran la ruina después de la caída de Jerusalén. Puesto que eran una nación de refugiados, exiliados de su patria, los judíos ya *vivían* la ruina.

Algunos pasaron medio siglo o más viviendo así. Más tarde, los persas, que provenían de la actual Irán, aplastaron a los babilonios. Y tiempo después liberaron a los judíos y otros prisioneros políticos. Muchos judíos regresaron a su patria a reconstruir las ciudades.

Durante el exilio y los años de reconstrucción que siguieron, las profecías se tornaron más optimistas:

- **Dios restaurará la nación judía.** "Yo fortaleceré a Judá y salvaré a Israel; los restauraré a causa de mi compasión. Será como si nunca los hubiera rechazado, porque yo soy el Señor su Dios, que escuchará sus lamentos" (Zacarías 10:6).

- **Dios castigará a las naciones que les hicieron daño.** "Celebra tus festivales, oh pueblo de Judá, y cumple todos tus votos, porque tus enemigos perversos no volverán a invadir tu tierra. ¡Serán destruidos por completo!" (Nahúm 1:15).

- **Reconstruyan la casa de Dios, el Templo de Jerusalén.** "Entonces el Señor envió el siguiente mensaje por medio del profeta Hageo: '¿Por qué viven ustedes en casas lujosas mientras mi casa permanece en ruinas?'" (Hageo 1:3–4).

- **No burlen a Dios con una falsa adoración.** "Me ofenden cuando desprecian mi altar... cuando me presentan como ofrenda animales impuros, que no valen nada porque están ciegos, cojos y enfermos. ¿No creen que eso está mal? Si esos mismos animales se los ofrecieran a su gobernador, ¡se ofendería y no los aceptaría!" (Malaquías 1:7–8 TLA).

- **Vendrá una nueva era como jamás la han imaginado.** "Después vi un cielo nuevo y una tierra nueva... Y oí que del trono salía una fuerte voz que decía: 'Aquí es donde Dios vive con su pueblo... Él secará sus lágrimas, y no morirán jamás. Tampoco volverán a llorar, ni a lamentarse, ni sentirán ningún dolor'" (Apocalipsis 21:1, 3–4 TLA).

PACTO CON DIOS

Cláusula de penalización

En los tiempos de Moisés, los judíos celebraron un pacto con Dios en nombre de ellos y de sus descendientes.

Si ellos adoraban solamente a Dios y no a los ídolos, y si obedecían las leyes que les dio por medio de su profeta Moisés, Dios los colmaría de bendiciones. Les daría una tierra, dispersaría a sus enemigos y los bendeciría con muchos hijos, rebaños fértiles y cosechas abundantes.

Si quebrantaban el pacto, la cláusula de castigo de Deuteronomio 28:15–68 establece algunas consecuencias importantes:

La enfermedad. "(El Señor) JEHOVÁ te herirá de tisis, de fiebre, de inflamación....".
Sifilis.

La sequía "...y de ardor con sequía, con calamidad repentina y con añublo".
Trigo sano (izquierda) y trigo con Fusariosis.

La muerte. "(El Señor) JEHOVÁ te entregará derrotado delante de tus enemigos...Y tus cadáveres servirán de comida a toda ave del cielo y fiera de la tierra, y no habrá quien las espante."

El exilio "Y JEHOVÁ te esparcirá por todos los pueblos, desde un extremo de la tierra hasta el otro extremo."
Soldado asirio llevando prisioneros al exilio.

Fuente: Deuteronomio 28: 22, 25–26, 64 RVR1960

¿HUBO ALGÚN PROFETA QUE ERRÓ SU PREDICCIÓN?

*Si lo que el profeta habló en nombre de D*ios *no ocurre, entonces es evidente que no es de D*ios*: el profeta lo inventó.*

Deuteronomio 18:22 the message

Dígaselo a Jonás.

Después de que Dios hiciera que un gran pez atrapara al profeta y lo escupiera, Dios dejó secar un rato a Jonás.

Así parecería ser si el versículo bíblico unas líneas más arriba —que era una cita de Moisés—, fuera para todo tiempo, sin excepción.

Y algunos expertos dicen que *de verdad era* para todo tiempo, pues casi mil años más tarde el profeta Jeremías dijo algo muy parecido mientras refutaba a un falso profeta: "Solamente cuando sus predicciones se cumplan podremos saber que el Señor lo ha enviado" (Jeremías 28:9).

Pero según insisten los expertos en el Antiguo Testamento, la cita de Moisés no era para todo tiempo.

No era solamente por sus predicciones la vara con que se medía a un verdadero profeta. Lo más importante era restaurar una relación sana entre Dios y la humanidad. Moisés decía que, incluso los falsos profetas, podían acertar en sus predicciones: "Y resulta que esas señales o milagros se cumplen". Pero Moisés agregó que "Si de pronto ellos dicen: 'Ven, rindamos culto a otros dioses'... no los escuches". (Deuteronomio 13:2–3).

Es porque Dios quería una relación sólida con personas que le permitieron cambiar el futuro cambiando el presente.

Eso es lo que ocurrió en el caso de Jonás. Jonás realizó una predicción muy osada:

"Dentro de cuarenta días Nínive será destruida".

Jonás 3:4

Pero no fue tan así.

"Entonces la gente de Nínive creyó el mensaje de Dios y desde el más importante hasta el menos importante declararon ayuno y se vistieron de tela áspera en señal de remordimiento" (Jonás 3:5).

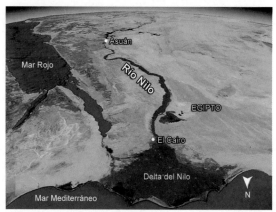

El Nilo sigue andando; nada que reconocerle a Isaías. Esta imagen de veleros que navegan por el río Nilo cerca de Asuán (izquierda) no se parece en nada a lo que predijo Isaías: "Las aguas del Nilo se secarán; el lecho del río se secará bajo el sol" (Isaías 19:5 THE MESSAGE). Aún en las peores sequías de la historia, la gente contaba con el agua del Nilo. Hasta donde sabemos, la predicción de Isaías no ocurrió. Semejante catástrofe hubiese sido anunciada en jeroglíficos. Según explican algunos eruditos, la predicción de Isaías, escrita más bien como poesía, era simbólica, no literal. Por ejemplo: No dependan de los recursos de Egipto. Otros eruditos dicen que es posible que la predicción se cumpla. Las cada vez más grandes demandas sobre el Nilo, junto con las represas que contienen el agua para diversos proyectos, son motivo de preocupación sobre el segundo río más largo del mundo.

Dios los perdonó.

Jonás tuvo éxito; la mayoría de los profetas, no. Su mensaje hizo que toda una ciudad se volviera a Dios. Y parece ser que Dios sintió que la relación era más importante que la predicción.

¿TENÍA RAZÓN NOSTRADAMUS?

Célebre por predecir posibles hechos históricos trascendentes que ocurrirían quinientos años después de su tiempo, como por ejemplo el ataque terrorista contra el World Trade Center, el astrólogo francés Michel De Nostredame (1503–1566) no habría logrado nada de eso, según opinan la mayoría de los eruditos.

No obstante, sus seguidores lo consultan para ver si predijo la Revolución Francesa, las dos guerras mundiales, el alunizaje de la Apolo, y la muerte de la princesa Diana de Gales, por mencionar algunos sucesos.

Se cree que estas supuestas predicciones aparecen en una serie de almanaques proféticos escritos por Nostradamus: *Las verdaderas centurias astrológicas y profecías*, cada libro con 100 predicciones de unos cuatro renglones.

Pero las predicciones son tan imprecisas que no es posible ver lo que sobrevendrá. Peor aún, incluso después del hecho, es difícil distinguirlo desde el espejo retrovisor.

Sobre la siguiente predicción, de unos cuatro reglones, muchos supusieron que se refería al ataque contra el World Trade Center que ocurrió el 11 de septiembre de 2001:

> *"Cinco y cuarenta grados el cielo arderá,*
> *fuego acercándose a la gran ciudad nueva:*
> *Al instante, gran llama esparcida saltará,*
> *cuando se quiera a los normandos probar".*

NOSTRADAMUS, *LAS VERDADERAS CENTURIAS ASTROLÓGICAS Y PROFECÍAS* 6, PREDICCIÓN 97

- **"Cinco y cuarenta grados"**: se cree que es la latitud aproximada de la ciudad de Nueva York: 40.47 grados. Casi. Pero... nada que festejar para Nostradamus.

- **"La gran ciudad nueva"**: se cree que se refiere a Nueva York. Es posible, pero no concuerda con el uso habitual que Nostradamus le daba a esa frase. Para Nostradamus, la frase "ciudad nueva" tenía que ver con ciudades cuyos nombres significaban precisamente eso, como por ejemplo Nápoles, del nombre latino: *Neapolis*, utilizado por los italianos y que significa "ciudad nueva". Y ya que estamos, la latitud de Nápoles es 40.5 grados.

- **"Llama"**: esta palabra concuerda con la explosión que se produce cuando dos aviones de pasajeros impactan contra las torres, así como con cualquier otra cosa que se incendia.

- **"Los normandos"**: se refiere a los descendientes vikingos que conquistaron parte de Inglaterra y el norte de Francia (Normandía). ¿Quién sabe? Quizás los terroristas del 9/11 tenían algo de sangre vikinga.

Pero Jonás no estaba de acuerdo.

"Este cambio de planes molestó mucho a Jonás y se enfureció. Entonces le reclamó al Señor (…) 'Prefiero estar muerto y no vivo si lo que yo predije no sucederá'" (Jonás 4:1–3).

Algunos historiadores creen que esta profecía en particular no era ninguna profecía. Era historia —Nostradamus miraba en retrospectiva, cuatrocientos años atrás.

En 1139, invasores normandos tomaron Nápoles. Es en ese mismo año que el monte Vesuvio, a algunas millas al este de Nápoles, erupcionó durante ocho días, cubriendo así a Nápoles de ceniza.

Cinco y cuarenta grados, nueva ciudad, llamas, normandos… todo concuerda con el suceso del año 1139. Pero no tanto con lo que sucedió el 9/11.

No lo vimos venir. Dieciocho minutos después de que un avión de pasajeros impactó en la torre norte del World Trade Center en Nueva York, otro avión chocó y explotó en la torre sur. Los dos edificios se derrumbaron en las dos horas siguientes y acabaron con la vida de 2,752 almas. Los seguidores de Nostradamus afirman que el vidente francés lo vio venir quinientos años antes. Pero los críticos dicen que, en realidad, lo que vio era un libro de historia. Su profecía concuerda muy bien con sucesos ocurridos cuatrocientos años antes en Nápoles (foto pequeña), cuando los normandos invadieron la ciudad y el monte Vesuvio, en las cercanías de la ciudad, erupcionó.

Parece ser que Jonás recordaba lo que Moisés había dicho sobre los profetas y sus predicciones. No obstante, la historia de Jonás es algo así como un contrapunto, la excepción a la regla.

Esto parece explicarse en la pregunta directa con la que Dios le da un cierre al libro: "¿Por qué no cambiaría yo... mi furor por Nínive en gozo, por esta ciudad de más de 120,000 personas que son como niños, que no distinguen todavía entre el bien y el mal?" (Jonás 4:11 THE MESSAGE).

Sea que los mensajes de los profetas hayan predicho ruina o no, en los tiempos bíblicos la gente parecía tener el poder de controlar su propio destino. Ese poder provenía de Dios. Incluso las profecías que auguraban ruina venían provistas de un control manual. Las personas podían (y así lo hacían) controlar manualmente esas predicciones cuando creían los mensajes de los profetas y cuando pedían perdón a Dios por sus pecados.

Cuando las personas cambiaban el presente, cambiaban el futuro. Dios se encargaba de ello. Y dijo así: "Si anuncio que voy a desarraigar, a derribar y a destruir a cierta nación o a cierto reino, pero luego esa nación renuncia a sus malos caminos, no la destruiré como lo había planeado" (Jeremías 18:7–8).

Según insisten algunos eruditos, esto era lo mejor que podía pasar, la razón de las predicciones.

PREDICCIONES BÍBLICAS QUE NO SE CUMPLIERON
Posiblemente sea desacertado decir que algunas predicciones bíblicas fallaron. No es algo tan sencillo.

Es que, sencillamente, algunas profecías no habían tenido tiempo suficiente como para que se cumplieran. Muchos dicen que todavía esperan su cumplimiento.

Y algunas profecías tuvieron éxito hace mucho tiempo *debido a que* fallaron. Algunos eruditos explican que si fallaron es una prueba de que los profetas cumplieron su objetivo y las personas se volvieron a Dios. Entonces Dios ya no tenía motivos para provocar la ruina y bajar el hacha.

No obstante los eruditos creen que algunas predicciones pueden haber fallado porque los profetas utilizaron palabras demasiado descriptivas para dejar claro el mensaje que transmitían. Entendieron correctamente el sentido del mensaje, pero añadieron algunos detalles propios, que se escribieron sobre todo como poesía, que es un género que le pide al lector que le otorgue licencia poética al autor. Al parecer Dios prefirió no transmitir su mensaje por medio de estos detalles poéticos, quizás porque quería que los lectores los tomaran como símbolos que resaltaban lo urgente del mensaje.

He aquí varias profecías que aparentemente no se cumplieron tal como se predijeron, cualquiera sea la razón:

PREDICCIÓN	REALIDAD

Tiro arrasada. "Haré que se levante el rey Nabucodonosor de Babilonia contra Tiro... Transformaré tu isla en una roca desnuda, un lugar donde los pescadores tiendan sus redes. Jamás serás reconstruida, porque yo, el SEÑOR, he hablado" (Ezequiel 26:7, 14).

Tiro sigue andando. En el 586 a.C., una parte del ejército de Nabucodonosor sitió a la isla durante trece años antes de que se dieran por vencidos. Alejandro Magno destruyó Tiro ciento cuarenta años después pero permitió su reconstrucción.

En la actualidad se la conoce por su nombre en árabe, Ṣūr, una ciudad turística del Líbano.

Ezequías no se curaría. "Ezequías se enfermó gravemente, y el profeta Isaías, hijo de Amoz, fue a visitarlo. Le dio al rey el siguiente mensaje: 'Esto dice el SEÑOR: *Pon tus asuntos en orden porque vas a morir. No te recuperarás de esta enfermedad'*" (2 Reyes 20:1).

Ezequías se curó. Ezequías se recuperó. Oró y Dios volvió a enviar a Isaías con una nueva y más perfecta predicción: "Te añadiré quince años más de vida" (2 Reyes 20:6).

Adiós a Damasco. "Recibí este mensaje acerca de Damasco: '¡Miren! ¡La ciudad de Damasco desaparecerá! Se convertirá en un montón de escombros'" (Isaías 17:1).

Damasco no despareció. Damasco, la capital de Siria, sigue siendo una de las ciudades pobladas más antiguas del mundo, desde el 3000 a.C.

El rey no tendrá herederos. "Ahora, esto dice el SEÑOR acerca del rey Joacim de Judá: el rey no tendrá herederos que se sienten en el trono de David" (Jeremías 36:30).

Un heredero para el rey. "Cuando Joacim murió, su hijo Joaquín lo sucedió en el trono" (2 Reyes 24:6).

Algunos eruditos dicen que debemos dejar margen para los errores en las profecías citadas. Así es: errores en nuestra Biblia.

Errores de profetas que malinterpretaron un sueño o una visión enviada por Dios o que simplemente fueron demasiado lejos al intentar explicar a la gente qué es lo que ocurriría. Asimismo, errores de escribas que se esforzaron en preservar rollos descoloridos, desgastados o de difícil lectura copiándolos en rollos nuevos, que en la actualidad se usan para crear nuestras nuevas versiones de la Biblia. Esto significa que las Biblias que hoy usamos se basan en copias de copias traducidas de un idioma a otro.

PREDICCIONES CONFIRMADAS POR LA ARQUEOLOGÍA

Las tenemos por escrito, cinceladas en piedra y cocidas en arcilla: pruebas de que los profetas acertaron, al menos algunas veces.

Profecías cumplidas que se preservaron por escrito:

LA PREDICCIÓN

LA PRUEBA DEL CUMPLIMIENTO

Los invasores asirios huyen a su patria.
"¡Voy a hacerte regresar por el camino por donde viniste!" (2 Reyes 19:28 TLA).

Predicción de Isaías sobre el rey asirio Senaquerib, quien había destruido varias ciudades judías y ahora sitiaba Jerusalén. La Biblia dice que Dios envió a un ángel que mató a 185,000 asirios, quizás con una peste. Los sobrevivientes huyeron.

El prisma de Senaquerib.
Tal como se registra en un prisma de arcilla cocida que data de unos 2,700 años, Senaquerib se ufanaba de haber destruido 46 ciudades amuralladas de los judíos. Pero su jactancia se acabó en Jerusalén: "Y en cuanto a Ezequías... yo mismo lo hice prisionero en Jerusalén... cual ave en jaula. Yo lo cerqué alrededor". [v.d.t.] Sabemos cómo cantan los pájaros enjaulados. Hasta conocemos esa canción: "Tú eres el único Dios". (2 Reyes 19:19 TLA).

Muchos cristianos se oponen a la idea de que Dios hubiese permitido que errores de este tipo se filtraran en la Biblia, sobre todo en las copias antiguas. Y por cierto, según algunos, no en los originales. Por desgracia, los originales no están disponibles para una revisión.

Ya sea que las copias más antiguas de las profecías bíblicas tuvieran algunos errores o no, la mala noticia para los críticos de la Biblia es que las versiones modernas que se basan en copias de copias han demostrado ser notablemente acertadas al compararlas con los manuscritos del mar Muerto que datan de dos mil años atrás y que se descubrieron en los años cuarenta. Aquellas copias de libros bíblicos son mil años más viejas que las copias que se usaron para crear la versión inglesa King James de la Biblia, que se publicó en 1611.

El Imperio asirio quedará patas para arriba.

"Nínive, tu enemigo viene para aplastarte... 'Nunca más saquearás las naciones conquistadas'". (Nahúm 2:1, 13). Escrito hacia el año 600 a.C., menciona la capital asiria.

Las crónicas mesopotámicas. Esta tabla, que es parte de una colección de tablillas de arcilla conocidas como *Las crónicas mesopotámicas*, narra que en el 612 a.C. una invasión de fuerzas medas de lo que es hoy Irán, así como babilonios del sur de Irak atacaron la capital asiria de Nínive. Se halla cerca de la actual Mosul, al norte de Irak. "Se llevaron todo el botín de la ciudad y del templo, y convirtieron la ciudad en un montículo de ruinas" (Crónica 3). [v.d.t.] Durante dos milenios esas ruinas estuvieron enterradas, y fueron redescubiertas y desenterradas en el siglo XIX.

La nación judía renacerá.

"Que dice de Ciro:'Es mi pastor, y cumplirá todo lo que yo quiero, al decir a Jerusalén: *Serás edificada*; y al templo: *Serás fundado*'" (Isaías 44:28 RVR1960).

El Cilindro de Ciro. Escrito hacia el año 530 a.C., aproximadamente doscientos años después de Isaías, este cilindro de arcilla grabado con letras cuneiformes cuenta la conquista de Babilonia por Ciro, con lo cual este último se convirtió en rey de Persia. Añade que liberó a los prisioneros políticos babilonios y los envió a casa con sus ídolos y otros objetos sagrados para que pudieran reconstruir sus templos; esto confirma el relato bíblico de que liberó a los judíos y restituyó los objetos del Templo (Esdras 1). Ciro tenía una sola exigencia: "Que todos los dioses que devuelvo a sus templos oren por mí todos los días". Algunos eruditos dicen que la predicción de Isaías fue agregada por alguien más y que quedó como profecía. Pero otros no opinan lo mismo.

PROFECÍAS PARA LOS JUDÍOS

"Perderás tu don de la tierra, la herencia que yo te di. Te haré esclava de tus enemigos, en un país para ti desconocido".

JEREMÍAS 17:4 THE MESSAGE

O Jeremías había perdido la cordura o Dios había perdido la memoria.

Así es como algunos judíos pueden haber reaccionado ante el aviso de desalojo del profeta.

El mismísimo Dios le había dicho a Abraham, padre de los judíos: "Y les daré a ti y a tus descendientes [ahora Israel]... toda la tierra de Canaán. Será posesión de ellos para siempre, y yo seré su Dios" (Génesis 17:8).

La posesión perpetua duró 1,500 años.

Es cierto, es un largo período. Pero es un eón que apenas roza la eternidad.

Dios le había dado su palabra a Abraham cerca del 2100 a.C. Pero eso no detuvo a los invasores babilonios de borrar a Israel del mapa político durante el verano del 586 a.C.

Jeremías y muchos otros profetas habían advertido a los judíos que el momento iba a llegar. Los profetas también habían explicado la lógica de Dios. Pero quizás nadie resumió la razón de forma más concisa que Oseas:

"Porque Israel no es mi pueblo y yo no soy su Dios".

OSEAS 1:9

No solo desalojados. Repudiados.

La pregunta es: ¿quién repudió a quién?

Cuando leemos algunas de las profecías, parece como que Dios quizás deba responsabilizarse por el repudio: "Cuando levanten las manos para orar, no miraré; aunque hagan muchas oraciones, no escucharé" (Isaías 1:15).

No quiere decir que Dios había dejado de preocuparse por el pueblo judío; muchas profecías confirman que to-

Sexo en la ciudad del templo. Tener sexo con una sacerdotisa del templo —era uno de los rituales de adoración que algunos judíos practicaban en las religiones paganas—. "Ellos mismos se van con rameras, y con malas mujeres sacrifican" (Oseas 4:14 RVR1960). Puede que esta sea una razón por la cual Dios comparaba a la idolatría de Israel con el adulterio: "Como una esposa que comete adulterio, Israel ha rendido culto a otros dioses" (Jeremías 3:6). Dios dijo que era tiempo de divorciarse.

45

davía le importaba —como a un padre con un hijo caprichoso—. Pero al parecer Dios ya había tenido suficiente con sus mentiras expresadas en palabras vacías, rituales sin sentido y adoración fingida. Para cuando aparecieron Isaías y el resto de la primera ola de profetas —profetas que advertían a los judíos de la ruina por venir— ambas naciones judías de Israel, en la región del norte, y Judá, en el sur, habían quebrantado su antiguo pacto de obedecer a Dios durante aproximadamente doscientos años.

Habían repudiado a Dios. Lo habían intercambiado por dioses falsos o por ningún dios en lo absoluto.

El pecado fue evidente en el norte, en donde los reyes montaron centros de idolatría. Su motivo quizás fue más político que religioso. Los reyes de la región del norte no querían que las dos naciones judías se reunieran bajo la única dinastía legítima, la familia del rey David. Dios le había dicho a David: "Además, yo haré que el reino de tus hijos sea firme y dure para siempre" (2 Samuel 7:16 TLA). Sin duda ese fue el caso en Judá durante más de 400 años. Pero los judíos del norte se separaron de la dinastía luego de dos generaciones: David y Salomón.

Cómo quebrantar los dos mandamientos más importantes de Dios. Amar a Dios y adorarlo solo a él —esos son los dos primeros mandamientos de los famosos diez—. Los judíos quebrantaron los dos al adorar ídolos como estas estatuillas de piedra. "Han cambiado la gloria de Dios por la vergüenza de los ídolos" (Oseas 4:7). Y se enfrentarían a las consecuencias de las que Dios les había estado advirtiendo por varios siglos.

LOS JUDÍOS DEL NORTE: EL AVISO DE DESALOJO DE ISRAEL

En la lista de los reyes criticados en la Biblia en los dos libros de los Reyes y en los dos libros de las Crónicas, ni uno solo de los diecinueve reyes del norte recibió una buena crítica como gobernante devoto.

La descripción más común de aquellos reyes judíos en la Biblia, que se utiliza más de una docena de veces es: "Hizo lo malo a los ojos del Señor" (2 Reyes 3:2). A los reyes en el sur les fue ligeramente mejor, ya que cuatro de veinte recibieron buenas críticas —sin contar a David y a Salomón, quienes reinaron cuando la nación todavía seguía unida—.

Con la nación judía del norte, Israel, plagada de reyes defectuosos, no es sorpresa que los profetas de los primeros siglos hayan dirigido sus más duras críticas hacia Israel —o que esta nación judía haya sido la primera en caer—. Los invasores asirios ocuparon Israel en el 722 a.C., unos 136 años antes de que los babilonios hicieran lo mismo a Judá en el 586 a.C.

Oseas notifica. Puede que Oseas haya sido el primero de los profetas que le da su nombre a un libro de la Biblia con el fin de abofetear a Israel con un aviso de desalojo.

Hay muchos tipos de avisos de desalojo hoy en día. Pero uno en particular parece estar hecho a la medida de la antigua Israel:

> *El propietario declara que usted se ha involucrado en conductas que conforman un incumplimiento del contrato de arrendamiento de manera irreparable. Ha sido acusado de cometer los siguientes crímenes mientras se encontraba en instalaciones arrendadas: [enumerar los crímenes]*
>
> *Debido a tal conducta, la cual se encuentra prohibida en el contrato de arrendamiento, se le advierte que ha incumplido el contrato de manera irreparable. Según la ley[completar el número de ley], su contrato se rescindirá de inmediato. Se le solicita que desocupe las instalaciones dentro de los próximos treinta días de esta notificación.*
>
> AVISO DE DESALOJO MODERNO

Oseas completó los espacios en blanco de una forma estupenda.

Acusó a los judíos de Israel de una larga lista de crímenes. Estos crímenes implicaban el incumplimiento del pacto que sus ancestros habían prometido honrar, a cambio del privilegio de vivir en la Tierra Prometida. La generación del Éxodo de

PERFIL DE UN PROFETA

Oseas, casado con una prostituta

Fecha de las profecías: Aproximadamente 750–722 a.C.

Lugar: Israel, la nación judía del norte

Dato célebre: Dios le ordenó que se casara con una prostituta llamada Gomer a modo de parábola viviente: "Esto ilustrará cómo Israel se ha comportado como una prostituta, al volverse en contra del SEÑOR y al rendir culto a otros" (Oseas 1:2).

Su mensaje, resumido: A pesar de que los judíos habían abandonado a Dios, Él no los había abandonado a *ellos*. Dios le pidió a Oseas que ilustrara esto también. Gomer escapó lejos de Oseas y aparentemente terminó siendo esclavizada o viviendo con un nuevo amante, quien creía tener un interés monetario puesto en ella. Oseas pagó el precio que le pidió para tenerla de regreso. "Esto ilustrará que el SEÑOR aún ama a Israel, aunque se haya vuelto a otros dioses y le encante adorarlos" (Oseas 3:1).

Moisés había aceptado la alianza o pacto de Dios (Éxodo 24). También lo había hecho la generación de Josué luego de conquistar la tierra: "Serviremos al SEÑOR nuestro Dios. Lo obedeceremos sólo a él" (Josué 24:24).

Con el mismo tono que un fiscal, Oseas presentó los crímenes de esta manera: "El SEÑOR ha presentado cargos en tu contra" (Oseas 4:1). Luego Dios les dijo:

- **Violencia.** "Matas y robas" (Oseas 4:2).

- **Idolatría.** "¡Piden consejo a un trozo de madera!" (Oseas 4:12).

- **Prostitución.** "Sus hijas se entregan a la prostitución… Pero ¿por qué debería yo castigarlas por su prostitución y adulterio? Pues sus hombres hacen lo mismo, pecando con rameras y prostitutas de los templos paganos" (Oseas 4:13–14).

Dios no solo formuló los cargos, sino que también anticipó la sentencia que impondría —ya no como fiscal, sino como juez—. "Sembraron vientos y cosecharán torbellinos" (Oseas 8:7).

Eso es un poco impreciso.

Oseas clarificó: "Será un vagabundo, sin hogar entre las naciones… flotarán a la deriva como un madero sobre las olas del mar" (Oseas 9:17, 10:7). Algunos terminarían en Asiria, en donde hoy en día se encuentra Irak. Otros huirían hacia Egipto.

Amós notifica. Cuando los líderes de los derechos civiles citan a la Biblia para apoyar sus demandas de justicia, Amós es el profeta al que acuden para obtener extractos energizantes:

> *¡Que abunden sus buenas acciones como abundan las aguas de un río caudaloso!*
>
> Amós 5:24 TLA

> *Afligís al justo, y recibís cohecho, y en los tribunales hacéis perder su causa a los pobres.*
>
> Amós 5:12 RVR1960

> *"Reducen al pobre hasta que es polvo".*
>
> Amós 2:7 THE MESSAGE

> *Oíd esto, los que explotáis a los menesterosos, y arruináis a los pobres de la tierra, diciendo... "Subiremos el precio, y falsearemos con engaño la balanza'...".*
> *"No me olvidaré jamás... ¿No se estremecerá la tierra sobre esto?... Subirá toda, como un río, y crecerá y mermará".*
>
> Amós 8:4–5, 7–8 RVR1960

Antes de condenar a Israel, Amós apuntó a siete naciones de los alrededores en lo que hoy es el sur de Israel (entonces Judá), Jordania (Edom, Moab, Amón), Siria (Aram), el Líbano (Fenicia) y la Autoridad Palestina de la Franja de Gaza (Filistea).

Todos estos países combinados, sin embargo, acumularon unos meros dieciocho versículos sobre la ruina. Israel solo obtuvo esa cantidad —más un valor agregado: cien adicionales—. Claramente los judíos eran el objetivo de la profecía de Amós.

En un vívido ejemplo de la ruina, Amós dijo que Dios probaría a su pueblo con una plomada (Amós 7:7–9), del mismo modo que un constructor usa una plomada para comprobar si una pared está derecha. Si la pared no está derecha, se cae. Eso es lo que dijo Amós que le sucedería a Israel.

Quizás el ejemplo que más sacudió a los judíos del norte fue la palabra de Dios para las damas mimadas de la casa, que Amós relató: "Escúchenme, ustedes, vacas gordas... que viven en Samaria, ustedes, mujeres, que oprimen al pobre y aplastan al necesitado... 'Llegará el día cuando ustedes serán llevadas con garfios enganchados en sus narices'" (Amós 4:1–2).

Isaías notifica. Isaías, uno de los profetas más populares de la Biblia, no tenía una oración al momento de salvar a cualquiera de las dos naciones judías. Vivió en la nación del sur, Judá pero también envió los mensajes de Dios a la nación del norte, Israel.

Cuando Dios lo llamó por primera vez para convertirse en profeta, Isaías preguntó durante cuánto tiempo debía hacer esto. La horrorosa respuesta de Dios: "Hasta que las ciudades estén asoladas y sin morador, y no haya hombre en las casas, y la tierra esté hecha un desierto" (Isaías 6:11 RVR1960).

Hasta ahí llegó el rayo de esperanza.

Isaías dijo que la culpa del pecado de Israel y el castigo inevitable se debió en mayor parte debido a sus líderes políticos y espirituales. "En un solo día el SEÑOR destruirá

tanto la cabeza como la cola... Los líderes de Israel son la cabeza, y los profetas mentirosos son la cola" (Isaías 9:14–15).

Isaías, quien predijo entre los años 740 y 700 a.C., vivió para contarlo. Los invasores asirios arrasaron con Israel en el 722 a.C.

LOS JUDÍOS DEL SUR: EL AVISO DE DESALOJO DE JUDÁ
Judá perduró más que la nación judía del norte por al menos dos razones.

1. El Templo de Jerusalén. En vez de adorar en los altares autorizados por la realeza

Dios se ha ido. Los judíos quemaban animales en sacrificio en un gran altar de piedra en el Templo de Jerusalén construido por el rey Salomón cuatrocientos años antes. Los judíos enseñaban que dentro del santuario Dios mantenía su trono en la tierra. Es por eso que algunos judíos no podían concebir la idea de que hubiera invasores que conquistaran Jerusalén y que destruyeran el Templo, como habían predicho los profetas. Ellos creían que Dios no permitiría que se destruyera este espacio sagrado. Ellos argumentaban: "Ningún desastre vendrá sobre nosotros... Todos los profetas de Dios son pura palabrería, quienes en realidad no hablan de parte de él" (Jeremías 5:12–13). El profeta Ezequiel, sin embargo, les recomendó a los judíos que reflexionaran. El Templo no tiene nada de sagrado si Dios no está ahí. Dios llegó por primera vez al Templo en el día de Salomón: "Una densa nube llenó el templo del Señor... porque la gloriosa presencia del Señor llenaba el templo" (1 Reyes 8:10–11). Pero Ezequiel dijo que en una visión vio a Dios irse del mismo modo en el que llegó: "Entonces la gloria de Jehová se elevó de encima del umbral de la casa" (Ezequiel 10:18 RVR1960).

dedicados a los ídolos, como hicieron los judíos del norte, los judíos del sur tenían el Templo que construyó Salomón. Era el único lugar autorizado por Dios para ofrecer sacrificios:

> *Tengan cuidado de no llevar sus ofrendas a cualquier parte, sino sólo al lugar que Dios elija de entre las tribus.*
>
> DEUTERONOMIO 12:13–14 TLA

> *He elegido este templo para que en él me ofrezcan sacrificios.*
>
> 2 CRÓNICAS 7:12 TLA

2. Algunos buenos reyes. Aunque la Biblia no logra darle el visto bueno ni a un rey del norte, cuatro en el sur obtienen buenas críticas: Asa, Josafat, Ezequías y Josías.

Ellos hicieron "lo que era agradable a los ojos del SEÑOR" (1 Reyes 15:11; 22:43; 2 Reyes 18:3; 22:2).

Ezequías, de hecho, vio que Judá fue librada de la misma invasión que destruyó a Israel en el 722 a.C. Los asirios tomaron la mayoría de las ciudades fortificadas pero no pudieron capturar a Jerusalén, la capital. Entonces Judá sobrevivió un poco más —más de media docena de reyes después—.

PERFIL DE UN PROFETA

Joel, el año de la langosta

Fecha de las profecías: Desconocida. Las suposiciones abarcan quinientos años. Comienzan alrededor del 800 a.C., lo que implicaría que Joel es el más antiguo de los dieciséis profetas que le dan su nombre a algunos libros de la Biblia. Y finalizan alrededor del 400 a.C., lo que implicaría que es el último de los profetas.

Lugar: Desconocido. Cuando hablaba de Jerusalén, Joel parecía dirigirse a Judá, la nación del sur. Pero también mencionó a Israel, aunque en contexto sus palabras sonaron más a una referencia genérica al pueblo judío y no solo a la nación del norte: "Temblarán el cielo y la tierra, y nuestro Dios se enojará y hablará desde Jerusalén. Pero protegerá a los israelitas y será un refugio para ellos" (Joel 3:16 TLA).

El túnel de agua secreto de Ezequías. Una turista en Jerusalén llamada Freddia Gray vadea a través de un túnel de 2,700 años bajo la ciudad. Ezequías lo había construido para llevar el agua de manantial a la ciudad durante el asedio asirio que sabía que llegaría. Los mineros hicieron el túnel con cinceles a través de 600 yardas (550 metros) de roca sólida.

Dato célebre: En su primer sermón luego de que Jesús ascendió al cielo, el apóstol Pedro dijo que la profecía de Joel se había cumplido en ese momento. Esto ocurrió en la fiesta judía de Pentecostés. El Espíritu Santo había descendido sobre los discípulos cuando estaban reunidos en oración. Mientras predicaba, Pedro le recordó a la multitud que "Lo que pasa es que hoy Dios ha cumplido lo que nos prometió, cuando por medio del profeta Joel dijo: 'En los últimos tiempos les daré a todos de mi Espíritu'" (Hechos 2:16–17 TLA).

Su mensaje, resumido: Comparando una fuerza invasora con una plaga de langostas que diezma la tierra, Joel dijo: "Porque pueblo fuerte e innumerable subió a mi tierra" (Joel 1:6 RVR1960). Lo llamó "el día del SEÑOR" (Joel 1:15), y dijo que Dios castigaría al pueblo judío por sus pecados. Pero también los instó al arrepentimiento, y agregó: "¿Quién sabe? Quizá les suspenda el castigo y les envíe una bendición en vez de esta maldición" (Joel 2:14). De cualquier manera, con arrepentimiento o sin él, Joel prometió que Dios un día restauraría a la nación judía: "Les devolveré lo que perdieron a causa del pulgón, el saltamontes, la langosta y la oruga… Y los ejércitos extranjeros nunca más volverán a conquistarla" (Joel 2:25; 3:17).

DIOS NOTIFICA A JUDÁ

Fecha límite de desalojo: 586 a.C.

Profeta: Amós alrededor del 700 a.C.*

Pecados de Judá: Rechazo de las leyes de Dios.

Sentencia de Dios: Todas las ciudades amuralladas serán destruidas.

Extractos: "Haré caer fuego sobre Judá" (Amos 2:5).

Profeta: Isaías 740–700 a.C.

Pecados de Judá: Asesinato, robo, idolatría, líderes políticos y jueces corruptos.

Sentencia de Dios: Las ciudades de Judá arderán en llamas y serán abandonadas, los guerreros serán asesinados y los extranjeros saquearán la tierra.

Extractos: "'Si son caprichosos y testarudos, morirán como perros'. Así es. Dios lo dice" (Isaías 1:20 THE MESSAGE).

Profeta: Miqueas 742–687 a.C.

Pecados de Judá: Codicia, líderes políticos explotadores, profetas mentirosos, sacerdotes que solo enseñan a cambio de "donaciones" que no forman parte de su salario normal.

Sentencia de Dios: Espinas y matorrales crecerán por entre las ruinas del Templo de Jerusalén.

Extractos: "Habitantes de Jerusalén, ¡lloren y aféitense la barba!, ¡lloren y córtense el cabello hasta quedar calvos como un buitre! ¡Sus hijos queridos serán llevados a un país lejos de aquí!" (Miqueas 1:16 TLA).

Profeta: Sofonías 640–609 a.C.

Pecados de Judá: Idolatría (Baal, Moloc), líderes interesados, jueces corruptos, profetas mentirosos, sacerdotes que ignoran las instrucciones de Dios.

Sentencia de Dios: Una gran matanza destruirá a la gente, a los animales terrestres, a las aves y a los peces. Jerusalén y Judá serán destrozadas.

Extractos: "Su sangre será vertida en el polvo y sus cuerpos quedarán pudriéndose sobre la tierra" (Sofonías 1:17).

* Fechas aproximadas

Profeta: Jeremías 627–586 a.C.
Pecados de Judá: Idolatría, confiar en alianzas políticas en vez de confiar en Dios, hacer de la mentira y el engaño la norma.
Sentencia de Dios: "Desde su guarida un león acecha, un destructor de naciones" (Jeremías 4:7). Los aliados de Judá se volverán en su contra. Los invasores matarán a los judíos y deportarán a los sobrevivientes, y dejarán la tierra desolada.
Extractos: "Los expulsaré de esta tierra y los enviaré a una tierra extraña en la que, ni ustedes ni sus antepasados, han estado. Allí podrán rendir culto a ídolos día y noche, y ¡no les concederé ningún favor!" (Jeremías 16:13).

Profeta: Habacuc 612–586 a.C.
Pecados de Judá: Violencia, injusticia.
Sentencia de Dios: Dios enviará a los feroces babilonios como su instrumento de castigo.
Extractos: "La ley y el orden caerán a pedazos. La justicia es una broma" (Habacuc 1:4 THE MESSAGE).

Profeta: Ezequiel 593–571 a.C.
Pecados de Judá: Se comporta peor que las naciones paganas, adorando a ídolos en el Templo e ignorando las leyes de Dios.
Sentencia de Dios: Los invasores asediarán a Jerusalén y matarán de hambre a los judíos que queden adentro. Algunos morirán en el asedio, algunos morirán en la batalla a continuación, algunos se desparramarán en el exterior, exiliados. Judá yacerá en ruinas.
Extractos: "La Gloria de DIOS se ha ido del Templo" (Ezequiel 10:18 THE MESSAGE).

Miqueas, sin amigos de la alta sociedad

Fecha de las profecías: El ministerio de Miqueas abarcó sesenta años y tres reyes: Jotam, Acaz y Ezequías, aproximadamente entre 742–687 a.C.

Lugar: Vivió en Judá, en la aldea de Moréset, aproximadamente a una caminata de 20 millas (32 km) al sur de Jerusalén.

Dato célebre: Miqueas predijo que de las afueras de Belén —la ciudad natal del rey David— aparecería un gobernante: "Cuyos orígenes vienen desde la eternidad... Y él será la fuente de paz" (Miqueas 5:2, 5). Jesús nació en Belén 700 años después.

Su mensaje, resumido: Miqueas condenó a ambas naciones judías y vivió para ver caer a Israel, la nación judía del norte. Al igual que Amós, él provino de una pequeña aldea y luchó en favor de los pobres. Acusó a los gobernantes de explotar a los necesitados, a los banqueros de cobrar de más y a los jueces de aceptar sobornos para encarcelar a personas que no podían costear un soborno mayor. También condenó a los pobres por adorar ídolos. Por todos estos pecados, Miqueas dijo que Dios arrasaría con ambas naciones y dispersaría a los sobrevivientes. Pero pasado el otoño, Miqueas prometió, la nación judía se levantaría de nuevo: "Los que fueron desterrados volverán a ser una nación poderosa" (Miqueas 4:7).

Miqueas notifica. Miqueas describió a su tierra natal de Judá como saturada por la corrupción. Lo mismo dijo de Israel, la nación del norte —prosperando felizmente, a dos décadas de la aniquilación, cuando Miqueas comenzó su ministerio—.

Miqueas desató las quejas de Dios sobre varios grupos de la élite de la sociedad judía:

- **Los ricos codiciosos.** "Cuando quieren un pedazo de tierra, encuentran la forma de apropiárselo. Cuando quieren la casa de alguien, la toman mediante fraude y violencia. Estafan a un hombre para quitarle su propiedad y dejan a su familia sin herencia" (Miqueas 2:2).

- **Líderes políticos explotadores.** "Despellejan vivo a mi pueblo... Los cortan en pedazos, como carne para la olla" (Miqueas 3:2–3).

- **Profetas profesando desde sus barrigas.** "Prometen paz a quienes les dan de comer, pero le declaran la guerra a quienes se niegan a alimentarlos" (Miqueas 3:5).

- **Sacerdote a cambio de ganancias.** "Ustedes, sacerdotes, enseñan las leyes de Dios sólo por dinero" (Miqueas 3:11).

Se supone que estas personas son los líderes de la comunidad —guardianes que velan por el bien de aquellos a quienes sirven—. En cambio, se sirven el bien de los demás a ellas mismas —y se llevan todo lo que desean—.

Los pobres, sin embargo, no eran lo que uno llamaría víctimas inocentes. Le siguieron el juego al líder, adorando ídolos y adoptando valores deshonestos. "No hay ni una persona decente a la vista. Los seres humanos que viven correctamente están extintos. Lo dan todo por la sangre del otro, animales cazándose mutuamente" (Miqueas 7:2 THE MESSAGE).

Por esto, advierte Miqueas, Dios arrasará con ambas naciones. Incluso la ciudad más sagrada, Jerusalén, "¡será reducida a escombros! Un matorral crecerá en las cumbres, donde ahora se encuentra el templo" (Miqueas 3:12).

Isaías notifica. Isaías no condenó solo a los judíos del norte, Israel. Dijo que Dios también estaba harto de los judíos del sur. Isaías dijo que la gente de Judá simplemente llevaba a cabo la adoración de una manera mecánica, continuando su hábito enraizado de hacer rituales: ofrecer sacrificios animales en el Templo. Mientras tanto, siguieron pecando como si no hubiera un mañana:

> *"Estoy harto de su religión, religión, religión, mientras continúan pecando... Aprendan a hacer el bien. Trabajen por la justicia. Ayuden al que no tiene nada. Defiendan al desamparado. Alcen la voz en favor del indefenso".*
> ISAÍAS 1:14, 17 THE MESSAGE

No sucedió. En cambio, Isaías se quejó de que hasta la ciudad santa de Jerusalén estaba llena de asesinos, ladrones, idólatras, líderes que engañaban y jueces predispuestos al soborno. Al echar un vistazo al futuro de Judá, Isaías vio una escena trágica tras otra:

- **Tierra quemada.** "Su país yace en ruinas, y sus ciudades han sido incendiadas. Los extranjeros saquean sus campos frente a sus propios ojos y destruyen todo lo que ven a su paso" (Isaías 1:7).

- **Hombres muertos.** "Los hombres de la ciudad morirán a espada, y sus guerreros morirán en batalla" (Isaías 3:25).

- **Pueblo fantasma.** "La hermosa Jerusalén está abandonada como el refugio del cuidador en un viñedo" (Isaías 1:8).

Isaías ofreció una alternativa y llevó la súplica de Dios para que la nación se arrepintiera: "Vengan ahora. Vamos a resolver este asunto... Aunque sus pecados sean como la escarlata, yo los haré tan blancos como la nieve. Aunque sean rojos como el carmesí, yo los haré tan blancos como la lana... Pero si se apartan y se niegan a escuchar, la espada de sus enemigos los devorará" (Isaías 1:18, 20).

Sofonías, prediciendo la creación a la inversa

Fecha de las profecías: Durante el reinado del rey Josías, 640–609 a.C.

Lugar: Judá

Dato célebre: Sofonías predice una ruina tan devastadora que parece la creación pero a la inversa. El Génesis dice que Dios creó a los peces, seguidos de las aves, el resto de los animales y por último los humanos. Sofonías invierte el orden, diciendo que Dios advirtió: "Arrasaré con personas y animales por igual... Arrasaré con las aves de los cielos y con los peces del mar" (Sofonías 1:3).

¿PECADORES EN LAS MANOS DE UN DIOS SIN PELOS EN LA LENGUA?

Puede que aquellos que leen la Biblia por primera vez —en especial aquellos con el don de la crítica— den vuelta las páginas de los profetas y lleguen a una conclusión que pondría a un santo patas para arriba: Dios es un bravucón.

Y si hoy en día Dios estuviera hablando pestes como los profetas dicen que lo hacía en ese entonces, un crítico podría argumentar que sería propio del carácter vengativo de Dios el decir algo como esto:

> *Primero les voy a arrancar los ojos. Luego voy a torcer la nariz hasta que pueda entrar en ella gotas de una tormenta. Y después voy a romperles los dientes frontales de un golpe y ver si pueden silbar la canción Dixie.*

Considere un fragmento de alguien que es principiante en la lectura de la Biblia:

> *Haré que las naciones y reinos se den cuenta de lo que en verdad eres. Voy a embarrarte de excremento, y quedarás en vergüenza.*
>
> DIOS AL IMPERIO ASIRIO,
> FAMOSO POR SUS GUERREROS MUY MACHOS, NAHÚM 3:5–6 TLA

> *"Te arrojaré en el suelo de un campo abierto y llamaré a los cuervos y a los buitres para que tengan un almuerzo de suntuosa carroña. Invitaré a los animales salvajes de todo el mundo para que se atiborren de tus entrañas".*
>
> DIOS PARA EL REY DE EGIPTO, EZEQUIEL 32:4 THE MESSAGE

¿Dios realmente hablaba así?

Algunos eruditos dicen que esas son más o menos las palabras de los profetas que intentan transmitir el mensaje de juicio de Dios que está subyacente. Los profetas sabían que los imperios estaban condenados a la derrota, por eso describieron los resultados inevitables.

Otros dicen que esas son las palabras de Dios —al menos la traducción— y que reflejan su odio por el pecado desatado. Y su deseo de ponerle un fin.

Su mensaje, resumido: Algunos eruditos ven en Sofonías no solo el juicio de Dios contra Judá, sino también contra todo el planeta. En primer lugar se encuentra la osada oración inicial de la profecía de Sofonías: "Arrasaré con todo lo que hay sobre la faz de la tierra" (Sofonías 1:2). Después, Sofonías describe el proceso como lo opuesto a la creación. Es como si estuviera intentando decir que, por más completa que sea nuestra creación —en un planeta con vida pululando en este—, así de completa será la destrucción luego del juicio de Dios. Sin vida alguna. Pero muchos expertos de la Biblia le dan a Sofonías una licencia poética por esta profecía escrita en forma de poesía. Dicen que está exagerando para describir los horrores futuros de Judá. Después de todo, Sofonías dijo que luego del día del juicio, Dios llevaría a casa a su "pueblo disperso, que vive más allá de los ríos de Etiopía" (Sofonías 3:10). Sofonías también prometió que Jerusalén se levantaría de las cenizas, y "¡el Señor mismo, el Rey de Israel, vivirá en medio de ti!" (Sofonías 3:15).

Si los profetas realmente estaban citando a Dios, como dicen muchos cristianos, las expresiones de Dios se manifiestan de manera tan radical como en la otra cara de la moneda —desde el odio por el pecado hasta el amor por el pecador—.

Eso es particularmente obvio cuando Dios habló acerca de restaurar a Israel y salvar a las personas en todo el mundo.

El pueblo de Jerusalén decía: "El Señor me ha abandonado; Dios se ha olvidado de mí".

"¡Jamás!, ¿Puede una madre olvidar a su niño de pecho? ¿Puede no sentir amor por el niño que dio a luz? aun si eso fuera posible, yo no los olvidaría a ustedes. Mira, he escrito tu nombre en las palmas de mis manos".

Dios a los judíos en una profecía que algunos dicen habla de las heridas de Jesús causadas por los clavos
Isaías 49:14–16

Corazón de león. Haciendo honor a la fama de salvaje que tiene Asiria, un guerrero del imperio sostiene con fuerza un león —uno de los muchos monumentos antiguos en recuerdo de la ferocidad asiria—. A Dios no le causaba impresión. Juró tratar a los guerreros asirios como hombres afeminados y levantar sus faldas.

Sofonías notifica. La primera queja de Dios que sale de boca de Sofonías condena a Judá por haber quebrantado el primero, y el más importante, de los Diez Mandamientos: No adorar a ningún otro dios más que al Señor.

"Aplastaré a Judá y a Jerusalén con mi puño y destruiré todo rastro del culto a Baal" (Sofonías 1:4).

Baal era un dios de la fertilidad de la familia, de la tierra y de los rebaños del Oriente Medio —prometía grandes cantidades de cada una de esas cosas—. Baal era solo uno de los muchos ídolos que los judíos adoraban. Y la idolatría era solo uno de sus muchos pecados. Otros:

- "Sus líderes son como leones rugientes en cacería de sus víctimas".
- "Sus jueces son como lobos voraces al anochecer, que no dejan rastro de sus presas al amanecer".

Salve Baal. Una piedra tallada de Baal (derecha) muestra a este dios de la lluvia y la fertilidad sosteniendo una lanza con forma de relámpago o de planta. Baal era el dios más importante de Canaán, ahora Israel, y de algunas de las regiones circundantes. Se encontraron en Siria las ruinas de un templo dedicado a Baal (debajo), en la antigua ciudad de Palmira, al noreste de Damasco. Moisés les había advertido a los judíos que mataran a los cananeos. "Ninguno de estos pueblos debe quedar con vida, pues de lo contrario les enseñarán a ustedes a adorar a otros dioses" (Deuteronomio 20:18 TLA).

- "Sus profetas son mentirosos y arrogantes, en busca de su propia ganancia".
- "Sus sacerdotes profanan el templo al desobedecer las instrucciones de Dios" (Sofonías 3:3–4).

Por estos pecados, Sofonías prometió: "Porque se acerca el imponente día del juicio del Señor. El Señor ha preparado a su pueblo para una gran matanza y ha seleccionado a sus verdugos" (Sofonías 1:7).

La fuerza invasora de Babilonia llegó algunas décadas después.

PERFIL DE UN PROFETA

Habacuc, debatiendo con Dios

Fecha: Probablemente entre el 612 y el 586 a.C.

Lugar: Judá

Dato célebre: Cuando Habacuc descubrió que Dios había planeado castigar a Judá enviando a los invasores babilonios para que destruyeran el país, Habacuc demostró un increíble desparpajo en su respuesta al Dios todopoderoso: "¡No puedes estar hablando en serio!" (Habacuc 1:13 THE MESSAGE).

Su mensaje, resumido: Habacuc lanzó dos quejas contra Dios. Con Judá regodeándose en el pecado, el profeta había estado orando para que Dios intervenga y lleve al país en una nueva dirección. "¿Hasta cuándo debo pedir ayuda, oh Señor?" (Habacuc 1:2). Dios finalmente respondió y dijo que estaba por poner de cabeza el país al permitir la invasión de los babilonios. Habacuc se quejó una segunda vez. "No te quedes callado ni permitas que los malvados [los babilonios] maten a quienes somos buenos [los judíos]" (Habacuc 1:13 TLA). Dios le aseguró a Habacuc que los babilonios también recibirían el mismo trato en el momento indicado. Resignado por la devastación inminente de su país, Habacuc respondió con una de las oraciones de confianza en Dios más hermosas de la Biblia. "Aunque las higueras no florezcan y no haya uvas en las vides, aunque se pierda la cosecha de oliva y los campos queden vacíos y no den fruto, aunque los rebaños mueran en los campos y los establos estén vacíos, ¡aun así me alegraré en el Señor! ¡Me gozaré en el Dios de mi salvación!" (Habacuc 3:17–18).

PERFIL DE UN PROFETA

Jeremías, es hora de llorar

Fecha de las profecías: 627–586 a.C.

Lugar: Jerusalén

Dato célebre: Jeremías no solo predijo la caída de Jerusalén, vivió para verla —desde el punto de vista de una víctima dentro de la ciudad—. Muchos expertos en la Biblia dicen que probablemente escribió Lamentaciones —el libro más triste de la Biblia—. Es el relato de un testigo ocular del asedio y la batalla.

Su mensaje, resumido: Durante años, Jeremías les suplicó a los judíos de Judá que se arrepintieran. Finalmente, Jeremías anunció que Dios estaba por enviar al rey de Babilonia para "que se los lleve como esclavos a su país o para que los mate. Además, a los enemigos de Judá les daré toda la riqueza de esta ciudad, junto con todos los tesoros de los reyes de Judá. Todo eso lo tomarán y se lo llevarán a Babilonia" (Jeremías 20:4–5 TLA). Cuando los invasores rodearon Jerusalén, Jeremías le aconsejó al rey que se rindiera. Incluso les advirtió a los ciudadanos que era inútil resistirse —que aquellos que se resistieran serían asesinados o exiliados, pero que a aquel que se rindiera "se le permitirá permanecer en su propio país para cultivar la tierra como siempre" (Jeremías 27:11). El rey de Judá, Sedequías, lo encerró en la cárcel por traición. Pero luego de que los babilonios tomaron la ciudad, eximieron a Jeremías de la deportación porque les había aconsejado a los judíos que se rindieran. Aunque este no sería el fin de la nación judía. Jeremías expuso su idea con una descripción verbal. Un alfarero que está creando una jarra de arcilla se da cuenta de que esta tiene una falla. Entonces destroza la arcilla para volver a formar una bola y comienza de nuevo. Jeremías dijo que Dios haría lo mismo con la nación judía. Primero la destrozaría. Luego la reharía.

Jeremías notifica. Hablando en nombre de Dios, Jeremías comenzó por recordar con cuántas ganas los judíos solían seguir al Señor —como una joven novia que sigue a su esposo a su nuevo hogar—.

"Fui yo quien los trajo a esta buena tierra, donde hay comida en abundancia. Pero

Lecciones de un leopardo. Señalando a un leopardo, el profeta Jeremías expresó sus dudas de que la nación judía pudiera cambiar sus malas formas: "¡Puede el etíope cambiar de piel, o el leopardo quitarse sus manchas? ¡Pues tampoco ustedes pueden hacer el bien, acostumbrados como están a hacer el mal!" (Jeremías 13:23 NVI).

llegaron ustedes y todo lo ensuciaron" (Jeremías 2:7 TLA).

El mayor pecado de Judá fue la idolatría. Dios lo llamó prostitución espiritual. Y no fue solo espiritual. Algunos de los cultos a la fertilidad implicaban tener sexo con sacerdotes y sacerdotisas —para estimular a los dioses mirones—. Baal, por ejemplo, era un dios al que muchas personas oraban cuando querían que lloviera. Algunos interpretaban la lluvia como el semen de Baal, algo que excede los niveles de asquerosidad. Sus adoradores pensaban que si podían estimularlo lo suficiente teniendo sexo en sus templos y santuarios, enviaría la lluvia.

Al igual que Isaías antes que él y que Ezequiel en su propia época, Jeremías intentó lograr que los judíos se volvieran a Dios, no solo con palabras, sino también con profecías representadas:

- **Jeremías destrozó un jarro de arcilla enfrente de los líderes de Jerusalén.** "Esto dice el Señor de los Ejércitos Celestiales: 'Así como esta vasija está hecha pedazos, así haré pedazos a la gente de Judá y de Jerusalén, de tal manera que no habrá esperanza de reparación'" (Jeremías 19:11).

- **Jeremías se rehusó a asistir a fiestas.** "Pues esto dice el Señor de los Ejércitos Celestiales, Dios de Israel... pondré fin a las risas y a las canciones alegres en esta tierra" (Jeremías 16:9).

Jeremías no dejó nada librado a la imaginación en cuanto a cómo Dios lo haría: "Entregaré al pueblo de Judá en manos del rey de Babilonia. Él los llevará cautivos a Babilonia o los traspasará con la espada" (Jeremías 20:4).

El rey de Babilonia, Nabucodonosor, llegó a Jerusalén el 15 de enero del 588 a.C. (Varios hechos que aparecen en Jeremías se pueden cotejar con aquellos que figuran con la misma fecha en documentos babilónicos). Los babilonios rodearon la ciudad y comenzaron la tediosa tarea de atravesar los gruesos muros de piedra de Jerusalén. Una técnica muy usada era hacer un túnel por debajo de la pared y luego arrancar las vigas que soportan el túnel, logrando que este colapse junto con parte del muro de piedra que estaba sobre él.

El asedio de Babilonia duró dos años y medio. El libro de Lamentaciones describe el sufrimiento dentro de Jerusalén con detalles desgarradores: Madres hambrientas cocinaron a sus propios hijos para poder comer. El 18 de julio del 586 a.C. colapsó parte de la pared. El rey judío Sedequías huyó con lo que quedó de su ejército.

Los babilonios lo alcanzaron y le arrancaron los ojos —pero solo después de forzarlo a mirar cómo degollaban a sus hijos y a los asesores del palacio—. Sedequías pasaría el resto de su maldita vida como prisionero babilonio.

En agosto, los babilonios comenzaron el trabajo de incendiar Jerusalén y luego desmantelarla piedra por piedra: templo, palacio, casas, muros. La mayoría de los sobrevivientes de

Jerusalén, 832 de ellos, fueron llevados cautivos a Babilonia. Algunos de los más pobres se quedaron para cuidar los viñedos y los campos. Jeremías, quien fue liberado porque le había aconsejado a Sedequías que se rindiera, decidió quedarse en su tierra natal. Pero un grupo de judíos lo forzaron a que fuera con ellos a Egipto, en donde nunca más se supo de él.

EL DÍA INDECISO DEL SEÑOR

Griten de terror, porque ha llegado el día del SEÑOR, el momento para que el Todopoderoso destruya.

ISAÍAS 13:6

Hubo un tiempo en que el "día del SEÑOR" era considerado algo bueno. Era algo que uno esperaba —Dios entrando en la historia para luchar por Israel—.

Los expertos en la Biblia atribuyen el origen de esta idea al nacimiento de Israel como nación, cuando Dios irrumpió en las páginas de la historia humana y liberó a los esclavos israelitas que estaban en Egipto.

La frase *día del SEÑOR* aparece en algunas traducciones de la Biblia como una palabra o una frase, como por ejemplo "en aquel día", "en ese entonces" o "día de visitación".

Ese mismo día el SEÑOR sacó de Egipto al pueblo de Israel como un ejército.

ÉXODO 12:51

Esta frase reconfortante cambió por completo setecientos años después cuando los profetas de Israel la reinventaron.

Pasó de ser una frase digna para el anuncio del nacimiento de Israel, a una frase digna de su lápida —una descripción de lo que la había matado—.

Qué aflicción les espera a ustedes que dicen: "¡Si tan sólo hoy fuera el día del SEÑOR!". No tienen la menor idea de lo que desean. Ese día no traerá luz sino oscuridad.

AMÓS 5:18

¡Atención, viene el día del SEÑOR, cuando tus posesiones serán saqueadas frente a ti!
Reuniré a todas las naciones para que peleen contra Jerusalén. La ciudad será tomada, las casas saqueadas y las mujeres violadas. La mitad de la población será llevada al cautiverio y al resto la dejarán entre las ruinas de la ciudad.

ZACARÍAS 14:1–2

Afortunadamente, un profeta dijo que la frase cambiaría una vez más. Pero esta vez, para bien.

"Derramaré mi Espíritu en toda la gente... Haré maravillas en el cielo y señales en la tierra... antes del día del juicio de Dios, el Día tremendo y maravilloso. Quien llame '¡Ayúdame, Dios!' recibirá ayuda".

JOEL 2:28, 30–32 THE MESSAGE

Ira justa. Dios le da la espalda a los imperios y las naciones que abusaron del pueblo judío. Con los judíos en tiempo muerto a nivel nacional, exiliados de su tierra natal debido a sus pecados, Dios ahora se prepara para lidiar con los enemigos de Israel. Correrá sangre.

GUERRA SANTA: DIOS CONTRA LOS ENEMIGOS DE ISRAEL

Dios está enojado, es bueno y está enojado con todas las naciones, tan furiosamente enojado con sus armas y ejércitos que se va a deshacer de ellos, arrasará con ellos. Los cadáveres, descartados de a montones, apestarán como el basural del pueblo en pleno verano.

ISAÍAS 34:2-3 THE MESSAGE

Hay al menos una cosa que Dios odia por completo. El pecado.

No importa quién es el que peca.

Puede que sean los judíos, la raza que Dios mismo eligió "para manifestar mi justicia" y para dirigir a los demás hacia él como "una luz para guiar a las naciones" (Isaías 42:6).

O puede que sean otras personas: los asirios, los babilonios, los egipcios —la Biblia provee una larga lista de naciones pecadoras que rechazaron la guía espiritual de Dios—.

¿Qué hay para odiar?

- Las personas le oran a un ídolo de piedra como si las rocas pudieran dar una respuesta.
- Las personas siguen el deseo de su corazón entreteniendo a los dioses con rituales de sexo adúltero en un templo o apaciguando a los dioses con sacrificios humanos.
- Las personas en lugares de poder se ayudan a sí mismas en vez de ayudar a quienes se supone que deben ayudar y su explotación roba, arruina y destruye a los indefensos.

No hay nada agradable en todo esto ni en cualquier otro pecado. Aleja a la gente de los demás y de Dios.

La historia de los profetas es la historia de Dios en acción, poniendo un freno al pecado por todos los medios necesarios. Envió mensajeros para advertirles a los judíos que estaban yendo a toda marcha por el camino equivocado, destinado a los problemas. Luego, reacio como un padre amoroso que disciplina a un niño, Dios castigó a los judíos. Usó naciones aledañas como su instrumento de corrección.

Pero luego de haber impartido disciplina y de que los judíos estuvieran camino a la sanación, la recuperación y la renovación de su vida espiritual, Dios posó su mirada en las naciones aledañas. A ellas también les envió profetas con advertencias. Pero al final tuvieron que aprender su lección al igual que los judíos —por las malas—.

El factor miedo. Un soldado asirio descuartiza a un cautivo, mientras que otro prisionero cuelga en el aire, empalado en una estaca. La mirada vacía de las cabezas decapitadas observan la horripilante tortura. Los gobernantes asirios usaron tácticas terroríficas como herramienta de manejo para mantener a los reinos subordinados lo suficientemente asustados como para no rebelarse. Y para asegurarse de que nadie olvidara el costo de la rebelión, las paredes del palacio estaban decoradas con escenas como esta. Esta banda de bronce era de la puerta del palacio de Salmanasar III (gobernante entre 858–824 a.C.).

ASIRIA: TERRORISTAS DEL ANTIGUO ORIENTE MEDIO

Aunque digamos que no es necesario, la Biblia nos cuenta cuán perverso fue el primer gran imperio del mundo. Los mismos asirios preservaron su cuento despiadado —y presumieron de su terrorismo—.

Las escenas talladas en piedra y enmarcadas para colocar en las paredes del palacio incluían a prisioneros de guerra:

- empalados en estacas de madera
- despellejados vivos
- decapitados, con las cabezas apiladas para luego hacer un conteo, como si fueran melones en un mercado de productores agrícolas

Los asirios, establecidos en Nínive, cerca de lo que hoy es la ciudad de Mosul en el norte de Irak, trataron con brutalidad al Oriente Medio durante cerca de trescientos años (aproximadamente entre 900–612 a.C.).

En su auge, luego de que murió Salomón y la nación judía se dividió en dos, el Imperio asirio destruyó los centros de población del Oriente Medio. El imperio se extendió desde lo que hoy en día es Irán, en el este, hasta el río Nilo de Egipto, en el oeste.

El motivo que declaró tener Asiria: la religión.

Era una guerra santa de evangelismo pagano.

Así lo dijo uno de los primeros y más exitosos reyes de Asiria, Asurnasirpal II (que reinó entre los años 883 y 858 a.C.). Dijo que quería convertir a los extranjeros a la fe iluminada del dios asirio de quien recibió su nombre: Asur, el dios de la guerra.

El rey y otros como él alabaron el terrorismo casi como si fuera un ritual de adoración, y su presunción consta en acta:

> *Despellejé a todos los nobles que se rebelaron ante mí y colgué sus pellejos en las paredes.*
>
> Asurnasirpal II

> *Capturé vivas a muchas tropas. A algunas les corté los brazos y las manos. A otras les corté las narices, las orejas, las extremidades. Les saqué los ojos a muchas tropas.*
>
> Asurnasirpal II

> *Les corté los testículos y les arranqué sus miembros como si fueran semillas de pepino.*
>
> Senaquerib, luego de destruir 46 ciudades judías

Si estas andanzas militares fueron cruzadas que se emprendieron para propagar las buenas nuevas de Asur, es un misterio el por qué Asiria no obligó a las naciones conquistadas a convertirse.

Pero en lo que Asiria sí insistió fue en el oro, la plata y los otros objetos de valor con los que se pagaron los impuestos anuales para construir y sostener su imperio.

Jonás, escupido por un pez

Fecha: Durante el reinado de Jeroboam II (cerca del 793–753 a.C.).

Lugar: Vivió en la nación judía del norte, Israel, pero llevó su profecía a Nínive, la capital del feroz Imperio asirio cerca de lo que hoy en día es la ciudad de Mosul, en el norte de Irak.

Dato célebre: Después de que Dios le ordenara ir a Nínive, Jonás se subió a un barco que se dirigía en la dirección opuesta. Un gran pez lo tragó y lo escupió en la costa.

Su mensaje, resumido: El mensaje de una sola oración de Jonás probablemente no sea el punto de su historia. La oración: "Dentro de cuarenta días Nínive será destruida" (Jonás 3:4). Pero Nínive se arrepintió y Dios le perdonó la vida —para desilusión y enojo de Jonás—. De repente, parecía un profeta que no sabía de qué estaba hablando. Pero el punto de la historia es que Dios perdona rápido —incluso a la gente de la capital de uno de los imperios más despiadados y aterradores de la historia humana—. Nínive sobrevivió hasta el siguiente siglo.

Asurnasirpal utilizó estos recursos en el hogar para construir un grandioso palacio y renovar los templos antiguos y las pirámides escalonadas llamadas *zigurats*.

Si pudiéramos hacer un gráfico del poder e influencia de Asiria de un rey al otro, terminaríamos con una línea llena de picos que parecería un informe del mercado de valores. Siempre que un rey débil ascendía al trono o un gran poder como Egipto desafiaba al imperio, algunos reinos súbditos entendían esto como un aviso para liberarse de Asiria.

Eso es lo que mató a la nación judía del norte, Israel. El rey judío Oseas envió a sus mensajeros a Egipto, quizás para formar una alianza en contra de Asiria. Luego retuvo los impuestos que se le debían a Asiria.

Oseas pensó que era el momento indicado. El rey asirio Salmanasar V (que reinó entre los años 726 y 722 a.C.) no pareció estar interesado en las conquistas extranjeras. Pero resulta que sí le importaba el dinero extranjero. Así que le ordenó a su ejército que fuera a buscarlo. Salmanasar murió durante el asedio de tres años que sufrió la capital de Israel, Samaria. Pero su sucesor, Sargón II (721–705 a.C.), finalizó la tarea y desmanteló a Israel como nación y, de acuerdo con su registro, deportó a 27,290 sobrevivientes.

Sargón volvió a poblar la tierra con los pioneros aceptados por los asirios y que provenían de lo que hoy son Irán y Siria. Algunos se casaron con los judíos que habían quedado en la región. A sus descendientes se los conoció como samaritanos —personas odiadas por muchos judíos en la época de Jesús por ser una raza mestiza con una religión mestiza—. Los samaritanos solo veneraban los libros de Moisés, los cuales, según los judíos, fueron editados para acomodarse a la religión samaritana.

Cuando Sargón murió, el rey Ezequías de la última nación judía sobreviviente, Judá, intentó lo que Israel no había podido conseguir: liberarse de Asiria. No funcionó. El sucesor de Sargón, Senaquerib (que reinó entre los años 704 y 681 a.C.), movilizó a su ejército en el 701 a.C.

Su registro de la campaña dice que demolió 46 ciudades judías. Pero se contuvo de declarar haber capturado a Jerusalén. Simplemente dijo que había rodeado la ciudad. Eso coincide con la predicción de Isaías y el relato bíblico: "Y esto dice el Señor acerca del rey de Asiria: 'Sus ejércitos no entrarán en Jerusalén; ni siquiera lanzarán una sola flecha contra ella... El rey regresará a su propia tierra por el mismo camino por donde vino'" (Isaías 37:33–34). (*Ver una imagen del prisma de arcilla de Senaquerib que muestra con detalle su campaña en contra de Judá en la página 42*).

Durante este asedio, los judíos se despertaron una mañana y encontraron a 185,000 soldados asirios muertos y ni un rastro del resto del ejército. La Biblia dice que esta fue obra de "el ángel del Señor" (2 Reyes 19:35). Pero el historiador griego Heródoto, quien escribió alrededor de 250 años después, da a entender que puede que la peste bubónica haya matado a los soldados. Heródoto informó que cuando el ejército se dirigió a interceptar a las fuerzas egipcias que venían al rescate de Jerusalén, los asirios fueron infestados por montones de ratones que se comieron los equipos hechos de cuero, como por ejemplo las cuerdas de los arcos y los escudos, y eso causó la muerte de muchos de los soldados. Las pulgas de los ratones llevan la peste bubónica.

Pueden pasar de tres a diez días antes de que aparezcan los síntomas: inflamación de los nódulos linfáticos, fiebre, vómitos, diarrea y delirios. Hubo aproximadamente una tasa de mortandad del 70% dentro de la semana posterior a la aparición de los primeros síntomas. De una a dos semanas hubiera sido un tiempo aceptable que les podría haber llevado a las tropas asirias para enfrentarse a los egipcios y dispersarlos, y volver a Jerusalén. El lugar en el que Senaquerib informa haber vencido a los egipcios quedaba a solo dos días de marcha rumbo al este hacia la costa.

Algunos se preguntan si esta fue la plaga que Isaías había predicho: "El Señor, el Señor de los Ejércitos Celestiales, enviará una plaga entre las orgullosas tropas de Asiria, y un fuego ardiente consumirá su gloria" (Isaías 10:16).

Los dos hijos de Senaquerib luego lo asesinaron en su hogar. La guerra civil y las luchas de poder internas debilitaron a Asiria durante sus últimas décadas. En el 612 a.C., una fuerza invasora de medos, de lo que hoy en día es Irán, y babilonios, de lo que hoy en día es el sur de Irak, destruyeron la capital asiria de Nínive.

Nahúm lo predijo:

Nínive, tu enemigo viene para aplastarte... ¡Los escudos resplandecen rojizos a la luz del sol! ¡Miren los uniformes escarlatas de las valientes tropas! Observen a los deslumbrantes carros de guerra tomar posiciones, sobre ellos se agita un bosque de lanzas... ¡El palacio está a punto de desplomarse!
NAHÚM 2:1, 3, 6

De repente, Asiria—al igual que Israel— solo existió en la historia.

DIOS HABLA CON ASIRIA

Antes de la caída de Israel y Judá, los profetas habían advertido que Dios enviaría a los asirios para castigar a los judíos: "En ese día, el Señor contratará a una 'navaja' procedente del otro lado del río Éufrates —el rey de Asiria— y la usará para afeitarte por completo: tu tierra, tus cosechas y tu pueblo" (Isaías 7:20).

Pero ahora, con Israel arrasada y Judá pronto a serlo, era el turno de Asiria para desaparecer.

- **Asiria es simplemente una herramienta en las manos de Dios.** "El rey de Asiria no comprenderá que es mi instrumento... Después de que el Señor haya utilizado al rey de Asiria para llevar a cabo sus propósitos en el monte Sión y en Jerusalén, se volverá contra el rey de Asiria y lo castigará" (Isaías 10:7, 12).

- **Destrucción a la vista.** "¡Qué aflicción les espera a ustedes, asirios! (...) Cuando terminen de destruir, serán destruidos. Cuando terminen de traicionar, serán traicionados" (Isaías 33:1).

- **Capital del desecho.** "Con su puño, el Señor golpeará a las tierras del norte y así destruirá a la tierra de Asiria. Hará de Nínive, su gran capital, una desolada tierra baldía, reseca como un desierto. La orgullosa ciudad vendrá a ser pastizal para los rebaños y manadas" (Sofonías 2:13–14).

Nínive, de la realeza a la ruina. En una época, la capital de Asiria era una hermosa ciudad enclavada a lo largo del río Tigris (izquierda). La protegía un muro de casi ocho millas (13 km), cuyas ruinas todavía se pueden observar desde el cielo como un contorno blanco. El río Khosr, afluente del Tigris, irrigaba el agua de Nínive a medida que corría a través del corazón de la ciudad. Hoy en día, las ruinas de la ciudad se extienden a lo largo del río desde Mosul. La entrada a las ciudades asirias más extensas estaban resguardadas por decoraciones ornamentadas, algunas con forma de bestias. Un grupo de bestias —toros alados con cabezas humanas (arriba)— recibían a los visitantes de la ciudad cercana de Khorsabad durante la época de los profetas.

BABILONIA: LOS CHICOS MALOS DEL ORIENTE MEDIO

Con Asiria hecha polvo, los cuarteles generales de la superpotencia se trasladaron 270 millas al sur (440 km) hacia Babilonia, la ciudad capital del Imperio babilonio, cerca de 55 millas (90 km) al sur de Bagdad.

Si los reyes vecinos como Joacim, rey de Judá (que reinó entre los años 609 y 598 a.C.), esperaban un cambio para bien, pues se llevarían una desagradable sorpresa. El rey más fuerte y más conocido de Babilonia se aseguró de que así fuera: Nabucodonosor (que reinó entre los años 605 y 562 a.C.).

La primera orden del día de Nabucodonosor fue llamar a una reunión cumbre regional. Allí ordenó a los reyes vecinos que sirvieran como gobernantes títere de Babilonia; Nabucodonosor sería quien manejaría los hilos. El primer hilo consistió en que los reyes deberían hurgar entre sus tesoros y entregar parte de sus objetos de valor para sustentar al Imperio babilonio. Los reyes tendrían que hacer esto cada año —pagar sus impuestos—. Y para demostrar que él era quien mandaba, puede que Nabucodonosor se haya llevado con él a algunos de sus asesores reales y a otros ciudadanos bien ubicados a Babilonia.

Los gobernadores títere de Judá habían bailado al son de los amos de Asiria durante varias generaciones. Y Joacim estaba harto de que alguien más le dijera cuán alto saltar. Así que al parecer organizó una coalición contra Babilonia, uniendo fuerzas con Egipto y los reinos de las ciudades de Tiro y Sidón, en lo que hoy es el Líbano, y con Moab y Edom, en lo que hoy en día es Jordania. Entonces todos ellos dejaron de enviarles sus pagos a Babilonia.

El rey judío también permitió que las personas volvieran a adorar ídolos otra vez: Baal y Moloc. Los ídolos de la fertilidad enterrados con las personas de esa época confirman la información de la Biblia.

Jeremías se opuso tanto a la idolatría como a la alianza. Hablando en nombre de Dios, advirtió a los judíos: "Me pusieron furioso al rendir culto a ídolos hechos con sus propias manos... Reuniré a todos los ejércitos del norte bajo el mando de Nabucodonosor, rey de Babilonia, a quien nombré mi representante... Toda la tierra se convertirá en una desolada tierra baldía. Israel y las naciones vecinas servirán al rey de Babilonia por setenta años" (Jeremías 25:7, 9, 11).

Alrededor de siete años después, luego de que Joacim muriera y fuera sucedido por su hijo Joaquín (que reinó entre los años 598 y 597 a.C.), los babilonios cumplieron la profecía de Jeremías. La coalición de Judá conformada por destructores de babilonios demostró no estar a la albura de Nabucodonosor.

Una placa de arcilla de la época de Nabucodonosor encontrada cerca del palacio de Babilonia confirma la historia de la Biblia:

En el séptimo año [de reinado del rey Nabucodonosor, 598 a.C.], en el mes de Kislimu [o Kislev, noviembre/diciembre], el rey de Acad [Nabucodonosor de Babilonia] reunió a sus tropas, marchó a Hatti [al este del río Éufrates, un territorio que solía estar controlado por los hititas] y acamparon a las afueras de la ciudad de Judá [Jerusalén]. En el segundo día del mes de Addaru [o Adar, febrero/marzo] tomó la ciudad y capturó al rey.
CRÓNICA BABILONIA, QUE ABARCA LOS AÑOS 605–594 a.C.

(Ver una fotografía de la placa en la página 43).

La Biblia agrega que Nabucodonosor llevó al rey Joaquín de vuelta a Babilonia, junto con "toda la población de Jerusalén —unas diez mil personas en total— incluso a los comandantes y a los mejores soldados, y a los artesanos y a otras personas habilidosas. Sólo dejaron en el país a la gente más pobre" (2 Reyes 24:14). Luego Nabucodonosor designó a un nuevo rey: Sedequías, de 21 años (597–586 a.C.) —el rey que luego apagó las luces de Judá—.

Nueve años después de que Nabucodonosor pensara que había resuelto el problema de rebeldía de los judíos, estaba de vuelta lidiando con él —y estaba furioso—. Resultó ser que su rey judío elegido por él mismo estaba tan harto de los carteristas de la superpotencia como los reyes judíos que lo precedieron. Así que dejó de pagar sus impuestos a Babilonia.

Jeremías le dijo al rey Sedequías que era una terrible decisión. Tenía razón. Nabucodonosor llegó con su ejército el 15 de enero del 588 a.C. Los soldados se conformaron con lo que sería un asedio de dos años y medio, matando de hambre a los judíos dentro de la ciudad amurallada.

Jeremías le dio este consejo al último rey de Judá: "Si te rindes a los oficiales babilónicos, tú y toda tu familia vivirán, y la ciudad no será incendiada; pero si rehúsas rendirte, ¡no escaparás! La ciudad será entregada en manos de los babilonios y la incendiarán hasta reducirla a cenizas" (Jeremías 38:17–18).

Sedequías dijo que tenía demasiado miedo como para rendirse. El 18 de julio de 586 a.C. los babilonios atravesaron el muro. En vez de quedarse a proteger a los ciudadanos desarmados, Sedequías y su ejército huyeron hacia las planicies de Jericó en el valle del río Jordán, alrededor de 20 millas al este (32 km). Allí es donde los babilonios lo atraparon.

Nabucodonosor emitió una serie de horribles órdenes:

- Lo último que vio el rey Sedequías fue a sus nobles y a sus hijos masacrados.

¿ISAÍAS TENÍA UN ESCRITOR FANTASMA?

Algunos expertos de la Biblia dicen que el profeta Isaías no tenía solo un escritor fantasma —tenía dos—.

Otros expertos, sin embargo, insisten en que Isaías escribió todo el libro que lleva su nombre. Pero actualmente esos eruditos parecen ser la minoría. La mayoría dice que es más posible que haya habido tres escritores que mojaron sus plumas en tinta para este proyecto masivo que abarcó tres épocas de la historia de Israel:

- Isaías, quien escribió los capítulos 1–39, desarrollados cien años antes de que los invasores babilonios destruyeran Jerusalén y exiliaran a los judíos en el 586 a.C.
- Un escritor en Babilonia durante el exilio, quien contribuyó con los capítulos 40–55 un siglo después de que muriera Isaías.
- Un escritor de Israel luego del exilio, quien contribuyó con los capítulos 56–66 cerca de dos siglos después de Isaías.

LA TEORÍA DE LOS TRES ESCRITORES

Hay argumentos claves que apoyan la teoría de los tres escritores:

Ciro publicado doscientos años antes. En una predicción sin antecedentes, Isaías nombró al rey que liberaría a los exiliados: "Ciro pondrá en libertad a los israelitas que viven como esclavos en el país de Babilonia; los liberará sin pedirles nada a cambio" (Isaías 45:13 TLA).

El juicio pasa a segundo lugar detrás de la esperanza. El capítulo 40 marca un alejamiento abrupto de la ruina. De repente el escritor comienza a prometer que Dios restaurará la nación judía. También hay cambios en el estilo de la escritura,

- Luego los soldados arrancaron los ojos de Sedequías, lo encadenaron y lo llevaron a Babilonia como un prisionero político exiliado de su tierra natal.
- Jerusalén fue quemada —palacio y Templo incluidos—.
- Las ciudades fueron destruidas.
- La mayoría de los sobrevivientes judíos fueron exiliados a Babilonia.
- Solo los más pobres se quedaron, junto con Jeremías, quien obtuvo gracia por intentar convencer a Sedequías de rendirse.

Como refugiados en el exilio, los judíos comenzaron a escuchar predicciones sobre Dios restaurando a Israel. Jeremías había dicho que el exilio duraría setenta años —quizás un número simbólico que se refería a la cantidad de tiempo que Dios sintiera que era adecuada—. El siete simbolizaba plenitud, porque Dios descansó de la creación al séptimo día.

El exilio en realidad duró cerca de cincuenta años desde la caída de Jerusalén, aunque casi setenta desde la primera invasión y deportación babilonia alrededor del 605 a.C. Los persas que vivían en lo que hoy es Irán, liderados por Ciro el Grande, derrotaron a los babilonios en el 539 a.C. y liberaron a los judíos para que regresaran a casa.

algunas de las palabras favoritas desaparecen y algunas otras aparecen.

Gran enfoque en el futuro lejano. La mayoría de los profetas se enfocó en las condiciones de su propia época, no en las situaciones por venir.

LA TEORÍA DE UN SOLO ESCRITOR.

El argumento de los eruditos que dicen que Isaías escribió el libro solo posee algunos contrapuntos:

Los profetas pueden predecir el futuro. Dios podría haberle provisto a Isaías el entendimiento que se hace visible en los capítulos de cierre, así como lo hizo en los capítulos anteriores.

Los escritores pueden cambiar su estilo con el tiempo. Puede que Isaías haya escrito los capítulos de cierre más adelante en su vida, lo que explicaría el cambio en los estilos de escritura.

Un rollo entero del mar Muerto. Se encontró una copia de Isaías escrita alrededor del 100 a.C. entre los rollos del mar Muerto en la década de los cuarenta. El capítulo 40 comienza como la última línea en una columna. Esta era la oportunidad perfecta para que el escriba inserte un salto para mostrar que otro escritor escribió la siguiente sección. Pero no hay ningún salto.

Quien sea que escribió el libro de Isaías, se convirtió en la fuente predilecta para las citas de Jesús y para los escritores del Nuevo Testamento. Isaías es el libro más citado en los cuatro Evangelios del Nuevo Testamento, Mateo, Marcos, Lucas y Juan. Es por eso que algunos eruditos hoy en día llaman a Isaías el Quinto Evangelio.

Daniel, mirando *Cats*

Fecha: Su historia abarca cerca de sesenta años, comenzando alrededor del 600 a.C., poco después de que los babilonios borraran la última nación judía del mapa mundial en el 586 a.C.

Lugar: De joven Daniel vivió en Jerusalén, quizás como un príncipe, hasta que los invasores babilonios lo tomaron prisionero. Ofició de consejero de los reyes extranjeros de dos imperios: Babilonia (ahora Irak) y Persia (ahora Irán).

Dato célebre: Por haber sido encontrado orando a Dios durante una prohibición de treinta días durante la que solo podía orar al rey, Daniel fue arrojado a una guarida de leones. Sobrevivió. Pero no sucedió lo mismo con los funcionarios celosos que habían engañado al rey al sugerirle que estableciera una prohibición para la oración. El rey —furioso con estos funcionarios por haberlo manipulado— ordenó que los lanzaran a la guarida al día siguiente. Los leones se los comieron.

Su mensaje, resumido: Siete de los doce capítulos de Daniel cuentan los mejores momentos de su vida como un prisionero político que hizo el bien en el exilio. Su sabiduría y su don de la interpretación de los sueños le ganaron un lugar como el asesor principal del palacio. Su libro finaliza con una serie de visiones tan desconcertantes que el ángel Gabriel tuvo que explicárselas. Algunos eruditos dicen que las visiones se refieren al futuro de Daniel pero en algún momento de nuestro pasado —en especial las visiones acerca de cuatro superpotencias, comenzando con Babilonia y terminando con los griegos o los romanos; todavía está en debate cuál de ellas—. Luego de que estos reinos se desvanezcan en la historia, Daniel dice que Dios enviará a un líder a quien muchos identifican como Jesús: "el Ungido" —quien pondrá en pie un reino perfecto que superará a todos los demás—. "Su gobierno es eterno, no tendrá fin. Su reino jamás será destruido" (Daniel 7:14).

DIOS HABLA CON BABILONIA

Los babilonios estaban a un siglo de convertirse en la nueva superpotencia mundial, cuando Isaías no solo vio que su estrella subía, sino que también la vio caer.

Isaías vivió alrededor del 700 a.C., cuando Asiria maltrató al Oriente Medio y arrasó con cada ciudad amurallada de los judíos excepto Jerusalén. Sin embargo, Isaías vio el nacimiento de Babilonia en el 612 a.C. y la muerte de Babilonia menos de un siglo después.

Eso sería algo así como si el presidente George Washington se colocara los dientes postizos hechos de marfil de hipopótamo y elefante para dar su primer discurso presidencial en 1789 y luego le dijera a su público que se transportaba en carruajes que un día la gente viajaría en los automóviles eléctricos que se popularizaron alrededor del 1880. Y luego el presidente haría una predicción adicional: Esos automóviles serían reemplazados por una nueva generación de vehículos a gasolina, que comenzarían con la producción masiva del Ford Modelo T en 1908. Y luego el presidente remataría sus predicciones al nombrar a Henry Ford como el hombre detrás de la Ford Motor Company.

Isaías y otros profetas dijeron esto en nombre de Dios sobre el colapso inevitable de Babilonia:

- **Peor que un pueblo fantasma.** "Llama al ejército contra Babilonia... Miren, yo incitaré a los medos contra Babilonia... Babilonia, el más glorioso de los reinos, la flor del orgullo caldeo, será devastada como Sodoma y Gomorra... Babilonia nunca más volverá a ser habitada; permanecerá vacía de generación en generación" (Isaías 13:2, 17, 19–20).

- **Ni siquiera los dioses sobrevivirán.** "¡Caerá Babilonia! Sus imágenes e ídolos serán hechos pedazos. Sus dioses Bel y Merodac serán completamente deshonrados. Pues una nación la atacará desde el norte y traerá tal destrucción que nadie volverá a vivir allí" (Jeremías 50:2–3).

- **La pared manuscrita.** Durante una fiesta en el palacio, el rey babilonio Belsasar invita a las visitas a beber en copas de oro y plata saqueadas del Templo de Jerusalén. De repente, una mano desmembrada escribe en la pared: ENUMERADO. ENUMERADO. PESADO. DIVIDIDO. El profeta judío Daniel, a quien llamaron para que interpretase el mensaje, informó: "Dios ha contado los días de su reinado y le ha puesto fin... Usted ha sido pesado en la balanza y no dio la medida... Su reino ha sido dividido y dado a los medos y a los persas" (Daniel 5:26–28). El libro de Daniel informa que la ciudad cayó esa noche, y que Belsasar fue asesinado.

Los doce condenados

Los doce del patíbulo. Dios condena a doce naciones por sus pecados: dos imperios y diez reyes individuales desparramados desde Elam, en lo que hoy en día es Irán, hasta Egipto y Etiopía, en el norte de África.

IMPERIOS DE
ASIRIA, BABILONIA

Mar
Caspio

Nínive

Río Tigris

Río Éufrates

IRÁN

Babilonia

Susa

IRAK

ELAM

KUWAIT

ARABIA SAUDITA

Golfo
Pérsico

Funcionario asirio

N

50   100   150 Millas
0
100   200 Kilómetros

LOS OTROS VECINOS NO TAN SIMPÁTICOS DE ISRAEL

Los profetas de Dios fueron agoreros en iguales oportunidades. Parecería como si jamás hubieran visto un imperio, nación o ciudad estado que no hubieran condenado a la ruina. Condenaron a la ruina a cada vecino importante de los judíos —del norte, del sur, del este y del oeste—. Y a algunos no tan importantes.

Sumando a todos juntos, este diluvio de ruina parece como un *déjà vu* —un retroceso hacia un nuevo Diluvio , la segunda oportunidad divina: "Dios vio que la maldad humana estaba fuera de control—. Las personas pensaban el mal, imaginaban el mal —mal, mal, mal de la mañana a la noche—. (...) Dios dijo: 'Me desharé de mi creación arruinada, volveré a empezar'" (Génesis 6:5, 7 THE MESSAGE).

Ocasionalmente, muchas de estas naciones condenadas a la ruina habían permanecido en buenos términos con los judíos. Algunas naciones, como Egipto y Aram, en lo que hoy es Siria, incluso habían luchado codo a codo con los judíos en un intento inútil por hacer retroceder a los asirios y a los babilonios. Pero si los mensajes de los profetas son indicio de algo, puede que la buena vecindad de estos reinos no haya sido nada en comparación con su avaricia.

NACIÓN: Amón
PECADOS EN CONTRA DE LOS JUDÍOS:
—Crímenes de guerra tales como destripar a una mujer embarazada.
—Ataques a Israel durante dieciocho años.
—Festejaron cuando los invasores babilonios profanaron el Templo de Jerusalén y exiliaron a los judíos.

LA SENTENCIA DE DIOS: "Permitiré que invadan su país los nómadas de los desiertos orientales" (Ezequiel 25:4).
"Haré caer fuego... y todas sus fortalezas serán destruidas...Y su rey y sus príncipes irán juntos al destierro" (Amós 1:14-15).

NACIÓN: Arabia
PECADOS EN CONTRA DE LOS JUDÍOS:
—Ataques de bandas de saqueadores.
—Guerra.
—Se opusieron a los judíos que regresaron del exilio y que comenzaron a reconstruir Jerusalén.

LA SENTENCIA DE DIOS: "Dentro de un año... toda la gloria de Cedar [una región de Arabia Saudita] se acabará. Sólo sobrevivirán unos cuantos de sus valientes arqueros" (Isaías 21:16-17).

NACIÓN: Edom
PECADOS EN CONTRA DE LOS JUDÍOS:
—Se rehusaron a dejar entrar a sus tierras a Moisés y a los refugiados judíos en el Éxodo.
—Guerra con Saúl, David y otros reyes.
—Mataron a refugiados judíos que estaban huyendo de los invasores babilonios.

LA SENTENCIA DE DIOS: "Mi espada... descenderá sobre Edom en juicio, y sobre el pueblo de mi anatema...
Porque es día de venganza de Jehová... se extenderá sobre ella cordel de destrucción, y niveles de asolamiento" (Isaías 34:5, 8, 11 RVR1960).

NACIÓN: Elam
PECADOS EN CONTRA DE LOS JUDÍOS:
—Atacaron lo que hoy en día es Israel y secuestraron al sobrino de Abrahám, Lot.
—Terroristas y saqueadores internacionales. "En vida aterrorizaban a las naciones" (Ezequiel 32:25).

LA SENTENCIA DE DIOS: "Destruiré a los arqueros de Elam, lo mejor de su ejército. Serán desterrados a países de todo el mundo" (Jeremías 49:35-36).

NACIÓN: Egipto
PECADOS EN CONTRA DE LOS JUDÍOS:
—Invitaron a la familia de Jacob a establecerse allí durante un período de sequía en Israel y luego esclavizaron a sus descendientes. Los judíos vivieron en Egipto 430 años antes de que Moisés los guiara a su hogar.
—Atacaron a Israel.
—Obligaron a los judíos a pagar impuestos.

LA SENTENCIA DE DIOS: "Entregaré a Egipto a un amo duro y cruel; un rey feroz los gobernará" (Isaías 19:4).

"El rey de Asiria llevará prisioneros... a los egipcios. Los hará andar desnudos y descalzos, tanto jóvenes como ancianos, con las nalgas descubiertas para vergüenza de Egipto" (Isaías 20:4).

NACIÓN: Etiopía
PECADOS EN CONTRA DE LOS JUDÍOS: —Se unieron a los egipcios para luchar contra Israel y saquearon las riquezas del Templo de Jerusalén.

—Atacaron a Judá con un ejército masivo de "un millón de soldados y trescientos carros de guerra" (2 Crónicas 14:9).

LA SENTENCIA DE DIOS: "La tierra de Etiopía será saqueada... Caerán todos los aliados de Egipto... Con el poder del rey Nabucodonosor de Babilonia, destruiré a las multitudes de Egipto" (Ezequiel 30:4, 6, 10).

NACIÓN: Moab
PECADOS EN CONTRA DE LOS JUDÍOS:
—Le pagaron a un adivino para que maldijera a Moisés y los judíos del Éxodo, aunque este, en cambio, los bendijo.

—Atrajeron a los judíos del Éxodo a que realizaran rituales sexuales para los ídolos.

—Guerra con Saúl, David y muchos otros reyes.

LA SENTENCIA DE DIOS: "Entregaré a los moabitas en manos de los nómadas de los desiertos orientales, tal como hice con los amonitas" (Ezequiel 25:10).

"Moab y Amón serán destruidos, aniquilados por completo, igual que Sodoma y Gomorra" (Sofonías 2:9).

NACIÓN: Filistea
PECADOS EN CONTRA DE LOS JUDÍOS:
—Combatieron permanentemente a los judíos por el control de lo que hoy en día es Israel.
—Robaron, durante un tiempo, el cofre que contenía los Diez Mandamientos: el Arca del pacto.
—Guerra con Saúl, David y otros reyes.

LA SENTENCIA DE DIOS: "Alzaré mi puño de juicio contra la tierra de los filisteos. Destruiré... a la gente que vive junto al mar" (Ezequiel 25:16).

NACIÓN: Fenicia (Sidón y Tiro)
PECADOS EN CONTRA DE LOS JUDÍOS:
—Adoraban a Baal y Asera, una religión que la princesa de Sidón, Jezabel, impuso a Israel cuando se casó con el rey Acab.

LA SENTENCIA DE DIOS: "El Señor extendió su mano sobre el mar... Él se ha pronunciado contra Fenicia, ordenó que fueran destruidas sus fortalezas" (Isaías 23:11). "Pero ahora el Señor despojará a Tiro de sus posesiones y lanzará sus fortificaciones al mar, y será reducida a cenizas" (Zacarías 9:4).

NACIÓN: Siria (Aram)
PECADOS EN CONTRA DE LOS JUDÍOS:
—Violentos en general para con los judíos desde que Josué guió a su pueblo por primera vez hacia lo que hoy es Israel. Pelearon en muchas guerras.

LA SENTENCIA DE DIOS: "Los habitantes de Damasco han pecado una y otra vez... Derribaré las puertas... y los habitantes de Aram serán llevados cautivos a Kir [posiblemente Nínive]" (Amós 1:3, 5).

Alguien tiene que medicar a Dios.

Esa es la conclusión a la que llegan los que leen la Biblia por primera vez mientras avanzan en la lectura de los profetas. En grandes secciones de estos libros, Dios no aparece representado como una persona feliz.

Puede que los que leen la Biblia por primera vez lo diagnostiquen con algunos desórdenes poco santos y muy merecidos:

- **Obsesivo del control.** Insiste en que los judíos obedezcan sus reglas. O los matará.
- **Temperamental.** Cuando ellos rompen sus reglas, él contiene su ira durante un largo tiempo y luego explota como una bomba de racimo, absorbiendo la vida de ciudades enteras y ensuciando el paisaje con trozos humanos.
- **Manipulador.** Usa a la gente —a escala internacional—. Usará a una nación para destruir a otra. Luego encontrará a otra nación para destruir a la destructora. El crimen organizado funciona de esa manera, pero en menor escala.
- **Cambios de humor bipolares.** Primero ama a la nación judía. Luego la odia lo suficiente como para borrarla del mapa. Luego la restaura nuevamente —una reforma extraña para alguien que se supone que lo sabe todo—.

Si la Biblia es indicio de algo, estas son observaciones justas. Dios las permite. La Biblia informa ataques similares hacia el carácter de Dios:

Dios mío, tú me pones en vergüenza, y todo el mundo se burla de mí; algunos hasta me escupen la cara.

Job 17:6 TLA

¡Levántate, Dios! ¿Dormirás todo el día? ¡Despierta! ¿No te importa lo que nos suceda? ¿Por qué escondes tu rostro en la almohada? ¿Por qué finges que las cosas están bien entre nosotros? Y aquí estamos —nuestro rostro hundido en la suciedad, con una bota pisándonos el cuello. Levántate y ven a rescatarnos. Si tanto nos amas, ¡ayúdanos!

Salmo 44:23–26 THE MESSAGE

Sin embargo, cuando leemos la historia completa —cualquiera sea la historia— Dios termina siendo Dios. Lleno de gracia, consistente y compasivo. Perdona cuando se lo piden, porque ama incluso al pecador. Castiga cuando es necesario, porque sabe el daño que el pecado desenfrenado puede causar. Restaura con el tiempo, porque incluso la disciplina más dura está destinada a la reconciliación —para unir a la humanidad y a Dios en una relación espiritual tan real como la física—.

Al final, Job se comió sus palabras y decidió confiar en Dios: "Hablaba de cosas sobre las que no sabía nada" (Job 42:3).

El poeta de los Salmos comenzó a escribir letras de alabanza sobre la justicia de Dios: "Las naciones caen a tus pies. Tu trono, oh Dios, permanece por siempre y para siempre; tú gobiernas con un cetro de justicia. Amas la justicia y odias la maldad" (Salmo 45:5–7).

En los profetas Dios también es Dios. Su batalla contra el pecado es difícil de contemplar, pues tiene escenas que nos arrancan el corazón. Pero al fin de cuentas, las palabras finales del profeta de esta época declaran que el mal verá su fin: una "muerte abrasiva" en un "día negro" (Malaquías 4:1 THE MESSAGE). Pero el bien gozará bajo el sol: "El sol de justicia saldrá sobre aquellos que honran mi nombre, y la sanidad irradiará de sus alas" (Malaquías 4:2 THE MESSAGE).

Luego, en la página siguiente de la Biblia: el Hijo de Justicia, con una sanidad espiritual que dura para siempre.

Regañando a Dios. Sentado junto a sus amigos, un Job poco paciente descarga su ira contra Dios. Es uno de los muchos héroes de la Biblia que acusa a Dios de ser malo e injusto. Job ha perdido a todos sus hijos en un derrumbe, todos sus rebaños en manos de saqueadores y ahora su salud. Él culpa a Dios, con palabras que son para nada sutiles. A la larga, se tragará sus palabras.

Tierra Prometida. En el ocaso de su vida, poco antes de morir, Moisés se encuentra en las alturas sobre el valle del río Jordán y alcanza a ver un destello de la futura tierra judía. Como profeta, Moisés vio más que solo un paisaje. Vio que su pueblo eventualmente perdía la tierra: Dios le dijo: "Cuando ya no estés aquí, los israelitas comenzarán a rendir culto a dioses ajenos" (Deuteronomio 31:16). Por esto, Dios advirtió que expulsaría a los judíos. Pero también les ofreció esperanza si se arrepentían: "El SEÑOR tu Dios te hará volver a la tierra que perteneció a tus antepasados" (Deuteronomio 30:5).

UN LUGAR PARA LA HUMANIDAD JUDÍA: BIENVENIDOS A CASA

"Restauraré la casa caída de David. Repararé sus muros dañados. De las ruinas, la reedificaré y restauraré su gloria anterior".

AMÓS 9:11

Sin excepción. Cada profeta de la Biblia que condenó a la nación judía a la derrota, la destrucción y la deportación agregó una posdata.

Y había una buena razón para hacerlo.

La posdata ya estaba en los libros —lo había estado durante casi miles de años—. Está en la letra chica del pacto de Dios con Moisés y con el pueblo judío. Aparece como una promesa de lo que Dios haría luego de exiliar a los judíos:

> *"Si en aquel tiempo, tú y tus hijos regresan al SEÑOR tu Dios... Dios te devolverá tu bienestar. Tendrá misericordia de ti y te volverá a reunir de entre todas las naciones por donde te dispersó... ¡Entonces te hará aún más próspero y numeroso que tus antepasados!".*
>
> DEUTERONOMIO 30:2–3, 5

Entonces cuando Amós, uno de los primeros agoreros de Israel, predijo el fin de la soberanía judía doscientos años antes de que sucediera, su mensaje de esperanza en la otra cara de la moneda no era solamente puras ilusiones. Seguía un precedente de la época de Moisés.

Uno a uno, todos los demás profetas que auguraron catástrofe adecuaron su mensaje según ese mismo precedente:

Adiós a los días tristes. "Consuelen, consuelen a mi pueblo —dice su Dios—. Hablen con ternura a Jerusalén y díganle que se acabaron sus días tristes y que sus pecados están perdonados" (Isaías 40:1–2).

Basta de huesos secos. Cuando lo llevaron en espíritu a un valle de huesos, Ezequiel observó cómo Dios volvía a unir los huesos, los revestía de carne y les soplaba aliento de vida. "Estos huesos representan al pueblo de Israel... Oh pueblo mío, abriré las tumbas del destierro y haré que te levantes" (Ezequiel 37:11–12).

Éxodo otra vez. "Haré para ti grandes milagros, como los que hice cuando te rescaté de la esclavitud en Egipto. Todas las naciones del mundo quedarán maravilladas" (Miqueas 7:15–16).

Regresando a casa. "Esto dice el Señor: 'Ustedes permanecerán en Babilonia durante setenta años; pero luego vendré y cumpliré todas las cosas buenas que les prometí, y los llevaré de regreso a casa. Pues yo sé los planes que tengo para ustedes... Son planes para lo bueno y no para lo malo, para darles un futuro y una esperanza'" (Jeremías 29:10–11).

Viviendo en las sombras. "Israel florecerá como el lirio... Mi pueblo vivirá otra vez bajo mi sombra. Crecerán como el grano y florecerán como la vid" (Oseas 14:5, 7).

Hora de ir a casa

Los judíos liberados regresan a su patria.

539 a. C.

586 a. C.
Los exiliados judíos se asientan junto al río Quebar en Babilonia.

539 a. C.
El rey de Babilonia ve una escritura en la pared. Cae Babilonia.

515 a. C.
Los judíos celebran la reconstrucción del Templo

600 a. C. 586 a. C.   539 a. C.   515 a. C.

El cielo de un granjero. "El grano volverá a amontonarse en los campos de trillar y los lagares desbordarán de vino nuevo y aceite de oliva... Les devolveré lo que perdieron" (Joel 2:24–25).

La reputación restaurada. "En ese día los reuniré y los traeré de regreso a casa. Les daré un buen nombre, un nombre distinguido entre todas las naciones de la tierra, cuando, ante sus propios ojos, restauraré tu bienestar" (Sofonías 3:20).

500 a. C.

Aparecen las sinagogas a medida que los judíos comienzan a reunirse para el sabbat, de frente a Jerusalén, y a orar.

445 a. C.

Los judíos reconstruyen los muros de Jerusalén.

500 a. C.

Los escribas recopilan escritos sagrados.

500 a. C.

Las visiones de esqueletos que cobran vida anticipan la resurrección nacional de Israel.

400 a. C.

Malaquías advierte a los judíos que dejen de sacrificar animales enfermos.

| 500 a. C. | 445 a. C. | 400 a. C. |

Los Inmortales. No fueron rivales para los espartanos en la Batalla de las Termópilas (480 a.C.) —al menos como se ve en la taquillera película *300*—. Los Inmortales persas conformaban un regimiento de élite. Su tarea principal: proteger al emperador. Vestidos con uniformes de pies a cabeza, aquí se ven representados en una pared del palacio persa en Susa algunos guerreros persas que pueden haber sido parte de los Inmortales. Los persas fueron malas noticias para sus enemigos, como por ejemplo Grecia. Pero fueron muy buenas noticias para Israel porque liberaron a los judíos del exilio y les dieron luz verde para regresar a su tierra.

EL SEGUNDO ÉXODO DE ISRAEL

Israel, la tierra de los judíos, necesitaba mucho de los judíos.

Los babilonios los habían deportado al menos tres veces, y quizás cuatro, en veinte años (Jeremías 52:28–30):

- Posiblemente en el 605 a.C., cuando el nuevo rey de Babilonia, Nabucodonosor, obligó a los judíos y a otras naciones a aceptarlo como su soberano

- En el 597 a.C., luego de que los judíos dejaran de pagarle impuestos a Babilonia
- En el 586 a.C., luego de que los judíos otra vez dejaran de pagar sus impuestos y Babilonia tomara represalias al arrasar con las ciudades amuralladas de Judá, incluida Jerusalén
- En el 581 a. C. luego de que los sobrevivientes judíos que habían quedado en su tierra —en su mayoría granjeros pobres y pastores— asesinaron al gobernador judío designado por Nabucodonosor. Algunos huyeron hacia Egipto para escapar de la venganza del rey, obligando a Jeremías a ir con ellos

En Babilonia, los refugiados judíos se asentaron a lo largo de las orillas del río que el profeta Ezequiel llamaba río Quebar. Este puede haber sido el que en los registros babilonios se describe como el canal Chebar. Nacía al norte de Babilonia en el río Éufrates y corría cerca de 60 millas (95 km) hacia el sudeste, a través de las tierras fértiles del valle del río ubicada entre los ríos Tigris y Éufrates.

Allí, las comunidades judías que no tenían su Templo desarrollaron una nueva manera de adorar a Dios. Solo se permitían sacrificios "en el lugar que el SEÑOR elija en el territorio de una de las tribus" (Deuteronomio 12:14). Luego de que Salomón construyera el Templo en Jerusalén, Dios dijo que él había "elegido este templo como el lugar para que se realicen sacrificios" (2 Crónicas 7:12). Pero en el exilio, los eruditos judíos comenzaron a compilar sus escritos sagrados —incluidos los escritos de los profetas—.

PERFIL DE UN PROFETA

Ezequiel, la voz de Dios desde el exilio

Fecha de las profecías: Abarca un período de más de veinte años, desde 593 a 571 a.C

Ubicación: "Junto al río Quebar, en la tierra de los babilonios" (Ezequiel 1:3).

Dato célebre: En su visión más famosa, Ezequiel vio un valle lleno de esqueletos que cobraban vida. Dios dijo que esto representaba lo que él iba a hacer con la nación judía luego de que Babilonia la borrara del mapa mundial. La hará resucitar.

Su mensaje, resumido: Ezequiel advirtió que la nación judía se rebelaría contra Babilonia y sufriría las consecuencias: el desmantelamiento de sus ciudades, de su nación y de su existencia política. Pero agregó que con el tiempo Dios los hará "regresar de las tierras de sus enemigos" (Ezequiel 39:27).

Hageo, ocupándose del templo

Fecha de las profecías: Desde agosto hasta diciembre del 520 a.C.

Ubicación: Jerusalén

Dato célebre: Hablando en nombre de Dios, Hageo les dijo a sus compatriotas judíos que habían regresado del exilio una muy buena frase: "¡Es para vosotros tiempo, para vosotros, de habitar en vuestras casas artesonadas, y esta casa está desierta?" (Hageo 1:4 RVR1960).

Su mensaje, resumido: Luego de pésimas cosechas en la tierra judía, el profeta Hageo les dice al pueblo que Dios los está castigando. Regresaron del exilio aproximadamente veinte años atrás. Pero todavía no se han tomado el tiempo para terminar de construir el Templo. Les advierte que continuarán teniendo una mala cosecha tras otras hasta que retomen la construcción del Templo. Los judíos comienzan de inmediato.

Algunos de estos escritos parecían sugerir que los judíos podían adorar a Dios sin ofrendar sacrificios animales.

Doscientos años antes, un profeta lo había descrito de esta manera —casi como si hubiera sabido que los invasores arrasarían con el Templo—: "¡Arrepiéntete y regresa a tu Dios! Llega ante él con esta oración: '¡Perdona nuestros pecados y acepta nuestras alabanzas!'" (Oseas 14:2 TLA).

Un poeta describió de esta manera lo que luego se convirtió en una canción para la antigua adoración judía: "Acepta como incienso la oración que te ofrezco, y mis manos levantadas, como una ofrenda vespertina" (Salmo 141:2).

Muchos historiadores afirman que durante el exilio en Babilonia los judíos establecieron la práctica de la adoración en las sinagogas. La sinagoga podría haber sido algo más que una pequeña reunión de judíos que se juntaban cada sabbat bajo la sombra de un árbol y leían los escritos sagrados judíos y le oraban a Dios.

Las oraciones de los judíos que extrañaban su tierra fueron respondidas en el 539 a.C., casi setenta años después de las primeras deportaciones, y alrededor de cincuenta años después de la caída de Jerusalén.

El rey persa Ciro (559–529 a. C.), quien gobernaba un pequeño imperio en lo que hoy en día es el sur de Irán, ya había derrotado al imperio de los medos en el norte de Irán y había tomado el control de su tierra y de su pueblo. Con la ayuda de los medos, Ciro luego tomó posesión de Lidia, en lo que es la actual Turquía. Entonces, de un día para otro, Ciro controlaba lo que actualmente es Irán y la mayor parte de Turquía. Con la ayuda de estos nuevos imperios conquistados, derrotó a las fuerzas babilonias. Una tablilla babilonia decía que los babilonios les abrieron las puertas a los invasores más que haber luchado contra ellos.

Ciro absorbió por completo su imperio y luego creó el Imperio persa —hasta ese momento el más grande de la historia antigua—. Abarcando casi desde el territorio que hoy en día pertenece a la India hasta 2,800 millas (4,500 km) hacia el oeste, hasta la frontera de Egipto, el tamaño del imperio de Ciro era más del doble del de Babilonia. Más tarde, los reyes persas lo extenderían aún más, ya que abarcó también Egipto y Libia y también partes de Europa en las que pondría en peligro a Grecia.

Ciro liberó a los judíos tal como lo había predicho Isaías —aunque algunos eruditos digan que fue un escritor haciéndose pasar por Isaías, quizás un erudito que admiraba su obra—. Un cilindro de arcilla con escritura cuneiforme ha sobrevivido del reinado de Ciro. Confirma que liberó a prisioneros políticos y los envió a su hogar para que reconstruyeran sus templos. (*Ver la imagen en la página 43*). El libro de Esdras agrega que Ciro les devolvió a los judíos 5,400 objetos de oro y plata que los babilonios habían saqueado del Templo de Jerusalén.

A TRAVÉS DE TIERRA SALVAJE SIRIA

No todos los judíos decidieron irse a casa. Una generación había crecido en lo que hoy en día es Irak y varios decidieron florecer en donde habían sido trasplantados. Pero el libro de Esdras informa que 42,360 judíos decidieron dar un paseo de regreso a casa que puede que haya sido de unas 1,000 millas (1,600 km). Esta fue la primera de varias olas de refugiados que regresaron.

En realidad, la Biblia no dice cuál camino tomaron para volver a casa. Puede que hayan elegido el atajo, evitando así andar 400 millas del camino (640 km). En vez de seguir el río

PERFIL DE UN PROFETA

Zacarías, el muchacho de las buenas noticias

Fecha: Predicó desde al menos el otoño del 520 hasta diciembre del 518 a.C. y quizás más.

Ubicación: Jerusalén

Dato célebre: Zacarías al parecer predijo la llegada a Jerusalén del Domingo de Ramos de Jesús: "Da voces de júbilo, hija de Jerusalén; he aquí tu rey vendrá a ti, justo y salvador, humilde, y cabalgando sobre un asno" (Zacarías 9:9 RVR1960).

Su mensaje, resumido: Un mes o dos luego de que el profeta Hageo convenció a los judíos de comenzar a reconstruir el Templo, Zacarías les aseguró que Dios no solo los ayudaría a terminar la obra, sino que también los ayudaría a reconstruir toda la ciudad y la nación. Y aún mejor, Dios enviaría al Mesías para que reine al pueblo: "Tu rey vendrá a ti... Y los salvarán en aquel día Jehová su Dios como rebaño de su pueblo" (Zacarías 9:9, 16 RVR1960).

Cuatro meses en la senda de la caravana. Un sacerdote llamado Esdras dijo que a los judíos les llevó cuatro meses viajar desde Babilonia hacia Jerusalén (mapa inferior). Se desconoce si la primera ola de refugiados que regresaron tomó la ruta más larga y bien provista de agua (línea verde) o el peligroso atajo que atravesaba el desierto de Siria. El rey persa Ciro liberó a los judíos luego de expandir su Imperio persa, que en el pasado había sido muy pequeño, al absorber los territorios de Media, Lidia y Babilonia (mapa superior). Los reyes persas que lo sucedieron se expandieron hacia Egipto y Libia.

Éufrates y otras rutas bien provistas de agua, podrían haber tomado la ruta de caravana de 600 millas de largo (965 km) que atravesaba la parte más alta del desierto sirio.

De haberlo hecho hubieran dejado el valle del río y, si viajaron 20 millas (32 km) por día, podrían haber viajado seis días con dirección al sudoeste hacia el oasis de Tadmor, también llamado Palmira. Ese era casi el punto medio entre el río Éufrates y Damasco, y cada tramo se extendía alrededor de 125 millas (200 km). Pero con una caravana tan larga, probablemente eligieron la ruta más segura con abundante agua, afirman algunos expertos.

Cuando los judíos llegaron nuevamente a lo que hoy en día es el sur de Israel, lo primero que hicieron fue plantar jardines y comenzar a reconstruir sus ciudades y hogares. También reconstruyeron un altar en Jerusalén para poder ofrecer sacrificios animales.

Un año después comenzaron a reconstruir el Templo. Pero teniendo en cuenta la ofrenda que habían juntado para el proyecto, no era para nada como el Templo que Salomón había construido. Su regalo: alrededor de media tonelada de oro y tres toneladas de plata. Para el Templo de Salomón, su padre, David, había juntado 4,000 toneladas de oro y 40,000 toneladas de plata. Entonces, si cada tonelada era un dólar, Salomón construyó una casa de Dios de $44,000. Los judíos que regresaron construyeron una casa de repuesto por $3.50.

Este retroceso puede ser la razón por la cual los hombres más viejos lloraron cuando vieron los cimientos del Templo en su lugar. Los más jóvenes, sin embargo, festejaron y cantaron: "¡Él es tan bueno! ¡Su fiel amor por Israel permanece para siempre!" (Esdras 3:11).

Los árabes y los samaritanos que se habían asentado en la región odiaban ver a los judíos regresar y reconstruir su nación.

Después de la muerte de Ciro, ejercieron presión en contra de los judíos al recordarle al nuevo rey de Persia que los judíos tenían una tendencia a rebelarse en contra de los imperios a los que se suponía que debían servir. Los que ejercían esta presión propusieron que el rey revisara los archivos reales para confirmar esa información. Así lo hizo. Y ordenó detener la construcción.

Los judíos dejaron de trabajar en la construcción del Templo durante casi dos décadas, hasta que llegó el siguiente rey: Darío. Hicieron que revisara los archivos para ver que el rey Ciro les había dado permiso para reconstruir su Templo. Darío confirmó esto y les dio permiso para continuar con el trabajo. Los judíos terminaron el Templo el 12 de marzo del 515 a.C.

Los judíos se encontraron con una resistencia similar cuando reconstruyeron los muros de la ciudad de Jerusalén un siglo después de que la primera ola de judíos regresara. Nehemías, un siervo del palacio ubicado en Susa, la capital de Persia, había obtenido el permiso del rey para ausentarse de su cargo y reconstruir los muros destruidos de Jerusalén. Con o sin permiso, los árabes y los samaritanos locales comenzaron a tramar un ataque para detener el proyecto.

Sin embargo, Nehemías alertó al equipo de construcción de un posible ataque —lo que, al parecer, puso las calderas de la construcción a toda máquina—. Trabajando de sol a sol, los equipos de construcción judíos terminaron las reparaciones del muro en 52 días.

Nehemías informó: "Cuando se enteraron nuestros enemigos y las naciones vecinas, se sintieron aterrorizados y humillados. Se dieron cuenta de que esta obra se había realizado con la ayuda de nuestro Dios" (Nehemías 6:16).

Si el exilio logró algo, fue alejar a los judíos de los ídolos y acercarlos a Dios.

No es que se hayan convertido en personas perfectas. Lejos de eso. Esdras dejó eso muy en claro.

Esdras fue un sacerdote que se unió a una de las olas de refugiados que regresaron alrededor de setenta años después de la primera ola. Un grupo de líderes judíos le acercó una queja: "Los judíos se han casado con mujeres de esos pueblos, así que el pueblo de Dios se ha mezclado con esa gente. Los primeros en pecar de esta manera han sido los jefes, los gobernantes, los sacerdotes y sus ayudantes" (Esdras 9:2 TLA).

Los líderes estaban preocupados por una ley en particular de la época de Moisés. Esta ley les prohíbe a los judíos casarse con locales que no son judíos que "harán que tus hijos y tus hijas se aparten de mí para rendir culto a otros dioses" (Deuteronomio 7:4). Esto es exactamente lo que les sucedió a los judíos y que resultó en el exilio. Extrañamente, todo comenzó con un rey famoso por su sabiduría. Salomón llevó la idolatría a Israel a una escala nacional cuando se casó con mujeres no judías que finalmente lo convencieron de construir santuarios para sus dioses.

Los judíos no querían repetir su historia trágica y reciente —que se había completado con otra invasión y deportación—. Así que Esdras ordenó a todos los hombres judíos que se divorciaran de sus esposas no judías y que las enviaran lejos, junto con sus hijos.

Algunos judíos de aquel entonces consideraron que esta orden era dura y que la ley —relevante solo para los israelitas de la época de Josué— estaba pasada de moda. Después de todo, esa ley se refería a los cananeos de alrededor de un siglo atrás. También la dinastía de David comenzó específicamente porque un hombre judío se casó con una no judía: Rut. Ella era de Moab, en lo que hoy en día es Jordania. Ella se convirtió en la tatarabuela de David. Y ella amaba a Dios. De hecho, es posible que la historia de Rut haya sobrevivido en la Biblia en parte porque es un contrapunto interesante para la orden de Esdras.

Ya sea que Dios quisiera que los hombres se divorciaran de sus esposas o no, Esdras y otros líderes llegaron a esa conclusión. La ley judía, sin embargo, no exige un divorcio luego de un matrimonio de esas características. De hacerlo, los judíos se hubieran perdido de la más grande dinastía de reyes en su historia: La familia de Rut, una dinastía que incluía a David, Salomón, Ezequías —y Jesús—.

Para cuando termina el Antiguo Testamento, los judíos todavía adoraban a Dios. No habían regresado al tipo de idolatría que los llevó al exilio en el primer momento. Pero el profeta Malaquías les advirtió que Dios no estaba del todo satisfecho con ellos.

En contra de la ley judía, muchos judíos:

- Ofrendaron animales enfermos a modo de sacrificio, en vez de ofrecer lo mejor de sus ganados y rebaños.
- Escatimaron en el diezmo que debían para el mantenimiento del Templo y el salario de los sacerdotes.
- Se casaron con mujeres no judías y les permitieron adorar ídolos.
- Engañaron a sus empleados.
- Oprimieron a los pobres.

"El día del juicio se acerca", advirtió Malaquías. Los que temen a Dios saltarán de alegría "como becerros sueltos en medio de los pastos". Pero a los perversos los pisoteará Dios "como si fueran polvo debajo de sus pies" (Malaquías 4:1–3).

Pero primero, dijo Malaquías, el profeta Elías regresaría a llamar a las personas al arrepentimiento —una predicción de la que Jesús dijo que Juan el Bautista cumplió en sentido figurado— (Malaquías 4:5; Mateo 17:11–13). Malaquías también predijo que un misterioso "Sol de Justicia se levantará con sanidad en sus alas" (Malaquías 4:2).

Algunos cristianos dicen que se preguntan si Malaquías estaba comparando a Dios con los dioses del sol egipcio y persa, a menudo representados con un disco solar alado. Pero algunos eruditos judíos dicen que esto es una metáfora para el amanecer de un nuevo día. Muchos eruditos cristianos están de acuerdo, y dicen que este día nuevo y soleado irradiará rayos sanadores de la gracia de Dios —tal como los judíos una vez pidieron una bendición antigua a través de sus oraciones:

> "El SEÑOR te bendiga y te guarde; el Señor te mire con agrado y te extienda su amor".
>
> NÚMEROS 6:24–25 NVI

Para muchos judíos y gentiles por igual en el siglo I, la gracia de Dios venía envuelta en pañales y tendida en un pesebre. Lo llamaban el Mesías.

Mesías militar. En el tiempo de Jesús, muchos judíos esperaban un rey guerrero Mesías que expulsara a los ocupadores romanos fuera de Jerusalén y de toda la tierra judía. Los judíos basaron su esperanza en las profecías de su Biblia, una colección de libros sagrados que los cristianos llaman el Antiguo Testamento. Pero el Nuevo Testamento dice que Jesús era el Mesías prometido y que él había venido como un maestro pacifista que daría la otra mejilla antes de dar un golpe.

EL MESÍAS: UNA NUEVA ERA COMIENZA

"Vienen días —afirma el Señor— en que de la simiente de David haré surgir un vástago justo; él reinará con sabiduría en el país, y practicará el derecho y la justicia. En esos días Judá será salvada".

JEREMÍAS 23:5-6 NVI

Ya sea por entretenimiento, si no es por querer instruirnos, podemos observar a los eruditos en la Biblia discutir sobre cómo las personas tiempo atrás finalmente pudieron captar la idea de un Mesías —una enseñanza que se fue desarrollando gradualmente en la Biblia—.

Verlos debatir es un poco como ver a hombres de traje jugando a atrapar un cerdo cubierto de mantequilla. No sabemos lo que sucederá de un momento al otro. Solo sabemos que va a ser desastroso.

Siglos atrás, la mayoría de los eruditos decían que la Biblia predice desde el comienzo la llegada de un siervo especial de Dios —un Mesías— que salvaría al pueblo de la opresión y la injusticia, y traería paz a la tierra. Algunos eruditos rastrearon las profecías sobre este Mesías hasta el Génesis, cuando Jacob le ofreció esta bendición a su hijo, Judá, el ancestro del rey David y Jesús:

> *"El cetro no se apartará de Judá, ni la vara de mando de sus descendientes, hasta que venga aquel a quien le pertenece, aquel a quien todas las naciones honrarán".*

GÉNESIS 49:10

"Aquel" que viene se refiere al Mesías, un rey. Al menos eso es en lo que la mayoría de los eruditos cristianos y judíos estuvieron de acuerdo. Después de todo, la dinastía del rey David proviene de la tribu de Judá.

"No tan rápido" dicen algunos eruditos en la actualidad. Jacob simplemente estaba ofreciendo una oración de bendición —un deseo de que Judá se convirtiera en el líder de sus parientes lejanos y de que un día un rey de entre sus descendientes gobernara a estas personas, y que fuera respetado por los líderes de otros países—. El rey David reunía esas características. Su hijo Salomón también.

Por eso es que hoy en día algunos eruditos dicen que el Mesías no era lo que Jacob tenía en mente. Muchos especulan que, en cambio, la idea del Mesías se desarrolló siglos después, alrededor del período de cuatrocientos años en el que Israel tenía reyes —la mayoría de los cuales eran sabandijas que buscaban el puesto de mayor poder—. La teoría cuenta que allí es cuando el pueblo judío comenzó a desear un rey justo y compasivo.

Muchos otros eruditos —judíos y cristianos— dicen que la idea de un Mesías ni siquiera surgió en aquel entonces. En vez de eso, dicen, la idea apareció luego de que Israel perdiera a sus reyes y a su reino. Alrededor de quinientos años antes de la llegada de Jesús —mientras los judíos estaban exiliados en Babilonia, lo que hoy en día es Irak— los judíos comenzaron a orar para que regresaran los días de gloria de Israel, cuando los reyes del calibre de David y Salomón gobernaban una nación pacífica y próspera.

Esas son tres de las principales teorías sobre cómo los judíos se aferraron a la idea de un mensajero especial enviado por Dios. Hay otras teorías. Un enjambre de teorías.

CRISTO = MESÍAS

Esto parece chino básico, sin embargo es griego. Y hebreo.

Si nos dirigiésemos a Jesús por su nombre en español, no lo llamaríamos Jesucristo. Eso está en griego.

Tampoco lo llamaríamos Jesús el Mesías. Eso está en hebreo.

Lo llamaríamos Jesús el Ungido.

Eso es lo que significan ambas palabras extranjeras. Masiah es la palabra hebrea de la que surgió la palabra en español: Mesías. Significa "el ungido". Christos es la palabra griega que tiene el mismo significado —"un líder ungido con aceite"—.

En el aire seco y el sol abrasador de Israel, las personas se ungían con aceite de oliva o con aceite aromatizado para proteger y suavizar su piel. Pero los judíos también usaban este aceite en rituales religiosos. Ungían a sus nuevos reyes y sacerdotes en una ceremonia. La unción simbolizaba que Dios había marcado a estos líderes —los había elegido para servir en una tarea importante—.

Parece que el joven David creía eso. A menudo describía al primer rey de Israel, Saúl, como el "ungido del Señor, porque el Señor mismo lo ha elegido" (1 Samuel 24:6).

No hacía falta ser un santo para ser un mesías. Dios a veces elegía a paganos —como Ciro, el rey de Persia, que liberó a los judíos del exilio—: "Esto le dice el Señor a Ciro, su ungido... ¿Por qué te llamé por tu nombre, cuando no me conocías? Es por amor a mi siervo Jacob, Israel, mi escogido" (Isaías 45:1, 4).

Aunque cualquier persona elegida por el mismísimo Dios para una tarea especial llevaba el título de mesías, en algún momento el pueblo judío comenzó a darse cuenta de algo que interpretó como pistas en sus escrituras y que mostraban que Dios tenía la intención de algún día enviar a un Rey de reyes y a un Mesías más grande que cualquier otro.

Muchos judíos, y tarde o temprano cristianos, llegaron a creer que la llegada de este Mesías cambiaría el mundo de manera positiva por siempre —con un clímax del fin de los tiempos de historia humana—. Guiados por el gobernante justo de Dios, todos —judíos y gentiles por igual— vivirían en paz por siempre, adorando a Dios.

Para algunos lectores de hoy en día, suena como Shangri-la, el cielo en la tierra.

A pesar de que los eruditos no están de acuerdo entre sí sobre cuáles de las profecías del Antiguo Testamento aparecen como señales de tránsito que apuntan al Mesías, la mayoría sí está de acuerdo en que los escritores del Nuevo Testamento vieron casi todas esas señales y más apuntando a Jesús.

Muchos eruditos agregan que los escritores del Nuevo Testamento en realidad se esforzaron más para intentar demostrar que Jesús era el Mesías de lo que se esforzaron para demostrar que era Dios. Quizás los escritores del Evangelio hicieron primero lo que debían hacer primero: dar pasos de principiante antes de dar el salto de fe. Pero resultó ser que la mayoría de los judíos no dieron el brazo a torcer.

Ungiendo a un príncipe. Siguiendo la tradición judía de ungir a los nuevos gobernantes, un obispo aplica con ligeros toques aceite de oliva en el príncipe Vladimiro (aproximadamente 958–1015). *Mesías* significa literalmente "el ungido". El príncipe había gobernado Kiev, un estado eslavo en lo que hoy en día es Ucrania, durante alrededor de ocho años antes de convertirse al cristianismo. Luego de la conversión, el nuevo rey quiso que la Iglesia lo ungiera como signo de que Dios aprobaba su reinado.

Buscando al segundo rey David, y más. Al son del arpa, el rey David guía una procesión que lleva a Jerusalén el Arca del pacto, un cofre que contenía los Diez Mandamientos. La edad de oro de Israel llegó temprano a su ápice, durante los reinados de los reyes número dos y número tres: David y su hijo Salomón. Pero Dios prometió enviar a otro gran rey de esta dinastía —un Mesías que muchos judíos decían que traería paz y prosperidad duraderas al mundo entero—.

BUSCANDO AL MESÍAS EN LA BIBLIA JUDÍA

Lo que sea que esta nueva era tiene guardado para la humanidad, todo comienza con el Mesías, afirman muchos eruditos judíos. De modo que, en épocas antiguas, los judíos comenzaron a buscar pistas en su Biblia acerca de cómo sería el Mesías. Los cristianos a menudo llaman a la Biblia judía el Antiguo Testamento.

Una lista como esta a continuación logrará que algunos expertos en la Biblia bombeen adrenalina.

Eso es porque los eruditos no están de acuerdo sobre cuáles son los pasajes de la Biblia que señalan al Mesías que los judíos de la época de Jesús le rogaban a Dios que enviara. Muchos dicen que algunos estudiosos de la Biblia están buscando con tanto afán al Mesías que lo encuentran en donde no está. Así que estos eruditos clasificarían a algunos de los siguientes pasajes como puras ilusiones.

Sin embargo, estos son algunos de los pasajes tradicionales que los eruditos han vinculado con el Mesías.

2000 a.C. Es el gobernador supremo. Jacob hablando con su hijo, Judá: "El cetro no se alejará de Judá, él sostendrá con fuerza la vara de mando hasta que el gobernante supremo llegue y las naciones lo obedezcan" (Génesis 49:10 THE MESSAGE).

1400 a.C. Es una estrella en ascenso. Un vidente pagano llamado Balaam enviando un mensaje de Dios mientras Moisés guiaba a los judíos hacia Israel: "Lo veo, pero no ahora; lo contemplo, pero no de cerca. Una estrella saldrá de Jacob; un rey surgirá en Israel" (Números 24:17 NVI).

1400 a.C. Es un profeta que habla las palabras de Dios. Dios hablando con Moisés: "Por eso levantaré entre sus hermanos un profeta como tú; pondré mis palabras en su boca, y él les dirá todo lo que yo le mande" (Deuteronomio 18:18 NVI).

700 a.C. Viene desde Belén. La profecía de Miqueas: "Pero de ti, Belén Efrata, pequeña entre los clanes de Judá, saldrá el que gobernará a Israel... Él dominará hasta los confines de la tierra. ¡Él traerá la paz!" (Miqueas 5:2, 4–5 NVI).

700 a.C. Es un rey sabio y compasivo. La profecía de Isaías: "De la familia de David saldrá un nuevo rey. El espíritu de DIOS estará sobre él y le dará sabiduría, inteligencia y prudencia. Será un rey poderoso... Su alegría será obedecer a DIOS. No juzgará por las apariencias, ni se guiará por los rumores. Defenderá a los pobres y hará justicia a los indefensos. Castigará a los violentos, y hará morir a los malvados" (Isaías 11:1–4 TLA).

700 a.C. Es defensor de los pobres y los que sufren. La profecía de Isaías: "El Espíritu del Señor Soberano está sobre mí, porque el Señor me ha ungido para llevar buenas noticias a los pobres. Me ha enviado para consolar a los de corazón quebrantado a proclamar que los cautivos serán liberados y que los prisioneros serán puestos en libertad" (Isaías 61:1). Luego Jesús proclamó esto como su declaración de misión (Lucas 4:17–21).

600 a.C. Pondrá todas las cosas en orden. La profecía de Jeremías: "'Se acerca el tiempo —decretó Dios— en el que estableceré una dinastía de David verdaderamente justa, de un gobernante que sabe cómo gobernar con justicia. Él asegurará la justicia y mantendrá a las personas unidas. En su tiempo, Judá estará a salvo nuevamente e Israel vivirá segura. Así lo llamarán: El Dios que pone las cosas en orden'" (Jeremías 23:5–6 THE MESSAGE).

DESESPERADOS POR EL MESÍAS

Los judíos en los tiempos de Jesús no tenían a nadie ungido, mucho menos al Ungido —al Mesías—.

Los reyes y los sumos sacerdotes legítimos eran ungidos con aceite, para simbolizar que Dios los había elegido para realizar su trabajo. Pero en este punto de la línea del tiempo de Israel, Roma se encargaba de elegir a las personas.

Roma eligió al sumo sacerdote —y no de la familia de Aarón, como exigía la ley judía—. De hecho, los judíos habían dejado de obedecer esa ley hacía más de un siglo. Los insurgentes judíos habían ganado su libertad de los sirios. Y el líder de la insurgencia se había autodeclarado tanto rey como sumo sacerdote. En señal de protesta, muchos sacerdotes legítimos se mudaron a la comunidad del desierto llamada Qumrán, la cual luego se hizo famosa por haber preservado una biblioteca llena de escritos sagrados: los rollos del Mar Muerto. Allí dijeron haber esperado la llegada del Mesías para que guiara a un ejército que acabara con los fraudes y el poder romano que los sostenía.

Roma también eligió a su rey. Herodes el Grande y sus hijos que reinaron después de él ni siquiera eran judíos —no de raza—. Eran árabes cuyos ancestros provenían de lo que hoy en día es Jordania.

Muchos judíos parecían creer que el Ungido de Dios cambiaría todo esto.

Por eso estaban tan emocionados cuando llegó Jesús, el que hacía milagros. Pero es también por eso que Jesús tardó en declararse el Mesías prometido. Sabía que la salvación que traía no era política ni momentánea. Era espiritual y para siempre.

Apostando al Mesías. Los judíos emitieron monedas como esta luego de que un mesías autoproclamado lideró una revuelta en el año 132, lo que expulsó a los ocupadores romanos de la tierra judía temporalmente. La imagen muestra el Templo con el Arca del pacto en su interior. En el cielo, suspendida, una estrella. La gente le dio al supuesto mesías, Simón, un sobrenombre: bar Kojba. Significa "Hijo de la estrella". Este nombre se refiere a una profecía sobre una estrella que surgirá en Israel —un rey que reinará a los judíos y al mundo entero—. Simón se ganó un nuevo sobrenombre después de que los romanos regresaron y sofocaron la revuelta: bar Kozeba, "Hijo de la mentira".

En el año 666 más mil, llegaría el Mesías. Así lo escribió un rabino carismático, Nathan de Gaza. Nathan lo mencionó en una carta que se esparció como reguero de pólvora entre el mundo judío, cristiano e islámico.

El rabino Shabtai Tzvi (1626–1676), posando para un boceto en 1666, cuando todavía era judío.

> *Escuchad esto, hermanos. Nuestro Mesías ha nacido en la ciudad de Ismir [Esmirna en los tiempos de la Biblia, ubicada en la costa oeste de Turquía]. Su nombre es Shabtai Tzvi. Pronto revelará su reino a todos y tomará la corona del sultán... Nuestro Mesías viajará por Jerusalén, con Moisés y todos los judíos de la antigüedad montados a caballo...*
> *En su camino, será atacado por Gog y Magog, los enemigos de Israel. Pero el Mesías los destrozará con el aliento de su nariz... Cuando entre a Jerusalén, Dios enviará desde el cielo un templo hecho de oro y piedras preciosas... Ese día todos los muertos se levantarán de sus tumbas.*
>
> RABINO NATHAN DE GAZA

El rabino Nathan tenía razón, al menos en parte. El rabino Shabtai apareció en el escenario internacional en el 1666.

Ese es el año en el que las autoridades turcas lo arrestaron. Estos funcionarios del sultán estaban preocupados por el fervor mesiánico creciente y los rumores sobre un ejército de judíos de las tribus perdidas de Israel que estaban marchando rumbo al norte desde África. Así que le dieron dos opciones al rabino:

- Convertirse al islamismo.
- O morir.

El judío se convirtió en musulmán.

Irónicamente, cerca de mil quinientos años antes, un profeta llamado Juan había enviado este mensaje a los ciudadanos en el pueblo natal del rabino, Esmirna: "No tengas miedo de lo que estás a punto de sufrir... Si permaneces fiel, incluso cuando te enfrentes a la muerte, te daré la corona de la vida" (Apocalipsis 2:10).

Por treinta piezas de plata, como se había predicho. Saludándolo con un beso —como lo es en la cultura de hoy en día el apretón de manos— Judas marca a Jesús para que los oficiales lo arresten. Los líderes judíos querían a Jesús fuera de las calles de una vez por todas porque temían que se proclamara a sí mismo Mesías y armara una revuelta catastrófica en contra de Roma —como otros ya habían hecho—. Por su traición, Judas obtuvo treinta piezas de plata —que al final se usaron para comprar el campo del alfarero—. Quinientos años antes, un profeta mencionó esa cantidad exacta de piezas que luego terminaría en un campo de alfarero (Zacarías 11:12–13). Numerosos cristianos señalan esta conexión como una de las muchas que prueban que Jesús es el Mesías.

BUSCANDO A JESÚS EN LA BIBLIA JUDÍA

Algunos cristianos dicen que pueden ver a Jesús en cada versículo del Antiguo Testamento.

Otros se preguntan si esos cristianos son bizcos, están medicados o quizás están tan enamorados de Jesús que insisten con que lo ven en todos los lugares sagrados —a tal punto que su presencia se registra desde el Génesis hasta Malaquías—.

Los escritores del Nuevo Testamento no llegan hasta ese punto, pero según los eruditos judíos, ciertamente exageran. Los autores relacionan a Jesús con las profecías del Antiguo Testamento tan a menudo —más de cincuenta veces solamente en el Evangelio de Mateo— que parecen insistir con que si no podemos ver a Jesús en estas predicciones en particular, entonces de seguro somos bizcos, estamos medicados o somos tan anti-Jesús que él podría descender del cielo en nuestras narices y no nos daríamos ni cuenta.

Los expertos en la Biblia afirman que los escritores del Nuevo Testamento resaltaron las conexiones entre el Antiguo Testamento y Jesús por una razón en particular: para convencer a sus lectores judíos de que Jesús era el Mesías —el enviado que le habían pedido a Dios—.

No todas estas conexiones están relacionadas con profecías. Algunas están relacionadas con canciones del libro de los Salmos. Y algunas con historias que tienen paralelismos misteriosos con hechos de la vida de Jesús.

Cuando leemos estos pasajes del Antiguo Testamento de a uno por vez, la mayoría de los paralelismos con Jesús pueden parecer una coincidencia. Pero en conjunto, afirman muchos cristianos, parecen conformar un plan tramado de forma divina que se despliega a lo largo de cincuenta generaciones —abarcando dos mil años desde el tiempo de Abraham hasta Jesús—.

Una muestra de los más famosos:

PREDICCIÓN: Nacerá de una virgen.

"El Señor mismo les dará la señal. ¡Miren! ¡La virgen concebirá un niño! Dará a luz un hijo y lo llamarán Emanuel (que significa 'Dios está con nosotros')" (Isaías 7:14).

Muchos dicen que esta profecía ocurrió en dos husos horarios de la historia. En los tiempos de Isaías parecía referirse a una joven que tendría un hijo a modo de señal para el rey Acaz de que Dios protegería a Judá de una creciente amenaza de invasión. Allí, la palabra hebrea para *virgen* podría haber significado simplemente "una joven". Quizás la prometida virgen del rey, o quizás incluso la esposa de Isaías. Pero en los tiempos del Nuevo Testamento, la profecía parecía señalar el embarazo de María. Allí, los escritores usaron una palabra griega para *virgen* que significaba simplemente eso.

RESULTADO: María era virgen.

"Gabriel se le apareció y dijo: 'Concebirás y darás a luz un hijo, y le pondrás por nombre Jesús...'. María le preguntó al ángel: '¿Pero cómo podrá suceder esto? Soy virgen'. El ángel le contestó: 'El Espíritu Santo vendrá sobre ti... Por lo tanto, el bebé que nacerá será santo y será llamado Hijo de Dios'" (Lucas 1:28, 31, 34–35).

PREDICCIÓN: Predicará en Galilea, en lo que hoy en día es el norte de Israel.

"Habrá un tiempo en el futuro cuando Galilea de los gentiles... será llena de gloria. El pueblo que camina en oscuridad verá una gran luz. Para aquellos que viven en una tierra de densa oscuridad, brillará una luz" (Isaías 9:1–2).

RESULTADO: Jesús fue criado en una aldea galilea y educado en Galilea.

"Los padres de Jesús... regresaron a su casa en Nazaret de Galilea. Allí el niño crecía sano y fuerte" (Lucas 2:39–40). "Cuando Jesús terminó de dar instrucciones a sus doce discípulos, se fue de allí a enseñar y a predicar en otros pueblos" (Mateo 11:1 NVI).

PREDICCIÓN: Dios enviará a un mensajero por anticipado.

"¡Miren! Yo envío a mi mensajero y él preparará el camino delante de mí. Entonces el Señor al que ustedes buscan vendrá de repente a su templo. El mensajero del pacto a quien buscan con tanto entusiasmo, sin duda vendrá..." (Malaquías 3:1).

RESULTADO: Juan el Bautista.

"Soy una voz que clama en el desierto: '¡Abran camino para la llegada del Señor!'". Juan vio que Jesús se le acercaba y dijo: "¡Miren! ¡El cordero de Dios, que quita el pecado del mundo! A él me refería cuando yo decía: 'Después de mí, vendrá un hombre que es superior a mí porque existe desde mucho antes que yo'" (Juan 1:23, 29–30).

PREDICCIÓN: El Mesías complacerá a Dios y recibirá su espíritu.

"Miren a mi siervo, al que yo fortalezco; él es mi elegido, quien me complace. He puesto mi Espíritu sobre él; él hará justicia a las naciones" (Isaías 42:1).

RESULTADO: El bautismo de Jesús.

"Tan pronto como Jesús fue bautizado, subió del agua. En ese momento se abrió el cielo, y él vio al Espíritu de Dios bajar como una paloma y posarse sobre él. Y una voz del cielo decía: 'Éste es mi Hijo amado; estoy muy complacido con él'" (Mateo 3:16–17 NVI).

PREDICCIÓN: Entrará a Jerusalén montado en un burro.

"¡Grita de triunfo, oh pueblo de Jerusalén! Mira, tu rey viene hacia ti. Él es justo y victorioso, pero es humilde, montado en un burro" (Zacarías 9:9).

RESULTADO: Domingo de Ramos.

"Luego pusieron sus mantos sobre el burro, lo llevaron a donde estaba Jesús, y Jesús se montó sobre él. Mucha gente empezó a extender sus mantos sobre el camino por donde iba a pasar Jesús. Algunos cortaban ramas de los árboles del campo. Y toda la gente, tanto la que iba delante de Jesús como la que iba detrás, gritaba: '¡Sálvanos! ¡Bendito tú, que vienes en el nombre de Dios!'" (Marcos 11:7–9 TLA).

PREDICCIÓN: Un desertor recibirá treinta piezas de plata.

"Entonces ellos valuaron mi pago en treinta piezas de plata. Luego el SEÑOR me dijo: 'Arrójalas al alfarero'" (Zacarías 11:12–13).

RESULTADO: Judas recibe su dinero mal habido.

"Ellos le ofrecieron treinta monedas de plata" (Mateo 26:15 TLA). Luego, Judas regresó el dinero y se ahorcó. "Los principales sacerdotes recogieron las monedas. 'No sería correcto poner este dinero en el tesoro del templo —dijeron—, ya que se usó para pagar un asesinato'. Luego de discutir unos instantes, finalmente decidieron comprar el campo del alfarero y convertirlo en un cementerio para extranjeros" (Mateo 27:6–7).

PREDICCIÓN: El llanto de un hombre justo que sufre.

1. **Abandonado.** "Dios mío, Dios mío, ¿por qué me has abandonado?" (Salmo 22:1).
2. **Burlado.** "Todos los que me ven se burlan de mí" (Salmo 22:7).
3. **Agua.** "Mi vida se derrama como el agua" (Salmo 22:14).
4. **Atravesado.** "Han atravesado mis manos y mis pies" (Salmo 22:16).
5. **Apuestas.** "Se reparten mi vestimenta entre ellos y tiran los dados por mi ropa" (Salmo 22:18).

RESULTADO: El llanto y el sufrimiento de Jesús mientras moría en la cruz.

1. **Abandonado.** "Dios mío, Dios mío, ¿por qué me has abandonado?" (Marcos 15:34).
2. **Burlado.** "Los principales sacerdotes, los maestros de la ley religiosa y los ancianos también se burlaban de Jesús. 'Salvó a otros —se mofaban—, ¡pero no puede salvarse a sí mismo!'" (Mateo 27:41–42).
3. **Agua.** "Uno de los soldados... le atravesó el costado con una lanza y, de inmediato, salió sangre y agua" (Juan 19:34).
4. **Atravesado.** "Los soldados lo clavaron en la cruz" (Marcos 15:24).
5. **Apuestas.** "Y los soldados sortearon su ropa, tirando los dados" (Lucas 23:34).

Hay muchas otras predicciones del Antiguo Testamento que, según los escritores del Nuevo Testamento, Jesús cumplió, demostrando así que él era el Mesías. Por ejemplo, le dieron vino agrio (compare Salmo 69:21 con Mateo 27:34), y ninguno de sus huesos sería quebrantado (compare Salmo 34:20 con Juan 19:32–33, 36).

Pero ninguna predicción es más sorprendente que una serie de descripciones que aparecen en un único capítulo de Isaías.

Escrito siglos antes de Cristo, suena como una historia levemente escondida escrita luego del hecho. Sin embargo, gracias al descubrimiento de los rollos del Mar Muerto en la década de los cuarenta, tenemos una copia de Isaías escrita en un rollo de cuero que data del siglo anterior a Jesús.

Muchos cristianos llaman a este capítulo en Isaías el pasaje del siervo sufriente porque Isaías describe a un Salvador con mente de siervo que da su vida por los demás:

- "Fue despreciado y rechazado: hombre de dolores, conocedor del dolor más profundo" (Isaías 53:3).
- "Pero él fue traspasado por nuestras rebeliones y aplastado por nuestros pecados... Fue azotado para que pudiéramos ser sanados" (Isaías 53:5).
- "El Señor puso sobre él los pecados de todos nosotros" (Isaías 53:6).
- "Como cordero fue llevado al matadero... no abrió su boca" (Isaías 53:7).
- "Él no había hecho nada malo" (Isaías 53:9).
- "Fue enterrado como un criminal; fue puesto en la tumba de un hombre rico" (Isaías 53:9).
- "Mi siervo justo hará posible que muchos sean contados entre los justos, porque él cargará con todos los pecados de ellos" (Isaías 53:11).

POR QUÉ LOS JUDÍOS DICEN QUE JESÚS NO ERA EL MESÍAS

La mayoría de los eruditos judíos insisten en que los cristianos distorsionaron el Antiguo Testamento. Estos judíos dicen que saben de lo que están hablando porque, después de todo, el Antiguo Testamento es su Biblia.

Si el Antiguo Testamento fuera un panqueque, los cristianos no solo estarían buscándole quemaduras con forma de Jesús —también las encontrarían, incluso si tuvieran que tirar el panqueque de nuevo en la plancha—. Esa es básicamente lo que dicen los judíos sobre la manera en la que los cristianos leen la Biblia judía.

Hay varios eruditos cristianos que están de acuerdo con esto.

Incluso algunos de los cristianos expertos que se inclinan hacia maneras más tradicionales de interpretar la Biblia dicen que los cristianos a veces eligen una frase aquí y una oración allá —fuera de contexto— y luego declaran: "¿Ven? Esto describe a Jesús a la perfección". A pesar de que el contexto original parezca no tener nada que ver con Jesús y que el resto del versículo parezca describir a alguien más que no necesariamente se parece a Cristo.

Por ejemplo:

> *Hasta mi mejor amigo, en quien tenía plena confianza, quien compartía mi comida, se ha puesto en mi contra.*
>
> Salmo 41:9

Muchos cristianos dicen que cuadra perfecto con la partida de Judas de la Última Cena para poder guiar a la guardia del templo a que arreste a Jesús.

Pero, ¿y qué hay sobre el tema principal de ese salmo: un poeta que se queja de sus enemigos? ¿Y sobre el siguiente verso que viene después de la supuesta referencia a Judas?

POR QUÉ LOS JUDÍOS NO VEN AL MESÍAS COMO DIOS

Sea lo que sea el Mesías, no es un dios. Y definitivamente no es el Hijo de un dios. Los judíos están seguros de eso.

La religión judía se apoya en una base sólida conformada por una oración más que ninguna otra: "El Señor nuestro Dios es el único Señor" (Deuteronomio 6:4 NVI).

El primero y el más importante de los Diez Mandamientos hace eco de eso: "No tengas ningún otro dios aparte de mí" (Deuteronomio 5:7).

Sin embargo los cristianos insisten en que Jesús es el Mesías y también el Hijo de Dios.

- Jesús les dijo a sus discípulos: "El Padre y yo somos uno... ¡Los que me han visto a mí han visto al Padre!... Sólo crean que yo estoy en el Padre y el Padre está en mí; o al menos crean por las obras que me han visto hacer" (Juan 10:30; 14:9, 11).

- El profeta Daniel informó esta visión de un gobernador del fin de los tiempos similar a un mesías que sonaba como alguien divino: "Vi a alguien parecido a un hijo de hombre descender con las nubes del cielo. Se acercó al Anciano y lo llevaron ante su presencia. Se le dio autoridad, honra y soberanía sobre todas las naciones del mundo, para que lo obedecieran los de toda raza, nación y lengua. Su gobierno es eterno, no tendrá fin. Su reino jamás será destruido" (Daniel 7:13–14).

Muchos judíos admiten que la visión de Daniel suena como si estuviera describiendo a alguien que gobierna con la autoridad de Dios. Pero quienquiera que sea, ellos insisten, no es Dios. Muchos cristianos parecen no estar de acuerdo con esto.

¡Devuélveme la salud para que pueda darles su merecido!
Salmo 41:10

Eso no suena como algo que diría Jesús. Él no era el tipo de maestro vengativo.

Los judíos dicen que no es justo tergiversar su Biblia en un *pretzel* teológico con forma de cruz. Esa es una gran razón por la cual los judíos no apoyan a Jesús como el Mesías.

Hay otra más.

Jesús no cumplió las profecías principales que los judíos conectaban con el Mesías. Estas son algunas de ellas:

- **Traerá de regreso a Israel a todos los judíos.** "Te reuniré a ti y a tus hijos del oriente y del occidente" (Isaías 43:5).

- **Reconstruirá el Templo de Jerusalén.** "Pondré mi templo en medio de ellos para siempre" (Ezequiel 37:26).

- **Todos los muertos se levantarán.** "Pero los que mueren en el Señor, vivirán; ¡sus cuerpos se levantarán otra vez! Los que duermen en la tierra se levantarán y cantarán de alegría. Pues tu luz que da vida descenderá como el rocío sobre tu pueblo, en el lugar de los muertos" (Isaías 26:19).

- **Llevará la paz a todo el mundo —humano y animal—.** "No peleará más nación contra nación" (Isaías 2:4). "En ese día el lobo y el cordero vivirán juntos" (Isaías 11:6).

- **Todos adorarán solo a Dios.** "En aquel día habrá un solo Señor y únicamente su nombre será adorado" (Zacarías 14:9).

Muchos cristianos responden a esta lista diciendo que algunas de estas profecías son metáforas, como por ejemplo la representación poética de los predadores que viven en armonía con su presa. Y dicen que otras profecías —como por ejemplo la resurrección de los muertos y el mundo en paz— se cumplirán cuando Jesús el Mesías regrese.

Usando su cabeza. El conquistador turco del Oriente Medio, Solimán el Magnífico, selló la puerta este de Jerusalén que mira al monte de los Olivos. En aquel entonces, a mediados del siglo XVI, muchos judíos esperaban que el Mesías regresara al monte de los Olivos y que luego entrara a Jerusalén a través de esta puerta. Así lo creen también varios cristianos que esperan la segunda venida de Jesús.

MESÍAS ROMANO

Un historiador judío que vivió en el mismo siglo que Jesús —Flavio Josefo (alrededor del 37–100 A.D.)— parecía pensar que el Mesías prometido no era judío, sino un invasor romano: El general Tito Flavio Vespasiano.

Los judíos se rebelaron y expulsaron a las fuerzas romanas en el 66 A.D. Flavio Josefo servía a los judíos como comandante del frente norte de Israel cuando Vespasiano y sus legiones regresaron a la carga. *(Para un mapa de la guerra, ver la página 184).*

Flavio Josefo, amenazado de muerte, se rindió y cambió de bando —quizás a causa del mero instinto de supervivencia en pleno funcionamiento—. O quizás por la razón que dio: Que Dios lo había guiado.

Flavio Josefo dijo que una profecía críptica había llevado a las personas a creer erróneamente que un día los judíos dominarían el mundo. No dijo cuál profecía, pero muchos eruditos especulan con que fue esta: "Una estrella saldrá de Jacob; un rey surgirá en Israel" (Números 24:17 NVI).

Flavio Josefo dijo que la descripción coincidía con Vespasiano porque el senado lo declaró

el nuevo emperador del Imperio romano mientras estaba en "suelo judío". Y otra señal era que Flavio Josefo informó que mientras los romanos asediaban Jerusalén, "apareció una estrella con forma de espada, que se elevó sobre la ciudad, y un cometa, que duró un año entero" (*Wars of the Jews* [Guerra de los judíos] 6.5.3) [v.d.t.].

De modo que, en la historia de Vespasiano, está el elemento de la estrella y del rey que sale de Israel.

Si Vespasiano no fue el salvador del mundo, al menos fue el salvador de Flavio Josefo. Él es el gobernador romano que capturó a Flavio Josefo, lo perdonó y lo sumó a su equipo como asesor en la guerra de Roma en contra de los judíos.

Salve Mesías. Cerca de cuarenta años después de la muerte de Jesús, el general romano Vespasiano fue declarado emperador de Roma mientras desarmaba una revuelta judía en lo que hoy en día es Israel. Desde que el senado lo declaró gobernador de lo que era considerado todo el mundo civilizado —mientras él estaba en suelo judío— un escritor judío insinuó que esto cumplía la profecía de que un gobernante del mundo surgiría de Israel.

EL FINAL DE ALGO, QUIZÁS DEL MUNDO

PREDICIENDO EL FINAL

"¡Voy a hacer algo nuevo! Ya está sucediendo, ¿no se dan cuenta?".

ISAÍAS 43:19 NVI

En la Biblia hay tres momentos en los que Dios rehace las cosas. Hasta el momento, dos ya sucedieron, falta una.

DOS QUE SUCEDIERON:

El Diluvio, antes del 2000 a.C.

> *Dios vio que la maldad humana estaba fuera de control... Dios dijo: "Me desharé de mi creación arruinada, volveré a empezar: personas, animales, serpientes e insectos, aves —todo—".*

GÉNESIS 6:5, 7 THE MESSAGE

Dios recomenzó con la familia de Noé, un buen hombre.

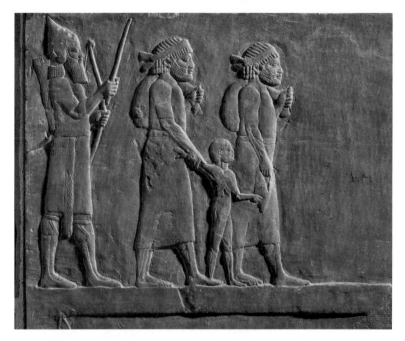

Los judíos se exiliaron de su tierra, 586 a.C.

Fui a la casa del alfarero y, por supuesto, él estaba allí, trabajando en su rueda. Siempre que la vasija en la que estaba trabajando el alfarero quedaba bien, como a veces suele suceder cuando se trabaja con arcilla, el alfarero simplemente volvía a comenzar y utilizaba la misma arcilla para hacer otra vasija. Luego llegó a mí el Mensaje de Dios... "Del mismo modo en el que el alfarero trabaja su arcilla, yo obro en ustedes, pueblo de Israel".

JEREMÍAS 18:3–6 THE MESSAGE

Israel no quedó bien. Así que Dios les permitió a los invasores destruir la nación judía y deportar a los sobrevivientes. Pero Dios trajo a los refugiados que estaban dispersos de vuelta a casa, en donde reconstruyeron sus ciudades.

LA QUE FALTA:

El fin de la vida en la tierra como la conocemos

Desde el trono del templo salió un fuerte grito: "¡Todo ha terminado!"... Y se produjo un fuerte terremoto, el peor desde que el hombre fue puesto sobre la tierra... Desaparecieron todas las islas, y las montañas se vinieron abajo y no existieron más... Entonces vi un cielo nuevo y una tierra nueva, porque el primer cielo y la primera tierra habían desaparecido y también el mar. Y vi la ciudad santa, la nueva Jerusalén, que descendía del cielo desde la presencia de Dios.

APOCALIPSIS 16:17–18, 20; 21:1–2

Dios y el bien ganan la batalla de todos los tiempos. Satanás y el pecado pierden. Cómo será la vida del lado de los victoriosos de esta batalla cósmica, solo el tiempo lo dirá. Mientras tanto, los curiosos eruditos y los especialistas del fin de los tiempos ofrecen sus mejores suposiciones sobre el camino hacia la victoria y también la celebración que vendrá a continuación.

Aunque hay un obstáculo en esta convivencia.

Puede que algunas de las profecías que a primera vista parecen estar hablando sobre el fin del mundo estén hablando sobre el fin de otra cosa.

Muchos eruditos especulan con que los profetas como Sofonías, Jesús y Juan del Apocalipsis usaron la jerga de la destrucción del planeta como una exageración —una manera de enfatizar el horrible final que llegaría para la nación judía, la entrañable ciudad de Jerusalén y el Imperio romano—.

Aunque muchos eruditos se inclinan hacia esa teoría, otros alegan que los profetas quisieron decir lo que parecían estar diciendo —que la raza humana y la creación estaban destinadas a una reconstrucción y una vida en alguna especie de forma ascendida, nueva y mejorada—.

Aunque esto complica las cosas, también hay otros eruditos que dicen que algunas de las profecías cumplen una doble función, señalan sucesos en el pasado de la humanidad como también sucesos que están por venir —ya sea que vengan en la próxima hora o en un eón—.

Toda esta complejidad es la razón por la cual usted no está leyendo "El final como lo vio la Biblia". Cada profeta de la Biblia que escribe sobre el fin lo hace desde un momento o lugar diferente en la historia, tomando información sobre distintos mensajes de Dios, dirigiéndose a públicos diferentes y abordando distintos problemas de la época.

No es justo suponer que todos los profetas están hablando del mismo "fin". Muchos eruditos dicen que no lo hacen. Así que quizás la mejor manera de saber lo que cada profeta está diciendo es escucharlos de a uno a la vez.

Grito primigenio. Un artista captura en un lienzo la horripilante representación descrita por Isaías y otros profetas de la Biblia. Un día de desolación está llegando, advierte Isaías, cuando Dios de alguna manera hará arder la tierra y esta se convertirá en una tierra baldía. La pregunta que se debaten los expertos en la Biblia es si Isaías y sus colegas estaban hablando de escenas literales o estaban creando imágenes poéticas que ameritan una licencia poética.

EL FINAL COMO LO VIO ISAÍAS

El SEÑOR está a punto de destruir la tierra y convertirla en una inmensa tierra baldía… Sacerdotes y laicos, sirvientes y amos… no se perdonará a nadie.

ISAÍAS 24:1-2

El Apocalipsis de Isaías.

Ese es el sobrenombre que muchos expertos en la Biblia le dan a una colección mística de cuatro capítulos que se encuentran en el corazón del libro de Isaías: 24–27. Algunos dicen que los trasplantaron —que no pertenecían originalmente a Isaías— aunque otros dicen estar en desacuerdo.

Incluso para los lectores más informales que hojean un capítulo tras otro de Isaías, hay un vuelco dramático cuando llegan al capítulo 24. Es tan tremendo como escuchar a nuestro presidente nombrar, uno por uno, los países terroristas a los que planea bombardear —y que luego agregue que volará en un transbordador hacia la estación espacial y que bombardeará al resto del planeta también—.

PRINCIPIOS BÁSICOS DE LA ESCRITURA APOCALÍPTICA: EL GÉNERO

Parece extraño, pero muchos expertos en la Biblia dicen que el Apocalipsis de Isaías —los capítulos 24 a 27— no está escrito con un estilo apocalíptico.

Apocalíptico es una forma peculiar de escribir —tan única como las poesías, las parábolas o las cartas personales que aparecen en la Biblia—. La mayoría de los eruditos coincide en que esa literatura apocalíptica aparece en Isaías, pero aún más en Ezequiel y Daniel. Y especialmente en el Apocalipsis —el único libro de la Biblia que muchos dicen es completamente apocalíptico, aunque algunos eruditos se debaten esa afirmación—.

Entre sus características particulares, la literatura apocalíptica generalmente se refiere al fin de los tiempos.

También generalmente se escribe durante un período de opresión, cuando se necesita un lenguaje codificado para proteger a los escritores y a los lectores en caso de que el material caiga en manos de los opresores. Los hombres malos que no están al tanto del código podrían haber pensado que los escritos eran puras tonterías.

Sin embargo, al Apocalipsis de Isaías le falta una de las características básicas del género, cosa que salta a la vista en los otros libros de la Biblia:

- **Describe representaciones extrañas.** "Del centro de la nube salieron cuatro seres vivientes que parecían humanos, sólo que cada uno tenía cuatro caras y cuatro alas" (Ezequiel 1:5–6).
- **Utiliza números como mensajes codificados.** "Luego vi a otra bestia… Aquí se requiere sabiduría. El que tenga entendimiento, que resuelva el significado del número de la bestia, porque es el número de un hombre. Su número es 666" (Apocalipsis 13:11, 18).

Sin embargo, el Apocalipsis de Isaías sí parece incluir al menos algunas de las características comunes del género. Por ejemplo, puede que esté hablando del fin de los tiempos, aunque algunos eruditos lo cuestionan. También:

- **Enfrenta al bien contra el mal.** "En aquel día, el SEÑOR castigará a los dioses de los cielos y

Eso nos resultaría llamativo. De repente nos encontraríamos en el centro de la zona de impacto.

Eso se parece a lo que hace Isaías. En los capítulos anteriores al 24 había apuntado hacia un antiguo eje del mal y enviado mensajes de condenación a un país tras otro: Asiria, Babilonia, los filisteos, Moab, Siria, Egipto e incluso las naciones judías de Israel y Judá —junto con otros países del Oriente Medio—.

De repente, Isaías dejó de nombrar naciones y dirigió su invectiva hacia el planeta tierra. O al menos eso parece.

Muchos eruditos judíos y cristianos por igual dicen que la palabra hebrea traducida como "tierra" quizás no se refiera al planeta Tierra, sino que fácilmente puede significar "terreno", "porción de tierra". Es decir la patria judía, de la cual Isaías ha estado hablando todo este tiempo —advirtiendo que los invasores se estaban acercando para destruirla—.

Esta es la pregunta que se debaten los eruditos: ¿Isaías —o quizás algún otro escritor o quizás un editor que revisó la obra de Isaías— tuvo la intención de que estos capítulos fueran una metáfora que describiera el aniquilamiento de la tierra judía en el 586 a.C., o el escritor estaba hablando de una devastación futura y mundial?

Hay buenos argumentos y eruditos respetables en ambos lados de este debate.

a los soberbios gobernantes en las naciones de la tierra" (Isaías 24:21).

- **Muestra a los buenos triunfando.** "En aquel día el Señor castigará a Leviatán... Con su espada violenta, grande y poderosa, matará al Dragón que está en el mar" (Isaías 27:1 NVI). Leviatán era un monstruo de las historias del Oriente Medio. Representaba a los poderes del caos y el mal.

Debido a que el Apocalipsis de Isaías parece coincidir solo con parte de la definición de la escritura apocalíptica, muchos lo llaman una versión primitiva del género: *preapocalíptico*.

Para algunos expertos en la Biblia esto quiere decir que podemos leerlo de forma un poco más literal que el Apocalipsis, por ejemplo.

Escribiendo bajo presión. Exiliado en la isla de Patmos, lejos de la costa oeste de lo que hoy en día es Turquía, un escritor llamado Juan —quizás el discípulo de Jesús— les escribe una carta de aliento codificada a los cristianos del continente. Escrita en el estilo extravagante y simbólico de la literatura apocalíptica, Juan habla de visiones que ha tenido sobre el fin de los tiempos. Esta carta, el Apocalipsis, cierra la Biblia.

TEORÍA 1: EL FIN DE LA NACIÓN JUDÍA

Hay dos argumentos importantes que apoyan la teoría de que el escritor no estaba hablando acerca del fin del mundo, sino que estaba hablando del fin de dos naciones judías: Israel y Judá, y quizás sus países limítrofes.

Es "terreno", no "tierra".

La palabra hebrea en discusión es *eres*. Los traductores de la Biblia manejan esa palabra de manera diferente. En el Apocalipsis de Isaías, la nvi traduce esta palabra hebrea como "tierra". Cuando presenta la destrucción que Dios va a enviar, la traducción de la nvi sigue en su mayoría a otras y dice que esta cubrirá la tierra.

Aunque la mayoría de las traducciones de la Biblia comienzan el Apocalipsis de Isaías con la advertencia de que Dios está próximo a destruir la tierra tal como la conocemos, hay una posibilidad de que el escritor estuviera hablando sobre la tierra como la conocían los antiguos lectores judíos: su terreno, o quizás el mundo civilizado de aquél entonces. El mundo que conocían abarcaba aproximadamente lo que hoy en día es Irán, al este, hasta los países de África del norte, Egipto y Libia, en el oeste.

De modo que para el pensamiento antiguo, la palabra *tierra* era lo más cercano que conocían para referirse a esa idea.

Ya sea que el profeta estuviera hablando simplemente de la tierra judía o de sus vecinos también —las mismas naciones e imperios que Isaías recién había terminado de condenar en los aproximadamente doce capítulos que anteceden a su Apocalipsis—, con el tiempo todos fueron diezmados por las guerras.

Cuando el escritor dijo: "La tierra queda totalmente arrasada, saqueada por completo" (Isaías 24:3), esa es una profecía que en la antigüedad varias personas quizás vieron cumplirse ya desde mediados del 600 a.C. Fue cuando los asirios arremetieron desde el sur de lo que hoy en día es el norte de Irak y saquearon lo que hoy son Siria, Israel y Egipto.

Los judíos y los lugares conocidos por los judíos llegan a la lista de la condenación.

En lo que parece una continuación de su crítica en contra de los enemigos más persistentes del pueblo judío —Moab, en lo que hoy es Jordania—, el escritor promete: "Pues la mano de bendición del Señor descansará sobre Jerusalén, Moab, en cambio, será aplastada, será como la paja pisoteada y abandonada para que se pudra" (Isaías 25:10).

Los asirios destruyeron los centros de población de Moab. Algunos moabitas lograron sobrevivir y mantener su identidad nacional intacta. Pero no así sus generaciones futuras, vapuleadas por las olas y olas de invasores y la reorganización administrativa en manos de los babilonios, los persas, los griegos y, finalmente, los romanos. Los moabitas, como muchos otros vecinos de los judíos, se asimilaron en el crisol de razas que dio como resultado a los árabes del Oriente Medio.

El escritor también menciona la deportación judía hacia el exilio. Hubo dos deportaciones. Y quizás él quiso decir ambas —el exilio de la nación judía del norte, Israel, en el 722 a.C. y el de la nación judía del sur, Judá, basada en Jerusalén, en el 586 a.C:

> ¿Ha golpeado el SEÑOR a Israel como golpeaba a sus enemigos?... No, pero desterró a Israel... Sin embargo, llegará el día cuando el SEÑOR los reunirá como grano seleccionado a mano... Muchos de los que se morían en el destierro en Asiria y en Egipto regresarán a Jerusalén para adorar al SEÑOR en su monte santo.
>
> ISAÍAS 27:7–8, 12–13

Las referencias específicas como esta llevan a algunos expertos en la Biblia a sospechar que el escritor estaba hablando de sucesos de la historia, no de un futuro apocalipsis.

Rocío del desierto. Es una bebida para los que están muy sedientos: plantas en tierras áridas en donde casi nunca llueve. El rocío matutino es simplemente la humedad suficiente para traer de nuevo a la vida a algunas semillas muertas. Isaías usa esta imagen de una tierra desierta para asegurarles a sus lectores que Dios un día resucitará a los muertos, su poder que brinda vida "descenderá como el rocío" (Isaías 26:19).

TEORÍA 2: EL FIN DEL MUNDO

Muchos expertos en la Biblia, sin embargo, parecen estar atónitos debido a que otros no pueden ver el apocalipsis en el Apocalipsis de Isaías.

En lo que parece ser uno de los versículos más alarmantes sobre el fin de los tiempos en todo el Antiguo Testamento, el escritor alaba a Dios y declara:

> *Pero los que mueren en el SEÑOR, vivirán; ¡sus cuerpos se levantarán otra vez!*
> *Los que duermen en la tierra se levantarán y cantarán de alegría. Pues tu luz*
> *que da vida descenderá como el rocío sobre tu pueblo, en el lugar de los muertos.*
>
> ISAÍAS 26:19

En el Oriente Medio, el rocío era un símbolo de resurrección porque generalmente era la única humedad que recibían las semillas en la tierra —sin embargo, a veces era suficiente como para producir plantas—.

Los egipcios describían el rocío como las lágrimas de Horus, el dios del cielo.

Algunos expertos en la Biblia ven en este versículo la resurrección de los muertos justos en el fin de los tiempos. Y lo relacionan con pasajes similares tanto en el Antiguo Testamento como en el Nuevo Testamento.

- "Se levantarán muchos de los que están muertos y enterrados, algunos para vida eterna y otros para vergüenza y deshonra eterna" (Daniel 12:2).
- "¡No todos moriremos, pero todos seremos transformados!... Pues, cuando suene la trompeta, los que hayan muerto resucitarán para vivir por siempre. Y nosotros, los que estemos vivos también seremos transformados" (1 Corintios 15:51–52).

Otros expertos en la Biblia, sin embargo, dicen que ven una metáfora en las palabras de resurrección de Isaías. No son realmente los muertos los que se levantarán, sino la nación judía, afirman estos eruditos. El simbolismo de Isaías, agregan, sigue el compás de la visión de Ezequiel sobre un valle de huesos secos que cobran vida:

"Estos huesos son el pueblo de Israel... Pueblo mío, abriré tus tumbas y te sacaré de ellas, y te haré regresar a la tierra de Israel" (Ezequiel 37:11–12 NVI).

Otro argumento que algunos hacen sobre la metáfora surge de un versículo que parece contradecir el pasaje sobre la resurrección:

"Aquellos a quienes servimos antes, están muertos y bajo tierra; ¡sus espíritus difuntos nunca volverán! Tú los atacaste y los destruiste, y hace tiempo que pasaron al olvido" (Isaías 26:14). No duró mucho la resurrección.

Los eruditos que afirman ver una metáfora en el pasaje de resurrección de Isaías —y no un apocalipsis— argumentan que (1) los versículos de resurrección se refieren al renacimiento de la nación judía, mientras que (2) los versículos sobre los muertos se refieren a naciones malvadas que Dios no tiene intención de revivir.

Sin embargo, hay otros pasajes para tener en cuenta. Y muchos de ellos producen una sensación de *déjà vu* mientras se leen las visiones del Apocalipsis:

TEMA: El rey Dios en Jerusalén
LA VERSIÓN DE ISAÍAS: "La luna se sonrojará y el sol se avergonzará, porque sobre el monte Sión, sobre Jerusalén, reinará el Señor Todopoderoso, glorioso entre sus ancianos" (Isaías 24:23 NVI).
LA VERSIÓN DEL APOCALIPSIS: "Y vi la ciudad santa, la nueva Jerusalén... Oí una fuerte voz que salía del trono y decía: '¡Miren, el hogar de Dios ahora está entre su pueblo!'"
(Apocalipsis 21:2–3).

TEMA: Un banquete para toda la gente del mundo
LA VERSIÓN DE ISAÍAS: "En Jerusalén, el Señor de los Ejércitos Celestiales preparará un maravilloso banquete para toda la gente del mundo" (Isaías 25:6).
LA VERSIÓN DEL APOCALIPSIS: "Después oí voces como el rumor de una inmensa multitud... El ángel me dijo: 'Escribe: ¡Dichosos los que han sido convidados a la cena de las bodas del Cordero!'" (Apocalipsis 19:6, 9 NVI).

TEMA: Secando todas las lágrimas
LA VERSIÓN DE ISAÍAS: "¡Él devorará a la muerte para siempre! El Señor Soberano secará todas las lágrimas" (Isaías 25:8).
LA VERSIÓN DEL APOCALIPSIS: "Él les secará toda lágrima de los ojos, y no habrá más muerte... ya no existirán más" (Apocalipsis 21:4).

TEMA: Una nueva creación
LA VERSIÓN DE ISAÍAS: "En aquel día el Señor tomará su espada veloz y terrible para castigar al Leviatán: la serpiente que se mueve con gran rapidez, la serpiente que se retuerce y se enrolla. Él matará al dragón del mar" (Isaías 27:1).*
LA VERSIÓN DEL APOCALIPSIS: "Entonces vi un cielo nuevo y una tierra nueva, porque el primer cielo y la primera tierra habían desaparecido y también el mar" (Apocalipsis 21:1).

* Algunos eruditos dicen que el escritor se basó en historias antiguas del Oriente Medio sobre dioses que matan a un monstruo marino antes de crear el mundo. Y dicen que el punto del escritor era que luego de que Dios domara el caos, haría una nueva creación —un nuevo orden mundial—.

Dios versus el dragón. Los mitos de los dragones se remontan a algunas de las primeras civilizaciones. Una de las imágenes más antiguas de un dragón está preservada en las ruinas de los muros de la ciudad de Babilonia (debajo). En una historia babilonia de la creación, el tormentoso dios Marduk mató a un dragón marino —la madre de los dragones—. Estos dragones tenían "dientes afilados y colmillos despiadados, con cuerpos llenos de veneno en vez de sangre". Marduk usó el cuerpo de la madre de todos los dragones para crear la tierra y el cielo. Isaías pareció hacer uso del conocimiento de sus lectores de esta historia cuando juró que Dios un día destruiría "al dragón del mar" (Isaías 27:1) —quizás un símbolo del mal—.

LA TEORÍA DEL COMPROMISO

Este es un enfoque que ha tenido una gran aceptación entre los expertos en la Biblia. Hay que darles a las profecías la libertad de funcionar en dos husos horarios diferentes —el pasado y el futuro—. Al menos darle a las profecías la libertad que los escritores del Nuevo Testamento tomaron prestado y aplicaron al fin de los tiempos o a la vida y al ministerio de Jesús.

Muchos eruditos del Antiguo Testamento, sin embargo, dicen que no deberíamos leer las profecías antiguas bajo la luz de la interpretación del Nuevo Testamento. En cambio, afirman, deberíamos también considerar lo que la profecía puede haber significado para los primeros que la escucharon. Alegan que, si no lo hacemos, estamos tratando al Antiguo Testamento —que comprende dos tercios de la Biblia— como si no fuera tan importante como el Nuevo Testamento, y como si no tuviera su propio mensaje para transmitir.

Las profecías del Antiguo Testamento funcionan más que como un sello de validez que paga la tarifa de estacionamiento del Nuevo Testamento en la Biblia. No es como si las predicciones del Antiguo Testamento estuvieran ahí simplemente para que el Nuevo Testamento pueda cumplirlas, para demostrar que servimos a un Dios que todo lo puede. Nuestro entendimiento sobre Dios —nuestra teología, como la llaman los eruditos en la Biblia— comienza en el Antiguo Testamento. Continua creciendo a medida que avanzamos en la lectura del Nuevo Testamento.

Incluso los escritores del Nuevo Testamento están de acuerdo: "Hace mucho tiempo, Dios habló muchas veces y de diversas maneras a nuestros antepasados por medio de los profetas. Y ahora, en estos últimos días, nos ha hablado por medio de su Hijo" (Hebreos 1:1–2).

En cada caso, es Dios quien habla. Y cuando Dios habla, Su pueblo escucha.

FIN DE LOS TIEMPOS: ¿QUÉ SIGNIFICA?

Los Últimos Días. El fin de los tiempos. *Escatología*, como a los expertos en la Biblia les gusta llamarla, del griego *eschatos*, que significa "último", es decir, el estudio de las últimas cosas.

Ya sea que usemos palabras de una sílaba o un puñado de ellas, hay algo oscuro y misterioso acerca de este tema.

Suena como el fin del mundo, o quizás simplemente el fin de la raza humana —lo que no sería menos traumático para los humanos—.

¿Pero cual es exactamente el *fin de los tiempos* y cuándo llegará?

Un escritor del Nuevo Testamento usa una terminología diferente, y lo expresa con una sensación de urgencia:

> *Llegó la última hora.*
> 1 JUAN 2:18

Eso fue hace alrededor de 17 millones de horas.

Por "última hora" Juan no estaba hablando de los últimos minutos, meses o años del mundo. Eso es lo que afirman la mayoría de los expertos en la Biblia. Se refería a la última etapa en el plan de Dios para salvar a los seres humanos del pecado —una era que comenzó con la llegada de Jesús—.

Dios comenzó su plan de salvación con un hombre justo, Abraham. Y desde Abraham, Dios estableció una nación justa: Israel. Dios le confió a Israel unos lineamientos para una vida santa y les encargó una misión: "Y serás una luz para guiar a las naciones" (Isaías 42:6).

Israel falló en su misión.

Así que Dios envió a su Hijo, Jesús, para completarla. Jesús lo hizo, enseña el Nuevo Testamento, mostrándoles a las personas cómo vivir como ciudadanos del reino de Dios y enviando a los discípulos a que "vayan y hagan discípulos de todas las naciones" (Mateo 28:19).

La "última hora" comienza y termina con Jesús —su llegada y su regreso— afirman muchos expertos en la Biblia.

Entonces, cuando Jesús venga y el fin se acabe, ¿qué sucederá con el planeta Tierra y los seres humanos?

Dios sabe. La Biblia sugiere. Los eruditos suponen.

Sus suposiciones bien fundadas están basadas en las sugerencias de la Biblia, que generalmente están escondidas en las poesías y ocultas en código en metáforas antiguas. Si pudiéramos darle a cada suposición una linterna y colgarla del cielo, los controladores del tráfico aéreo se molestarían mucho.

Las suposiciones generalmente señalan una realidad completamente nueva, una existencia radicalmente diferente: como la vida física eterna en una tierra nueva y mejorada, con cuerpos como el de Jesús después de su resurrección. *(Para más información sobre los cuerpos en la vida después de la muerte, ver "¿Cómo se verán los cuerpos de resurrección?" página 198).*

Más allá de las suposiciones, el Nuevo Testamento asegura que el pueblo de Dios reinará con él "por siempre y para siempre" (Apocalipsis 22:5). Y eso es todo lo que necesitan escuchar algunos creyentes.

¿Gog el mongol? El guerrero mongol Gengis Kan guía a sus hordas paganas en una misión que al final conquista a la mayoría del mundo conocido en aquel entonces —casi un cuarto de tierra seca del planeta Tierra—. Sus triunfos hicieron que algunos estudiosos de la Biblia se preguntaran si él era Gog de Magog, el invasor apocalíptico misterioso que el profeta Ezequiel advirtió que estaba llegando—.

EL FINAL COMO LO VIO EZEQUIEL

"Yo soy tu enemigo, oh Gog… Tú, tu ejército y tus aliados morirán sobre las montañas. Te haré comida para los buitres y los animales salvajes".

EZEQUIEL 39:1, 4

Un eje del mal internacional apuntará a Israel y se instalará para llevar a cabo la matanza.

Esta bien podría ser una escena que anticipa el fin de los tiempos, tal como lo describe el profeta: "al cabo de mucho tiempo" (Ezequiel 38:8).

Ezequiel escribió esas palabras hace más de 2,500 años; entonces, "al cabo de mucho tiempo" podría ser en cualquier momento. Muchos especialistas en el fin de los tiempos dicen que ese momento podría llegar en cualquier instante.

Sin embargo, otros se preguntan: ¿podrían pasar otros 2,500 años?

En la batalla inminente Israel se enfrentará con un líder misterioso llamado Gog, gobernante de Magog, una tierra tan desconcertante como su líder. Los aliados de Gog acuden de prisa desde todos los rincones del planeta.

La descripción de Ezequiel suena como una batalla del fin de los tiempos, sobre todo por su relación con el libro del Apocalipsis:

> Cuando se cumplan los mil años, Satanás será liberado de su prisión. Saldrá para engañar a las naciones que están en los cuatro ángulos de la tierra —a Gog y a Magog—, a fin de reunirlas para la batalla.
>
> Su número será como el de las arenas del mar. Marcharán a lo largo y a lo ancho de la tierra, y rodearán el campamento del *pueblo de Dios, la ciudad que él ama. [posiblemente, Jerusalén].

APOCALIPSIS 20:7–9 NVI

Lo extraño de la narración que Ezequiel hace sobre la batalla es que está enmarcada entre un par de descripciones del resurgimiento de Israel como una nación soberana, casi como una intrusión en la historia. Ezequiel escribió desde el exilio en Babilonia, que ahora es Irak, y dio a conocer su famosa visión de los huesos secos que volvían a la vida. Dijo que era una metáfora. Describía la resurrección de Israel como nación, que ocurriría cuando los exiliados regresaran a su patria.

Después de relatar su visión, Ezequiel trasmitió la promesa de Dios al pueblo judío: "Y haré con ellos pacto de paz, pacto perpetuo será con ellos; y los estableceré y los multiplicaré, y pondré mi santuario entre ellos para siempre" (Ezequiel 37:26 RVR1960).

Estas líneas hubieran funcionado perfectamente como una transición a la sección final del libro, en la que Ezequiel habla del maravilloso nuevo Templo que vio en el futuro de Israel. Pero antes de hablar sobre el Templo, Ezequiel hace una digresión y se centra en algo parecido a una Tercera Guerra Mundial. En esa batalla, los ejércitos se enfurecen con una potencia de fuego suficiente como para aplanar cadenas montañosas.

El resultado de la batalla genera incertidumbre en algunos eruditos que se preguntan si la historia es (1) una metáfora inventada que prosigue con el tema de la paz en los capítulos contiguos de Ezequiel o (2) un campo de batalla apocalíptico literal que espera antes del cielo.

GOG DE MAGOG

OPERACIÓN TRUENO DEL NORTE

¿Quién es Gog, el líder de este ataque a Israel? ¿Y dónde está el país de Magog, descripto solo como un lugar en el "lejano norte" (Ezequiel 39:2)?

Algunos expertos en la Biblia afirman que Gog fue o será alguien de carne y hueso proveniente de algún país al norte de Israel. Otros dicen que Gog simboliza a todos los enemigos del pueblo de Dios.

¿Rusia? En las últimas décadas, se ha considerado una hipótesis popular según la cual este misterioso gobernador vendrá de Rusia. Esta suposición se basa en pruebas que la mayoría de los eruditos consideran poco sólidas, incluso extrañas.

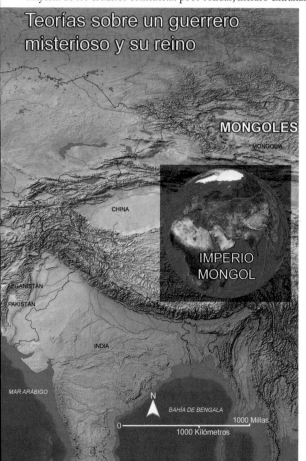

Teorías sobre un guerrero misterioso y su reino

Ubicar a Dios en el mapa. A lo largo de la historia, los estudiosos de la Biblia han intentado identificar a Gog y su reino, Magog. Las diversas hipótesis incluyen a los mongoles en el este, a los godos en el oeste, a los rusos en el norte y a los árabes en el sur. Pero no son más que hipótesis. Ezequiel ofrece apenas una pista importante: Gog proviene del norte de Israel. Pero los aliados de Gog provienen de los otros tres puntos cardinales: Irán (Persia) en el este, Libia (Fut) en el oeste y Etiopía (Cus) en el sur. Según los eruditos, esto podría simbolizar una coalición internacional, literal o quizás figurada.

Rusia queda en el lejano norte de Israel, casi exactamente al norte. La fría ciudad de Moscú está a alrededor de 1,700 millas (2,700 kilómetros) al norte de Jerusalén. Esa es aproximadamente la distancia que hay entre Chicago y Los Ángeles o entre el extremo norte del estado de Maine y el extremo sur del estado de Florida: Key West. Pero esa no es la parte débil de la hipótesis. Sencillamente resulta endeble.

Las conexiones entre Magog y Rusia también se basan en tres palabras hebreas que suenan parecido a las palabras en inglés que describen a Rusia:

- *Rosh.* Esta palabra hebrea significa "gobernante" o macho alfa, el perro más importante de la jauría. Ezequiel empleó esa palabra para describir a Gog como "el príncipe [*rosh*] que gobierna a las naciones de Mesec y Tubal" (Ezequiel 38:2). Algunos dicen que *rosh* es una pista que señala a Rusia.
- *Mesec y Tubal.* Algunos afirman que los nombres de esas dos ciudades, que según Ezequiel pertenecen a la tierra de Magog, suenan parecido a las ciudades rusas de Moscú y Tobolsk. Bueno, por lo menos comienzan con la misma letra, una conexión mínima por la que la mayoría de los eruditos desestima la hipótesis; la consideran una exageración muy endeble. La hipótesis resulta aún más exagerada dado que los nombres de esas dos ciudades aparecen en antiguos documentos asirios que describen lo que hoy es Turquía.

¿Turquía? Por otra parte, en lugar de sospechar de Rusia, algunos estudiosos de la Biblia sospechan de un reino turco de la historia antigua. Se trataba de un reino controlado por rusos, al menos por invasores que vivían en lo que hoy es el sur de Rusia.

El nombre del rey: Gugu. Suena parecido a Gog. Solo si uno lo dice rápido. Su nombre aparece en los registros reales de uno de sus aliados, el rey asirio Asurbanipal (reinó entre alrededor de los años 669 y 631 a.C.). Gugu gobernó Lidia durante mediados del siglo VII a.C. en lo que hoy es Turquía occidental. El historiador griego Heródoto escribió sobre él alrededor de doscientos años más tarde y lo llamó Giges. Heródoto sostenía que Giges llegó al poder tras haber asesinado al rey, a pedido de la reina.

La historia cuenta que el desafortunado rey deseaba demostrarle a Giges, su general, que la reina era hermosa. Entonces hizo que Giges se escondiera para ver a su alteza desnuda. Luego la reina se enteró y decidió que quería que Giges viera a su marido muerto. Así es como, supuestamente, Giges se convirtió en el rey de Lidia. Asesinó al rey.

Una vez Giges ayudó al rey Asurbanipal a hacer retroceder a los invasores rusos llamados cimerios, que vivían al norte del Mar Negro. Pero más tarde retiró su apoyo a los asirios y rompió la alianza que tenía con ellos. Una decisión insensata. Los cimerios regresaron. Y cuando lo hicieron, Giges no pudo detenerlos sin los refuerzos asirios. Murió intentando detenerlos.

¿Otros? En todos los siglos, los cristianos han presentado una hipótesis tras otra acerca de quién es Gog; por lo general, tomada de su propia época.

Provenía de los godos. Esa teoría surgió en el siglo IV d.C., cuando los godos avanzaron hacia el sur desde lo que hoy se conoce como Alemania y aplastaron al ejército romano.

Provenía de los árabes. Esa hipótesis se elaboró en el siglo VII d.C., cuando Mahoma y sus seguidores comenzaron a evangelizar el Oriente Medio a punta de espada, ofreciendo a las personas dos opciones: la vida eterna o la muerte repentina.

Provenía de los mongoles. Esa teoría surgió en el siglo XIII, cuando Gengis Kan condujo a su caballería pagana a una misión imperial que se extendió por los cuatro puntos cardinales. Con el transcurso del tiempo, el Imperio mongol se expandió hacia el norte y llegó a Rusia; hacia el sur, llegó a Vietnam; hacia el este, llegó a China; hacia el oeste, llegó a tierras árabes. Antes del fin de ese siglo, los mongoles reclamaban casi un cuarto del territorio del planeta; conformaron el segundo imperio de la historia, aunque no tan vasto como el Imperio británico. Pero el Imperio mongol duplicó en tamaño al Imperio romano y al griego, este último controlado por Alejandro Magno.

Quien quiera que haya sido o sea Gog, tiene aliados. Ezequiel anunció que Gog y su coalición maléfica descenderían sobre Israel desde los cuatro puntos cardinales: Magog al norte, Etiopía al sur, Persia (que hoy es Irán) al este y Libia al oeste (Ezequiel 38:2, 5).

Dadas la ubicación de esas naciones y la imposibilidad de identificar a Gog y su tierra del norte, muchos eruditos concluyeron que quizás Gog sea un símbolo del mal conformado por muchas naciones. Dicen que esto es posible porque, a veces, los profetas de la Biblia nombraban una sola nación como Edom (en lo que hoy es Jordania) como un símbolo del mal en muchas naciones extranjeras: "¿Quién es este que viene desde Edom... con sus ropas teñidas de rojo? ... 'Aplasté a las naciones en mi enojo'" (Isaías 63:1,6).

Si es de ese modo en que Ezequiel empleó los nombres de Gog y Magog, entonces la historia que continúa podría referirse a una batalla futura protagonizada por muchos países que atacarían "cuando mi pueblo viva en paz en su país" (Ezequiel 38:14).

Por otra parte, algunos eruditos creen que quizás la historia no se refiera a una batalla física, sino a la batalla espiritual de Dios contra el mal en el planeta Tierra.

OPERACIÓN PESTICIDA

Los invasores caen sobre Israel como una tormenta de langostas:

"Tú y todos tus aliados—un inmenso y temible ejército— descenderán sobre Israel como una tormenta y cubrirán la tierra como una nube... Dirás: '¡Israel es un país sin protección, lleno de aldeas sin murallas! ¡Marcharé contra Israel y destruiré a su pueblo, que vive tan confiado!'" (Ezequiel 38:9, 11).

Una vez que estos invasores crucen la frontera y pisen territorio de Israel, Dios llegará como la caballería en el último segundo.

Si se trata de una batalla literal y el ejército de Gog desciende en picada desde el norte, los invasores no tienen que ir demasiado lejos para llegar a lo que una vez Napoleón llamó el campo de batalla perfecto: el desparejo valle de Jezreel bajo las laderas norteñas del monte Carmelo. Algunos estudiosos de la Biblia lo llaman el valle de Armagedón, por la batalla del fin de los tiempos que Juan, el escritor del libro del Apocalipsis dijo haber visto en una visión del futuro. *(Para mayor información sobre la visión de la batalla de Juan, ver la página 301).*

Cuando Dios finalice lo que Gog comenzó, el pueblo de Israel no tendrá más que enterrar a los invasores, una tarea que movilizará a todo Israel durante siete meses. Quizás canten alabanzas a Dios mientras cavan la tierra.

La descripción que hace Ezequiel de las armas cósmicas que Dios desata sobre los invasores y los efectos devastadores de esas armas es rica en imágenes visuales. Eso genera dudas y preguntas en los eruditos, que buscan explicaciones en los tiempos bíblicos y en los tiempos modernos.

Las bombas anti búnker que perforan 150 pies (46 metros) de roca sólida antes de lanzar misiles nucleares destructivos ahora dan credibilidad —en lo literal— a algunas

El "campo de batalla perfecto".
Eso es lo que dijo Napoleón cuando vio el valle más extenso y fértil de Israel: el valle de Jezreel en el norte de Israel, que aquí vemos desde la cima del monte Carmelo. Algunos estudiosos de la Biblia llaman al valle de Jezreel el "valle del Armagedón" por el lugar no identificado donde Juan, el autor del Apocalipsis, dijo que un día Dios vencería a las fuerzas malignas de la tierra de una vez para siempre.

de las descripciones de Ezequiel: "Se derrumbarán las montañas, se desintegrarán los acantilados" (Ezequiel 38:20).

Las armas convencionales que hay hoy en día, que no existían en los tiempos de Ezequiel, permiten explicar otras descripciones:

Un escuadrón de aviones F-22 Raptors rugiendo a una velocidad de Mach 2 (unas 1,400 mph [2,200 km/h]): "Prometo que ese día habrá una violenta sacudida en el territorio de Israel" (Ezequiel 38:19).

Misiles que se lanzan desde el hombro: "Las murallas caerán al suelo" (Ezequiel 38:20).

Para muchos expertos en la Biblia resulta aún más interesante el arsenal de pistas que, según ellos, señalan al pasado, incluso a los tiempos de la creación. Según muchos estudiosos, esas pistas indican que la batalla bien podría ser literal o bien podría no serlo. Quizás esa escena bélica de Ezequiel 38-39 está enmarcada por dos capítulos pacíficos como un modo figurativo de asegurar al pueblo de Dios que la paz llegará porque Dios hará lo que sea necesario para silenciar a todos sus enemigos.

Entre las pistas que arroja la historia se encuentra el código para descifrar el significado:

CATEGORÍA: Creación

PISTA: "Todos los seres vivientes —los peces en el mar, las aves del cielo, los animales del campo... la gente de la tierra— temblarán de terror ante mi presencia" (Ezequiel 38:20).

POSIBLE RELACIÓN CON EL PASADO: "Que las aguas se colmen de peces... Que los cielos se llenen de aves... Que la tierra produzca toda clase de animales... Hagamos a los seres humanos" (Génesis 1:20, 24, 26).

POSIBLE ARGUMENTO: Esta es la creación de Dios, y Dios —no Gog— es quien la controla.

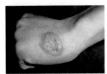

CATEGORÍA: Enfermedad

PISTA: "Te castigaré a ti y a tus ejércitos con enfermedades" (Ezequiel 38:22).

POSIBLE RELACIÓN CON EL PASADO: "Mientras él [Faraón] observaba, Moisés lanzó la ceniza al aire, y brotaron llagas purulentas tanto en las personas como en los animales." (Éxodo 9:10).

POSIBLE ARGUMENTO: No hay forma de detener a Dios. Desata la primera muestra comprobable de su arsenal sobre los nuevos enemigos de Israel, tal como lo hizo antes.

CATEGORÍA: Lluvia torrencial

PISTA: "... y haré llover sobre él, sobre sus tropas y sobre los muchos pueblos que están con él, impetuosa lluvia...".

POSIBLE RELACIÓN CON EL PASADO: "Cuando Noé tenía seiscientos años... la lluvia cayó en grandes torrentes desde el cielo" (Génesis 7:11).

POSIBLE ARGUMENTO: El mismo Dios imparable. Utiliza la lluvia para limpiar la tierra de pecado.

CATEGORÍA: Granizo

PISTA: "... piedras de granizo...".

POSIBLE RELACIÓN CON EL PASADO: "El Señor descargó una terrible granizada sobre toda la tierra de Egipto" (Éxodo 9:23).
"El granizo mató a más enemigos de los que mataron los israelitas a filo de espada" (Josué 10:11).

POSIBLE ARGUMENTO: El mismo Dios imparable. Envía granizo mortal, tal como lo hizo durante las diez plagas que liberaron a los judíos de la esclavitud en Egipto y durante la conquista de la Tierra Prometida por parte de Josué.

CATEGORÍA: Lluvia de fuego

PISTA: "... fuego y azufre" (Ezequiel 38:22 RVR1960).

POSIBLE RELACIÓN CON EL PASADO: "Enseguida el Señor hizo llover de los cielos fuego y azufre ardiente sobre Sodoma y Gomorra. Las destruyó por completo" (Génesis 19:24–25).

POSIBLE ARGUMENTO: El mismo Dios imparable. La destrucción será tan completa como lo fue para Sodoma y Gomorra, ciudades que los arqueólogos aún intentan hallar.

CATEGORÍA: Carne como alimento de aves

PISTA: "Llama a las aves y a los animales salvajes y diles:'Reúnanse para mi gran banquete sacrificial (...) sáciense de la mesa de mi banquete; devoren caballos y conductores de carros, hombres poderosos y toda clase de guerreros valientes...'" (Ezequiel 39:17, 20).

POSIBLE RELACIÓN CON EL PASADO: "Tus cadáveres serán alimento para las aves carroñeras y los animales salvajes, y no habrá nadie allí para espantarlos" (Deuteronomio 28:26).

POSIBLE ARGUMENTO: Así como Dios una vez castigó al pueblo de Israel por sus pecados, él castigará a los enemigos de Israel.

CATEGORÍA: Siete años de leña

PISTA: "Entonces los habitantes de las ciudades de Israel saldrán a recoger tus escudos pequeños y grandes, tus arcos y flechas, tus jabalinas y tus lanzas, y lo usarán todo como leña. ¡Habrá suficiente para que les dure siete años!" (Ezequiel 39:9).

POSIBLE RELACIÓN CON EL PASADO: "Cuando llegó el séptimo día, Dios ya había terminado su obra de creación y descansó" (Génesis 2:2).

POSIBLE ARGUMENTO: Dado que Dios descansó el séptimo día después de la creación, el número siete simboliza la compleción. Los enemigos de Israel serán destruidos por completo.

CATEGORÍA: Siete meses de entierros

PISTA: "Les llevará siete meses a los israelitas enterrar los cuerpos y limpiar la tierra" (Ezequiel 39:12).

POSIBLE RELACIÓN CON EL PASADO: Nuevamente, la referencia del Génesis al número "siete", que simboliza lo completo.

POSIBLE ARGUMENTO: Dios destruirá a los enemigos de Israel. El valle de huesos de los enemigos muertos ofrece un marcado contraste con la visión anterior de Ezequiel: Dios volviendo a la vida a un valle lleno de huesos secos, una metáfora de lo que Dios dijo que haría por la nación judía. Así como Dios hizo resurgir la nación judía de entre los muertos, él destruiría a sus enemigos por completo.

CATEGORÍA: Callejón sin salida

PISTA: "Prepararé un inmenso cementerio... el valle de las Multitudes de Gog" (Ezequiel 39:11, 15).

POSIBLE RELACIÓN CON EL PASADO: "¡Son tan malos como el veneno de una serpiente...! ¡Por eso no se escaparán de ir al infierno!" (Mateo 23:33 TLA).

POSIBLE ARGUMENTO: La muerte es el castigo por el pecado. En hebreo, el valle que recibe el nombre de Gog es un juego de palabras. "Multitudes" es *hamon*, que suena similar a un valle llamado Gehenna o Gehinnom y que a menudo se traduce como "infierno". Ese valle se convirtió en un símbolo del juicio de Dios después de que los judíos adoraron ídolos allí y fueron exiliados de su país a causa de ese pecado.

El lugar más santo de la tierra. Envuelto en un chal de oración, con cajas minúsculas que contienen versículos de la Biblia amarrados al brazo y la frente, un judío reza en el muro occidental de Jerusalén. Las oraciones escritas, incrustadas y utilizadas como argamasa espiritual entre las grietas de las enormes rocas dan testimonio de que, para los judíos, este es el lugar más santo del mundo. Es solo un muro de contención. Lo construyó el rey Herodes para reforzar el lado occidental de la cima en la que se erigía el Templo, por encima del muro. Ahora ese muro es lo único que queda del Templo, destruido por los romanos en el 70 d.C. Todos los días, los judíos se reúnen allí para orar por ellos, su nación y el Mesías, a quien muchos esperan para que, algún día, reconstruya el Templo.

¿EZEQUIEL VIO UN FUTURO TEMPLO JUDÍO?

Esa es la pregunta que inquieta a los estudiosos cuando se zambullen en la lectura del siguiente capítulo del profeta (Ezequiel 40), que introduce la última sección de su libro.

Es posible que Ezequiel, proveniente de una familia de sacerdotes —quizás, él también haya sido sacerdote del Templo— haya considerado que los últimos capítulos eran el punto culminante del libro, un final deslumbrante. En esos capítulos está la promesa de que Dios no solo restaurará la nación judía, sino que además restaurará una vez más el Templo y vivirá entre su pueblo. Los judíos creían que el Templo era la casa de Dios, su vivienda en la tierra.

Ezequiel escribió: "En una visión que provenía de Dios, él me llevó a la tierra de Israel y me puso sobre una montaña muy alta… Vi a un hombre de pie junto a una puerta de entrada y su rostro brillaba como el bronce. En la mano tenía una cuerda de medir hecha de lino y una vara para medir" (Ezequiel 40:2–3).

Ezequiel vio que el brillante ser celestial medía el complejo del Templo. Luego Ezequiel informó las medidas con tal grado de detalle que un arquitecto podría dibujar los planos a partir de esa descripción.

En ese momento, Ezequiel no se encontraba cerca de Jerusalén. Estaba exiliado a unos miles de millas de distancia, en Babilonia, que hoy es el sur de Irak. Aun si hubiera sido transportado de algún modo a Jerusalén —quizás mediante una experiencia extracorporal— lo único que quedaba del Templo era una pila de rocas quemadas. Los babilonios habían incendiado y demolido el Templo y la ciudad de Jerusalén catorce años antes. Transcurrirían otros 68 años antes de que los judíos reconstruyeran el Templo.

El informe de Ezequiel brinda la fecha exacta de su visión: "El 28 de abril durante el año veinticinco de nuestra cautividad —catorce años después de la caída de Jerusalén" (Ezequiel 40:1). Muchos eruditos están de acuerdo en que esa fecha es el 28 de abril de 573 a.C. Los babilonios deportaron a Ezequiel en 597 a.C. y destruyeron Jerusalén casi una década después, en 586 a.C.

Un simple cálculo matemático revela que, probablemente, Ezequiel tenía cincuenta años cuando experimentó la visión. Según informa Ezequiel al comienzo de su libro, su primera visión ocurrió cuando tenía treinta años, durante el quinto año de su exilio.

Los sacerdotes se retiraban del trabajo en el Templo a los cincuenta años, según Números 8:25. El cálculo también demuestra que Ezequiel ejerció su profesión tan solo unos pocos meses, si es que la ejerció. Según la ley judía, los sacerdotes debían tener, como mínimo, veinticinco años para servir en el Templo (Números 8:24). Esa era la edad de Ezequiel cuando lo exiliaron.

Eso significa que su visión tal vez haya sido un doloroso recordatorio de su destino perdido, una carrera que le correspondía por el hecho de haber nacido en una familia de sacerdotes, pero que le fue arrebatada por los invasores babilonios.

Entonces, esta segunda visión, probablemente haya sido agridulce para Ezequiel.

Dulce porque implicaba que el amado Templo de Israel sería reconstruido.

Agria porque el Templo llegaría demasiado tarde para Ezequiel. Ya se había retirado de la profesión que tal vez jamás hubiese ejercido.

Los especialistas en la Biblia tienen diversas hipótesis sobre qué ocurrió con el Templo de Ezequiel.

- **El Templo de Salomón.** ¿Ezequiel tuvo una visión del primer Templo judío, construido por el Rey Salomón pero destruido cuatrocientos años más tarde por los invasores babilonios en 586 a.C.? *(Para una imagen de este Templo, ver las páginas 50-51).*

- **El Templo de los exiliados.** ¿Ezequiel visualizó el segundo Templo, que los judíos terminaron de reconstruir en 515 a.C. después de regresar del exilio?

- **El Templo del Mesías.** ¿Ezequiel vio el Templo que construiría el Mesías cuando llegara, tal como creen muchos judíos que ocurrirá?

- **El Templo de Jesús.** ¿Y si se trata del Templo que Jesús construiría cuando regresara y reinara durante un período que, según algunos cristianos, será de mil años? En ese Templo no se harían sacrificios, sino que se recordaría el sacrificio que hizo Jesús cuando murió por los pecados de la humanidad.

- **Templo simbólico.** ¿La visión de Ezequiel fue un símbolo, como la visión anterior en la que aparecían esqueletos, que simbolizaba la resurrección de Israel como nación? Quizás el Templo simbolizaba un futuro período de paz en el que todos adorarían a Dios.

El Templo que describe Ezequiel suena similar a la descripción del Templo de Salomón, pero hay sobradas diferencias en los detalles específicos.

Entonces, tal vez Ezequiel vio el segundo Templo, reconstruido por los exiliados que regresaron. Un argumento a favor de esta hipótesis es que Ezequiel describió la gloria de Dios regresando al nuevo Templo, así como previamente había descripto la gloria de Dios abandonando el antiguo Templo antes de que los babilonios lo destruyeran:

Dios se marcha: "Luego la gloria del Señor salió de la puerta del Templo... a la puerta oriental" (Ezequiel 10:18, 19).

Dios regresa: "La gloria del Señor entró al Templo por la puerta oriental" (Ezequiel 43:4).

Pero también hay indicios que parecen sugerir un Templo en algún momento futuro, quizás en un día de dicha o iluminación espiritual:

Templo de la montaña. La visión de Ezequiel tiene lugar "sobre una montaña muy alta" (Ezequiel 40:2), donde se construye el Templo. El profeta Isaías predijo: "En los últimos días, el monte de la casa del Señor será el más alto de todos, el lugar más importante de la tierra" (Isaías 2:2).

Templo de agua viva. En los tiempos de la Biblia, *agua viva* significaba "agua que fluye", como el agua de un río, un lago o un manantial. Ezequiel dijo que él vio agua viva "que fluía hacia el oriente por debajo de la puerta del Templo" (Ezequiel 47:1). Convirtió al mar Muerto en un lago de agua dulce y trajo vida a las tierras desérticas del Sur.

Los escritores del Nuevo Testamento describen a Jesús como un Templo y como agua viva.

Un templo. En lugar de habitar en un templo de piedra, Dios "se hizo hombre y vino a vivir entre nosotros" (Juan 1:14).

Agua viva. Refiriéndose a sí mismo como el "agua viva" (Juan 4:10), una vez Jesús dijo a una mujer samaritana: "Todos los que beban del agua que yo doy no tendrán sed jamás" (Juan 4:14).

Ya sea que Ezequiel haya tenido una visión del Templo del pasado histórico, del futuro literal o del plano de lo simbólico, el escritor del último libro de la Biblia (Apocalipsis) parecería haber recurrido a las descripciones de Ezequiel varias veces para poder describir lo que Juan visualizó en sus visiones del fin de los tiempos. Ezequiel cierra su libro dando a Jerusalén un nombre nuevo y descriptivo: "El nombre de la ciudad será 'El Señor está allí'" (Ezequiel 48:35). Juan del Apocalipsis dice algo parecido. Aunque Juan aun la llamaba Jerusalén, describió a la ciudad de este modo: "¡Miren, el hogar de Dios ahora está entre su pueblo! Él vivirá con ellos" (Apocalipsis 21:3).

Se trate de un Templo literal o no del futuro de la humanidad, Ezequiel y Juan coinciden en que el Señor está allí.

Los judíos no se ponen de acuerdo sobre si reconstruir el Templo o no.

Aun si pudieran ponerse de acuerdo, en los tribunales del sentido común los derechos de los ocupantes probablemente le corresponderían al santuario musulmán de mil trescientos años de antigüedad ubicado en ese sitio: la Cúpula de la Roca, el punto de referencia más famoso de Jerusalén.

La Cúpula de la Roca ha estado allí durante trescientos años más que los dos Templos judíos juntos. El primer Templo duró unos cuatrocientos años antes de que los babilonios lo destruyeran. El segundo perduró unos seiscientos años antes de que los romanos lo destruyeran.

Una antigua leyenda cuenta que la enorme roca que hay dentro de la cúpula es el lugar donde Abraham casi sacrifica a su hijo Isaac, antes de que un ángel detuviera la matanza. Según una leyenda musulmana, Mahoma ascendió al cielo desde esa roca.

Un rectángulo esculpido en la cara superior de la roca funciona coma la huella perfecta del Arca del pacto, el arca dorada que contenía los Diez Mandamientos. Eso sugiere que una vez el Arca estuvo dentro de la sala más sagrada del Templo.

Algunos judíos ortodoxos radicales dicen que lo único que ellos quieren es quitar la Cúpula de la Roca, reconstruir el Templo y retomar la práctica de los sacrificios de animales. Una entidad conocida como el Instituto del Templo afirma que ya está preparando utensilios del

Musulmanes en la cima del Templo. La Cúpula de la Roca, un santuario musulmán construido hace 1,300 años, domina el paisaje de Jerusalén. Enmarcado por el cercano monte de los Olivos de fondo, al otro lado de un valle estrecho, el santuario está ubicado en la cima donde alguna vez, en los tiempos de la Biblia, se erigió el Templo judío. Aunque algunos judíos quieren reemplazar el santuario con el Templo, la mayoría de los judíos dice que las profecías de la Biblia afirman que el Mesías debe construir el próximo Templo. El santuario alberga una roca (derecha) esculpida con una huella del tamaño del Arca del pacto, el objeto más sagrado del antiguo Israel, el cofre que contenía los Diez Mandamientos.

Templo y recreando la vestimenta para el sumo sacerdote. También han estado buscando una vaca alazana *kosher* para sacrificarla y purificar el Templo.

Sin embargo, la mayoría de los judíos dicen que la construcción del próximo Templo no depende de ellos. Se supone que el Mesías lo construirá. Incluso muchos judíos de la rama más tradicional, es decir los judíos ortodoxos, coinciden con esa postura.

Una rama de la fe judía menos ligada a la tradición antigua, los judíos conservadores, afirman que también están de acuerdo con que el Mesías debería reconstruir el Templo. Pero insisten en que el antiguo sistema de sacrificios ha finalizado para siempre, y los profetas habían anticipado esto señalando un día en que las oraciones y las buenas acciones resarcirían el pecado.

La rama más abierta de la religión judía, los judíos reformistas, sostienen que no hay necesidad de reconstruir el Templo ni retomar el sistema de sacrificios. Muchos judíos reformistas dicen que para ellos la sinagoga es el nuevo Templo.

En cuanto a los sacrificios del Templo, muchos judíos parecen coincidir en que los rituales ya no son necesarios para mantener su fe. Además, para muchos, la idea de sacrificar animales parece más ligada a la vida rural que a la urbana, más adecuada al Israel antiguo, donde el mantenimiento de granjas y rebaños era un modo de vida.

143

La experiencia cercana a la muerte de Daniel. Daniel sobrevive una noche en un foso de leones en donde fue arrojado por orar a Dios cuando en todo el imperio regía una prohibición de orar a cualquiera que no fuese el rey. Esta historia ocupa la primera mitad del libro que lleva su nombre. La segunda mitad del libro incluye una serie de profecías que, según muchos eruditos, señalan a un rey griego que prohibió la religión judía en Israel. Otros estudiosos dicen que las pistas señalan nuestro futuro.

EL FINAL COMO LO VIO DANIEL

"'Después recibirán el reino los santos del Altísimo, y poseerán el reino hasta el siglo, eternamente y para siempre'".

DANIEL 7:18 RVR1960

Daniel no era un anciano —quizás era un septuagenario— cuando tuvo las visiones del fin de los tiempos que figuran en su libro. Había muerto unos cuatrocientos años antes.

Así lo indican algunos respetados especialistas en la Biblia.

Así es como lo piensan.

Daniel era un joven noble de Jerusalén; tal vez tendría unos veinte años cuando los invasores babilonios lo deportaron a su tierra en lo que hoy es Irak. Eso ocurrió en el 605 a.C. Daniel dijo que su primera visión sucedió "durante el primer año del reinado de Belsasar en Babilonia" (Daniel 7:1). Eso fue alrededor del 555 a.C., años más, años menos. Entonces, Daniel tendría unos setenta años.

No obstante, algunos estudiosos sitúan la información de las visiones de Daniel en un período de tiempo preciso de cuatro años. No antes del 167 a.C. ni después del 164 a.C.

Estos eruditos argumentan que las profecías de Daniel informan con exactitud e increíble detalle la historia de Oriente Medio hasta el 167 a.C., cuando un dictador de la región siria de Seleucia llamado Antíoco IV Epífanes (215–164 a.C.) invadió Israel e intentó terminar con la religión judía. Pero estos estudiosos dicen que las predicciones del escritor pierden solidez cuando Daniel comienza a describir lo que ocurriría a Antíoco al final de su reinado y en su muerte.

Dado que las predicciones se debilitan en ese punto, muchos eruditos opinan que probablemente no haya sido Daniel quien escribió esas visiones. E incluso tal vez ni siquiera haya tenido visiones. Dicen que es más probable que haya sido otro el que escribió las profecías siglos después de Daniel, pero en su nombre. Entonces, en lugar de informar las profecías de Daniel, ese escritor hacía pasar la historia como profecía con las siguientes predicciones agregadas:

- Antíoco morirá en la batalla cerca de Jerusalén
- Israel gobernará a todas las naciones
- El pueblo de Dios que murió resucitará para la vida eterna (Daniel 12:1–2).

Si esa teoría es cierta, ¿por qué alguien disfrazaría la historia como profecía?

Para reconfortar a los judíos durante la opresión de Antíoco, dicen los eruditos, y para asegurarles que Dios y la bondad vencerían a Antíoco y al mal.

Otros expertos en el estudio de la Biblia afirman que esa teoría es descabellada. Además presupone que Dios no conoce el futuro o que no compartiría nada sobre este con alguno de sus profetas.

Por otra parte, preguntan los eruditos, si las profecías de Daniel fueron escritas entre los años 167 y 164 a.C., ¿cómo terminaron tan rápidamente en la biblioteca sagrada conocida como los rollos del mar Muerto? Los fragmentos más antiguos de un rollo de Daniel fueron hallados en esa biblioteca, cerca de Jerusalén. Esos fragmentos pertenecen a la sección de profecías del libro de Daniel. Datan de alrededor del 125 a.C., apenas unas pocas décadas *después* de lo que algunos eruditos dicen que fueron escritos.

"¿Sagrado de forma instantánea?", se preguntan los eruditos que insisten en que Daniel escribió el libro. Sostienen que es improbable.

VISIONES DE UN ÍDOLO Y CUATRO BESTIAS

Dos sueños o visiones horrorosas, ocurridos con un intervalo de unos cincuenta años, ofrecieron a Daniel una vista perturbadora del futuro lejano.

Cuán lejano era ese futuro es cuestión de debate:

- Algunos estudiosos afirman que las visiones señalan a Alejandro Magno y sus sucesores griegos, que conquistaron la mayor parte del Oriente Medio.

LA SOLUCIÓN FINAL DE UN REY SIRIO

Antíoco IV Epífanes, que entre 175 y 164 a.C. fue gobernador del Imperio de Seleucia, de estilo helénico ubicado en Siria, decide civilizar a los judíos, aun si debía matarlos. A todos.

Civilizarlos significaba "helenizarlos", tanto en la cultura como en la religión. Entonces prohibió la fe judía y ejecutó a todo aquel a quien se aprehendiera practicando esa fe. La circuncisión garantizaba la pena de muerte. Tener una copia de las escrituras judías, también. Además se penaba con la muerte la observancia de cualquier día de fiesta judío, como el sabbat o la Pascua.

Para Antíoco, el único judío bueno era el judío griego. Un judío muerto también era bueno.

Antíoco gobernó el más grande de los cuatro reinos griegos divididos entre los generales de Alejandro Magno después de su prematura muerte. Con su reino ubicado en Siria, Antíoco se volvió codicioso. Decidió ampliar su reino y su riqueza hacia el oriente, en lo que hoy es Irán, y hacia el occidente, en lo que hoy es Israel y Egipto. Para unificar esos reinos diversos —para que se sintieran una sola nación bajo el gobierno de Antíoco— el soberano impuso la cultura griega. Prohibió todas las antiguas tradiciones que chocaran con el estilo de vida griego.

Aquí tenemos un choque enorme: "Yo soy el Señor tu Dios... No tengas ningún otro Dios aparte de mí" (Éxodo 20:2–3).

Antíoco dedicó de nuevo el Templo de Jerusalén, esta vez, a Zeus, el macho alfa de los dioses griegos. Dentro del santuario, donde solo los sacerdotes judíos podían entrar, comenzó a haber prostitutas que tenían sexo con los adoradores para entretener y agradar a los dioses. Esto puede leerse en 2 Macabeos 6:4, parte de un antiguo libro judío agregado a muchas Biblias cristianas, incluidas las de los cristianos católicos y los cristianos ortodoxos.

Incluso, el rey ordenó a los judíos que sacrificaran cerdos y otros "animales impuros" en el

- Otros sostienen que las visiones señalan más allá de Grecia, a los romanos que controlaban la mayor parte de las tierras de alrededor del mar Mediterráneo.
- Sin embargo, otros dicen que las visiones nos ofrecen un vistazo al final de la humanidad y más allá, a la resurrección y el resto de la eternidad.

Sueño 1: Ídolo babilonio. El rey Nabucodonosor tuvo el primer sueño visionario. Fue tan alarmante que no volvió a dormirse hasta que alguien interpretara el sueño. En el sueño, el rey vio un ídolo hecho con cuatro materiales: cabeza de oro, pecho y brazos de plata, vientre y muslos de bronce, piernas de hierro y pies de hierro mezclado con barro cocido. Desde arriba hacia abajo, la calidad del material disminuía de forma progresiva.

Daniel dijo al rey: "Usted es la cabeza de oro. Ahora bien, después de que termine su reino, surgirá otro reino, inferior al suyo, y ocupará su lugar" (Daniel 2:38–39). Luego otro, aún inferior. Y finalmente el último de los cuatro reinos humanos, uno que "destrozará y aplastará a todos los imperios anteriores" (versículo 40). La combinación de hierro y barro cocido en los pies sugiere que ese reino intentaría fortalecerse mediante alianzas.

Templo (1 Macabeos 1:47, DHH). No fue un modo muy *kosher* de tratar el centro de culto judío.

Muchos judíos respondieron con una resistencia no violenta. Continuaron practicando su fe y muriendo por esta.

Un anciano sacerdote judío llamado Matatías comenzó a ser más agresivo que pasivo. Cuando un funcionario sirio lo condujo a un altar y le ordenó que ofreciera un sacrificio pagano para que otros de la aldea siguieran el ejemplo, el sacerdote se negó. Luego el sacerdote mató al funcionario, derribó el altar e inició una revuelta que Antíoco nunca pudo sofocar.

Antíoco enfermó y murió mientras peleaba en el frente oriental.

Janucá, la fiesta judía de las luces, conmemora la nueva dedicación del Templo de Jerusalén después de que los judíos recuperaron su libertad.

Cara o seca. Una moneda lleva el retrato de Antíoco IV Epífanes (gobernó entre 175 y 164 a.C.), un rey de la región siria del Imperio seléucida, uno de los fragmentos que quedaron del breve Imperio griego liderado por Alejandro Magno. Antíoco prohibió la religión judía en lo que hoy es Israel y provocó la revuelta macabea de los judíos en 166 a.C.

Pero ni con hierro y barro cocido durarían tales alianzas. El reino se derrumbaría.

Sueño 2: Sueño bestial. El sueño que tuvo Daniel décadas después también constaba de cuatro partes. Vio cuatro bestias emergiendo del océano durante una tormenta: un león alado, un oso, un leopardo alado con cuatro cabezas y una bestia misteriosa y aterradora descripta como el cuarto reino del sueño de Nabucodonosor sobre el ídolo: Aplastaba a sus víctimas con sus dientes de hierro.

Esta cuarta bestia espeluznante tenía diez cuernos, que después fueron once. Algunos eruditos dicen que los diez cuernos conectan a esta bestia con el ídolo de los diez dedos en los pies del sueño de Nabucodonosor. Muchos estudiosos dicen que, probablemente, los pies del ídolo y la bestia aterradora representan al mismo reino.

Desconcertado, sin entender el significado de su sueño visionario, Daniel recurrió a un ser celestial para lograr una explicación.

El ser celestial, quizás un ángel, dice a Daniel: "Estas cuatro bestias enormes representan a cuatro reinos que surgirán de la tierra" (Daniel 7:17). El ángel agregó que los diez cuernos representan a diez reyes que gobernarán el imperio. El onceavo cuerno representa a un rey sumamente perverso: "Hablará en contra del Altísimo. Y oprimirá a sus santos. Tratará de cambiar las festividades y también las leyes. Los santos quedarán bajo su poder durante tres años y medio" (Daniel 7:25 nvi). Según muchos eruditos, el rey Antíoco IV Epífanes se adecúa perfectamente a esta descripción. Otros sugieren un gobernador del fin de los tiempos, como el anticristo.

Visiones de ganado. Los nombres de los imperios relacionados con los sueños de Daniel no aparecen sino hasta dos años después, cuando Daniel tuvo una visión de un carnero y un chivo peludo. El carnero tenía dos cuernos, uno más largo que el otro. Atacaba al norte, al sur y al oeste; nada lo detenía, excepto el chivo. Este chivo, que atacaba desde el oeste, quebró los dos cuernos del carnero y lo pisoteó. La mayoría de los especialistas en la Biblia coinciden en que el cuerno representa el poder o, en estos casos, a los gobernantes poderosos.

Una peculiaridad de un chivo: "Cuando alcanzó el máximo de su poder, se quebró el enorme cuerno que tenía. En su lugar crecieron cuatro cuernos prominentes" (Daniel 8:8). Luego, de uno de esos cuatro cuernos brotó otro pequeño, muy parecido al cuerno pequeño de la cuarta bestia feroz del sueño anterior de Daniel (Daniel 7:8). Al igual que el cuerno pequeño anterior, este también se oponía a Dios y su pueblo: "Incluso desafió al comandante del ejército de los cielos cancelando los sacrificios diarios que le ofrecían al comandante y destruyendo su templo" (Daniel 8:11).

Nuevamente, al no comprender en absoluto qué significaba esa visión, Daniel recibió ayuda de Gabriel, el mismo ángel que más tarde aparecería ante María y Elisabet anunciando los nacimientos de Jesús y Juan el Bautista.

Gabriel explicó: "El carnero con los dos cuernos representa a los reyes de Media y de Persia. El chivo peludo representa al rey de Grecia" (Daniel 8:20–21). Los cuatro cuernos que salieron en lugar del que fue hecho pedazos "indican que el imperio griego se dividirá en cuatro reinos, pero que ninguno de ellos será tan grande como el primero... [Y el pequeño cuerno que crece de uno de los cuatro cuernos] hasta entrará en batalla con el Príncipe de príncipes" (Daniel 8:22, 25).

INTENTANDO DESCIFRAR EL CÓDIGO BESTIAL

Según los códigos apocalípticos, este parece bastante fácil de descifrar.

Eso se debe a todas las pistas y las explicaciones útiles aportadas por Gabriel y otros seres celestiales.

Pistas: Hay cuatro bestias en el sueño de Daniel; cuatro partes del ídolo en el sueño de Nabucodonosor; y cuatro imperios mencionados en el libro: Babilonia, Media, Persia y Grecia.

Babilonia, el león. Es muy fácil saber que Babilonia representa la primera sección del ídolo, la cabeza de oro. Daniel lo dijo en hebreo sencillo (Daniel 2:38).

La mayoría de los eruditos coinciden también en que Babilonia representa la primera bestia, el león alado. Este animal era el símbolo de Babilonia. Más de cien de esas míticas criaturas decoraban las paredes de la vía procesional por la calle principal de la ciudad a través de la Puerta de Istar.

Media, el oso completo o una mitad. Media era un imperio poderoso al noreste de Babilonia, donde hoy está Irán. Algunos eruditos conectan a Media con la parte de plata del ídolo y con el oso. Aunque otros los asocian con el grupo imperial de los medos y los persas. Uno de los motivos de esa conexión es que Daniel vinculó a los dos en su visión del carnero que tenía dos cuernos, uno más largo (o más poderoso) que otro.

Cuando llegó la noche y fue el momento de apagar la luz en Babilonia, los medos y los persas dieron el golpe maestro y dejaron fuera de combate a Babilonia. De hecho, los persas ya habían vencido a los medos y los habían asimilado a su ejército e imperio creciente.

El oso de la visión comía tres costillas. Eso podría referirse a los tres reinos que los medos ayudaron a conquistar. Una vez que los medos fueron conquistados y asimilados al Imperio persa, ayudaron a conquistar Lidia, Babilonia y Egipto.

Persia, la otra mitad del oso o el leopardo entero. Los eruditos que están convencidos de que el cuarto imperio es Grecia tienden a seguir el devenir de la historia; creen que Media es el segundo imperio y Persia, el tercero, representado por la parte de bronce del ídolo y el leopardo del sueño de Daniel.

Visiones de quién es quién

4 partes del ídolo	4 bestias	Teoría 1	Teoría 2
Cabeza de oro	León	Babilonios	Babilonios
Pecho y brazos de plata	Oso	Medos	Medos/Persas
Vientre y muslos de bronce	Leopardo	Persas	Griegos
Piernas de hierro, pies de arcilla	Bestia aterradora	Griegos	Romanos

Búsqueda de los reinos. Las visiones de cuatro bestias y un ídolo hecho con cuatro partes simbolizan cuatro reinos. ¿Pero qué reinos? La respuesta influye en la interpretación que hacen los eruditos de las profecías de Daniel. Los estudiosos que afirman que los pies del ídolo y la bestia aterradora representan a Grecia probablemente dirán que la mayoría de las profecías de Daniel se enfocan en la persecución de los judíos en los tiempos del Imperio griego. Los eruditos que vinculan esos fragmentos de la visión con el Imperio romano tienden a encontrar pistas del fin de los tiempos en las profecías. Lo único sobre lo que hay certeza es la identidad de la cabeza dorada del ídolo, que según Daniel representa al Imperio babilonio. Los demás elementos de ambas visiones están a disposición de quien quiera interpretarlos. En otra visión (derecha) el ángel Gabriel explica que el carnero representa a los medos y los persas, y el chivo representa al Imperio griego que surgiría más tarde.

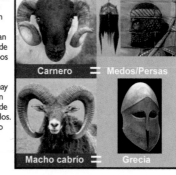

Carnero = Medos/Persas

Macho cabrío = Grecia

El leopardo tenía cuatro cabezas y cuatro alas. Algunos expertos sostienen que las cabezas podrían referirse a los cuatro reyes persas mencionados en los libros de Esdras y Nehemías, o quizás al hecho de que el imperio se expandió hacia los cuatro puntos cardinales. Dicen además que las cuatro alas podrían relacionarse con la rapidez con que se expandió el Imperio persa.

Grecia, el leopardo o la bestia aterradora. Los especialistas en la Biblia convencidos de que Roma es el imperio que más se adecúa para ocupar el cuarto lugar creen que el tercer puesto corresponde a Alejandro Magno y los griegos.

Señalan las cuatro cabezas y las cuatro alas del leopardo y dicen que estas representan a Grecia y no a Persia. Afirman que esas cuatro cabezas y cuatro alas muestran que el Imperio griego se dividirá en cuatro. Después de que Alejandro Magno murió, sus generales dividieron el imperio en cuatro reinos. Los dos más famosos: Seleuco gobernó un reino ubicado en lo que hoy es Siria y Ptolomeo I Sóter gobernó la región que hoy es Egipto.

Otros eruditos disienten. Según ellos, Grecia es más adecuada para representar el cuarto elemento como la bestia aterradora. Señalan otras pistas que, en su opinión, parecen ser conexiones sólidas con Alejandro Magno y sus sucesores.

Morir joven. Después de haber conquistado la mayor parte de Oriente Medio, desde el norte de África a Afganistán, Alejandro Magno murió a los 32 años, mientras estaba en la cúspide de su poder. Así ocurrió con el chivo peludo de la visión de Daniel: "Cuando alcanzó el máximo de su poder, se quebró el enorme cuerno que tenía" (Daniel 8:8).

Imperio dividido. Gabriel dijo que los cuatro cuernos del chivo peludo demuestran que el Imperio griego se dividiría en cuatro. Por esta razón, algunos estudiosos vinculan al chivo peludo con los generales de Alejandro. Ellos dividieron el imperio en cuatro reinos.

Diez cuernos. La bestia feroz tenía diez cuernos. Esto podría referirse a la familia de los reyes que gobernaron el reino seléucida de los griegos entre Alejandro Magno y Antíoco, el rey que intentó terminar con la religión judía. Solo conocemos ocho reyes de esa época. Pero si es que alguno era considerado un gobernador legítimo; Antíoco lo destituyó. Si agregamos a Alejandro, entonces son diez reyes.

La batalla del cuerno pequeño. Tanto la bestia aterradora como el chivo peludo tenían cuernos pequeños, que representaban a los gobernadores que luchaban contra Dios, contra las leyes de Dios y contra el pueblo de Dios. El gobernador representado por el onceavo cuerno de la bestia feroz "hablará en contra del Altísimo... Tratará de cambiar las festividades... y también las leyes [religiosas]. Los santos quedarán bajo su poder durante tres años y medio" (Daniel 7:25 NVI). Eso es lo que hizo Antíoco; lo hizo durante tres años y medio antes de morir.

El chivo peludo también tenía un cuerno pequeño, uno que salía de los cuatro cuernos que representaban la división de Imperio griego en cuatro reinos. "Aun se engrandeció contra el príncipe de los ejércitos... Y por él fue quitado el continuo sacrificio" (Daniel 8:11 RVR1960).

Un elefante en el ejército. Algunos eruditos afirman que el elefante debe de haber sido la bestia poderosa y aterradora que "aplastaba a sus víctimas... y pisoteaba los restos bajo sus pies" (Daniel 7:7). El rey Antíoco usaba elefantes como tanques en su ejército para aterrorizar y aplastar a la infantería enemiga. Una vez venció a los rebeldes judíos con un ejército reforzado por una compañía de 32 elefantes. Un antiguo informe judío describe los elefantes de este modo:

> *Encima de cada elefante había una torre fortificada, hecha de madera, cubierta con un techo, sujeta a sus espaldas con un arnés especial, y en cada torre había tres soldados, además del conductor indio.*
>
> 1 MACABEOS 6:37 DHH

En la batalla siguiente, un judío valiente corrió por debajo del elefante más alto y lo acuchilló desde abajo. El elefante murió, pero el guerrero también murió cuando la bestia colapsó sobre él. Esa fue una batalla que hizo retroceder a los rebeldes judíos. Corrieron para salvar sus vidas.

Roma, la bestia aterradora. Los especialistas en la Biblia que dicen que la bestia aterradora simboliza a Roma y no a Grecia se basan en el informe según el cual esa bestia "será diferente a todas las demás. Devorará al mundo entero, pisoteando y aplastando todo lo que encuentre a su paso" (Daniel 7:23). La fuerza devoradora de esta bestia, dicen, cuadra bien con el Imperio romano que superó al Imperio griego, más débil, y conquistó la mayor parte de lo que se consideraba el mundo civilizado de la época: las tierras que limitaban con el mar Mediterráneo.

Algunos eruditos agregan que ese cuerno pequeño que le creció a la bestia de diez cuernos no representa a Antíoco en absoluto. Más bien, ellos dicen que señala al anticristo. Muchos cristianos afirman que el anticristo —mencionado solo brevemente en las dos breves cartas del apóstol Juan— será un gobernador malvado del fin de los tiempos que se opondrá a Dios y al pueblo de Dios. Será como un Antíoco revitalizado con esteroides para el mal. *(Para mayor información sobre el anticristo, ver la página 280).*

MÁS ALLÁ DE LA BESTIA

Al final del sueño en el que vio una bestia aterradora, Daniel vio también algo así como un final feliz.

"Mientras yo observaba esto, se colocaron unos tronos. Y tomó asiento un venerable Anciano. Su ropa era blanca como la nieve. Y su cabello, blanco como la lana" (Daniel 7:9 NVI).

Dios destruye la cuarta bestia aterradora junto con su "presuntuoso" cuerno pequeño, así se trate de Antíoco, el anticristo o algún otro gobernador o coalición de gobernadores. "Mataron a la cuarta bestia y su cuerpo fue destruido por el fuego" (Daniel 7:11).

Lo que Daniel vio luego —en lo que a muchos cristianos respecta— suena como la segunda venida de Jesús.

> *"En esa visión nocturna, vi que alguien con aspecto humano venía entre las nubes del cielo. Se acercó al venerable Anciano y fue llevado a su presencia, y se le dio autoridad, poder y majestad. ¡Todos los pueblos, naciones y lenguas lo adoraron! ¡Su dominio es un dominio eterno, que no pasará, y su reino jamás será destruido!"*
>
> DANIEL 7:13–15 NVI

"Hijo del Hombre" era el modo favorito de Jesús para referirse a sí mismo. Sin embargo suena tan humano.

Y así es como Dios lo empleó cuando puso un sobrenombre al profeta Ezequiel: "Levántate, hijo de hombre, dijo la voz... quiero hablarte" (Ezequiel 2:1). Era como si Dios le recordara a Ezequiel: "Tú eres mortal, pero yo soy inmortal. Y no lo olvides".

Sin embargo, el uso que hace Daniel de ese título parecería añadir un sentido de deidad. Quizás es por eso que Jesús prefería la frase "Hijo del Hombre". El doble significado era perfecto para Jesús, a quien se describe en la Biblia como Dios y hombre al mismo tiempo. Jesús debió de haberse dado cuenta cuán bien se adecuaba al título.

En cuanto a venir de entre las nubes, Jesús señaló hacia arriba cuando habló de su segunda venida: "Aparecerá en los cielos la señal del Hijo del hombre, y todos lo verán" (Mateo 24:30 THE MESSAGE). Una vez que llegue, según una visión informada en otro libro de la Biblia: "Ahora el mundo ya es el reino de nuestro Señor y de su Cristo y él reinará por siempre y para siempre" (Apocalipsis 11:15).

No obstante, cuando Gabriel interpretó la visión de Daniel, no era Jesús quien reinaba por siempre: "Entonces se dará al pueblo santo del Altísimo la soberanía, el poder y la grandeza de todos los reinos bajo el cielo" (Daniel 7:27). El pueblo de Dios reinaba.

Algunos especialistas en la Biblia interpretan ese texto como una certeza reconfortante para los judíos que estaban en el exilio durante el siglo VI a.C., de que no solo reconstruirían su nación, sino que además un día su pueblo gobernaría a todas las naciones.

Otros ven más que solamente judíos en esa descripción. Ven a todos los que adoran a Dios. Pero estos adoradores, quienes quiera que sean, deben ser guiados por alguien. Más tarde Gabriel diría a María que su hijo Jesús sería el líder: "Y reinará sobre Israel para siempre; ¡su reino no tendrá fin!" (Lucas 1:33).

UN PAQUETE DE SEIS MÁS UNO, MULTIPLICADO POR DIEZ

No hay nada sencillo acerca de la visión más famosa de Daniel: Gabriel anunciando la llegada de un Ungido después de una rebelión que duraba "setenta conjuntos de siete" (Daniel 9:24). Entonces comencemos con una caja de seis.

No es que vayamos a beberla. Pero imaginémosla. Es una caja de seis de nuestra gaseosa favorita, cola u otra, o si lo necesitan, algo con un poco de lúpulo, para seguir adelante. Para agregar valor, supongamos que a algún zar de la mercadotecnia se le ocurre la novedosa idea de hacer una caja de siete unidades. Ahora imaginemos setenta cajas de siete apiladas en un garaje, contra la pared, como si fuera un aislante líquido. Tendríamos una pila de 490 bebidas. Aquí se hace más difícil. Ahora imaginen que las siete latas de gaseosa o cerveza son años.

Según la mayoría de los expertos, eso es a lo que se refería Gabriel cuando le dijo a Daniel que lo que venía era un "período de setenta conjuntos de siete" (Daniel 9:24). Algunas traducciones de la Biblia lo llaman "setenta semanas" y agregan una nota para explicar que ese es un modo de decir setenta conjuntos de siete. O, si usamos nuestra descripción visual, setenta cajas de siete cosas, probablemente, años.

Hasta allí llega el consenso general. En realidad, es posible que los expertos en la Biblia tengan 490 teorías sobre cómo explicar esos 490 años.

¿Años literales? Algunos dicen que se trata de años literales y señalan acontecimientos reales de la historia o, con la ayuda de largos intervalos entre algunos de los siete grupos de años, los números incluso podrían llevarnos al fin de los tiempos.

Pero si se tratara de años literales, ¿cuándo comenzó a correr el tiempo?

Reino eterno. Los ángeles custodian la entrada al cielo en una pintura del artista ruso Viktor Mikhailovich Vasnetsov, quien toma el estilo arquitectónico de la Iglesia Ortodoxa de Oriente. La visión de Daniel le ofrece un vistazo al cielo, donde ve a la bestia de sus visiones anteriores, condenadas y castigadas, sus reinos perdidos. Luego Daniel ve: "Alguien con aspecto humano" (Daniel 7:13 NVI) alabado y recompensado con un reino que perdurará por siempre.

Según una teoría, el tiempo comienza a correr en la profecía de Jeremías, en el 605 a.C. Eso es porque la visión de Daniel vino a él después de "estudiar la palabra del Señor, según fue revelada al profeta Jeremías, [aprendí] que Jerusalén debía quedar en desolación durante setenta años" (Daniel 9:2).

Luego, la teoría toma un giro creativo y hace una digresión.

1. La visión de Daniel tiene lugar 49 años después de la profecía de Jeremías "en el tercer año del reinado de Ciro de Persia" (Daniel 10:1). Entonces la fecha sería 556 a.C.

2. El sumo sacerdote durante el reinado de Antíoco, Onías III, fue asesinado 434 años después de la profecía de Jeremías (171 a.C.).

3. El tiempo transcurrido entre la muerte de este sumo sacerdote y la nueva dedicación del Templo después de que los judíos lo recuperaron de las manos de Antíoco fue de siete años (164 a.C.).

Sume estos tres números: 49 + 434 + 7 = 490 años.

Cada uno de estos tres acontecimientos está sugerido en la profecía.

Ciro. El rey persa Ciro puede haber sido el "Ungido" que dio la orden "de reconstruir Jerusalén" (Daniel 9:25).

Sumo sacerdote. Este hombre sin nombre podría haber sido el segundo "Ungido". Fue asesinado después de 62 conjuntos de siete años, es decir, 483 años (Daniel 9:26). Sume los 49 años que se refieren a Ciro y los 434 que marcan el asesinato de Onías. La cuenta da 483 años.

Dedicación del Templo. 490 años completos pasarían antes de que fuera tiempo "de ungir el lugar santísimo" (Daniel 9:24).

Pero algunos se preguntan lo siguiente: ¿El que pensó esta teoría calcula sus propios impuestos?

Parece un engaño sumar 49 + 434 para obtener el número mágico 483 que se adecúa a la predicción de un Ungido que muere 483 años después de 605 a.C. Onías no murió 483 años más tarde. Murió 49 años antes, mucho antes.

¿Y por qué los estudiosos están tan seguros de que Ciro, Onías y la dedicación del Templo en el 164 a.C. eran lo que Gabriel tenía en mente?

Para leer más teorías sobre cómo interpretar los números, ver la página 156.

	Se trata de los griegos.	**Se trata de Jesús**	**Se trata del fin de los tiempos**
¿Cuál es el punto de inicio de los setenta conjuntos de siete años (490 años)?	**Opción 1.** La profecía de Jeremías sobre los setenta años del exilio judío (Jeremías 25:11; 605 a.C.) **Opción 2.** El comienzo del exilio de setenta años (586 a.C.).	**Opción 1.** El rey persa Ciro libera a los judíos después de setenta años de exilio (539 a.C.). **Opción 2.** El rey persa Artajerjes ordena a los judíos que detengan la reconstrucción de Jerusalén (457 a.C.).	El rey persa Artajerjes da permiso a su funcionario judío Nehemías para ir a Jerusalén y reconstruir los muros de la ciudad (445 a.C.).
¿Cuándo terminan los 490 años?	Cuando los judíos expulsaron a los sirios y dedicaron nuevamente el Templo que los invasores habían profanado (164 a.C.).	Cuando murió el primer mártir cristiano, Esteban (33 d.C.).	Cuando Jesús regresa después de un tiempo de tribulación en la tierra.
¿Quién es el Ungido? (Daniel 9:26)	El rey persa Ciro, que libera a los judíos exiliados para que puedan regresar a su tierra y reconstruir la nación (539 a.C.).	Jesucristo comienza su ministerio (29 d.C.).	Jesucristo comienza su ministerio (29 d.C.).
¿Quién profana el Templo? (Daniel 9:27)	El rey Antíoco convirtió el Templo de Dios en un templo para adorar a Zeus (167 a.C.).	El general romano Tito destruyó el Templo, que nunca fue reconstruido (70 d.C.).	El anticristo ordenará que todos lo adoren a él (Apocalipsis 13:15).
¿Cuál es la crítica más importante a esta teoría?	**Las profecías son falsas.** Hay quienes defienden la hipótesis de que Daniel no escribió las profecías, sino que otro lo hizo siglos más tarde, haciendo pasar fragmentos de la historia como profecías.	**Fechas arbitrarias.** Los críticos dicen que quienes defienden esta teoría no tienen pruebas sólidas para sustentar las fechas ni las personas a quienes asociaron con esta profecía.	**No hay un enfoque en el fin de los tiempos.** La profecía se enfoca en los judíos, Jerusalén y el Templo de la antigüedad, no en el fin de los tiempos del mundo (Daniel 9:24).

¿Años simbólicos? Algunos eruditos opinan que deberíamos abandonar las matemáticas y no intentar calcular de qué años específicos hablaba Gabriel. Dicen que, probablemente, los números sean símbolos.

La visión de Daniel comenzó después de que leyó la profecía de Jeremías según la cual "Jerusalén debía quedar en desolación durante setenta años" (Daniel 9:2). Jerusalén fue una ciudad fantasma durante nada más que cincuenta años. Los babilonios arrasaron con Jerusalén en 586 a.C. y los primeros exiliados judíos regresaron a su tierra y comenzaron a reconstruir la ciudad cerca del 536 a.C.

"Setenta conjuntos de siete" (Daniel 9:24) no es literalmente setenta veces siete años literales, por lo menos, no según esta teoría. Los números son una pista teológica. Estos señalan una época que se remonta unos mil años antes, cuando Dios dijo qué ocurriría si los judíos rompían su pacto con él y le desobedecían: "Los castigaré siete veces por sus pecados" (Levítico 26:18).

Ángeles en lucha. Armado y peligroso, el arcángel Miguel lucha en varias batallas informadas en la Biblia. En una batalla, otro ángel que responde la oración de Daniel dijo que demoró tres semanas en llegar hacia él porque el "espíritu príncipe" de Persia (Daniel 10:13) —quizás un demonio— bloqueó el camino. Solo cuando llegó Miguel y luchó contra el espíritu maligno, el ángel mensajero pudo avanzar.

Eso no significa siete vidas literales. Quiere decir que los judíos sufrirían el castigo de Dios en su totalidad. En la Biblia, el siete significa compleción. Eso se debe a que el sexto día Dios finalizó la creación y el séptimo descansó.

El objetivo de la profecía era responder la oración de Daniel y asegurarle que Dios hacía lo correcto al castigar a la nación, pero que el castigo y el sufrimiento terminarían. Ya sea que Gabriel se refiriese al padecimiento de los judíos en el exilio durante los tiempos de Daniel o cientos de años más tarde durante el intento de Antíoco de destruir la religión judía, de cualquier modo, esta certeza les fue útil.

BATALLA DE SERES ESPIRITUALES

Daniel o, según insisten muchos eruditos, otro escritor que tomó su nombre, informa una última visión. Comienza en el capítulo 10 con un hombre celestial, brillante, que reconforta a Daniel después de tres semanas de ayuno. El hombre dijo que había venido en respuesta a la oración de Daniel, para contarle el futuro: el futuro cercano y el fin de los tiempos.

Lo que Daniel informa sobre el futuro inmediato suena —según algunos historiadores— como una historia levemente novelada de la guerra durante la época de Antíoco, maquillada con algunos mitos de Oriente Medio alterados para adaptarse a la mentalidad judía.

Muchos habitantes del antiguo Oriente Medio parecían creer que cada nación tenía su propio dios o panteón de dioses. Y en este informe Daniel da la impresión de que cada nación tiene un ángel guardián. Algunos de esos seres espirituales son ángeles diabólicos, es decir, demonios. En una traducción se los llama un "espíritu príncipe" (Daniel 10:13).

Cuando las naciones luchan, parece que los espíritus príncipes también. El mensajero celestial dijo que intentó llegar a Daniel, que estaba exiliado en Persia (lo que hoy es Irán) tan pronto como Daniel comenzó a orar, tres semanas antes. "Pero durante veintiún días el espíritu príncipe del reino de Persia me impidió el paso. Entonces vino a ayudarme Miguel, uno de los arcángeles, y lo dejé allí con el espíritu príncipe del reino de Persia" (Daniel 10:13).

El mensajero agregó que pronto se enfrentaría al espíritu príncipe de Persia nuevamente, "y después de eso vendrá el espíritu príncipe del reino de Grecia" (Daniel 10:20). Grecia, liderada por Alejandro Magno, conquistó a los persas en 333 a.C., más de doscientos años después de la época de Daniel.

Lo que se preguntan muchos estudiosos es si esas batallas entre seres espirituales son reales. ¿Podrían ser solo descripciones visuales para ayudar a los humanos, que necesitan algo concreto, para comprender lo incomprensible: que una guerra espiritual se propaga detrás de las escenas de la historia de la humanidad, invisible, pero demasiado real?

Muchos eruditos coinciden en que, ya sea que esas batallas espirituales sean literales o figuradas, el informe de las batallas en la tierra parece tomado de los libros de historia. Otros afirman que se trata de identificar profecías detalladas, dando en el blanco una y otra vez.

He aquí una muestra de cómo la historia encaja con lo que el libro de Daniel predijo:

Persas versus griegos, la batalla épica.

La Biblia: El cuarto rey persa "incitará a todos a luchar contra el reino de Grecia" (Daniel 11:2).

La historia: El rey Darío III (gobernó el Imperio persa entre los años 336 y 330 a.C.); Alejandro Magno (gobernó el Imperio griego entre los años 336 y 323 a.C.).

Vínculo entre la Biblia y la historia: Darío y su ejército persa —cuyas probabilidades de ganar eran de 2 a 1, o 20 a 1 según otros cálculos— involucraron a Alejandro Magno y su ejército griego en la Batalla de Issos, en 333 a.C. Darío, que necesitaba probabilidades más altas, perdió la batalla y huyó para salvar su vida abandonando a su familia, que había sido capturada por los griegos. Los mismos hombres de Darío lo asesinaron tres años más tarde.

Tratado de paz entre el norte y el sur sellado con un matrimonio.

La Biblia: "El rey del sur dará a su hija en matrimonio al rey del norte para asegurar la alianza, pero tanto ella como su padre perderán su influencia sobre el rey" (Daniel 11:6).

La historia: Ptolomeo II Filadelfo (gobernó el Imperio ptolemaico en Egipto entre 285 y 246 a.C.); Antíoco II Theos (gobernó el Imperio seléucida de Siria entre 261 y 164 a.C.).

Vínculo entre la Biblia y la historia: Antíoco exilió a su esposa Laodice para poder

Divididos caen. Poco tiempo después de haber conquistado la mayor parte de Oriente Medio y Asia, Alejandro Magno muere por enfermedad o envenenamiento. Sus generales se reparten el Imperio griego entre ellos. Luego comienzan a pelearse por los territorios y las riquezas de sus ciudades y templos. Cuando Antíoco IV Epífanes del Imperio seléucida vence a Egipto, los griegos que lideraban el Imperio ptolemaico piden ayuda a Roma. Así comienza la caída de Grecia y el surgimiento del Imperio romano.

contraer matrimonio con la hija de Ptolomeo, Berenice, y así sellar un tratado de paz. Laodice se las ingenió para regresar y colarse entre los allegados de Antíoco. Entonces lo envenenó, arregló el asesinato de Berenice y declaró a su hijo como futuro rey: Seleuco II Calinico.

Venganza sangrienta.

La Biblia: "Cuando uno de sus parientes llegue a ser el rey del sur, éste levantará un ejército, entrará en la fortaleza del rey del norte y lo derrotará. Cuando regrese a Egipto, se llevará consigo los ídolos de ellos, junto con objetos de oro y de plata" (Daniel 11:7–8).

La historia: Ptolomeo III Evergetes (hermano de la asesinada Berenice, gobernó en Egipto entre 246 y 221 a.C.); Seleuco II Calinico (gobernó en Siria entre 246 y 225 a. C.).

Vínculo entre la Biblia y la historia: Ptolomeo invadió Siria, ocupó la ciudad principal costera de Antioquía y se aventuró hasta el Imperio seléucida de Babilonia, cerca de lo que hoy es Bagdad.

Barricada romana.

La Biblia: "Pocos años después, el rey del norte regresará con un ejército bien equipado, mucho más numeroso que antes... Las mejores tropas del sur no podrán hacer frente al ataque... Después, dirigirá su atención a la región de la costa y conquistará muchas ciudades. Sin embargo, un comandante de otra tierra pondrá fin a su insolencia y lo hará retirarse avergonzado" (Daniel 11:13, 15, 18).

Historia: Ptolomeo V Epifanes (gobernó el Imperio ptolemaico en Egipto entre 205 y 180 a.C.); Antíoco III (gobernó el Imperio seléucida en Siria entre 223 y 187 a.C.); Lucio Cornelio Escipión (comandante romano que venció a Antíoco III en la Batalla de Magnesia, en 190 a.C.).

Vínculo entre la Biblia y la historia: Antíoco III venció a Egipto y luego se propuso vencer a Grecia. Pero los romanos lo vencieron dos veces. Primero, en Grecia, en Termópilas, en 191 a.C., y una vez más al año siguiente en las llanuras occidentales de Turquía, en la batalla de Magnesia. Se retiró a Siria y cedió la mayor parte de su territorio en Turquía.

El hombre que no debió haber sido rey.

La Biblia: "El siguiente en subir al poder será un hombre despreciable, quien no está en la línea de sucesión al trono. Cuando menos lo esperen, tomará el control del reino, mediante adulación e intrigas". (Daniel 11:21).

La historia: Antíoco IV Epífanes (gobernó el Imperio seléucida en Siria entre 175 y 164 a.C.).

Vínculo entre la Biblia y la historia: Antíoco usurpó el trono de la familia a su hermano mayor, el rey Seleuco IV. El hijo de Seleuco, el príncipe Demetrio, tenía unos doce años cuando asesinaron a su padre. En ese momento, los romanos lo tomaron de rehén por reparaciones de guerra que exigían al Imperio seléucida. Antíoco mató al asesino de su hermano pero no pagó reparaciones de guerra a Roma. En cambio, reclamó el trono seléucida para sí mismo.

El rey que descargó su odio contra los judíos.

La Biblia: "El rey del norte... volverá a invadir el sur... [Pero] lo espantarán barcos de guerra de las costas del occidente; se retirará y volverá a su territorio. Sin embargo, descargará su enojo contra el pueblo del pacto sagrado y premiará a los que abandonen el pacto" (Daniel 11:28–30).

Historia: Antíoco IV Epífanes (venció a Egipto y a Chipre en 168); Cayo Popíleo Laenas, embajador romano en esa época.

Vínculo entre la Biblia y la historia: Antíoco venció a Egipto y a la isla de Chipre. Pero Egipto había pedido ayuda a Roma. Los romanos llegaron cuando Antíoco estaba en camino a la ciudad portuaria de Alejandría para exigir la región. El embajador romano ordenó a Antíoco que se retirase; dibujó un círculo en torno al rey e insistió en que tomara una decisión antes de abandonar el círculo; algunos dicen que de allí proviene el dicho: "escribir en la arena". Antíoco regresó a su ciudad y descargó su furia contra la patria judía, su nuevo y reducido frente del sur. Decidido a conservar el territorio judío y convertir al pueblo en el tipo de ciudadanos helenizados que él deseaba tener en su imperio, prohibió la religión judía. Eso originó la revuelta macabea en 166 a.C., una lucha por la libertad encabezada por Judas Macabeo, hijo del anciano sacerdote Matatías, que había comenzado la revuelta. Dos años después, los judíos recuperaron el control de la nación.

EL FINAL DE LA HUMANIDAD

Algo sobre lo que no hay debate entre los eruditos es que el último capítulo de Daniel se enfoca en el último capítulo de la humanidad.

El libro del Apocalipsis describe un momento de tribulación mundial. Muchos dicen que ven lo mismo en la profecía final de Daniel. "Habrá un tiempo de angustia, como no lo hubo desde que existen las naciones" (Daniel 12:1).

Lo que sigue es la primera referencia clara de la Biblia a la resurrección de los muertos: "algunos para vida eterna y otros para vergüenza y deshonra eterna" (Daniel 12:2).

Los eruditos se dividen: algunos toman esto de forma literal y otros opinan que es un modo poético de afirmar que la nación judía se levantará de nuevo, mientras que las naciones que oprimieron a los judíos serán castigadas.

No obstante, la mayoría de los expertos en la Biblia sostienen que, probablemente, el escritor haya visto más allá de la historia de la humanidad, quizás a un tiempo en el que los espíritus y los cuerpos se reúnan en algún tipo de forma celestial. Después de esa resurrección, el pueblo resucitado de Dios "brillará[n] como estrellas para siempre" (Daniel 12:3). Según algunos eruditos, esa es una referencia a los seres celestiales.

"¿Mi señor, cómo terminará todo esto?" (Daniel 12:8).

Esa es la última pregunta que formula Daniel a un espíritu que se presenta en su visión.

El hombre le responde: "Muchos serán purificados, limpiados y refinados. Sin embargo, los perversos seguirán en su perversidad" (Daniel 12:10).

Luego, el espíritu parece hablar de un cronograma; esto suena como un salto al pasado, al intento de Antíoco de prohibir la religión judía.

"A partir del momento en que se suspenda el sacrificio diario y se imponga el horrible sacrilegio, transcurrirán mil doscientos noventa días. ¡Dichoso el que espere a que hayan transcurrido mil trescientos treinta y cinco días!" (Daniel 12:11–12 NVI). Aproximadamente tres años y medio. Eso coincide con el número anticipado unos versículos más arriba: "Tres años y medio. Todo esto se cumplirá cuando el poder del pueblo santo no vuelva a ser destruido" (Daniel 12:7 NVI).

Pero, ¿por qué los números 1,290 y 1,335, separados por 45 días?

Algunos eruditos dicen que eso se debe a que la primera predicción no funcionó, entonces el escritor o el editor agregó el segundo número para contar con un mes y medio más. Eso sería como predecir la segunda venida el día de Navidad, y luego el día posterior a Navidad, lo que desfasaría la fecha de la Pascua.

Otros estudiosos dicen que quizás algo importante sucederá durante esos 45 días que hay en el medio. Quienes opinan que esos números señalan un apocalipsis por venir especulan con que ese momento se destinará a enterrar cuerpos después de la batalla de Armagedón.

Sin embargo, otros sostienen que probablemente esos dos números apuntaban a funcionar con dos calendarios: el calendario lunar de 354 días que usaban algunas naciones, como Babilonia, y un calendario lunar y solar de 360 días que empleaban muchos reinos griegos y otras naciones también.

Las matemáticas no funcionan.

Tres años y medio de 354 días equivalen a 1,239 días, no a 1,290. Y tres años y medio de 360 días equivalen a 1,260 días, no a 1,335. Pero cada calendario solo se adaptaba de forma ocasional para mantener los meses en las estaciones que correspondían. Eso se hacía según la necesidad del momento; a veces se agregaba o se quitaba un mes entero. Entonces, algunos eruditos afirman que es posible que los números funcionaran bien para el escritor.

Ahora bien, ¿qué debería hacer el pueblo de Dios mientras tanto?

Daniel recibió el siguiente consejo sobre cómo conducirse en el final, así fuera el final de la persecución de Antíoco, el final de la humanidad, o ambos: "Sigue tu camino hasta el final sin temor ni preocupación. Relájate. Cuando todo termine, estarás de pie para recibir tu recompensa" (Daniel 12:13 THE MESSAGE).

Regreso de la muerte. Un padre ruso que regresa con el ataúd de su hijo queda estupefacto al ver a su hijo sano y salvo. Siglos atrás, una recuperación inexplicable de lo que parecía la muerte —quizás un desmayo y respiración poco audible— se consideraba un milagro. En la mayor parte del Antiguo Testamento, los judíos mostraron tener poca o ninguna conciencia de la resurrección de la muerte, seguida de la vida eterna. Luego leyeron el último capítulo de Daniel.

Retroceso al momento de la Creación. En un fragmento de la historia de la Creación, Eva está a punto de convencer a Adán de cometer un gran error. Adán comerá el fruto prohibido. El profeta Sofonías recurre al momento pasado de la Creación para describir lo que Dios hará en el futuro. Sofonías enumera todos los seres vivos en el orden inverso al que según el libro del Génesis Dios los creó; en ese orden los destruirá.

EL FINAL COMO LO VIO SOFONÍAS

"Borraré a la humanidad de la faz de la tierra" dice el SEÑOR.

SOFONÍAS 1:3

Suena bastante claro. Los humanos están fritos.

Esa es la palabra del Señor, transmitida por el profeta Sofonías unos seiscientos años antes de Cristo.

También tienen los días contados todas las criaturas de la tierra, del cielo y del mar:

> *"Arrasaré con *hombres y animales, con las aves del cielo, con los peces del mar... En el fuego de su celo será toda la tierra consumida... En un instante reducirá a la nada a todos los habitantes de la tierra".*
>
> SOFONÍAS 1:3, 18 NVI

Suena a que hay un destructor del planeta en el horizonte. Quizás sea un meteoro monstruoso.

Tal vez, el sol se hinche hasta explotar. O posiblemente se trate de una lluvia de misiles radioactivos que generarán un suicidio global a causa de la idiotez.

Hay un problema con la condenación de Sofonías.

A medida que la profecía se desarrolla en tres capítulos breves, Dios disminuye la intensidad de la destrucción. Pero, sorprendentemente, el planeta sobrevive.

También sobreviven las naciones del mundo. Entre ellas, la nación judía, que según Sofonías, se convertirá en una nación líder respetada por el mundo: "Daré a ustedes fama y renombre entre todos los pueblos de la tierra. Cuando yo los restaure ante sus mismos ojos" (Sofonías 3:20 NVI).

¿Qué parte de borrar a la humanidad de la faz de la tierra no entendió Sofonías?

Es una pregunta legítima.

Los especialistas en la Biblia ofrecen dos respuestas posibles:

- **Sofonías exageró la fatalidad.** No se refería al fin del mundo.

Empleó vocabulario relacionado con el fin del mundo para advertir a los judíos sobre la inminente destrucción de su nación, el fin de la vida como ellos la conocían.

Para los judíos, el final llegó en 586 a.C. cuando los invasores babilonios provenientes de lo que hoy es Irak borraron su patria del mapa mundial y luego deportaron a los sobrevivientes judíos. Los eruditos explican que, como Sofonías escribió sus predicciones en forma de poesía, deberíamos considerar que tomó una licencia poética.

- **Sofonías estaba en lo cierto con respecto a la condenación.** Solo que es una condenación por partida doble y ocurre en dos momentos de la historia.

La nación judía murió y resurgió, todo en el lapso de unas pocas décadas después de las profecías de Sofonías. La humanidad también desaparecerá y resurgirá nuevamente en algún momento futuro, en un planeta renovado y mejorado o en un lugar mejor.

POESÍA HEBREA: SIN RIMA, PERO CON LÓGICA

Al igual que la mayoría de las profecías bíblicas, las predicciones de Sofonías son poemas. Pero a diferencia de la mayoría de los poemas de hoy en día, la poesía hebrea antigua no tenía rima. Por lo menos, en lo que a los eruditos de hoy respecta.

En lugar de reiterar sonidos, la poesía hebrea repite ideas. Es decir, no hay rima, pero sí hay mucha lógica.

El poeta enuncia una afirmación en un solo verso. Luego, en el verso siguiente, es posible que repita la afirmación con leves variaciones. O quizás la contraste con una idea opuesta. A veces amplía la idea y explica de qué está hablando.

A continuación, un ejemplo. Para describir el día en que Dios desatará su juicio sobre la nación judía, Sofonías pinta una imagen horrorosa con cuatro versos que reiteran casi lo mismo.

> *"Será un día cuando el Señor derramará su ira,*
> *un día de terrible aflicción y angustia,*
> *un día de ruina y desolación,*
> *un día de oscuridad y penumbra,*
> *un día de nubes y de negrura".*
>
> Sofonías 1:15

La mayoría de los eruditos afirma que sería un error tomar esas palabras de forma literal y concluir, por ejemplo, que el día del juicio llegará de noche o de día, cuando la luz del sol esté obstruida por nubarrones espesos, por la contaminación ambiental o por un eclipse.

Los expertos dicen que esa no es la imagen que Sofonías deseaba pintar. En cambio, lo que intentaba transmitir era el sentido de tragedia y pérdida que seguramente experimentaron los refugiados judíos cuando perdieron casi todo lo que era importante para ellos en 586 a.C: su libertad, sus hogares, sus familias.

Retoque de la Biblia. El rabino y escriba Joseph Mishulovin, de la ciudad de Nueva York, retoca un rollo deteriorado de las sagradas escrituras judías. Más de un tercio de la Biblia judía, lo que los cristianos llaman el Antiguo Testamento, está escrito en forma de poesía; muchas de las profecías están escritas de esa manera. Para saber si una profecía está escrita en forma de poema hay que observar cómo está impresa. En muchas versiones de la Biblia cristiana, los poemas no están impresos con la estructura de los párrafos habituales.

¿SOFONÍAS, EL EXAGERADO?

Sofonías predijo el fin del mundo como si esperara que las personas lo tomaran de forma literal. En el presente, muchos eruditos no lo toman al pie de la letra.

Dicen que exageró.

Y agregan que si insistimos en que la exageración es un pecado, entonces tenemos que repensar nuestras ideas sobre la perfección de Jesús porque él exageró con la mayor parte de las suyas:

> *"¡Es más fácil que un camello pase por el ojo de una aguja que un rico entre en el reino de Dios!"*

MARCOS 10:25

Sin embargo, un hombre rico arriesgó su vida, su reputación y su carrera por enterrar a Jesús (Mateo 27:57–58). Y un grupo de mujeres adineradas contribuyó con dinero de su bolsillo "para el sostén de Jesús y sus discípulos" (Lucas 8:3). Entonces parece improbable que Jesús hubiera prohibido la entrada de los ricos al cielo. Seguramente, exageraba para decir que es muy difícil que las personas reemplacen el enfoque principal de construir su propio reino por el de construir el Reino de Dios.

Nosotros también empleamos la exageración. Podríamos decir que los sermones de un predicador son pesadísimos. Eso no significa que realmente podamos pesarlos en una balanza. La frase gráfica es solo un modo exagerado de expresar lo aburridos que son los sermones.

¿Pero Sofonías exageraba? ¿En verdad hablaba de la caída de la nación judía y no del fin del mundo?

Los que dicen que sí recurren a las pruebas. Los que disienten ofrecen argumentos opuestos.

Sí, Sofonías exageraba	No, no exageraba
Dijo que "ese terrible día del SEÑOR está cerca" (Sofonías 1:14). Pocas décadas después, la nación judía cayó; pero dos mil seiscientos años después, la tierra aún existe. Entonces, habla de Judá, no del mundo.	Hablaba de ambos: Judá y el mundo. ¿Qué son dos mil seiscientos años para Dios? "Para el Señor... un día es como mil años" (2 Pedro 3:8).
Dijo que Dios destruiría "todo lo que hay sobre la tierra" (Sofonías 1:2 TLA), y luego Dios hará regresar "a su casa" a los judíos (Sofonías 3:20). Es obvio que se refería al exilio judío, no al apocalipsis.	Hablaba de ambos: el exilio judío y el apocalipsis. Vio el final de la vida tal como los judíos la concebían y el fin de la vida como la concebimos nosotros.

Salida de la humanidad. La profecía de Sofonías comienza al final de todas las formas de vida que hay sobre la tierra. Las hipótesis sobre cómo será el final del mundo incluyen (1) el sol que se convierte en un astro rojo y gigante que incendia el planeta, (2) un meteoro monstruoso y (3) un dedo impaciente que presiona un disparador. Sin embargo, muchos especialistas en el estudio de la Biblia afirman que Sofonías empleó imágenes exageradas del fin de los tiempos para advertir a los judíos sobre la caída de su nación, que sobrevino unas pocas décadas después de su predicción. No se espera que el sol se hinche por cinco mil millones de años. Por lo pronto, no se han anunciado meteoros que puedan destruir el planeta. No obstante, el final causado por el uso de armas nucleares es una posibilidad.

Usted está aquí.

Este es el tamaño relativo del sol
y la Tierra, no es la ubicación relativa.
La Tierra está mucho más lejos.

Usted estaba aquí.

3 de julio de 1970
Prueba nuclear
Atolón de Moruroa, Polinesia francesa

¿SOFONÍAS, EL EXTERMINADOR?

Sofonías no era el ángel de la muerte ni tenía al planeta Tierra en la mira. Pero muchos estudiosos insisten en que, sin dudas, vio el final de la humanidad.

Pista 1. Orden de los blancos.

- Personas
- Animales
- Aves
- Peces

El orden de esta lista (Sofonías 1:3, 18) es exactamente opuesto al orden en que Dios creó la vida:

- Peces. "Que las aguas se colmen de peces" (Génesis 1:20).
- Aves. "Que los cielos se llenen de aves" (Génesis 1:20).
- Animales. "Que la tierra produzca toda clase de animales" (Génesis 1:24).
- Personas. "Dios creó a los seres humanos" (Génesis 1:27).

Según muchos eruditos, la implicación es la siguiente: Así como la creación está completa ahora —en un planeta rebosante de vida— así de completa será la destrucción después del juicio de Dios. Nada ni nadie sobrevivirá.

Destrucción en los cuatro puntos cardinales. Sofonías predijo la destrucción para Judá, la zona cero. Después predice la destrucción para los vecinos de Judá en las cuatro direcciones; algunos expertos sostienen que quizás lo hizo para simbolizar un apocalipsis mundial.

Sin embargo, muchos estudiosos dicen que ellos no perciben el apocalipsis en la visión de Sofonías. En cambio, sostienen que se trata de un modo dramático de referirse al día del juicio para Judá. Así de completo como fue el pecado de la nación judía —hasta el tope, si pudiera medirse en un cubo—, así de completo será su castigo.

Pista 2. Ubicación de los blancos.

Además de Judá, que sería la zona cero, Sofonías incluye en el presagio a cuatro grupos de naciones ubicados en los cuatro puntos cardinales de Judá, como si simbolizaran al mundo entero:

- Norte: Asiria (hoy en día Irak)
- Sur: Etiopía (quizás parte de lo que hoy es Egipto, Sudán y Etiopía)
- Este: Amón y Moab (Jordania)
- Oeste: Filistea (la Franja de Gaza palestina)

Pero algunos estudiosos sostienen que no deberíamos interpretar esas cuatro ubicaciones como un símbolo que representa al mundo entero. Esos especialistas ofrecen un argumento opuesto. Dicen que las pocas naciones de la lista interesaban especialmente a los judíos en la época de Sofonías.

- Asiria: Este imperio controlaba a Judá en aquel momento.
- Etiopía: La caída de esa nación en manos de Egipto señalaba que Asiria estaba perdiendo poder y ya no podía controlar su imperio.
- Amón y Moab: Esas dos naciones tomaron territorios de las tribus israelitas de Gad, Manasés y Rubén.
- Filistea: Asiria había deportado algunos judíos a esa nación y el rey judío quería que regresaran.

No queda claro si las personas de la época de Sofonías veían el fin del mundo en sus profecías. Pero, sin dudas, como mínimo, vieron el día del juicio. Las palabras de Sofonías parecían haber generado un resurgimiento religioso en Judá.

Sofonías predicó durante el reinado de Josías (entre 640 y 609 a.C), después de dos generaciones bajo el mando de los reyes más viles de Judá: Amón y Manasés, padre y abuelo de Josías. Ambos adoraban ídolos. Manasés sacrificó a uno de sus hijos en honor a un ídolo. Pero Josías, tal vez aguijoneado por la advertencia de Sofonías, guió a su nación de nuevo hacia Dios.

Por desgracia, el resurgimiento religioso se desarticuló cuando Josías murió y su hijo Joacaz ocupó el trono.

Pista 3. Suena como una utopía.

Sofonías parece ir mucho más allá del regreso de los judíos a su tierra. Lo que él describe parece un mundo perfecto gobernado por Dios.

El profeta anuncia que Dios:

- *"¡Vivirá en medio de ti!"*
- *"Salvaré al débil y al indefenso".*
- *"Les daré un buen nombre, un nombre distinguido entre todas las naciones de la tierra".*

Sofonías 3:15, 19, 20

Eso suena parecido a una visión del fin de los tiempos que Juan informaría unos setecientos años después: "¡Miren, el hogar de Dios ahora está entre su pueblo! Él vivirá con ellos... Él les secará toda lágrima de los ojos, y no habrá más muerte ni tristeza ni llanto ni dolor" (Apocalipsis 21:3–4).

No obstante, algunos señalan que las palabras de Sofonías suenan como la descripción de cualquier nación dedicada a Dios. Y eso incluye a la nación judía que resurgió de las cenizas después de que Persia liberó a los exiliados para que pudieran regresar a su patria y reconstruir su país.

Muchos estudiosos de la Biblia opinan que los debates no son demasiado importantes. Pasado, presente, futuro; Dios fue, es y será Dios. Y aquellos que lo descubren tienen motivos de sobra para "¡Gritar fuerte... alegrarse! ¡Gozar!" (Sofonías 3:14 THE MESSAGE).

EL FINAL COMO LO VIO ZACARÍAS

¡Qué día será! No habrá más noches frías, de hecho, ¡no habrá más noches! Llegará el Día —en el momento que Dios decida— en que habrá un día perpetuo. Cada noche será una mañana fresca.

ZACARÍAS 14:6-7 THE MESSAGE

"El fin de los tiempos" en verdad no se trata del final de algo conocido. Más bien, se trata del comienzo de algo maravilloso. Por lo menos, ese es el aporte de Zacarías, el profeta y sacerdote optimista.

Quizás sea más optimista que la mayoría de los profetas bíblicos por el momento histórico en el que vivió.

A diferencia de los profetas más conocidos —Isaías, Jeremías y Ezequiel—, Zacarías vivió después de que Dios terminó de castigar a los judíos por haber pecado durante siglos. Es por eso que no tenía que advertir a las personas que pronto recibirían su merecido. Ya lo habían recibido.

Jinete fantasma en el cielo. En una visión que tuvo en sueños, el profeta Zacarías visualiza un hombre sentado sobre un caballo rojo, uno de varios jinetes. Según la interpretación de un ángel, el sueño tiene como fin asegurar a Zacarías y los judíos que Dios los está cuidando. Zacarías escucha que los jinetes informan a Dios: "Hemos estado recorriendo la tierra y el mundo entero está en paz" (Zacarías 1:11).

Jerusalén había caído unos setenta años atrás (586 a.C.), cuando la mayoría de los judíos sobrevivientes fueron deportados. Pero en la época de Zacarías (alrededor del 520 a.C.), muchos judíos, al igual que él, estaban de regreso en Jerusalén. La Ciudad Santa crecía; estaban reconstruyendo el Templo.

Se aproximaban días luminosos: "la luz del día será perpetua" (Zacarías 14:7).

Pero de todas formas, Zacarías también vio cierta oscuridad que se avecinaba. Y de veras que la vio. Para los judíos. Para Jerusalén. Y especialmente para los enemigos del pueblo de Dios.

JERUSALÉN ATACADA NUEVAMENTE

Incluso para los más expertos en la Biblia a veces resulta difícil saber si cierta sección está escrita en clave apocalíptica. Pero el último capítulo de Zacarías no tiene ese estilo. Hay consenso general respecto de que ese mensaje no se refiere al futuro cercano de Israel en los tiempos de Zacarías. Más bien, hace referencia al futuro remoto.

No todos los eruditos coinciden en que esa fue la intención original del escritor. Tampoco todos concuerdan en que Zacarías fue quien lo escribió. Algunos argumentan que, en la segunda parte de su libro (capítulos 9–14), Zacarías hizo algunas predicciones osadas sobre Israel en su época, pero estas no se cumplieron. Entonces sus seguidores —por lo visto, más leales a él que a la historia— alteraron las predicciones o las reescribieron por completo. Algunos dicen que su objetivo era modificar la orientación de las predicciones, como un pescador que arroja la línea en una dirección diferente. Los peces no picaban cerca de la costa, así que arrojaron la línea más lejos, en las aguas profundas de un futuro remoto.

Ya sea que Zacarías haya sido el autor de las predicciones o no, los eruditos judíos y cristianos del primer siglo las consideraron profecías genuinas, adecuadas para sus Biblias.

El profeta vio este futuro aterrador:

- Dios reunirá "a todas las naciones para que peleen contra Jerusalén".
- "La ciudad será tomada".

- "Las casas saqueadas".
- "Las mujeres violadas".
- "La mitad de la población será llevada al cautiverio y al resto la dejarán entre las ruinas de la ciudad" (Zacarías 14:2).

Déjà vu. ¿Acaso esta es forma de que un profeta inspire a sus compatriotas judíos, recién llegados de una generación en el exilio, intentando reconstruir Jerusalén de las cenizas después de la invasión anterior?

Por fortuna, el profeta continuó hablando.

Pisoteando el césped. El profeta Zacarías anuncia que cuando Dios llegue al final de los días y ponga Sus pies en el monte de los Olivos, una cadena montañosa de tres picos que mide dos millas de longitud (3 km), el monte se partirá en dos, al norte y al sur. Los que viven cautivos en Jerusalén —recientemente invadida y conquistada por fuerzas hostiles— se escaparán por ese valle nuevo.

Esta batalla del fin de los tiempos parece una versión condensada de otras batallas del fin de los tiempos que fueron anticipadas en la Biblia y generan un cambio en el mundo. Una de ellas es la predicción de Ezequiel sobre Gog de Magog y sus aliados en contra de Israel. Otra es la historia de lo que suena como una guerra mundial, anunciada en el libro del Apocalipsis.

En ambos casos, el ataque fue la oportunidad de Dios para ingresar a la historia de la humanidad.

DIOS AL RESCATE

Aparentemente, Dios tiene pies grandes. Si tomamos la profecía de forma literal.

"En aquel día sus pies estarán sobre el Monte de los Olivos, al oriente de Jerusalén. Entonces el Monte de los Olivos se partirá" (Zacarías 14:4). El monte de los Olivos es una cadena montañosa de dos millas de longitud (3 km).

Las huellas de Dios crean un valle al instante, como si Gulliver hubiese caminado por los picos de unos hormigueros que resultaron ser las Rocallosas liliputienses.

Los estudiosos de la Biblia que toman de forma literal la escena descripta por Zacarías se preguntan si un terremoto logrará partir el monte. El valle del río Jordán, unas pocas millas al este, se extiende sobre una falla masiva en la corteza terrestre.

El monte de los Olivos, sobre el valle de Cedrón, no mide más que unos 500 pies de alto (150 metros) desde la base hasta la cima, y en algunas partes ni siquiera llega a medir la mitad. Una pequeña montaña como esa no sería un obstáculo importante si bombardearan con misiles para abrirse paso. Ni siquiera para los miembros de un equipo de mantenimiento de caminos, si prefieren ayudar en lugar de quedarse mirando como un solo hombre trabaja con la pala.

Si el valle estuviera abierto, las personas atrapadas en la ciudad de Jerusalén conquistada podrían escapar con mayor facilidad a Jericó y al río Jordán, emplazado en la cresta. Es más fácil ocultarse arrastrándose por un valle que trepando por una montaña.

"Huirán como lo hicieron durante el terremoto en los días de Uzías, rey de Judá. Entonces vendrá el Señor mi Dios y todos sus santos con él" (Zacarías 14:5).

El paisaje no es lo único que modifica Dios cuando llega allí.

Ni el sol, ni la luna ni las estrellas brillarán, pero "¡la luz del día será perpetua!" (Zacarías 14:7). Suena algo así como el fin de la física, el fin del mundo. Eso es especialmente cierto si lo relacionamos con algo que Dios prometió a Noé: "Mientras la tierra permanezca, habrá cultivos y cosechas, frío y calor, verano e invierno, día y noche" (Génesis 8:22). Si ya no hay más noche, entonces no habrá más tierra.

También suena como otro vistazo al futuro, la visión del final de los tiempos que tuvo Juan unos seiscientos años después de Zacarías: "La ciudad [la nueva Jerusalén] no tiene necesidad de sol ni de luna, porque la gloria de Dios ilumina la ciudad, y el Cordero es su luz. Las naciones caminarán a la luz de la ciudad" (Apocalipsis 21:23–24).

Fluirán "desde Jerusalén" aguas que dan vida a estas tierras áridas (Zacarías 14:8). A diferencia de la mayoría de los ríos en Israel, este nunca se secará. Fluirá "continuamente, tanto en el verano como en el invierno" (Zacarías 14:8).

He aquí la pregunta molesta: ¿Zacarías hablaba de agua o de otra cosa?

Un paralelo literal en la Biblia: Isaías afirmó algo similar; describió un día maravilloso que llegaría. "Se alegrarán el desierto y el sequedal… Florecerá… Aguas brotarán en el desierto. La arena ardiente se convertirá en estanque" (Isaías 35:1, 6–7 NVI).

Un paralelo figurado en la Biblia: Quizás Jesús tenía en mente las palabras de Zacarías e Isaías cuando dijo: "Todos los que beban del agua que yo doy no tendrán sed jamás. Esa agua se convierte en un manantial que brota con frescura dentro de ellos y les da vida eterna" (Juan 4:14).

"El Señor será rey sobre toda la tierra" (Zacarías 14:9). Muchos profetas predijeron esto. Pero los eruditos debaten si los profetas se referían a un reino terrenal o a uno espiritual.

Jerusalén se levantará de nuevo, nunca más será destruida, mientras que las colinas que la rodean colapsarán y se convertirán en una llanura (Zacarías 14:10–11). En la antigüedad, muchas personas adoraban a sus dioses en las montañas; quizás por la majestuosidad del lugar o porque eso era lo más cerca del cielo que podían llegar. Entonces las montañas se relacionaban con la deidad.

Los invasores morirán; una plaga les pudrirá la carne (Zacarías 14:12). Esta plaga está expresada en el lenguaje horroroso típico de la literatura apocalíptica y suena peor que las diez plagas de Egipto juntas. Si Zacarías hablaba de una plaga literal, bien podría tratarse de la peste bubónica. También podría ser alguna infección de tipo necrosante causada por un estafilococo inmune a los antibióticos, como el SIDA, el envenenamiento por radiación y la gangrena provocada por heridas. O tal vez el escritor solamente deseaba emplear imágenes fuertes para persuadir a los lectores de que los enemigos de Dios saldrían derrotados. Sin duda, las imágenes son fuertes: "Se les pudrirán los ojos en sus cuencas" (Zacarías 14:12).

El pueblo de Dios se enriquece con las riquezas de otras naciones (Zacarías 14:14). Otro profeta que vivió en Jerusalén en la misma época anunció algo muy similar: "El Señor de los Ejércitos Celestiales dice… Haré temblar a todas las naciones y traerán los tesoros de todos las naciones a este templo" (Hageo 2:6–7).

Todas las naciones adoran a Dios en Jerusalén (Zacarías 14:16–17). Doscientos años antes, Isaías había dicho que adorar a Dios no estaba reservado solo a los judíos: "No permitan que los extranjeros que se comprometen con el Señor digan: 'El Señor nunca dejará que yo sea parte de su pueblo'... Bendeciré a los extranjeros que se comprometan con el Señor" (Isaías 56:3, 6).

Todo se vuelve sagrado, desde los cascabeles del arnés de los caballos hasta las ollas de la cocina (Zacarías 14:20–21). Sagrado no significaba perfecto, por lo menos en lo que a las personas y los objetos del Templo respecta. Sagrado significaba "comprometido con Dios".

Las personas y los objetos del Templo formaban parte de rituales de adoración para dedicarse al servicio de Dios. En esos rituales a menudo se utilizaba agua, la cual lavaba la contaminación espiritual de forma simbólica.

Pero Zacarías vio que llegaría un día en que, aparentemente, todos conocerían tan bien a Dios que se enamorarían de Él y se comprometerían a servirlo. En consecuencia, todo lo que las personas poseían y usaban también se volvería sagrado.

"En aquel día hasta en los cascabeles del arnés de los caballos se inscribirán estas palabras: 'Santo para el Señor" (Zacarías 14:20 THE MESSAGE). Los judíos de la antigüedad inscribían la frase SANTO PARA EL SEÑOR en una medalla de oro que se sujetaba al turbante del sumo sacerdote.

Muchos interpretan que este era el argumento de Zacarías: Hasta un caballo sería tan sagrado como el sumo sacerdote.

Para los lectores judíos de Zacarías, esa afirmación hubiese sido tan escandalosa que hubiera rozado la blasfemia. Algo similar a lo que ocurre cuando los cristianos de hoy oyen que un tonto está tan dedicado a Dios como podría estarlo un papa, un sacerdote o un pastor.

No es que Zacarías viera lo sagrado reducido ni tampoco que lo alto y lo santo se degradaran. Vio que lo sagrado se elevaba y abarcaba a todos y todo.

Fuera cual fuera el "final" que vio Zacarías, así se tratase del final del mundo físico o del final de los tiempos difíciles para el pueblo de Dios en este mundo, sin dudas, vio el comienzo de algo nuevo y maravilloso.

Corrientes de agua subterránea en el desierto. Más de la mitad del territorio de Israel —del tamaño de Nueva Jersey— es desierto. Pero se han llevado a cabo experimentos con mangueras de irrigación subterránea que riegan agua salada en el desierto del Neguev que han posibilitado el cultivo de papas. Mediante el uso de diferentes métodos de riego, los agricultores judíos han comenzado a recuperar la tierra y pintar de verde la vegetación del suelo. Es un color que pueden llevar al banco. Zacarías y otros profetas predijeron el día en que los desiertos florecerían y la riqueza regresaría a Israel.

El final de Jerusalén. La piedra caliza blanca distingue el santuario del Templo de Jerusalén, en el centro de un patio extenso, el lugar sagrado más grande del mundo antiguo. Este complejo sagrado —mide alrededor de 525 por 330 yardas (480 por 301 metros)— dominaba el paisaje de Jerusalén en los tiempos de Jesús. Algunos estudiosos afirman que la mayoría de las predicciones que hizo Jesús sobre el final de los tiempos apuntan al final del Templo de Jerusalén, no al fin del mundo. Un ejército de ochenta mil romanos destruyó la ciudad y el Templo en el verano del 70 d.C. Lo único que quedó del Templo es el muro occidental, parte de un muro de contención que mantenía la cima del Templo en su lugar. Los judíos se reúnen allí a orar.

EL FINAL COMO LO VIO JESÚS

Estaba Jesús sentado en el Monte de los Olivos, cuando llegaron los discípulos y le preguntaron en privado: "¿Cuándo sucederá eso... y cuál será la señal de tu venida y del fin del mundo?"

MATEO 24:3 NVI

Jesús respondió a esas preguntas con "el versículo más embarazoso de la Biblia".

Así lo llama el respetado escritor C. S. Lewis (1898–1963), autor de las *Crónicas de Narnia.*

Jesús había dicho a sus discípulos que él se iría pero regresaría para llevarlos al Reino de Dios. También les advirtió que mientras tanto sufrirían terriblemente y que el Templo de Jerusalén, sólido y majestuoso, sería destruido.

Ese anticipo de las noticias sobre el Templo es lo que lleva a los discípulos a formular la pregunta.

En lugar de ofrecerles alguna señal para que supieran cuándo se acercaría el final, Jesús les dio unos cuantas señales, puntos de referencia para un futuro.

Luego Jesús agregó "el versículo más embarazoso de la Biblia".

"Les digo la verdad, no pasará esta generación hasta que todas estas cosas sucedan".

MATEO 24:34

Eso sucedió hace unas cincuenta generaciones, calculando que una generación equivale a cuarenta años. Y por eso es que C. S. Lewis lo llamó embarazoso.

Por el mismo motivo, el erudito en la Biblia Albert Schweitzer (1875–1965) declaró que Jesús se equivocó con la segunda venida. Después de llegar a esa conclusión abrupta, Schweitzer cambió el rumbo de su carrera: dejó de ser profesor de la Biblia para ejercer como médico. Luego llevó su práctica médica al África y ganó el Premio Nobel de la Paz.

En el presente, muchos estudiosos de la Biblia reconocen que "el versículo más embarazoso de la Biblia" aún es como el cubo mágico de los dichos de Jesús; todo un enigma. También resultan enigmáticas muchas de las señales que dio. Pero muchos eruditos aseguran que tanto las señales como el versículo enojoso son misterios que pueden resolverse. No hay necesidad de sentirse avergonzado ni de mudarse al África.

SEÑALES DEL FIN DE LOS TIEMPOS

Tres escritores del Evangelio conservaron el discurso del fin de los tiempos de Jesús: Mateo, Marcos y Lucas. Los eruditos lo llaman "el Discurso del monte de los Olivos" porque es una charla o un discurso que Jesús dio en el monte de los Olivos.

Los tres escritores del Evangelio afirmaron que Jesús dijo que las predicciones ocurrirían dentro de una generación.

Según muchos eruditos, la mayoría de los predicciones se cumplió en tiempo y forma. Pero algunas otras no se cumplieron, por lo que sabemos.

A causa del cumplimiento azaroso de las predicciones, muchos expertos en la Biblia sostienen que, tal vez, las señales que dio Jesús apuntaban a dos acontecimientos diferentes de la historia:

- La destrucción de Jerusalén por parte de los romanos en el año 70 d.C
- La segunda venida, que aún no sucedió

Algunas señales se leen muy fácilmente y sin lugar a dudas señalan al 70 d.C y a los años previos a esa fecha.

Templo destruido. "En cuanto a todo esto que ven ustedes [los edificios del Templo], Llegará el día en que no quedará piedra sobre piedra; todo será derribado... Los gentiles pisotearán a Jerusalén" (Lucas 21:6, 24 nvi).

Un historiador judío fue testigo ocular de los hechos y elaboró un informe sobre lo que los soldados romanos hicieron en Jerusalén en el verano del año 70 d. C.: "En cuanto el ejército se quedó sin personas para asesinar ni bienes para saquear... el General Tito les ordenó demoler la ciudad entera y el Templo... solo dejaron tres torres y el muro que rodea la región occidental de Jerusalén como campamento para el ejército" (Flavio Josefo, *Wars of the Jews*, 7.1.1).

Otras señales que dio Jesús parecen no haberse materializado.

Agonía desmedida. "Nunca, desde que Dios creó el mundo hasta ahora, la gente ha sufrido tanto como sufrirá ese día; y jamás volverá a sufrir así" (Mateo 24:21 TLA).

Algunos afirman que Jesús pudo haber exagerado para que sus discípulos comprendieran lo terrible que sería la guerra.

Por otra parte, el historiador judío Flavio Josefo —testigo ocular de la guerra y de la caída de Jerusalén— describió algunas escenas espeluznantes.

Cabezas y bebés voladores

Las catapultas arrojaban rocas tan grandes que derribaban la parte superior de los muros y las esquinas de las torres... La cabeza de un hombre fue arrancada por una roca, su cráneo voló casi media milla [literalmente 3 furlongs: 660 yardas, 603 metros] (...) Una roca golpeó a una mujer embarazada en

el vientre con tanta fuerza que la hizo expulsar al niño y lo arrastró 100
yardas [medio furlong: 110 yardas o 101 metros]

WARS OF THE JEWS, 3.7.23

Canibalismo

Se llamaba María... Hizo algo opuesto a la naturaleza. Levantó a su hijo,
a quien había amamantado, y dijo: "Oh, niño desafortunado, para quién te
salvo en esta guerra, esta hambruna, este rebelión? Si la hambruna no nos
mata, los romanos o los rebeldes lo harán. Lo mejor que podemos esperar es
la esclavitud. Así que ven y sé mi comida" (...) Mató a su hijo. Luego lo asó,
comió la mitad de él y ocultó la otra mitad para después.

Los rebeldes olieron la carne y amenazaron a María con cortarle el
pescuezo si no les mostraba la comida. Ella dijo que les guardó una porción
excelente y trajo lo que había quedado de su hijo. "Este es mi propio hijo. Lo
cociné yo misma. Vengan y coman. Yo ya comí" (...)

Los hombres se fueron temblando, más aterrorizados de lo que jamás ha-
bían estado...
Cuando esto se difundió, las personas consideraron afortunados a los compa-
triotas judíos que habían muerto, porque no habían vivido lo suficiente para
presenciar semejante miseria.

WARS OF THE JEWS, 6.3.4

Tripas de oro

Un sirio [probablemente un soldado romano, ya que algunos soldados eran
reclutas árabes] fue hallado cortando los intestinos de un judío, buscando oro
entre el excremento. Muchos judíos se tragaron el oro antes de huir de la ciu-
dad... Cuando los árabes se enteraron, comenzaron a abrir a punta de cuchi-
llo a todo refugiado judío que llegaba a sus campamentos en busca de ayuda.
En solo una noche diseccionaron unos dos mil refugiados.

WARS OF THE JEWS, 5.13.4

Además de todo esto, los judíos perdieron su patria durante casi dos mil años. Re-
cuperan parte de ella mediante una disposición de las Naciones Unidas en 1948. Fue un
intento de brindarles un lugar seguro después de que los nazis asesinaron a seis millones
de judíos durante el Holocausto.

Por más terrible que haya sido la destrucción que ocasionaron los romanos, tal vez no baste
para calificar como el peor sufrimiento de todos los tiempos, sobre todo a la luz del Holocausto.

Muchos estudiosos de la Biblia afirman que, probablemente, el sufrimiento del que hablaba Jesús señale otro momento de aflicción intensa antes de su regreso: "la gran tribulación"

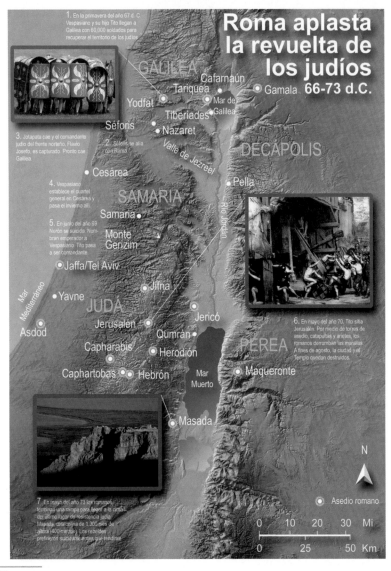

Roma aplasta la revuelta de los judíos 66-73 d.C.

1. En la primavera del año 67 d. C. Vespasiano y su hijo Tito llegan a Galilea con 60,000 soldados para recuperar el territorio de los judíos

2. Sóleni se alía con Roma.

3. Jotapata cae y el comandante judío del frente norteño, Flavio Josefo, es capturado. Pronto cae Galilea.

4. Vespasiano establece el cuartel general en Cesárea y pasa el invierno allí.

5. En junio del año 69 Nerón se suicida. Nombran emperador a Vespasiano. Tito pasa a ser comandante.

6. En mayo del año 70, Tito sitia Jerusalén. Por medio de torres de asedio, catapultas y arietes, los romanos derrumban las murallas. A fines de agosto, la ciudad y el Templo quedan destruidos.

7. En mayo del año 73 los romanos terminan una rampa para llegar a la cima del último lugar de resistencia judía, Masada, una colina de 1,300 pies de altura (400 metros). Los rebeldes prefirieron suicidarse antes que rendirse.

GALILEA
Cafarnaún
Tariquea
Gamala
Yodfat
Mar de Galilea
Séforis
Tiberíades
Nazaret
Valle de Jezreel
DECAPOLIS
Cesárea
Pella
Río Jordán
SAMARIA
Samaria
Monte Gerizim
Jaffa/Tel Aviv
Mar Mediterráneo
Jifna
Yavne
JUDÁ
Jericó
Jerusalén
Asdod
Qumrán
PEREA
Capharabis
Herodión
Caphartobas
Hebrón
Mar Muerto
Maqueronte
Masada

N

⊙ Asedio romano

0   10   20   30   Mi

0   25   50 Km

HUIDA DE JERUSALÉN

Antes de que el ejército romano llegara a Jerusalén en la primavera del 70 d.C., muchos cristianos que vivían allí huyeron para salvar sus vidas.

Escaparon a Pella, a unas 60 millas (97 km) al noreste en lo que hoy es Jordania. Eusebio, que escribió sobre la historia de la iglesia en el siglo cuarto d.C., dijo que se fueron a causa de "una revelación". Algunos se preguntan si esa revelación tuvo algo que ver con la advertencia que había hecho Jesús a sus discípulos unos cuarenta años antes. "Cuando vean a Jerusalén rodeada de ejércitos, entonces sabrán que ha llegado el tiempo de su destrucción. Entonces los que estén en Judea huyan a las colinas. Los que estén en Jerusalén deben salir" (Lucas 21:20–21).

(Apocalipsis 7:14). Algunos especulan con que el comienzo de esa tribulación futura marcará el inicio de la generación en la que Jesús dijo que regresaría.

DELINEANDO EL FINAL

Jesús dio a sus discípulos una lista de señales del fin de los tiempos. Algunos eruditos sostienen que es posible que esas señales se hayan manifestado durante los cuarenta años que transcurrieron entre el ministerio de Jesús y la caída de Jerusalén en el 70 d.C.

Señales	Mateo 24	Marcos 13	Lucas 21	Ocurridos dentro de unamisma generación	Acontecimientos
Muchosafirmanque ellos son el Mesías	Versículo 5	Versículo 6	Versículo 8	✓	El historiador del primer siglo confirma que varios posibles mesías intentaron liberar a los judíos de Roma.[1]
Guerras y revoluciones	6	7	9	✓	Los judíos armaron una revuelta en 66 d.C mientras los romanos luchaban en una guerra civil.
Amenazas de guerra	6	7		✓	Debido a las amenazas, los romanos enviaron tropas al exterior.
Terremotos	7	8	11	✓	Confirmado por los historiadores de la época. La Biblia también da cuenta de terremotos ocurridos durante la crucifixión de Jesús.[2]
Hambrunas	7	8	11	✓	Las sequías son habituales en esta tierra árida.

Plagas en varios países			11	✓	Las sequías se consideraban una plaga.
Cristianos odiados	9	13	17	✓	Nerón culpó a los cristianos por el incendio que quemó dos tercios de Roma en 64 d.C.
Cristianos perseguidos	9		12	✓	El apóstol Pablo encabezó las primeras persecuciones, hasta que se convirtió.
Cristianos juzgados y encarcelados	9	9	12	✓	Los discípulos de Jesús fueron algunos de los primeros cristianos encarcelados.
Cristianos traicionados y asesinados por amigos y familiares		12	16	✓	"Ellos [los romanos] primero arrestaron a los que se confesaban cristianos abiertamente. Luego, con las pruebas [obtenidas mediante tortura] una enorme cantidad de personas fueron condenadas".[3]
Muchos cristianos renuncian a su fe	10			✓	El libro de Hebreos fue escrito para evitar que los cristianos judíos retomaran su fe antigua y más segura.
Falsos mesías, profetas engañan con milagros	11, 24	22		?	Quizás profetas que prometieron a los judíos de Jerusalén que Dios los salvaría.[4] O magos como Simón el Mago.[5] O el futuro "hombre de anarquía".[6]
Pecado desenfrenado	12			✓	El entretenimiento para adultos incluía el asesinato en la arena.
Un mensaje de salvación llega al mundo entero	14	10		✓	El mundo civilizado de la época: Imperio romano.[7]
Los ejércitos rodean Jerusalén			20	✓	Los romanos sitian Jerusalén en la primavera del año 70 d.C.
Ciudadanos de Jerusalén asesinados o esclavizados			24	✓	Los romanos irrumpieron a través de los muros de la ciudad en el verano, asesinaron a cien mil personas o más y esclavizaron al resto.[8]

Templo profanado	15	14	✓	Los soldados romanos llevaron los estandartes venerados por sus legiones al Templo, donde "ofrecieron sacrificio a estos".[9]
Los gentiles destruyen Jerusalén		24	✓	Los romanos arrasaron con la ciudad, incluidos el Templo y los muros.
El mayor sufrimiento de todos los tiempos	21	19	?	Flavio Josefo describió con detalle un sufrimiento trágico, incluso a una madre famélica que comió a su bebé.[10]
Señales aterradoras en el sol, la luna, las estrellas		25	✓	"Una estrella semejante a una espada pendió sobre la ciudad, junto con un cometa... En la Pascua, una luz brillante en el cielo iluminó el altar del templo... el lugar se veía tan claro como si fuera de mañana".[11]
Desconcertados por tormentas extrañas en el mar		25	?	Posiblemente, una pista de que las fuerzas de la naturaleza parecerían enfrentarse a los judíos. O quizás un recordatorio de un salmo.[12]
Sol, luna oscurecida, estrellas que caen	29	24–25	?	El cielo se oscureció durante la crucifixión de Jesús, pero al parecer se esperan fenómenos más extraños para la segunda venida.

1. Flavio Josefo (hacia el 37–100 d.C.), *Antigüedades de los judíos*, 17.10.5–7.
2. "El oficial romano y los otros soldados que estaban en la crucifixión quedaron aterrorizados por el terremoto y por todo lo que había sucedido. Dijeron: 'Este hombre era verdaderamente el Hijo de Dios!'" (Mateo 27:54).
3. Tácito (hacia el 56–117 d.C.), *Anales* libro 15, capítulo 444. "Una gran cantidad de falsos profetas trabajó junto con los líderes de la rebelión judía; prometieron a los judíos que Dios los salvaría; los profetas hicieron eso para que las personas no desertaran", Flavio Josefo, *Wars of the Jews*, 6.5.2.
4. "Una gran cantidad de falsos profetas trabajó junto con los líderes de la rebelión judía; prometieron a los judíos que Dios los salvaría; los profetas hicieron eso para que las personas no desertaran", Flavio Josefo, *Wars of the Jews*, 6.5.2.
5. Hechos 8:9-24.
6. 2 Tesalonicenses 2:8.
7. Los escritores cristianos del primer siglo decían que los discípulos y Pablo desempeñaron la gran comisión de llevar el mensaje de salvación a "todas las naciones" (Mateo 28:19).
8. Flavio Josefo estimó que los romanos mataron un millón cien mil judíos. Tácito, que también escribió en el primer siglo, calculó que, como mínimo, murieron 600,000 judíos. Según cálculos realizados en la modernidad, unos cien mil fueron asesinados y otros cien mil fueron esclavizados.
9. Flavio Josefo, *Wars of the Jews*, 6.6.1.
10. Flavio Josefo, *Wars of the Jews*, 6.3.4
11. Flavio Josefo, *Wars of the Jews*, 6.5.3.
12. "Aunque se levanten grandes olas y sacudan los cerros con violencia" (Salmo 46:3 TLA).

¿Genio en matemáticas? Retrato de un hombre de la época de los romanos, pintado en una urna para mantener viva su memoria. Flavio Josefo fue un hombre que la mayoría de los judíos de su época hubieran preferido olvidar. Fue comandante durante la guerra de los judíos contra Roma; ayudó a sus hombres vencidos a orquestar su propio suicidio. Se mataron unos a otros, aparentemente, según una especie de patrón organizado. Los historiadores se preguntan si las habilidades matemáticas de Flavio Josefo garantizaron que él sería el último que permanecería con vida. Después, se cambió de bando y se convirtió en consejero de los romanos.

Cuarenta milicianos judíos que se ocultaban en una caverna decidieron suicidarse un día de primavera del año 67 d.C.

Solo hubo uno que se resistió. Fue el miliciano número 41: el comandante Flavio Josefo. Tenía treinta años y deseaba vivir para cumplir 31.

Flavio Josefo y su heterogénea milicia acababan de perder una ciudad clave para la defensa: Jotapata, en Galilea, había sido invadida por los romanos. Eso hacía peligrar el frente norteño de los judíos en su guerra por la independencia.

Un año antes, los judíos que luchaban por la libertad echaron a los romanos, quienes habían ocupado la patria judía durante un siglo. Los fanáticos judíos zelotes que lideraron la revuelta designaron a Flavio Josefo comandante de Galilea, que sería la primera línea de defensa si los romanos regresaban.

Claro que regresaron. Al principio, con unos sesenta mil guerreros experimentados encabezados por el máximo general romano: Vespasiano. Los refuerzos llegaron más tarde.

"Oh, Flavio Josefo, ¿todavía insistes en vivir? —suplicaron sus hombres—. ¿Realmente puedes tolerar ver que la nación judía regresa a la esclavitud? Qué pronto has olvidado los muchos hombres que persuadiste para que sacrificaran sus vidas por la libertad".

En ese momento, por lo menos según la versión de Flavio Josefo, los hombres les hicieron una propuesta a la que no pudo negarse. "Te daremos una mano con una espada en ella. Si mueres por tu propia voluntad, morirás como general de los judíos. De lo contrario, morirás como un traidor". [v.d.t.]

Salvado por las matemáticas

"Dado que están decididos a que todos muramos —respondió Flavio Josefo—, que sea al azar. Haremos que la fortuna [quizás, como en un juego de dados] decida quién muere primero y a manos de quién". [v.d.t.]

Imagine a los 41 hombres parados en círculo.

Algunos eruditos especulan que así es como se desarrolló el suicidio. El primer hombre mató al segundo, el tercero mató al cuarto y así sucesivamente hasta que solo quedaron dos hombres con vida.

Es parecido al juego de niños: *De tin marín de dos pingüe. Cúcara mácara títere fue. Yo no fui. Fue Teté. Pégale, pégale al que fue.* Al que le toca la parte de "FUE" queda eliminado del juego. En la edición extrema de Flavio Josefo, el juego es solo: "De tin marín, FUE". Y el que juega queda eliminado de todo.

Muchos eruditos sospechan que Flavio Josefo, un hombre inteligente, manipuló los resultados.

Si de cada dos personas moría una, la matanza hubiera continuado durante cuatro rondas más por el círculo que se iba achicando. El último hombre con vida hubiera sido el número 19. Y su tarea hubiese sido matar al miliciano número 35. Los matemáticos han creado una fórmula para predecir quién sería el último hombre con vida. Sencillamente hay que reemplazar la cantidad de personas que juegan con la cantidad de personas que se saltean antes de que alguien quede eliminado. Este ejercicio matemático se llama "el problema de Flavio Josefo".

Flavio Josefo contó la historia de este suicidio en masa en su libro de historia de siete volúmenes, *Wars of the Jews* (3.8.1–7). Argumentó que la providencia lo dejó para lo último y dijo que él y otro miliciano—los últimos dos hombres con vida— acordaron que morir no, muchas gracias, que preferían vivir. Así que dejaron la caverna intentando no tropezar con todos los cuerpos que yacían en el camino de salida.

Salvado por la profecía

El General Vespasiano capturó a Flavio Josefo, que de inmediato predijo que Vespasiano sería el próximo emperador de Roma.

Algunos dirían que le "lamió las botas".

Curioso, el general lo mantuvo cerca, aparentemente, para ver si se cumplía la profecía. Mientras tanto, Flavio Josefo cambió de bando: un tributo a su saludable instinto de supervivencia.

Por fortuna para Flavio Josefo, el emperador Nerón no tenía ese instinto. Se suicidó.

Sucedió en el siguiente mes de junio, en el año 68 d.C. El Senado romano designó emperador a Vespasiano. Profecía cumplida.

Tito, hijo de Vespasiano, tomó el mando del ejército. Y Flavio Josefo, que ahora contaba con el favor de los romanos, aconsejó al nuevo comandante e incluso intentó negociar la paz con algunos rebeldes judíos. Pero los judíos lo odiaban porque lo consideraban un traidor y una vez lo golpearon con una roca hasta atontarlo. Dijo que casi muere.

"Una casi muerte" probablemente no era lo que el apedreador judío tenía en mente.

Después de la guerra, Flavio Josefo tomó la sabia decisión de mudarse a Roma. Allí escribió la historia del pueblo judío, a quien no impactó. Los cristianos conservaron sus escritos porque mencionaba a Jesús y Juan el Bautista.

JESÚS, EL REGRESO

Jesús dice a sus discípulos: "Inmediatamente después de la angustia de esos días... Verán al Hijo del Hombre venir. Su venida llenará el cielo; nadie dejará de verlo. Las personas del mundo que no estén preparadas, los que sean ajenos al esplendor y el poder, elevarán un enorme lamento cuando vean al Hijo del Hombre resplandeciendo en el cielo. Al mismo tiempo, él enviará a sus ángeles con sonido de trompetas, reunirá a los elegidos de Dios de todas partes de mundo, desde los extremos más lejanos de la tierra y del cielo" (Mateo 24:29–31 THE MESSAGE).

Hay unos cuantos modos de interpretar lo que dijo Jesús.

Algunos cristianos llaman a este acontecimiento el "arrebatamiento" o "rapto", no la "segunda venida". Especulan con que antes de la segunda venida y el día del juicio, Jesús regresará para llevarse a sus seguidores. Y lo hará antes, durante o después de un terrible período de sufrimiento que los cristianos llaman "Tribulación".

Los nombres de varias teorías sobre el arrebatamiento y la segunda venida sugieren lo siguiente:

Pre-Tribulación. Jesús vendrá por poco tiempo a buscar a sus seguidores antes de la Tribulación. Luego vendrá otra vez, una tercera vez, para juzgar al mundo.

Durante la Tribulación. Jesús vendrá en la mitad de la Tribulación para buscar a sus creyentes. Más tarde volverá para juzgar al mundo.

Post-Tribulación. Jesús vendrá después de la Tribulación y luego juzgará al mundo. Entonces, realizará las dos acciones en una misma visita. No es necesaria una tercera venida.

No más Tribulación. Sí, acabamos de inventar este nombre. El término especializado es *preterista*; para el común de la gente bien podría ser un término latino. De hecho, viene de la palabra latina que significa "pasado"; es decir, "la Tribulación es tiempo pasado, ya ocurrió".

Según esta teoría, el sufrimiento del que hablaba Jesús sucedió durante la guerra de los judíos contra Roma. En cuanto al regreso de Jesús, algunos cristianos que adhieren a esta teoría sostienen que Jesús hablaba de forma simbólica sobre su regreso para juzgar a los judíos por sus pecados. Otros opinan que se expresaba de forma literal y se refería a un fin de los tiempos que todos verán llegar.

Si Jesús fue literal cuando describió su regreso, esto es lo que podemos esperar, según sus palabras:

Vendrá del cielo. "En las nubes del cielo" (Mateo 24:30).

Para algunos, esta predicción parece reforzarse por dos acontecimientos de la historia antigua: una visión del fin de los tiempos que tuvo Daniel quinientos años antes de la época de Jesús y la Ascensión de Jesús unos pocos días después de su discurso.

Gabriel, toca la trompeta. La estatua de un ángel esculpida por el italiano Giulio Monteverde parece esperar la señal para soplar la trompeta y así anunciar el regreso de Jesús. Si bien Jesús dijo que un ángel tocaría la trompeta, nunca especificó que Gabriel sería ese ángel. Pero muchos escritores cristianos del primer siglo comenzaron a especular con que Gabriel tendría ese honor no solo porque la Biblia dice que él está en presencia de Dios, sino también porque fue él quien anunció la primera venida de Jesús.

1. La visión: venir en las nubes. "Mientras continuó mi visión esa noche, vi a alguien parecido a un hijo de hombre descender con las nubes del cielo... Su gobierno es eterno, no tendrá fin. Su reino jamás será destruido" (Daniel 7:13–14).

2. La promesa: venir en las nubes. "Jesús fue levantado en una nube mientras ellos [los discípulos] observaban, hasta que ya no pudieron verlo. Mientras se esforzaban por verlo ascender al cielo, dos hombres vestidos con túnicas blancas de repente se pusieron en medio de ellos. 'Hombres de Galilea —les dijeron—, ¿por qué están aquí parados, mirando al cielo? Jesús fue tomado de entre ustedes y llevado al cielo, ¡pero un día volverá del cielo de la misma manera en que lo vieron irse!'" (Hechos 1:9–11).

Todos podrán verlo. "Todos los pueblos de la tierra..." (Mateo 24:30).

Los ángeles anunciarán su llegada. "Con un potente toque de trompeta..." (Mateo 24:31).

Los ángeles reunirán a sus seguidores. "Reunirán a los elegidos de todas partes del mundo..." (Mateo 24:31).

Nadie más que Dios sabe cuándo ocurrirá eso. "Ni siquiera los ángeles en el cielo ni el propio Hijo. Sólo el Padre lo sabe" (Mateo 24:36).

Las personas no lo verán venir antes de tiempo. "Será como en los días de Noé... La gente no se daba cuenta de lo que iba a suceder hasta que llegó el diluvio" (Mateo 24:37, 39).

No todos se alegrarán de verlo. "Habrá un profundo lamento entre todos los pueblos de la tierra" (Mateo 24:30). No queda claro por qué.

Algunos expertos en la Biblia dicen que es a causa del remordimiento, tal como se sugiere en una profecía anunciada quinientos años antes:

"Derramaré un espíritu de gracia y oración sobre la familia de David y sobre los habitantes de Jerusalén. Me reconocerán como Aquel a quien traspasaron a punta de lanza. Llorarán amargamente; ¡sí, cómo llorarán! Se lamentarán amargamente como quien llora la muerte de un primer hijo varón. El dolor y el luto en Jerusalén serán muy grandes" (Zacarías 12:10–11 THE MESSAGE).

Algunos quedarán atrás. "Dos hombres estarán trabajando juntos en el campo; uno será llevado, el otro será dejado" (Mateo 24:40).

Distinguiendo a las buenas personas de las malas personas. Jesús dijo que cuando él regresara muchos se lamentarían. No dice por qué, pero algunos eruditos suponen que es debido a los pecados de las personas y a su temor por lo que les espera. Jesús dijo que distinguiría a las buenas personas de las malas personas. Su mensaje para las malas personas: "¡Fuera de aquí...! ¡Ustedes, buenos para nada, excepto para el fuego del infierno!" (Mateo 25:41 THE MESSAGE).

PREPARADOS PARA EL DÍA DEL JUICIO

Ya sea que las palabras de Jesús fueran literales o simbólicas, él dio a sus discípulos un consejo: "Ustedes también deben estar preparados todo el tiempo porque el Hijo del Hombre vendrá cuando menos lo esperen" (Mateo 24:44).

También dijo que los que no estén preparados pagarán un precio por eso.

Jesús usó tres parábolas para explicar lo que quería decir. Cada historia pone de relieve las cosas buenas que ocurren a las personas que están preparadas y las cosas malas que ocurren a los que no lo están.

En la parábola de las diez damas de honor, cinco de ellas no estaban listas cuando llegó el novio (Mateo 25:1–13). Se perdieron la fiesta de bodas. Las otras cinco pudieron celebrar junto a la novia y el novio.

En la parábola de los tres siervos a los que se les da dinero para que lo inviertan por su amo, uno de los siervos no hizo más que enterrar el dinero. Los dos que lo invirtieron y ganaron intereses obtuvieron un ascenso. Pero el holgazán tuvo que devolver el dinero y fue arrojado "a la oscuridad de afuera, donde habrá llanto y rechinar de dientes" (Mateo 25:30).

En una tercera parábola del día del juicio, Jesús dijo que Dios distinguiría a los justos de los pecadores tan fácilmente como un pastor distingue a las cabras de las ovejas.

La parábola muestra que los verdaderos seguidores de Jesús:

- Alimentan a los hambrientos
- Visten a los carenciados
- Acogen a los extranjeros necesitados
- Visitan a los prisioneros

Las personas que no demuestran este tipo de compasión por los demás son tan malas como lo es el hecho de ignorar al propio Jesús. "Les digo la verdad, cuando se negaron a ayudar al más insignificante de éstos, mis hermanos, se negaron a ayudarme a mí" (Mateo 25:45), dijo Jesús.

Entonces, Jesús dijo: "Y ellos irán al castigo eterno, pero los justos entrarán en la vida eterna" (Mateo 25:46).

Los devotos van con Dios. Los que no son devotos van "al fuego eterno preparado para el diablo y sus demonios" (Mateo 25:41).

El libro que cierra la Biblia dice algo muy similar: "Y todo el que no tenía su nombre registrado en el libro de la vida fue lanzado al lago de fuego" (Apocalipsis 20:15).

Los eruditos debaten sobre si se trata de fuegos literales o metafóricos que representan algún otro tipo de castigo, como la aniquilación o la separación eterna de Dios. *(Para más información, ver "Beldades del infierno, bestias y Belcebú" en la página 328)*.

Pero sea lo que sea —fuego, oscuridad o el final de la existencia— el destino de los condenados no es el lugar ideal. Porque donde sea que quede, Dios no está allí.

Jesús en Río. Podría parecer la segunda venida, pero es una estatua de Jesús en la cima de una montaña, en Río de Janeiro. Se llama "Cristo Redentor" y mide 120 pies (38 metros). Pablo dijo que cuando Jesús regresara, los fieles "seremos arrebatados en las nubes para encontrarnos con el Señor en el aire" (1 Tesalonicenses 4:17).

EL FINAL COMO LO VIO PABLO

El Señor mismo descenderá del cielo con voz de mando, con voz de arcángel y con trompeta de Dios… Seremos arrebatados junto con ellos en las nubes para encontrarnos con el Señor en el aire.

1 TESALONICENSES 4:16, 17 NVI

¿No sería grandioso si hubiese un capítulo que se llamara: "El final como lo ve la Biblia"?

El apóstol Pablo es un excelente ejemplo de por qué no puede existir ese capítulo.

La Biblia no es un solo libro con un único punto de vista. Es una biblioteca que contiene sesenta y seis libros escritos por diversas personas en diferentes tiempos, lugares y situaciones difíciles. La mayoría de los que escribieron sobre el fin de los tiempos abarcan más de medio milenio, desde los profetas del siglo sexto a.C. hasta el libro del Apocalipsis de Juan, escrito alrededor del año 100 d.C. Y no queda claro si algunos de los profetas que anunciaron el fin de los tiempos se referían al fin de la historia de la humanidad o tal vez al fin de la nación judía, a modo de elogio a algún invasor como Babilonia (ahora Irak) en 586 a.C. o Roma en 70 d.C.

Pablo es único. La mayoría de los eruditos coinciden en que Pablo se refería al final de la humanidad y al comienzo de la eternidad con Dios. No obstante, en lo que a muchos especialistas respecta, quizás la mayoría, Pablo no podía ponerse de acuerdo ni siquiera consigo mismo.

Muchos de esos estudiosos dicen que, a medida que fue pasando el tiempo y los conocimientos espirituales de Pablo fueron madurando, él parecía haber cambiado de opinión respecto de:

- cuál es el estado de los creyentes que han muerto
- qué tipo de cuerpo espiritual recibiremos
- cuándo regresará Jesús

Como una tortilla que se da vuelta en el aire, aparentemente, en sus primeros escritos, Pablo dijo que la segunda venida ocurriría mientras él viviera. Pero para el momento en que escribió sus últimas cartas, unos quince años más tarde, sin dudas, optó por una versión distinta. Así dicen muchos especialistas en la Biblia.

En cuanto a los textos de Pablo sobre la segunda venida y otras enseñanzas sobre el fin de los tiempos que reciben críticas por considerarse inconsistentes, para otros especialistas son consistentes.

¿QUÉ ESTÁN HACIENDO LOS MUERTOS?

¿Están descansando en paz, esperando despertar con el llamado angélico de la segunda venida? ¿O ya están disfrutando la eternidad, alertas y gozosos?

Sobre la base de lo que escribió Pablo en varias de sus cartas, los expertos en la Biblia elaboraron varias teorías. Dos de ellas son especialmente populares.

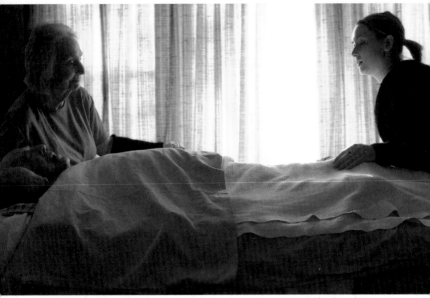

El adiós más largo de todos. Hilda Jean Burnes sostiene contra su pecho la cabeza de su esposo fallecido mientras su nieta Becca Miller los acompaña. El reverendo Donald E. Burnes murió unos instantes atrás, a los ochenta años, mientras la familia estaba reunida alrededor de él y oraba el Padrenuestro. Para el final de la oración, el predicador retirado había fallecido. Algunos eruditos de la Biblia afirman que los muertos justos caen en un sueño del alma, esperando la llegada de Jesús. Otros dicen que no hay sueño ligero ni espera: las personas están ausentes del cuerpo, presentes con el Señor.

El gran sueño. "Tampoco queremos, hermanos, que ignoréis acerca de los que duermen" (1 Tesalonicenses 4:13 RVR1960).

Al parecer, Pablo empleó el verbo *duermen* como una metáfora para decir "los que han muerto". Entonces no es de aquí de donde la mayoría toma la idea del sueño del alma. Es lo que dijo a continuación lo que deja perpleja a la gente.

"Pues el Señor mismo descenderá del cielo con un grito de mando, con voz de arcángel y con el llamado de trompeta de Dios. Primero, los cristianos que hayan muerto se levantarán de sus tumbas" (1 Tesalonicenses 4:16).

¿Qué están haciendo en sus tumbas?

No parece encajar con lo que Pablo escribió después:

- "Preferiríamos dejar este cuerpo para ir a vivir con el Señor" (2 Corintios 5:8 TLA). No están cómodos en la tumba.
- "Deseo partir y estar con Cristo" (Filipenses 1:23 NVI). Ni tampoco con los gusanos.

Algunos eruditos dicen que las almas de los muertos descansarán hasta que Jesús regrese y que, en lo que a las almas que descansan respecta, no habrá pasado el tiempo entre su muerte y la segunda venida.

En un momento están muertos. Pero en seguida se despertarán con una trompeta celestial y una escena gloriosa.

Ese es un punto de vista bastante diferente sobre la muerte, comparado con muchos no cristianos de los tiempos bíblicos que consideraban el descanso de la muerte como algo terminal.

> *El sol puede ponerse y salir de nuevo.*
> *Pero una vez que se apaga nuestra breve luz,*
> *dormimos durante una noche eterna.*
> CAYO VALERIO CATULLO
> (POETA ROMANO, CIRCA 84 a.C.–54 a.C.)

> *No fui.*
> *Fui.*
> *No soy.*
> *No me preocupa.*
> INSCRIPCIÓN EN UNA ANTIGUA TUMBA ROMANA.

Vivir con un cuerpo espiritual temporal. Otros estudiosos de la Biblia dicen que los creyentes que han muerto irán de inmediato al hogar que Jesús les preparó en el cielo. Pero irán allí con un cuerpo espiritual temporal, no con el cuerpo permanente que tendrán después de su resurrección.

Según la teoría, tanto Pablo como muchos judíos de su época creían que el alma de una persona justa va directo al cielo a esperar la resurrección del cuerpo. Al parecer, Pablo agregó que cuando Jesús regresara a levantar a los muertos, vendrá acompañado de las almas de los muertos: "Cuando Jesús vuelva, Dios traerá junto con él a los creyentes que hayan muerto" (1 Tesalonicenses 4:14).

Por eso, algunos concluyen que los cuerpos físicos de los muertos levantados de algún modo se unirán con los cuerpos espirituales de los muertos y así conformarán nuevos cuerpos mejorados y resucitados.

¿CÓMO SE VERÁN LOS CUERPOS DE RESURRECCIÓN?

Pablo no nos contó cómo se verían nuestros cuerpos en el más allá. Ningún escritor de la Biblia lo hizo.

Pablo sugirió que estamos hechos de tres elementos: espíritu, alma y cuerpo físico. En una de sus oraciones, pidió a Dios que hiciera a los cristianos de Tesalónica, Grecia, santos en todo sentido: "espíritu, alma y cuerpo" (1 Tesalonicenses 5:23).

Por desgracia, Pablo no explicó la diferencia entre espíritu y alma.

Algunos eruditos dicen que no hay diferencia, que esa frase es un modo poético de decir "completamente". Estos eruditos apelan a Jesús para tener un ejemplo en el que apoyarse: "Amarás al Señor tu Dios con todo tu corazón, con toda tu alma, con toda tu mente y con todas tus fuerzas" (Marcos 12:30).

Otros estudiosos especulan con que nuestra alma es la parte eterna, inmaterial, hecha a imagen y semejanza de Dios. Que el cuerpo es nuestro cuerpo físico. Y que el

CIELO DE MOMIAS

"El cuerpo mortal no puede heredar el reino de Dios", escribió Pablo a los cristianos de Corinto, Grecia. "Ni lo corruptible puede heredar lo incorruptible" (1 Corintios 15:50 NVI).

En una carta posterior, Pablo agregó que las personas del más allá no serán espíritus incorpóreos: "Pues nos vestiremos con un cuerpo celestial; no seremos espíritus sin cuerpo" (2 Corintios 5:3).

Algunos estudiosos de la Biblia razonan que, dado que la sangre es lo que sostiene y limita la vida humana, nuestros cuerpos en el más allá serán solo de carne y hueso. Sin sangre.

Como en las momias del más allá.

Para muchos, eso es lo suficientemente aterrador como para helarles la sangre. Suponiendo que tengamos sangre.

La sangre helada, por cierto, se coagula; la parte sólida de color rojo se separa del líquido más claro. Eso es lo que comenzaría a ocurrir si algo nos diera un susto que nos matara, por ejemplo, una momia.

El cuerpo de una persona promedio contiene alrededor de cuatro a seis litros de sangre; algo así como un galón o un poco más. La sangre representa alrededor de un 8 por ciento del peso de las personas. Sin sangre, alguien que pesa 200 libras (90 kilos) pesaría menos, unas 184 libras (83 kilos).

Pero tendríamos que arrastrarlos hasta la balanza porque estarían muertos.

Los que afirman que en el cielo tendremos solo carne y hueso dicen que Dios tiene pensado algo mucho mejor que la sangre para nuestros cuerpos de resurrección.

espíritu es el "aliento de vida" que Dios insufló en nuestro cuerpo físico y nuestra alma.

Lo que muere es nuestro cuerpo físico, dijo Pablo. El alma continuará viviendo después de que nuestro cuerpo muera. Y ya sea que nuestra alma duerma o baile, inmediatamente después de que nuestro cuerpo muera, Dios le brindará un cuerpo mejor preparado para sus necesidades eternas.

Será compañera de un cuerpo que nunca morirá.

Pablo compara nuestro cuerpo físico con una vivienda temporaria: una tienda. "Cuando se desarme esta carpa terrenal en la cual vivimos (es decir, cuando muramos y dejemos este cuerpo terrenal), tendremos una casa en el cielo, un cuerpo eterno" (2 Corintios 5:1).

Los eruditos que especulan acerca de cómo será este nuevo cuerpo de resurrección a menudo recurren a Jesús. Se refieren al cuerpo que tuvo después de su resurrección y anteriormente, durante su transfiguración.

 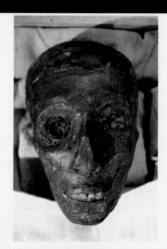

Antes: El rey Tutankamón con sangre   **Después: El rey Tutankamón sin sangre**

Cielo libre de sangre. Un modelo del rey egipcio Tutankamón, realizado a partir de escaneos de su cuerpo momificado. La cabeza momificada, parte del cadáver de tres mil trescientos años de antigüedad, muestra lo que queda de carne y hueso cuando ya no hay más sangre. No es lo que llamaríamos un cuerpo celestial. No obstante, algunos estudiosos de la Biblia hipotetizan que los cuerpos del más allá estarán hechos de carne y hueso sin sangre, la fuente de la vida física.

En muchos sentidos, ese cuerpo parecía humano.

Brillo. Cuando Jesús se encontró con Moisés y Elías poco tiempo antes de su crucifixión, "la apariencia de Jesús se transformó a tal punto que la cara le brillaba como el sol y su ropa se volvió tan blanca como la luz" (Mateo 17:2).

Caminar a través de paredes. La noche que Jesús resucitó, "los discípulos estaban reunidos con las puertas bien cerradas porque tenían miedo de los líderes judíos. De pronto, ¡Jesús estaba de pie en medio de ellos!" (Juan 20:19).

Reconocible. Los discípulos lo reconocieron de inmediato. Incluso tenía las cicatrices de las heridas causadas por la crucifixión. "Mientras hablaba, él les mostró sus manos y sus pies" (Lucas 24:40).

No siempre reconocible. De algún modo Jesús ocultaba su identidad cuando caminaba y hablaba con algunos de los seguidores que se dirigían a la aldea de Emaús. Pero cuando bendijo una comida, lo reconocieron de inmediato. "En ese instante, Jesús desapareció" (Lucas 24:31).

Palpable. Cuando los discípulos temieron que fuera un fantasma, él dijo: "Tóquenme y asegúrense de que no soy un fantasma, pues los fantasmas no tienen cuerpo, como ven que yo tengo" (Lucas 24:39).

Capaz de comer. Para convencerlos del todo, comió pescado (Lucas 24:42–43).

Levitación. Cuando llegó el momento de dejar el planeta, "fue llevado a las alturas hasta que una nube lo ocultó de su vista. Ellos [los discípulos] se quedaron mirando fijamente al cielo mientras él se alejaba" (Hechos 1:9–10 NVI).

No obstante, muchos eruditos dicen que no podemos suponer que nosotros también tendremos cuerpos como ese. Ni siquiera que ese es el cuerpo que Jesús tiene ahora en el cielo.

Lo único de lo que Pablo parecía estar seguro era que nuestros cuerpos de resurrección no serán cuerpos materiales.

Respecto de lo que algunas traducciones de la Biblia llaman "carne y sangre", otras, "un cuerpo físico" o "cuerpo natural", Pablo dijo que "lo que es de sangre y carne no tiene cabida en el reino de Dios, que es eterno" (1 Corintios 15:50 TLA).

No sabemos con exactitud qué aspecto tendrán nuestros cuerpos celestiales. Pero vienen con garantía de por vida.

Muertos agradecidos. Los muertos serán los primeros en levantarse y encontrarse con Jesús en el aire cuando ocurra la segunda venida. Eso es lo que Pablo aseguró a una congregación preocupada por la demora de Jesús y por lo que ocurriría a los que habían muerto antes del regreso de Jesús. La respuesta de Pablo genera preguntas. ¿Cómo se verán los cuerpos de resurrección? ¿Y qué hacen los muertos mientras tanto, duermen o deambulan sin cuerpo por el cielo?

¿Cuerpos físicos en el cielo?

"Las personas educadas argumentan que no existe la resurrección del cuerpo físico... Citan a Cicerón, escritor de *La República*, donde escribió que la naturaleza no permitiría que un cuerpo terrenal exista en ningún otro lado que no fuese la tierra... ¿Pero por qué es tan difícil de creer que un cuerpo físico puede existir en la dimensión espiritual del cielo? Ya estamos presenciando algo más milagroso que eso: el cielo en la tierra. Nuestras almas espirituales viven en nuestros cuerpos materiales. Si nuestros cuerpos físicos —así de débiles como son— pueden albergar a nuestras almas espirituales, ¿por qué nuestro hogar espiritual —tan maravilloso— no podría albergar a nuestros cuerpos físicos?" [v.d.t.]

AGUSTÍN, *LA CIUDAD DE DIOS*, 22:4

Agustín (354–430 d.C)

SEGUNDA VENIDA

Pablo describió el regreso de Jesús como si ya lo hubiese visto.

"Pues el Señor mismo descenderá del cielo con un grito de mando, con voz de arcángel y con el llamado de trompeta de Dios. Primero, los cristianos que hayan muerto se levantarán de sus tumbas. Luego, junto con ellos, nosotros los que aún sigamos vivos sobre la tierra, seremos arrebatados en las nubes para encontrarnos con el Señor en el aire. Entonces estaremos con el Señor para siempre" (1 Tesalonicenses 4:16–17).

Ojalá Pablo hubiera sabido con exactitud el momento en que eso ocurriría.

Parecía haberse incluido entre los creyentes que estarían vivos en el momento de la segunda venida. "Nosotros, los que estemos vivos... seremos arrebatados en las nubes".

Pablo lo expresó de esa manera en una de las primeras cartas conservadas. De hecho, muchos estudiosos afirman que sus dos cartas a los cristianos de Tesalónica son los documentos más antiguos del Nuevo Testamento, y que fueron escritas incluso antes de los Evangelios sobre Jesús.

Anteriormente, Pablo había dicho algo bastante similar en otra carta escrita durante su ministerio: "Cuando suene la trompeta, los que hayan muerto resucitarán para vivir por siempre. Y nosotros, los que estemos vivos también seremos transformados" (1 Corintios 15:52).

Pero unos quince años más tarde, encarcelado antes de su ejecución, Pablo se dio cuenta de que no viviría para ver la segunda venida.

"En cuanto a mí, mi vida ya fue derramada como una ofrenda a Dios. Se acerca el tiempo de mi muerte. He peleado la buena batalla, he terminado la carrera y he permanecido fiel. Ahora me espera el premio" (2 Timoteo 4:6–8).

Entonces, ¿al principio Pablo se había equivocado y esperaba que Jesús regresara mientras él viviera?

ARPONEADOS EN EL ARREBATAMIENTO

Muchos expertos en el estudio de la Biblia dicen que antes del día del juicio, Jesús se llevará a los cristianos.

Este acontecimiento se llama el *arrebatamiento*.

Extrañamente, el término parece provenir de la misma palabra que dio origen a *arpón*.

El verbo griego que se emplea en la Biblia para describir el arrebatamiento es *harpaz*, que significa "capturar o arrebatar". La palabra latina que se usa para decir "gancho o anzuelo" es *harpa*. Esas palabras con raíces antiguas pueden haber sido las que originaron la palabra holandesa *harpoen*, que significa "arpón". Tanto en holandés como en inglés, las palabras suenan parecido y significan lo mismo.

En un momento estaremos nadando por la vida. Luego, de pronto seremos atrapados y arrastrados hacia arriba.

Primero, los muertos en Cristo se levantarán de sus tumbas. Luego, junto con ellos, nosotros los que aún sigamos vivos sobre la tierra, seremos arrebatados en las nubes para encontrarnos con el Señor en el aire. ¡Oh, caminaremos en el aire! Y luego habrá una enorme reunión familiar con el Maestro.

1 TESALONICENSES 4:16–17
THE MESSAGE

Según las diferentes teorías, Jesús podría venir para el arrebatamiento antes, durante o después de un momento trágico en la tierra llamado la Tribulación.

Muchos eruditos dicen que así fue. Pero no todos. Algunos creen que cuando Pablo utilizaba los pronombres "nosotros" o "nos" no se incluía a sí mismo necesariamente: "Dios nos levantará de los muertos" (1 Corintios 6:14).

Así esperara estar vivo para el regreso de Jesús o no, Pablo reconoció que nadie sabía cuándo Jesús vendría. "El día del regreso del Señor llegará inesperadamente, como un ladrón en la noche" (1 Tesalonicenses 5:2).

Momento de conocer al Creador. Miguel Ángel dedicó ocho años a pintar *El Juicio Final*, obra que cubre la pared de detrás del altar en la Capilla Sixtina del Vaticano. Las almas se elevan o caen según su suerte, que según Pablo, está determinada por las elecciones hechas en vida.

EL DÍA DEL JUICIO

Pablo no dijo demasiado sobre el día del Juicio Final, como lo llaman a veces los cristianos. Para algunos, lo que dijo suena como otra contradicción.

Por un lado, dijo que somos salvados por nuestra fe en Jesús, no por nuestras buenas obras.

> *La gente no es considerada justa por sus acciones sino por su fe en Dios, quien perdona a los pecadores.*
>
> ROMANOS 4:5

Por otro lado, dijo que somos juzgados según lo que hacemos en la vida.

> *Porque es necesario que todos comparezcamos ante el tribunal de Cristo, para que cada uno reciba lo que le corresponda, según lo bueno o malo que haya hecho mientras vivió en el cuerpo.*
>
> 2 CORINTIOS 5:10 NVI

Los especialistas que no encuentran discrepancias entre esos dos argumentos esgrimen que la fe abre la puerta a la salvación y la vida eterna, y tener fe es una de las "buenas obras" que elegimos hacer.

Además, la fe genuina genera la buena conducta de forma natural. Entonces, los justos que comparezcan ante Cristo el día del juicio contarán con ambas: la fe y las buenas obras.

Pablo describió el juicio de este modo:

> *Él [Jesús] vendrá con sus ángeles poderosos, en llamas de fuego, y traerá juicio*
> *sobre los que no conocen a Dios y sobre los que se niegan a obedecer la Buena No-*
> *ticia de nuestro Señor Jesús. Serán castigados con destrucción eterna, separados*
> *para siempre del Señor y de su glorioso poder.*
>
> 2 Tesalonicenses 1:7–9

Los expertos en la Biblia debaten sobre si las personas devotas tienen que comparecer ante el "gran trono blanco" (Apocalipsis 20:11), donde las almas son condenadas al castigo eterno o recompensadas con la vida eterna. Pero Pablo, junto con Jesús y Pedro, indica que a todos les cabrá algún tipo de responsabilidad.

Algunos eruditos dicen que ellos ven varias escenas de juicios en la Biblia, no solo una. Más allá de los debates, los escritores de la Biblia coinciden en que al final todos recibirán lo que merecen. Un Dios amoroso y justo se ocupará de que eso ocurra.

¿QUIÉN ES EL HOMBRE DEL PECADO QUE SE AUTOPROCLAMA DIOS?

Alguien vendrá antes que Jesús, dijo Pablo.

Algunas copias antiguas de la Biblia lo llaman el "hombre del pecado". Otros lo llaman el "hombre de anarquía".

Pablo lo describe de este modo:

"El hombre de maldad. El destructor por naturaleza. Éste se opone y se levanta contra todo lo que lleva el nombre de Dios, o es objeto de adoración, hasta el punto de adueñarse del templo de Dios y pretender ser Dios" (2 Tesalonicenses 2:3–4 NVI).

Quienquiera que sea este hombre, parece estar involucrado en una especie de revuelta mundial, quizás contra Dios. Algunos dicen que podría tratarse de una revuelta más amplia, una rebelión que ocasionará el caos entre las naciones.

Según Pablo, la aparición de ese hombre será la última señal antes de la segunda venida.

Los eruditos han relacionado a este rebelde espiritual con una amplia variedad de figuras:

- uno de los falsos mesías o falsos profetas anticipados por Jesús (Mateo 24:24)
- el Anticristo (1 Juan 2:18)
- la bestia, que muchos han identificado con el Anticristo (Apocalipsis 13:3–4)
- el Imperio romano o alguno de sus emperadores (a muchos de ellos se los adoró como dioses).

Quienquiera que sea o haya sido ese hombre, su destino se describe del mismo modo que el de Judas Iscariote.

Judas: "nació para perderse" (Juan 17:12 NVI).

El hombre del pecado: "el destructor por naturaleza" (2 Tesalonicenses 2:3 NVI).

FINAL Y UN NUEVO COMIENZO:
EL APOCALIPSIS

ADIÓS AL MUNDO

El fin no está cerca.

Está aquí: en visiones del futuro.

Un misterioso hombre llamado Juan ve el fin del mundo en una serie de visiones. Así, las registra cuidadosamente tal como se lo pide un ser celestial que muchos expertos bíblicos consideran que fue Jesús: "Escribe en un libro todo lo que veas" (Apocalipsis 1:11).

Juan ve muchas cosas.

Exiliado en la prisión de la isla de Patmos por predicar la religión cristiana prohibida, se transportó en espíritu al cielo.

Allí, puede ver a los seres celestiales adorando a Dios. También ve a alguien a quien describe como "un Cordero que parecía que había sido sacrificado" (Apocalipsis 5:6). Este Cordero, que se supone que es Jesús, comienza a abrir un rollo.

A medida que el Cordero rompe los siete sellos para poder abrir el rollo, cada sello crujiente parece abrir una ventana que le permite a Juan ver desastres futuros.

La guerra, el hambre y las enfermedades exterminan un cuarto de la humanidad. Los cristianos son martirizados por su religión. Un terremoto devastador desgarra el planeta. Una lluvia de estrellas arremete contra la tierra convirtiéndola en una nueva Edad de Piedra, haciendo que las personas deban esconderse en cuevas.

Dado todo este misterio, sería extraño que Juan pudiera ver también acontecimientos felices. Pero los ve.

Luego de que el sufrimiento cesa y la tierra ya no está, el hogar de Dios se convierte en la morada eterna para todos aquellos que lo han amado. Esta es la tierra de felicidad celestial. Ya no habrá "más muerte ni tristeza ni llanto ni dolor" (Apocalipsis 21:4). Satanás y sus seguidores ya habían obtenido lo que les esperaba: un baño eterno en un lago de fuego, figurativo, si no literal.

Juan escribe esto en un género famoso por su simbolismo extremo y sus palabras codificadas: Literatura apocalíptica. El resultado es el libro del Apocalipsis, el cual desconcierta a la mayoría de los eruditos. *(Ver "Principios básicos de la escritura apocalíptica: El género", página 120).*

Los expertos de la Biblia suelen tomar uno de los enfoques principales cuando intentan entender el libro. Suponen que Juan hablaba principalmente sobre sucesos:

- del futuro, hacia el final de la historia humana
- de su propio tiempo, cuando el Imperio romano gobernaba el mundo civilizado

EL APOCALIPSIS

El libro que cierra la puerta de la Biblia se llama *Apocalipsis*. Es una palabra griega que significa "revelación".

Tal palabra aparece en la primera oración del libro: "Esta es una revelación [en griego: *apokalypsis*] de Jesucristo".

Estas dos palabras —*revelación* y *apocalipsis*— significan lo mismo: una visión del futuro o del reino espiritual.

En este sentido, una revelación es como un secreto. Este es el libro de los secretos.

Sin embargo, al final del libro, cuando Juan habla sobre un nuevo cielo y una nueva tierra, la mayoría de los expertos coinciden en que no está hablando en código sobre los romanos. La mayoría dice que habla sobre el fin de la vida tal como la conocemos y sobre el inicio de una nueva vida por venir.

Los expertos en la Biblia también tienden a coincidir sobre la gran idea que subyace al libro: Si bien Juan hablaba sobre el pasado, el presente o el futuro, Dios y el bien ganan; Satanás y el mal pierden.

Monasterio del fin del mundo. Los monjes mantienen el monasterio griego ortodoxo de San Juan, de novecientos años de antigüedad, en la isla de Patmos. Construido sobre una colina en el año 1090 aproximadamente, unos años antes de que comenzaran las Cruzadas, este monasterio parecido a una fortaleza conmemora la visión que inspiró el último libro de la Biblia: el libro del Apocalipsis.

UNA MIRADA AL APOCALIPSIS

El libro en una oración. Un profeta tiene visiones horrorosas sobre el fin de los tiempos: guerra, enfermedades, desastres naturales catastróficos, seguidos de la visión de Dios derrotando las fuerzas del mal de Satanás y recompensando a sus propios seguidores con la vida eterna en el cielo.

Escritor. Alguien llamado Juan. Quizás el discípulo de Jesús. Quizás otro Juan.

Ubicación. Patmos, una isla prisión comparable a Alcatraz, frente a la costa occidental de Turquía.

Fecha en que se escribió. Algunos dicen que durante la persecución de Nerón contra los cristianos en los años 60 d.C. La mayoría dice que durante la persecución de Domiciano en los años 90 d.C. *(Ver "Elección de un emperador malvado", página 226).*

Patmos, Grecia.
Población: 3,000 habitantes.
Once millas cuadradas (28 km²).

Mar Negro

Las siete iglesias del Apocalipsis

TURQUÍA

Pérgamo
Tiatira
Sardis
Esmirna Filadelfia
Éfeso Laodicea

Isla de Patmos N

0 — 50 Mi
80 Km

Mar Mediterráneo

SIETE CARTAS PARA SIETE IGLESIAS (APOCALIPSIS 1–3)

"Escribe en un libro todo lo que veas y envíalo a las siete iglesias que están en las ciudades de Éfeso, Esmirna, Pérgamo, Tiatira, Sardis, Filadelfia y Laodicea".

APOCALIPSIS 1:11

Las visiones de Juan comenzaron un domingo, "el día del Señor" (Apocalipsis 1:10) mientras adoraba a Dios.

Detrás de él tronó una voz que le decía que escriba sus visiones y se las envíe a las siete iglesias cercanas a lo que hoy es la costa occidental de Turquía.

Juan giró para ver quién le hablaba.

No podría ser otro que Jesús. Es por este motivo que las ediciones en letra roja de la Biblia imprimen esas palabras en rojo. Juan dijo que el que hablaba era "semejante al Hijo del Hombre" (Apocalipsis 1:13). Esa era la forma en que Jesús prefería describirse a sí mismo. Más tarde Juan describió a la misma persona como "el Hijo de Dios" (Apocalipsis 2:18).

Jesús tenía un aspecto celestial. "La cabeza y el cabello eran blancos como la lana, tan blancos como la nieve, y los ojos eran como llamas de fuego. Los pies eran como bronce pulido refinado en un horno, y su voz tronaba como potentes olas del mar... Y la cara era semejante al sol cuando brilla en todo su esplendor" (Apocalipsis 1:14–16).

Aterrorizado, Juan cayó al suelo, posiblemente desmayándose. Jesús lo ayudó a levantarse y le dijo que comenzara a escribir lo que luego se convertiría en un libro de visiones. Juan comenzaría tomando algunas notas: siete cartas breves, una carta para cada una de las siete iglesias.

Estas iglesias probablemente fueran solo grupos de cristianos que se reunían en sus propios hogares. Recién en el año 313 d.C., cuando Roma legalizó el cristianismo, los cristianos comenzaron a levantar centros de culto.

Las cartas de Juan abordan preocupaciones específicas de cada iglesia. Aun así, el número siete ha hecho que algunos expertos en la Biblia sugirieran que esas cartas estaba previstas como una herramienta de autoevaluación para todas las iglesias. *Siete* es un número en código en la antigua literatura judía. Proviene de la Creación. Dios creó el mundo en seis días y el séptimo día descansó, cuando su obra había finalizado.

Por esta razón, muchas veces el *siete* simboliza la plenitud, la compleción —quizás en este caso, a toda la iglesia cristiana.

ÉFESO: LA IGLESIA DEL AMOR PERDIDO

Las siete maravillas del mundo existen. Pero la maravilla más grande de todas era el Templo de Artemisa en Éfeso. Esto es según un escritor, Filón, quien en el año 200 a.C. dijo que había visto las siete.

Cuatro veces más grande que el Partenón de Atenas, este templo se construyó en honor a la diosa griega de la madre Tierra. Miles de sacerdotes y sacerdotisas servían a la diosa favorita de la ciudad. Los negocios habían ganado mucho dinero vendiendo ídolos de Artemisa y demás materiales a los devotos.

No es extraño que los comerciantes de Éfeso se organizaran para echar al apóstol Pablo del pueblo. Había pasado tres años iniciando una comunidad cristiana allí y tenía tanto éxito que la industria de Artemisa había comenzado a sufrir la crisis.

Un fabricante de ídolos de plata redactó su queja de esta forma: "No sólo hay el peligro de que el templo de la gran diosa Artemisa sea menospreciado... y que la diosa misma [...] sea despojada de su divina majestad" (Hechos 19:27 NVI).

Pablo se marchó. Pero lo iglesia sobrevivió, en una ciudad llena de muchos tipos de enseñanzas religiosas extrañas. Entre ellas, en el año 90 d.C., la de la adoración al emperador. La ciudad albergaba una estatua del emperador Domiciano que medía 25 pies (8 metros) de altura.

Los ángeles van a la iglesia

Comenzando con Éfeso, cada carta estaba dirigida al "ángel de la iglesia". Se desconoce si se refiere a los pastores de la iglesia o a un ser celestial, como por ejemplo un ángel guardián.

En su visión, Juan vio siete estrellas y siete candelabros dorados. Jesús dijo "las siete estrellas son los ángeles de las siete iglesias, y los siete candelabros son las siete iglesias" (Apocalipsis 1:20).

Dado que *ángel* significa "mensajero", muchos eruditos dicen que tiene perfecto sentido que Jesús se dirija a los líderes religiosos como ángeles. Después de todo, esos líderes serían los que leyeran las cartas a su congregación, actuando como mensajeros de Jesús para el pueblo.

Otros dicen que los primeros cristianos creían que los ángeles se encontraban entre ellos cuando se reunía la congregación y que los ángeles de las siete cartas eran seres sobrenaturales. La misma palabra en griego, *angelos*, aparece 75 veces más en Apocalipsis. En cada vez, se refiere a un ser celestial.

Herejes trabajando

A medida que pasaba el tiempo, los cristianos de Éfeso comenzaron a escuchar enseñanzas extrañas en sus servicios de culto. Un grupo de supuestos cristianos llamados nicolaítas parecía estar animando a "cometer fornicación" (Apocalipsis 2:14 RVR1960).

Los eruditos solo pueden suponer quiénes eran estos nicolaítas. Nuestro concepto popular es que eran seguidores

---

DATOS DESTACADOS DE LA IGLESIA DE ÉFESO

La carta: Apocalipsis 2:1–7

Halago de Jesús: sus miembros no toleraban que los falsos cristianos enseñaran ideas extrañas

Queja de Jesús: su amor por Dios y entre cada uno de ellos se había apagado

Advertencia de Jesús: la iglesia se encuentra en peligro de desaparecer

Pastor fundador: Pablo pasó tres años iniciando la iglesia en la década del 50 d.C.

Población: 250,000 habitantes; la tercera ciudad más grande después de Roma y Alejandría, Egipto

Famosa por: el templo de Artemisa, una de las siete maravillas del mundo

Divinidad principal: Artemisa (Diana), diosa de la naturaleza

Hogar de: Se dice que Juan el apóstol y María, madre de Jesús, se mudaron allí

En la actualidad: Una ciudad fantasma en ruinas, en Turquía, visitada por turistas

Sin libros en esta biblioteca. Una hermosa fachada con pilares es lo único que queda en pie como tributo a la antigua gran biblioteca de Celcus, en Éfeso, la tercera ciudad más grande del Imperio romano.

de las enseñanzas de un hombre llamado Nicolás. Supuestamente colaboró en el liderazgo de una herejía llamada gnosticismo, la cual se hizo popular en el año 100 d.C.

Los gnósticos, tal como los llamaba la gente, enseñaban que el cuerpo físico no tiene nada que ver con la espiritualidad. Por lo tanto, las personas podían hacer lo que quisieran. La salvación venía a partir de un conocimiento secreto sobre los asuntos espirituales, no de un buen comportamiento. Esta herejía obtuvo su nombre de la palabra griega para "conocimiento": *gnosis*.

Jesús elogió a los cristianos de Éfeso por alzarse contra los nicolaítas y otros falsos cristianos. Independientemente de quiénes fuesen estos engañadores, tomaban ideas que eran lo suficientemente verdaderas como para parecer cristianas, pero las presentaban con tantas mentiras que pasaban de ser cristianas a ser ideas de un culto grotesco.

Amor perdido
Cumplidos aparte, Jesús aporta esta crítica a la congregación fundada por Pablo:

> *"¡No me amas a mí ni se aman entre ustedes como al principio!"*
> APOCALIPSIS 2:4

Sin esperanzas
Con esa queja también aparece una advertencia: "arrepiéntete, y haz las primeras obras; pues si no, vendré pronto a ti, y quitaré tu candelero de su lugar" (Apocalipsis 2:5 RVR1960).

Con esta amenaza, muchos eruditos dicen que Jesús prometía apagar la luz, rendirse y cerrar todo en Éfeso. No más iglesia. Otros eruditos dicen que Jesús no tenía la intención de ser tan severo. En cambio, solo amenazaba con sacarle el estatus de iglesia líder en la zona.

Independientemente de la amenaza, actualmente la iglesia de Éfeso está muerta y la ciudad es un pueblo fantasma.

El río que conectaba Éfeso con el mar, y con el resto del mundo, finalmente terminó obstruido con sedimentos. Para el siglo VI, la mayoría de la gente se había mudado a las colinas cercanas. En 1090, cinco años antes de las primeras Cruzadas, los invasores musulmanes destruyeron los dos lugares.

Cuando los cruzados pasaron por esa zona más tarde, algunos no podían creer que esos campos vacíos y piedras volteadas fueran todo lo que quedaba de una ciudad que había sido majestuosa.

Un soldado le preguntó a un poblador: "Señor, ¿esa es realmente la ciudad de Éfeso?".

ESMIRNA: LA IGLESIA DE LA TORMENTA INMINENTE
Jesús le dedicó solo alabanza y ánimo a esta iglesia, junto con una advertencia de que se avecinaba una dificultad, una enorme dificultad.

"A algunos de ustedes el diablo los meterá en la cárcel para ponerlos a prueba, y sufrirán persecución durante diez días. Sé fiel hasta la muerte, y yo te daré la corona de la vida".

APOCALIPSIS 2:10 NVI

El pastor de Esmirna debe de haber tenido terror de leerle eso a su congregación.

Los cristianos de allí ya eran pobres y estaban sufriendo, tal como Jesús reconoció en la carta. Pero aun no habían visto lo peor.

Los eruditos de la Biblia especulan con la idea de que la pobreza y la adversidad fueron consecuencia del haber sido rechazados por otros pobladores. Los cristianos quizás perdieron sus trabajos debido a su creencia. Debe de haber sido difícil comprar provisiones. Probablemente sus negocios hayan sido boicoteados.

Quizás lo peor de la persecución vino de los judíos quienes consideraban que el cristianismo era una versión distorsionada de la religión judía, una que decía que el Mesías ya había venido y se había ido.

Las inscripciones indican que había judíos viviendo en Esmirna. Una inscripción que data de principios del siglo II d.C. indica que un grupo de inmigrantes judíos donó 10,000 dracmas para un proyecto de obras públicas. Esa donación sería equivalente a la suma de los salarios anuales de veinticinco obreros comunes.

Los expertos en la Biblia dicen que los "diez días" de sufrimiento probablemente signifique poco tiempo. A veces, la Biblia usa la expresión de diez días de esa forma. En una prueba de diez días, Daniel y sus tres amigos comieron solo verduras. Luego

DATOS DESTACADOS DE LA IGLESIA DE ESMIRNA

La carta: Apocalipsis 2:8–11
Halago de Jesús: sus miembros eran financieramente pobres pero ricos en espíritu
Queja de Jesús: ninguna
Advertencia de Jesús: para algunos, persecución, prisión y muerte en el futuro
Primer pastor: Policarpo, martirizado alrededor del año 155 d.C.
Población: 100,000 habitantes
Famosa por: medicina, ciencia, vinos finos, riqueza
Divinidad principal: Asclepio, dios de la medicina
Hogar de: Homero, poeta griego, autor de la *Odisea*
En la actualidad: Izmir, Turquía, con una población de 2.6 millones

Sin estacionamiento. Las ruinas de la Esmirna antigua bloquean la expansión urbana en Izmir, una ciudad más allá del crecimiento. Un estacionamiento en los límites de la ciudad, en la esquina superior derecha, sobrepasa los pilares levantados de Esmirna. Parece un monstruo arquitectónicamente incompatible que contrapone la destreza artesanal de los milenios pasados contra el oportunismo de los tiempos modernos.

de la prueba, "se veían más saludables y mejor nutridos que los jóvenes alimentados con la comida asignada por el rey" (Daniel 1:15).

Al igual que Daniel y sus amigos, los cristianos de Esmirna saldrían victoriosos de su prueba también. Aunque algunos podrían morir, no sufrirían el daño de la "segunda muerte" (Apocalipsis 2:11). Esa es la frase en código del castigo eterno del día del Juicio Final para los débiles: "Este lago de fuego es la muerte segunda" (Apocalipsis 20:14 NVI).

Como victoriosos, los cristianos de Esmirna recibirían "una corona". Pareciera como si Jesús hubiese adoptado específicamente ese símbolo para Esmirna. Los ciudadanos nombraron a la fortaleza que se encontraba en la cima de la colina de la ciudad "Corona de Esmirna". Probablemente se deba a esto el hecho de que muchas inscripciones antiguas que se encontraron allí y que estaban talladas en piedra incluyeran imágenes de coronas de flores.

Los no cristianos de Esmirna, un centro comercial próspero, se consideraban personas victoriosas. Pero Jesús les aseguró a los cristianos pobres y en sufrimiento que tendrían muchas riquezas eternas y que estaban destinados a convertirse en los más victoriosos de todos.

Esmirna se convirtió en un centro destacado del cristianismo en el siglo II d.C. Actualmente, Esmirna se llama Izmir. Es predominantemente musulmana, al igual que el resto de Turquía. Pero los cristianos todavía adoran en más de una docena de iglesias en Izmir. Sin embargo, ocasionalmente a los cristianos se los ataca y acusa de distribuir Biblias y de intentar convertir a los musulmanes.

PÉRGAMO: LA IGLESIA DE LAS CREENCIAS EXTRAÑAS

En Pérgamo, existía una gran variedad de religiones para elegir. Esta ciudad era la capital regional de Roma que los antiguos llamaban Asia, pero que actualmente es Turquía occidental.

Algunos de los dioses más populares eran:

- Zeus, el dios más importante en la galería griega de dioses.
- Asclepio, dios de la sanación.
- El emperador de Roma, adorado como un dios.
- Dionisio (o Baco), hijo de Zeus y dios del vino y de las fiestas.

Al parecer, las fiestas sanas eran lo que la iglesia toleraba entre algunos supuestos cristianos. Esos creyentes "comían alimentos ofrecidos a los ídolos", una práctica común en los banquetes que se hacían en honor a los dioses paganos. Los cristianos también "cometían pecados sexuales", quizás la prostitución del templo para honrar y entretener a los dioses.

Aparentemente, en la iglesia la mayoría de los cristianos no caía en estas tentaciones. Pero algunos sí, y la iglesia no los castigaba por ello.

Jesús condenó a dos herejes en la iglesia.

Uno fomentaba ideas "como la enseñanza de Balaam". Famoso por su burra parlante, Balaam fue un profeta lucrativo. En el territorio donde ahora se encuentra Jordania, un rey lo contrató para que lanzara una maldición sobre Moisés y los israelitas durante su éxodo de Egipto (Números 22–24). Más tarde, los israelitas mataron a Balaam y a sus

¿El trono de Satanás? El monumental altar de Zeus de Pérgamo, actualmente en exposición en un museo de Berlín, puede haber sido el trono de Satanás al que se refería Jesús en su carta a Pérgamo. A veces, los altares eran considerados tronos terrenales de los dioses.

compañeros por tentar a tantos israelitas a participar en rituales sexuales paganos.

El nicolaitanismo significaba una herejía similar, también un problema en el vecino Éfeso.

Jesús les advirtió a los cristianos que dejaran de tolerar esas enseñanzas distorsionadas. Y les advirtió como "aquél que tiene la espada aguda de doble filo" (Apocalipsis 2:12). Esta frase parece un golpe sutil al gobernador romano de la región, quien vivía en la ciudad. Ejercía lo que se conocía como "el derecho de la espada", el poder de sentenciar a muerte a las personas, tal como había hecho Pilato con Jesús. Pero en esta carta, Jesús parece decir que él es quien posee el poder de la vida y la muerte.

El trono de Satanás

Jesús dijo "Yo sé que vives en la ciudad donde Satanás tiene su trono" (Apocalipsis 2:13).

Los eruditos no están seguros de lo que Jesús quiso decir con eso. Dos de las suposiciones más populares incluyen:

DATOS DESTACADOS DE LA IGLESIA DE PÉRGAMO

La carta: Apocalipsis 2:12–17
Halago de Jesús: sus miembros han permanecido fieles a la fe cristiana
Queja de Jesús: toleraban a dos grupos heréticos que cometían pecados sexuales
Advertencia de Jesús: si no se pronunciaban en contra de las falsas enseñanzas, Jesús ajustaría cuentas
Mártir: Antipas, un líder religioso que se cree asesinado alrededor del año 92 d.C.
Población: 120,000 habitantes
Famosa por: La segunda biblioteca más grande del mundo después de la de Alejandría, con 200,000 volúmenes
Divinidades principales: Zeus, el principal dios griego; Asclepio, dios de la medicina
Hogar de: Galeno (129–216 d.C.), médico cuyas ideas dominaron la medicina durante 1,500 años
En la actualidad: Bergama, Turquía, población de 55,000 habitantes

LOS DIOSES Y SUS CARNÍVOROS

Juan no escribió el libro del Apocalipsis para las personas que comen carne y patatas.

En la antigua Turquía, todos menos los ricos eran vegetarianos la mayor parte de sus vidas, aunque no por elección.

La carne era un lujo raro y costoso. Muchos solo la comían en ocasiones religiosas especiales. Un hombre podía sacrificar un animal y ofrecérselo en sacrificio a su dios predilecto. Luego, él y su familia comerían la carne, a veces con amigos, en su casa o en el comedor del templo local.

Los arqueólogos han encontrado muchos comedores en los templos. La mayoría de estos salones podía alojar solamente entre seis a doce personas.

Un comedor de un templo de Pérgamo tenía grabados de uvas y parras. Esto sugiere que los devotos deben de haber comido carne ofrecida en sacrificio a Dionisio, el dios del vino y las fiestas.

De postre, al menos en algunas ocasiones, los comensales festejaban entre sí en rituales sexuales. Decían que hacían esto para honrar y entretener a los dioses, a quienes consideraban presentes en las comidas.

Aparentemente, la gente de la iglesia de Pérgamo y Tiatira participaba de este tipo de comidas.

Fundamentalmente, Jesús tenía una palabra de advertencia para ellos: basta.

Roma. Podría ser una referencia al hecho de que Roma tenía a los cristianos en la mira. Acto seguido, Jesús nombra a Antipas como un cristiano del lugar, mártir por su fe.

Altar de Zeus. La ciudad construyó un enorme altar al aire libre dedicado a "Zeus el salvador". Parecía un salón de trono para servir a un dios. En la antigüedad, a muchos altares se los llamaba "tronos".

La búsqueda de la piedra blanca

Jesús advirtió que si los cristianos no se pronunciaban en contra de los herejes, él mismo lo haría.

Pero también les hizo una promesa a los cristianos que luchaban contra las falsas enseñanzas. Les daría "maná" y "una piedra blanca" tallada con un nombre que solo ellos entenderían.

El maná es una referencia al alimento milagroso que Dios les envió a los hambrientos israelitas durante el Éxodo: alimento que les salvó las vidas. Aquí, podría ser un símbolo de la vida eterna.

La piedra blanca, sin embargo, podría hacer referencia a cualquiera de las varias prácticas antiguas.

- **Votación por la inocencia.** En algunos casos judiciales, los miembros del jurado utilizaban piedras blancas para emitir sus votos y absolver a alguien, y piedras negras para condenarlos.

- **Amuleto de protección.** Muchos usaban amuletos inscritos con nombres divinos y oraciones o hechizos secretos para protegerse contra el mal.

- **Pase de entrada.** A veces, a los invitados a eventos especiales se les daban piedras blancas con sus nombres escritos en ellas. Era una versión antigua de las invitaciones grabadas utilizadas como pase de entrada. También podían servir como carta de membresía de un grupo selecto.

Independientemente de lo que representara la piedra blanca —exoneración, protección o ingreso a la vida eterna— esta era lo opuesto a lo que representó la piedra de David contra Goliat: condena, muerte y pase de ida hacia la sepultura.

Parada. Parque público que rodea las ruinas de Tiatira, convirtiéndola en una pequeña isla en el corazón de Akhisar, Turquía. El resto de Tiatira yace debajo de la ciudad moderna. Esto hace que su excavación sea imposible y que no se pueda saber más sobre el antiguo sitio y su pueblo.

TIATIRA: LA IGLESIA DE JEZABEL

Jesús le repitió parte de su mensaje a Pérgamo. Los cristianos de Tiatira habían crecido en la fe.

Pero al parecer, una mujer en la iglesia enseñaba la versión distorsionada de los nicolaítas sobre el cristianismo, llena de rituales sexuales y comidas de carne ofrecidas a los ídolos.

Jesús comparó a esta mujer con la malvada reina Jezabel de Israel quien, aproximadamente mil años antes, había intentado asesinar a todos los profetas de Dios. El objetivo de la reina Jezabel era cambiar la religión judía por otra religión del Oriente Medio:

el culto a Baal, dios de la fertilidad en la familia, de los rebaños y de los campos.

La "Jezabel" de Tiatira se llamaba a sí misma "profetisa". Las profetisas eran especialmente bien recibidas en esta ciudad que honraba principalmente al dios griego Apolo. En toda la región del mar Mediterráneo, se creía que Apolo podía comunicarle mensajes a su padre, Zeus, mediante profetisas en los oráculos. El oráculo más famoso se encontraba en el templo de Apolo en Delfos, Grecia. *(Ver "Profetas griegos inhalando", página 30).*

Ambos pecados de esta Jezabel moderna consistían en el acto de acostarse. La gente comía reclinada. Luego, después de comer la comida ritual, quedaban en la posición perfecta para el sexo ritual.

En un juego de palabras, Jesús dijo que le quitaría la cama de sexo a Jezabel y la arrojaría en una cama de enfermedad. "Por eso la voy a postrar en un lecho de dolor" (Apocalipsis 2:22 nvi).

Pero a los fieles, dijo Jesús, les daré "la estrella de la mañana" (Apocalipsis 2:28).

Eso podría referirse a Venus o a Jesús.

Venus era la estrella de la mañana, un símbolo de soberanos y de poder. El ejército romano portaba el signo del zodíaco de Venus, a Tauro el toro. Quizás Jesús se refería a lo que había dicho justo antes: algún día, sus seguidores tendrán "autoridad sobre todas las naciones" y "gobernarán las naciones" (Apocalipsis 2:26–27).

Pero para los judíos, la *estrella de la mañana* significaba el Mesías prometido de Dios: "Una estrella se levantará de Jacob" (Números 24:17).

Ese es el sobrenombre que los judíos le dieron a Simón, un líder rebelde que afirmaba ser el mesías y quien inició un levantamiento contra Roma en el año 132 d.C. Los judíos lo llamaban Bar Kojba, "Hijo de la estrella". Pero obtuvo un nuevo nombre luego de que Roma reprimiera su levantamiento: Bar Kozeba, "Hijo de la mentira".

La carta: Apocalipsis 3:1–6

Halago de Jesús: todavía quedan algunos buenos cristianos, pero no muchos

Queja de Jesús: la iglesia está desapareciendo, está casi muerta

Advertencia de Jesús: si los cristianos de Sardis no se arrepienten, Jesús vendrá para ajustar cuentas

Primer pastor: Melito (años 100 d.C.), autor de un sermón sobre la crucifixión de Jesús

Población: 60,000 habitantes

Famosa por: en el río que atravesaba la ciudad, se descubrió oro

Divinidad principal: Artemisa (Diana), diosa de la naturaleza

Hogar de: el adinerado rey Creso, el último rey de Lidia (gobernó desde el año 560 al 546 a.C.) antes de la invasión de Persia

En la actualidad: ruinas en Turquía; destruida por los mongoles (1402)

Gimnasio. A los ciudadanos de Sardis les gustaba mucho estar en forma, si tomamos como referencia el tamaño de este gimnasio combinado con esta casa de baños. Pero Jesús dijo que en lo que respecta a su estado espiritual, la mayoría de los cristianos de la ciudad no eran idóneos más que para un entierro.

SARDIS: LA IGLESIA DE LOS MUERTOS EN VIDA

Al igual que la ciudad de Sardis, los mejores días de esta iglesia quedaron atrás, hace mucho tiempo.

Todo lo que esta iglesia tenía a su favor era una reputación agonizante y muy pocos creyentes firmes.

Sardis había sido alguna vez una ciudad próspera y la capital del imperio de Lidia. Pero era aun más famosa por ser el hogar de un rey como Midas, cuyo nombre se transformó en una forma de medir la riqueza: "tan rico como Creso". En el río que atravesaba la ciudad, habían descubierto oro. Envalentonado por sus riquezas y animado por una profecía del oráculo de Delfos en Grecia, Creso cometió un gran error. Atacó a Ciro el Grande, gobernador del imperio persa con sus cuarteles en donde actualmente se encuentra Irán.

Las fuerzas persas capturaron a Creso y tomaron su ciudad en el año 547 a.C. Sardis nunca pudo recuperar su gloria pasada.

La iglesia seguía la misma dirección descendente.

"Tienes la fama de estar vivo —escribió Juan citando a Jesús—, pero estás muerto" (Apocalipsis 3:1–2).

La carta no dice exactamente qué fue lo que mató a los cristianos en Sardis. Pero ofrece un indicio: "porque no he hallado tus obras perfectas delante de Dios" (Apocalipsis 3:2 RVR1960).

Quizás intentaban llegar de forma directa al cielo en piloto automático. Fueron devueltos. Se durmieron en los laureles. Disfruten de la compañía de su pequeño club sagrado privado que se reúne cada domingo.

"¡Despierta!". Eso es lo que les dijo Jesús.

Aquellos que lo hicieran, encontrarían sus nombres en el "libro de la vida" (Apocalipsis 3:5), que le garantiza la vida eterna: "Ellos, por ser dignos, andarán conmigo vestidos de blanco" (Apocalipsis 3:4 NVI).

En el Apocalipsis, el libro de la vida es un símbolo de la membresía al reino eterno de Dios. Las ropas blancas en la Biblia y otras escrituras antiguas judías representan la pureza espiritual. También parecen ser el estilo celestial que visten Dios (Daniel 7:9), los ángeles (Hechos 1:10) y Jesús en la Transfiguración (Mateo 17:2).

FILADELFIA: LA PEQUEÑA IGLESIA QUE PODÍA

Hubo dos hermanos, ambos reyes, que eran tan unidos que su amor inspiró el nombre de *Filadelfia*, a partir de un par de palabras griegas: *phileo*, "amor" y *adelphos*, "hermano". La ciudad del amor fraternal.

El hermano mayor, Eumenes II, fue rey de la ciudad vecina de Pérgamo (gobernó entre los años 197 y 160 a.C.). Cuando Eumenes murió, su hermano menor, Atalo II, lo sucedió (gobernó entre los años 160 y 138 a.C.) y ya en ese entonces se había ganado el sobrenombre de Filadelfo. Algunos escritores de los primeros siglos dijeron que él fue quien fundó la ciudad.

Cuando Juan escribió el Apocalipsis, algunos habitantes de Filadelfia no se comportaban tan fraternalmente. Los judíos eran especialmente hostiles hacia los cristianos en la ciudad. Jesús llamó a la comunidad judía "sinagoga de Satanás" y "mentirosos que dicen ser judíos y no lo son" (Apocalipsis 3:9).

Pero Jesús encomió a los cristianos por su perseverancia y anunció que había "abierto una puerta que nadie puede cerrar" (Apocalipsis 3:7).

Algunos expertos de la Biblia se preguntan si eso significa una crítica hacia los judíos por la excomunión de algunos miembros judíos que creían que Jesús era el Mesías prometido. Los líderes judíos pusieron esa orden por escrito en un concilio en Jamnia, Israel, en el año 90 d.C. —la misma década en que muchos dicen que Juan escribió el libro del Apocalipsis—.

El punto que quizás Jesús quería destacar es que aunque los cristianos de Filadelfia no eran bien recibidos en la sinagoga local, sí serían bien recibidos en el cielo.

La "puerta abierta" también podría referirse a las oportunidades de ministerio que Jesús les daría a los cristianos.

La gran prueba

Jesús prometió proteger la iglesia "del gran tiempo de prueba que vendrá sobre el mundo entero" (Apocalipsis 3:10). Muchos consideran esta como una referencia al fin de los tiempos de adversidad que algunos llaman "Tribulación". Otros dicen que se refiere a los tiempos difíciles que se vivieron durante la era romana.

Un par de años después de que los judíos emitieran la orden de excomunión, el emperador romano Domiciano en el año 92 d.C. emitió la suya. Ocasionó un tiempo de increíbles dificultades en todo el mundo mediterráneo, especialmente en la región de Filadelfia.

Ordenó que se destruyeran al menos la mitad de los viñedos que se encontraban fuera de Italia. No es muy claro el motivo. Quizás para estimular financieramente a los propietarios de los viñedos de Italia. Quizás quería forzar a los agricultores a que cultivaran más trigo, el cual muchas veces era un suministro escaso.

Filadelfia se erguía sobre un suelo volcánico, por lo que esta área obtuvo el sobrenombre de "tierra quemada". El suelo volcánico es rico en minerales que son ideales para el cultivo de uvas. Al parecer, Filadelfia prefería ese tipo de cosecha, ya que su deidad favorita era Dionisio, el dios del vino.

DATOS DESTACADOS DE LA IGLESIA DE FILADELFIA

La carta: Apocalipsis 3:7–13

Halago de Jesús: si bien eran pocos, los miembros permanecían unidos y perseveraban

Queja de Jesús: ninguna

Advertencia de Jesús: tiempos de prueba estaban por venir

Mártires: once miembros de la iglesia fueron martirizados junto con el obispo Policarpo de Esmirna, en el año 155 d.C.

Población: no excavada y desconocida; los escritores romanos la llamaron "la pequeña ciudad"

Famosa por: los terremotos; la ciudad fue arrasada en el año 17 d.C.

Divinidad principal: Dionisio (Baco), dios del vino y de las fiestas

Hogar de: Ammia, una profetisa de comienzos de los años 100 d.C.

En la actualidad: Alasehir, Turquía; la mayor parte de las ruinas yacen bajo la ciudad moderna

Columna romana en la iglesia. Una de las pocas ruinas que sobrevivió de la antigua Filadelfia es esta columna de una iglesia construida en tiempos romanos. Lo que quedó de Filadelfia descansa en paz bajo la moderna ciudad turca de Alasehir.

DATOS DESTACADOS DE LA IGLESIA DE LAODICEA

La carta: Apocalipsis 3:14–22
Halago de Jesús: ninguno
Queja de Jesús: sus miembros eran personas sin carácter
Advertencia de Jesús: los va a escupir como un refresco caliente sin gas
Líder religioso: Ninfas; la iglesia se reunía en su casa (Colosenses 4:15)
Población: aproximadamente 100,000 habitantes o más; las ruinas tienen dos anfiteatros con asientos mixtos para 23,000
Famosa por: prendas costosas hechas de lana negra
Divinidad principal: Apolo, hijo de Zeus y un dios relacionado con la profecía
Hogar de: Demóstenes Filaletes, un famoso oftalmólogo de los tiempos en que Juan escribió el libro del Apocalipsis
En la actualidad: ruinas en Turquía; los invasores musulmanes destruyeron la ciudad

LAODICEA: LA IGLESIA DE LOS COBARDES

El opuesto al cobarde es el arrogante. Los cristianos en Laodicea eran las dos cosas, según la carta de Juan.

Eran cobardes y también eran arrogantes sobre eso. Es como si fueran espectadores, y estuvieran orgullosos de las espinas en sus pies.

Jesús se tomó la molestia de criticar a los miembros de esta congregación particular. Se les dio un trato especial. El maestro de las parábolas metafóricas creó tres metáforas que se adaptaban perfectamente a los cristianos de este bullicioso centro comercial.

El sabor del vómito

"No eres ni frío ni caliente... Eres tibio... Haces que quiera vomitarte" (Apocalipsis 3:15–16 THE MESSAGE).

Los habitantes de Laodicea obtenían el agua de un acueducto conectado a un manantial de agua mineral caliente en Hierápolis (la moderna Pamukkale) aproximadamente 6 millas al sur (10 km). Cuando el agua llegaba a Laodicea, ya se había entibiado de forma nauseabunda.

Es como si Jesús estuviera diciendo que los cristianos de Laodicea no tomaban posición por nada más allá de su derecho a no tomar ninguna posición.

Una pobre y pequeña ciudad rica

"Tú dices 'Soy rico, tengo todo y no necesito nada de nadie', no te das cuenta de que en realidad eres miserable, un mendigo ciego, andrajoso y sin hogar" (Apocalipsis 3:17 THE MESSAGE).

Antes era una ciudad rica y pujante. Cuando un terremoto devastó a las ciudades de toda la región, en el año 60 d.C., Roma les ofreció socorro. Solo una ciudad rechazó la ayuda: Laodicea. Dijeron que podían ocuparse de ellos mismos. Y así lo hicieron.

Chugalug. Un transeúnte solitario camina por las termas cerca de Laodicea. En los tiempos bíblicos, Laodicea traía el agua de estas termas. Para cuando el agua llegaba a la ciudad, a seis millas (10 km) de distancia, ya se había entibiado y transformado en un líquido nauseabundo. Jesús dijo que era una descripción perfecta de la iglesia local.

Tenían todo el dinero del mundo, pero no tenían "tesoros en el cielo" (Mateo 6:20). Allí, estaban en quiebra.

Médicos de ciegos

"Esto es lo que quiero que hagas... De mí compra ropas blancas, ropas diseñadas en el cielo. Ya has andado desnudo demasiado tiempo. También de mí compra medicina para tus ojos para que puedas ver, ver realmente" (Apocalipsis 3:18 THE MESSAGE).

Laodicea era famosa por producir esos dos productos: ropas caras y colirio para los ojos.

Los pastores del área criaban una raza de ovejas que producían lana blanca y suave. Las fábricas textiles de la ciudad hilaban la lana que luego los artesanos tejían para hacer finas prendas: túnicas con mangas, togas y mantos con capucha.

Durante el siglo de Juan, una escuela médica le ofrecía tratamiento a la gente y era famosa por su colirio para los ojos, llamado "polvo de Frigia". Los ingredientes activos del polvo, el zinc y el alumbre eran dos elementos químicos naturales de la zona. Todavía se utilizan estos elementos para tratar algunos problemas oftálmicos, como la inflamación.

ELECCIÓN DE UN EMPERADOR MALVADO

Todavía es un misterio cuál de los dos emperadores romanos malvados era el que perseguía a los cristianos cuando Juan escribió el libro del Apocalipsis.

Hay algunas pistas que indican que era Nerón. Este acusaba a los cristianos de comenzar el fuego que destruyó dos tercios de Roma en el año 64 d.C.

Pero gran parte de la evidencia apunta a Domiciano.

Nerón (gobernó desde el año 54 al 68 d.C.)

Nerón

666. Esa es la marca de la bestia. Las cartas antiguas tenían equivalentes en números, como A = 1, B = 2... Cuando sumamos los números que representan las letras griegas con las que se escribe "*Nero Caesar*", la frase utilizada en las monedas romanas, se computa el número 666. *(Ver "La marca de la bestia", página 276).*

El emperador número seis. Juan dijo que el sexto de los siete reyes estaba vivo (Apocalipsis 17:10). Nerón era el sexto emperador de Roma, comenzando desde Julio César.

Domiciano

Nerón vive, al igual que Elvis. Juan dijo que la bestia se recuperaría de una "herida mortal" (Apocalipsis 13:3) y que el mundo lo seguiría.

Esto coincide con una leyenda urbana del primer siglo que decía que Nerón, al igual que Elvis, en realidad nunca murió.

Décadas antes, Jesús le había ofrecido algo similar a una mujer junto a un pozo.

"Todo aquel que beba del agua que yo le doy, nunca volverá a tener sed, nunca más. El agua que yo doy se convertirá en él en un manantial artesiano, de donde brotarán fuentes de vida eterna" (Juan 4:14 THE MESSAGE).

Pero en Laodicea, ya se habían acostumbrado al agua que podía hacer atragantar a un camello.

"¡Mira! Yo estoy a la puerta y llamo. Si oyes mi voz y abres la puerta, yo entraré" (Apocalipsis 3:20).

Al parecer, ellos respondieron y la iglesia sobrevivió.

En la década del año 160 d.C., el obispo Sagaris de Laodicea fue martirizado. Unos doscientos años más tarde, los cristianos se reunieron allí para un concilio cristiano.

Domiciano (gobernó desde el año 81 al 96 d.C.)

Muchas personas parecidas a Nerón intentaron aprovecharse de la leyenda. Un hombre parecido, Terencio Máximo, vivió en Turquía, tierra de las siete iglesias del Apocalipsis. Reunió a un grupo de seguidores aproximadamente en el año 80 d.C. Un gobernador romano lo ejecutó.

Nerón reencarnado. A Domiciano lo han descrito como el segundo Nerón.

El emperador dios. Juan dijo que las personas adoraban la estatua de la bestia (Apocalipsis 16:2). Domiciano fue uno de los relativamente pocos emperadores romanos que realmente afirmaba ser un dios. Así, impuso la adoración al emperador.

Persecución en Turquía. No hay evidencias que indiquen que la persecución de Nerón contra los cristianos se haya expandido mucho más allá de Roma. Pero hay registros que indican que la persecución de Domiciano abarcó todo el imperio, que incluía una gran parte de Turquía.

Iglesias fuera de sincronización en la línea de tiempo de Nerón. Para cuando Juan escribió estas cartas a las siete iglesias, las congregaciones cristianas en tres de las ciudades ya habían perdido una gran parte de su fervor: Éfeso, Sardis y Laodicea. Aun así, constituían un buen comienzo en el día de Nerón. Y quizás la iglesia de Esmirna no existió sino hasta después de Nerón. Es por esto que muchos eruditos discuten que Juan haya escrito el libro del Apocalipsis durante el reinado de Domiciano en la década del año 90 d.C. en vez de hacerlo durante el reinado de Nerón, 30 años antes.

El Apocalipsis no es un libro de profecías sobre el futuro. Es un libro de historia sobre el pasado, alrededor de dos milenios de pasado.

Eso es lo que dicen muchos respetables expertos en la Biblia.

Existen aproximadamente seis maneras, o más, de leer la sección del fin de los tiempos del Apocalipsis, los capítulos 4 a 19. Nos enfocaremos principalmente en los dos enfoques más conocidos entre los expertos actuales. Utilizaremos estas imágenes de "historia" y "futuro" como una rápida indicación visual del enfoque de interpretación del que estamos hablando.

Es principalmente historia romana. En el libro del Apocalipsis, en lugar de ver el futuro, muchos eruditos ven conexiones entre sucesos de los tiempos romanos.

Según esta teoría, Juan escribió el libro del Apocalipsis en código para animar a los cristianos perseguidos durante su tiempo en la historia.

A los eruditos que leyeron el libro del Apocalipsis de esta forma se los llama *preteristas*. Esta palabra proviene del latín *praeter*, que significa "pasado". Como el pretérito.

Los maestros de la Biblia incluyen en esta categoría a: David E. Aune, William Barclay, F. F. Bruce, Bruce Metzger, J. Roloff, Christopher Rowland, R. C. Sproul.

Pero muchas veces a los eruditos no les gusta que se los etiquete; algunos se basan en ambos enfoques, la historia y el futuro.

Muchos eruditos que se inclinan hacia la versión histórica podrían conectar las visiones de Juan con los sucesos mundiales de la siguiente forma:

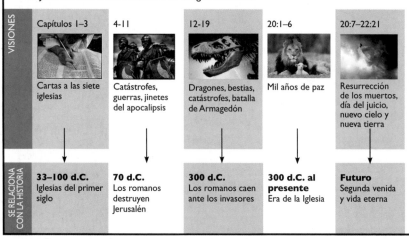

	Capítulos 1–3	4–11	12–19	20:1–6	20:7–22:21
VISIONES	Cartas a las siete iglesias	Catástrofes, guerras, jinetes del apocalipsis	Dragones, bestias, catástrofes, batalla de Armagedón	Mil años de paz	Resurrección de los muertos, día del juicio, nuevo cielo y nueva tierra
SE RELACIONA CON LA HISTORIA	**33–100 d.C.** Iglesias del primer siglo	**70 d.C.** Los romanos destruyen Jerusalén	**300 d.C.** Los romanos caen ante los invasores	**300 d.C. al presente** Era de la Iglesia	**Futuro** Segunda venida y vida eterna

Es principalmente nuestro futuro. Otros expertos en la Biblia leen el libro del Apocalipsis como un código sobre nuestro propio futuro. Ellos ven en este libro una era convulsionada y apocalíptica. Es un tiempo en que los desastres, tanto naturales como provocados por el hombre, arrasan con el planeta y devastan la raza humana. En algún punto, según dice la teoría, Jesús retornará. Después, la humanidad se enfrentará al día del juicio y al castigo o recompensa que siga.

A los eruditos que leyeron el libro del Apocalipsis de esta forma se los llama *futuristas*. Según la media popular, ellos sean probablemente los más conocidos. Seguramente, la mayoría de la gente ni siquiera sabe que muchos expertos en la Biblia leen el libro del Apocalipsis como un libro de historia sobre los tiempos romanos.

Los maestros de la Biblia generalmente incluyen en esta categoría a: John Nelson Darby, Grant R. Osborne, Charles Ryrie, C. I. Scofield, y John F. Walvoord.

De nuevo, a muchos eruditos no les gusta que los encasillen ya que ellos se basan en ambos enfoques, la historia y el futuro, aunque se inclinen más por la versión del futuro. Dos ejemplos de eruditos que combinaron la historia y el futuro son: George Eldon Ladd y Robert H. Mounce.

Muchos futuristas conectan las visiones de Juan con sucesos mundiales de la siguiente forma:

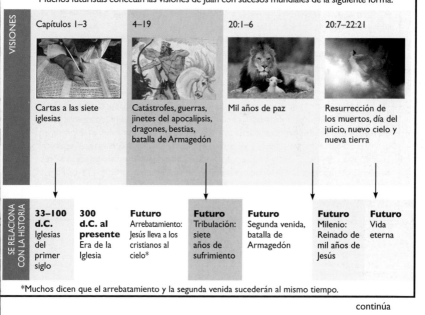

VISIONES	Capítulos 1–3	4–19	20:1–6	20:7–22:21
	Cartas a las siete iglesias	Catástrofes, guerras, jinetes del apocalipsis, dragones, bestias, batalla de Armagedón	Mil años de paz	Resurrección de los muertos, día del juicio, nuevo cielo y nueva tierra

SE RELACIONA CON LA HISTORIA							
33–100 d.C. Iglesias del primer siglo	**300 d.C. al presente** Era de la Iglesia	**Futuro** Arrebatamiento: Jesús lleva a los cristianos al cielo*	**Futuro** Tribulación: siete años de sufrimiento	**Futuro** Segunda venida, batalla de Armagedón	**Futuro** Milenio: Reinado de mil años de Jesús	**Futuro** Vida eterna

*Muchos dicen que el arrebatamiento y la segunda venida sucederán al mismo tiempo.

continúa

continúa de la pág. 229

Existen otros enfoques también para la lectura del libro del Apocalipsis.

Es la historia de la iglesia. Los eruditos llamados *historicistas* leen el libro del Apocalipsis no como un libro de historia romana, sino como un libro de historia de la Iglesia. Dicen que Juan predijo hechos que fueron ocurriendo a lo largo de los siglos.

Por ejemplo, algunos de estos eruditos dicen que las dos bestias de Apocalipsis 13 representan dos grupos de líderes abusivos en la Iglesia católica. La primera bestia representa el poder político de la Iglesia, aprovechado por el papa. La segunda bestia representa el poder religioso de la Iglesia, aprovechado por los sacerdotes.

Durante el surgimiento del movimiento protestante este enfoque del Apocalipsis fue popular, pero actualmente está casi en desuso.

Solo es un mensaje espiritual. Los eruditos que muchas veces han sido tildados de *idealistas* leen el libro del Apocalipsis como un libro que simboliza la batalla entre el bien y el mal.

Por ejemplo, la primera bestia puede representar cualquier sistema político que se oponga a Dios. La segunda bestia puede simbolizar cualquier religión falsa. Según esta teoría, el Apocalipsis es una forma atemporal de animar a los cristianos a que se aferren a su fe cuando la vida se pone difícil.

Es todo lo anterior. Los *eclécticos* son eruditos que mezclan y combinan partes del Apocalipsis de formas variadas. Concuerdan con los futuristas en que algunas partes del Apocalipsis señalan un día que está por venir. También concuerdan con el "pretérito" de los preteristas en que algunas partes se conectan con la historia romana. Y también concuerdan con los idealistas en que algunas de las visiones de Juan simbolizan valores amplios y atemporales. En realidad, aparentemente cada vez más eruditos se inclinan en esta dirección. Argumentan que el libro del Apocalipsis es un libro complejo y que no es suficiente un solo enfoque para entender el mensaje de Juan.

Ángeles del cielo. En una visión del salón del trono de Dios, Juan ve a un querubín de seis alas que sostiene un cuenco dorado con incienso ardiendo. Juan descubre que las dulces columnas de humo representan las oraciones que provienen del pueblo de Dios.

UNA VISITA AL CIELO (APOCALIPSIS 4–5)

"Vi una puerta abierta en el cielo. Entonces la voz que había escuchado al principio, y que resonaba tan fuerte como una trompeta, me dijo: '¡Acércate! voy a enseñarte lo que está por suceder'".

APOCALIPSIS 4:1 (TLA)

Aun en la visión, o según lo describe Juan, "en el Espíritu" (versículo 2), de repente se encuentra a sí mismo en el cielo o en algún tipo de representación de este.

La misma voz que le había dicado las siete cartas, posiblemente la de Jesús, lo invita a lo que la mayoría de los expertos dicen que es el salón del trono de Dios, quien se encuentra allí sentado.

Juan describe lo que ve: "El brillo de una esmeralda rodeaba el trono como un arco iris" (Apocalipsis 4:3).

Esa imagen es parecida a la forma en que el profeta Ezequiel describió su visión de Dios en el trono, aproximadamente seiscientos años antes: "Lo rodeaba un halo luminoso, como el arco iris" (Ezequiel 1:28).

EL VIAJE DE JUAN AL CIELO: DOS PUNTOS DE VISTA

	HISTORIA	FUTURO
Juan, transportado al salón del trono del cielo (Apocalipsis 4:1–2)	Está allí para presenciar cómo Dios condena a Jerusalén a sufrir la guerra que en el año 70 d.C. destruyó la ciudad.	Está allí para simbolizar el arrebatamiento de los cristianos y para presenciar cómo Dios condena al mundo a la Tribulación.
Los veinticuatro ancianos (4:4)	Son representantes celestiales de Israel (doce tribus) y de la Iglesia (doce discípulos), que unen los pactos antiguos y los nuevos.	Son ángeles glorificados, quizás la versión celestial de los veinticuatro sacerdotes que se turnaban para servir en el Templo.
Cuatro criaturas: león, buey, humano, águila (4:6–8)	Ángeles que rodean el trono de Dios, como los de la visión de Ezequiel con seres similares identificados como querubines (Ezequiel 1:10).	Representantes de toda la Creación, que alaban a Dios: humanos junto con criaturas salvajes y domesticadas, de tierra y de aire.
Rollo (5:1–2)	Sentencia de Dios contra Jerusalén por su papel principal en la matanza de cristianos.	Escritura de Dios para la Creación y sus planes para recuperarla, destruirla y rehacerla.

Algunos leen el libro del Apocalipsis principalmente como **historia**, un informe de lo que sucedió en los tiempos de Juan cuando gobernaban los romanos. Otros lo leen como una profecía sobre el **futuro**. Los puntos de vista de cada columna, historia y futuro, son solo una muestra de las teorías más populares. A veces surgen otros puntos de vista en cada una de estas categorías.

LOS VEINTICUATRO ANCIANOS

Sentados en tronos alrededor de Dios había veinticuatro ancianos. Nunca fueron identificados. Pero los eruditos ofrecen muchas suposiciones.

- Versiones celestiales de los veinticuatro sacerdotes que se turnaban para servir en el Templo de Jerusalén.
- Representantes de las veinticuatro divisiones de los músicos que servían en el Templo y que ofrecían música de adoración.
- Representantes celestiales de los padres fundadores de Israel (doce tribus) y los padres fundadores de la Iglesia (doce apóstoles), unidos en un grupo.
- El pueblo devoto del tiempo del Antiguo Testamento.
- Los mártires cristianos de los primeros tiempos.
- Una orden superior angelical, quizás como los descritos como serafines de seis alas (Isaías 6:2) o como "los miembros de la corte celestial" (Job 1:6).

CUATRO CRIATURAS EXTRAÑAS

Entre los seres celestiales que vio Juan en el salón del trono había cuatro criaturas que, nuevamente, se parecían a algo que Ezequiel había descrito siglos antes.

Juan dijo que una criatura era semejante a un león. Otra criatura era semejante a un buey, otra tenía el rostro de un humano y la última era semejante a un águila en vuelo. Cada criatura tenía seis alas. Y las alas de las cuatro criaturas estaban cubiertas de ojos, quizás simbolizando que nada se les puede ocultar, ni a ellas ni al Dios que sirven. También alababan constantemente a Dios: "Santo, santo, santo es el Señor Dios" (Apocalipsis 4:8).

Las cuatro criaturas de Ezequiel eran querubines. Cada uno tenía cuatro alas y cuatro caras, cada lado representando a cada una de las mismas criaturas de la visión de Juan (Ezequiel 1:10). Llevaban el trono de Dios. Y cerca de ellas había ruedas con ojos.

Algunos eruditos dicen que las cuatro caras se parecían a las constelaciones principales durante las cuatro estaciones:

- León (Leo), invierno.
- Buey (Tauro), primavera.
- Águila (Aquila, cercana a Aquarius), verano.
- Humano (Escorpio, que representa a la humanidad en la antigüedad), otoño.

Otros expertos dicen que las criaturas pueden representar las cuatro direcciones o los cuatro vientos. Esto puede coincidir con un antiguo libro judío que decía que las cuatro criaturas de Ezequiel "enfrentaron los cuatro vientos" (3 Enoc 21:1) [v.d.t.].

Si existe alguna forma de combinar todo esto en un único mensaje, una suposición podría ser que las cuatro criaturas pueden llevar el trono de Dios y las alabanzas a Dios a cualquier parte, en cualquier momento.

ALGUIEN DIGNO DE ABRIR EL ROLLO DE DIOS

Dios sostenía un rollo. Estaba escrito de ambos lados, lo cual era inusual en los tiempos de Juan. Sin embargo, algunos documentos legales se escribían de ambos lados.

El rollo estaba enrollado y sellado con siete sellos. Por privacidad, a menudo las cartas se ataban con cuerdas. A estas se las aseguraba con placas de arcilla o cera presionadas y estampadas con el símbolo personalizado del escritor. La única forma de que alguien pudiera abrir la carta era rompiendo los sellos y sacando las cuerdas.

Los arqueólogos encontraron un rollo de siete sellos en 1962, cerca de Jericó. Registraba la venta de un esclavo en el año 335 a.C.

Juan dice que en todo el cielo y en toda la tierra, solo una persona era digna de abrir el rollo. Un Cordero "pasó adelante y tomó el rollo de la mano derecha" de Dios (Apocalipsis 5:7).

El nombre de Jesús no se menciona, pero las frases codificadas indican que es él.

"El León de la tribu de Judá" (Apocalipsis 5:5). Esta era una metáfora judía común para el Mesías, que provendría de la familia del hijo mayor de Jacob, Judá.

"Heredero del trono de David" (Apocalipsis 5:5). También se esperaba que el Mesías provenga de la familia del rey David.

"Un Cordero que parecía que había sido sacrificado" (Apocalipsis 5:6). Juan el Bautista describió a Jesús como "¡El cordero de Dios, que quita el pecado del mundo!" (Juan 1:29).

"Tu sangre pagó el rescate para Dios" (Apocalipsis 5:9). En la Última Cena, Jesús les dice a sus discípulos que su sangre sería "derramada como sacrificio para perdonar los pecados de muchos" (Mateo 26:28).

Cuando Jesús se adelantó y tomó el rollo, el cielo se llenó de música. Las cuatro criaturas cantaron. Los veinticuatro ancianos cantaron. Millones de ángeles se les unieron.

Todos le cantaron a Dios y a su Hijo: "Digno es el Cordero... Bendición y honor y gloria y poder le pertenecen a aquél que está sentado en el trono y al Cordero por siempre y para siempre" (Apocalipsis 5:12–13).

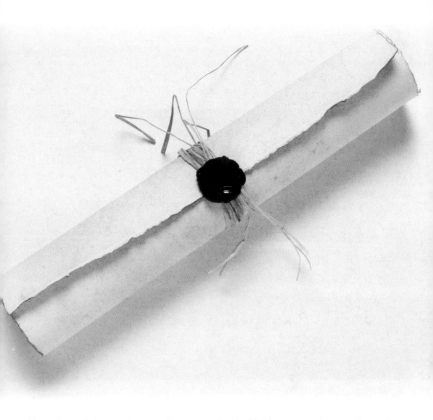

Firmado, sellado y entregado. Para asegurar la privacidad, las cartas escritas en rollos muchas veces estaban envueltas con cuerdas y selladas con una placa de arcilla húmeda o cera caliente, que el escritor presionaba con un anillo grabado con algún diseño o sello. El rollo que Juan vio tenía siete sellos.

No precisamente la caballería. En lugar de atacar para rescatar a la humanidad, cuatro jinetes acaban con la cuarta parte de la población del planeta con guerras, inanición y enfermedades. Los expertos en la Biblia se preguntan si estos jinetes que Juan vio en la visión simbolizan la destrucción de Jerusalén por parte de los romanos en el año 70 d.C. o si se trata de una advertencia de un apocalipsis futuro.

LOS CUATRO JINETES (APOCALIPSIS 6–8:5)

"Mientras miraba, el Cordero rompió el primero de los siete sellos que había en el rollo… Levanté la vista y vi que había un caballo blanco… Su jinete llevaba un arco".

APOCALIPSIS 6:1–2

En una carrera a la que muchos expertos de la Biblia dicen que es el apocalipsis, el fin de la vida en la tierra, cuatro jinetes se alinean en el portal de salida. Cada uno montaba un caballo de color diferente. Blanco. Rojo. Negro. Verde pálido.

Al escuchar el sonido del chasquido de los sellos, se lanzan a una ola de masacres desenfrenadas, todas de una vez o de a una en una salida escalonada. Los expertos de la Biblia no se ponen de acuerdo sobre cuál de las dos opciones es.

El chasquido es el sonido que Jesús hace al romper la primera de las siete placas de arcilla o cera que sellaban los rollos que recibe de Dios Padre. Hay siete sellos en total. Cada vez que Jesús rompe un sello, algo terrible sucede. Los primeros cuatro sellos rotos desatan los cuatro jinetes del apocalipsis, tal como se los reconoce entre los estudiosos de la Biblia.

Existe una discusión sobre la identidad de estos jinetes, lo que hacen y cuándo lo hacen.

De acuerdo a algunas teorías, los jinetes representan escenas trágicas del apocalipsis de Jerusalén, cuando los romanos destruyeron la ciudad en el año 70 d.C. Otros dicen que los jinetes representan escenas del fin del mundo que han de ocurrir.

En cuanto a si los cuatro jinetes cabalgan juntos o en turnos, algunos eruditos dicen que las tragedias de las que habla Juan después de que se rompe cada sello suceden en el orden en que él las describe. Otros dicen que nada sucede hasta que Jesús haya roto los siete sellos, ya que es el rollo que contiene el plan de Dios. Y hasta que los siete sellos no estén rotos, el plan sigue siendo un misterio.

EL JINETE DEL CABALLO BLANCO

Todo lo que dice Juan sobre este jinete es que:

- llevaba un arco
- tenía una corona sobre su cabeza
- salió cabalgando para ganar muchas batallas y obtener la victoria

¿Quién era el jinete? O ¿quién será, si todavía debe venir?

Posibles jinetes del caballo blanco del pasado:

Un general romano. Algunos ven en el jinete al general romano Vespasiano, quien fue el que lanzó el ataque que sofocó la rebelión judía contra los romanos en el año 66 d.C. También, el jinete puede representar a su hijo, Tito, quien se hizo cargo de la guerra cuando el Senado nombró a Vespasiano como el nuevo emperador de Roma. Vespasiano y Tito ganaron batallas en todo el territorio que actualmente es Israel, invadieron una ciudad amurallada tras otra antes de destruir Jerusalén en el año 70 d.C. y volver a controlar la tierra judía.

Jesús. Algunos ven en el jinete a Jesús, que cabalga simbólicamente con los romanos. Jesús usa a los romanos para castigar a Jerusalén y a la nación judía que exigió su crucifixión.

Caballería de Partia. El jinete puede haber representado a uno de los imperios rivales de Roma, los partos, del territorio que actualmente es Irán. Los soldados de Partia eran arqueros a caballo. El color sagrado de su imperio era el blanco. Cada regimiento de caballería tenía algunos caballos blancos. Muchos judíos esperaban que los partos tuvieran un papel importante en la guerra que podría aplastar a Roma y restaurar la nación de Israel bajo el liderazgo del Mesías venidero de Dios. Aun así, algunos discuten acerca de que Juan no usó este simbolismo para predecir que los partos conquistarían Roma. En cambio, solo decía que Roma finalmente caería y que, como todos, se sometería a la ley de Dios.

Un dios romano. Apolo es un competidor de larga data. Se creía que era un dios que inspiraba a los profetas. Como hijo de Zeus, que era el rey de los dioses en la galería griega, Apolo muchas veces aparecía en estatuas y pinturas con un arco.

Posible jinete del caballo blanco en el futuro:

El anticristo. Algunos ven a este jinete como el futuro anticristo: un hombre que sería algo así como el hermano gemelo malvado de Jesús, si bien Jesús no tiene hermanos. Algunos artistas han pintado al anticristo como alguien semejante a las imágenes clásicas de Jesús, pero con un aspecto malvado. Más adelante, Juan describió a Jesús cabalgando un "caballo blanco" y comenzando una "guerra justa" (Apocalipsis 19:11). Pero según muchos estudiantes de la Biblia, este primer jinete es solo un falso salvador que sale a conquistar el mundo. La corona que tiene parece confirmar que ganó la guerra mundial.

Líderes mundiales no judíos. Algunos dicen que ven a este jinete como un símbolo de los gobernadores gentiles de los últimos días, iniciando guerras en todo el mundo.

EL JINETE DEL CABALLO ROJO

Juan dijo que este jinete le quita la paz a la tierra y lleva "una gran espada", la cual muchos dicen que se refiere a las armas nucleares. "Hubo guerra y masacre por todas partes" (Apocalipsis 6:4).

Posible jinete del caballo rojo del pasado:

El ejército romano que conquista Israel. Aproximadamente seiscientos años antes de los tiempos de Juan, el profeta Zacarías dijo que había tenido una visión de un "hombre montado en un caballo rojo" (Zacarías 1:8). Era parte de una patrulla angelical que mantenía la paz en la tierra (Zacarías 1:11). Pero el jinete de Juan es justo lo opuesto: un belicista y no un pacificador. A Roma la retrataban de las dos formas. Los romanos mantenían la paz en toda la región del mundo mediterráneo: la paz romana (en latín, *Pax romana*). Pero la mantenían porque conquistaban la región y forzaban a las naciones a obedecer las leyes romanas. Cuando las naciones desobedecían, tal como lo hicieron los judíos en su rebelión del año 66 d.C., Roma caía sobre ellas con sus espadas desenvainadas. Los judíos fueron masacrados en todo Israel.

Posible jinete del caballo rojo en el futuro:

Batalla de Armagedón. Algunos dicen que este jinete simboliza muchas guerras que ocurren durante un período de siete años de tragedias mundiales, al que llaman "Tribulación". Estas guerras se intensifican hasta que las principales potencias mundiales pelean la batalla más horrorosa de la historia humana, la batalla de Armagedón *(Ver "El campo de batalla de Armagedón", página 301).*

EL JINETE DEL CABALLO NEGRO

Este jinete llevaba "una balanza en la mano" (Apocalipsis 6:5). Las balanzas eran símbolos comunes de juicio, como si pesaran el bien y el mal.

El profeta Daniel hizo referencia a las balanzas cuando interpretó el significado de una escritura misteriosa en la pared del rey de Babilonia. Una de las palabras escritas era *pesado*. Daniel le dijo al rey "Su Majestad ha sido puesto en la balanza, y no pesa lo que debería pesar" (Daniel 5:27 NVI).

Luego de ver la balanza, Juan dice que escuchó una voz que gritaba: "Un pan de trigo o tres panes de cebada costarán el salario de un día. Y no desperdicies el aceite de oliva y el vino" (Apocalipsis 6:6). La advertencia suena a que pronto habrá escasez de alimentos. La balanza puede ser un presagio de un tiempo en que la gente pesará sus joyas, oro y plata para comprar alimentos. El trigo, la cebada, el aceite de oliva y el vino eran alimentos básicos diarios, como lo son hoy la carne y las patatas. O para algunos, como las hamburguesas y las patatas fritas.

Posible jinete del caballo negro del pasado:

Inanición en Jerusalén. Hacia el año 70 d.C., el ejército romano ya había invadido la mayoría de las ciudades fortificadas de Israel y las posiciones de defensa. Hacia el mes de marzo de ese año, rodearon la ciudad capital. Los judíos que quedaron atrapados adentro fueron obligados a vivir de la cosecha de su último año. Para cuando los soldados romanos derrumbaron las murallas en julio, muchos judíos ya habían muerto por inanición. Algunos habían recurrido al canibalismo. *(Para ver la historia de una madre que come a su propio hijo durante el asedio, ver "Canibalismo", página 183).*

Posible jinete del caballo negro en el futuro:

Hambruna durante la Tribulación. Algunos leen esta parte como una predicción de lo que ocurrirá como consecuencia de las guerras durante la Tribulación. Se destruirán los cultivos y los centros de procesamiento de alimentos. La recesión y el pánico se apoderarán de la población. Finalmente, la economía colapsará. Durante este momento de calma en la violencia, el anticristo tomará control de las finanzas, los alimentos y los recursos energéticos del mundo.

EL JINETE DEL CABALLO VERDE PÁLIDO

El nombre del jinete es Muerte. El caballo verde pálido es el símbolo perfecto para este jinete, ya que el verde pálido es el color de las personas agonizantes.

El jinete tiene un compañero: la Tumba. "A estos dos se les dio autoridad sobre una cuarta parte de la tierra, para matar con espada, con hambre y con enfermedad y con animales salvajes" (Apocalipsis 6:8).

El jinete de este caballo parece representar a un equipo de relevos terminal: la Muerte, el asesino; la Tumba, el guardián.

Posible jinete del caballo verde pálido del pasado:

Cadáveres propagadores de enfermedades dentro de Jerusalén. Dado que los judíos atrapados dentro de la sitiada Jerusalén morían en combate, de inanición y por enfermedades, sus cuerpos se convertían en un caldo de cultivo para las enfermedades. Las ratas y otros animales carroñeros propagaban los gérmenes de las epidemias: fiebre tifoidea, peste bubónica o quizás diarrea inducida por el cólera.

Flavio Josefo, un testigo de la caída de Jerusalén, describió el horror:

> *La ciudad estaba llena de cadáveres... En cuanto a enterrarlos, los que estaban enfermos no podían hacerlo, y los que estaban algo mejor de ánimo tenían miedo de hacerlo por la gran multitud de cadáveres y por la incertidumbre que tenían de lo pronto que morirían ellos mismos... Cuando el general Tito hizo sus rondas y vio las pilas altas de cadáveres cubiertos de pus y descomposición, lanzó un gemido. Levantó sus manos hacia el cielo y gritó, pidiéndole a Dios que viera que eso no era su obra, sino que los judíos mismos se lo buscaron.* [v.d.t.]
>
> WARS OF THE JEWS, 5.12.3–4

Posible jinete del caballo verde pálido en el futuro:

Epidemia mundial durante la Tribulación. Algunos leen la descripción de este jinete como una predicción de que un cuarto de la población mundial morirá por enfermedades e inanición durante la Tribulación. Por el momento, con una población mundial estimada en 6.7 mil millones, eso significaría que más de 1.6 mil millones de personas —la suma de la población de América del Norte, América del Sur y Europa, o de China y los Estados Unidos— moriría aniquilada por una guerra nuclear.

LOS MÁRTIRES CONOCEN A SU CREADOR

Repentinamente, la visión de Juan pasa de ser sobre cuatro jinetes que desgarran el planeta a una multitud de mártires en el cielo.

Juan ve a los mártires al lado del altar. Quizás este altar sea un paralelo celestial del altar del Templo de Jerusalén, donde los sacerdotes sacrificaban animales.

En cierto sentido, estos mártires participaron de la muerte expiatoria de Jesús, quien "murió en sacrificio una sola vez y para siempre, a fin de quitar los pecados de muchas personas" (Hebreos 9:28). En lugar de abandonar su fe para salvar sus vidas, estos mártires murieron como testimonio de su fe y de su creencia en la promesa de Jesús:

> *"Si te aferras a tu vida, la perderás; pero, si entregas tu vida por mí, la salvarás".*

MATEO 10:39

Cats, antes de Broadway. El entretenimiento en los tiempos romanos incluía mirar cómo los animales salvajes despedazaban a los cristianos en la arena. El emperador Nerón le agregó un poco de brillo. Una vez incendió a unos cristianos para iluminar la arena, ya que se avecinaba la noche. La multitud quedó disgustada. Quizás era poca acción. Quizás demasiado hedor.

LA CARRERA HACIA EL APOCALIPSIS: DOS PUNTOS DE VISTA

	HISTORIA	FUTURO
Jinete del caballo blanco (Apocalipsis 6:1–2)	El general romano Tito, conquistando Israel en el año 70 d.C.	El anticristo sale a conquistar el mundo.
Jinete del caballo rojo (6:3–4)	La victoria sangrienta de Roma contra los defensores de Jerusalén en el año 70 d.C.	La batalla de Armagedón, con armas nucleares como la "gran espada".
Jinete del caballo negro (6:5–6)	La inanición dentro de Jerusalén causada por el asedio de Roma durante muchos meses.	Hambruna y catástrofes económicas causadas por las guerras durante la Tribulación.
Jinete del caballo verde pálido (6:7–8)	Muerte por enfermedades dentro de Jerusalén durante el asedio.	La muerte de un cuarto de la población mundial por enfermedades e inanición.
Mártires (6:9–11)	Cristianos asesinados por judíos y romanos.	Cristianos muertos durante la Tribulación.
Terremoto, sol oscurecido (6:12–17)	Símbolos del juicio de Dios que marcan el final de la nación judía.	Terremotos reales y un posible invierno nuclear causado por la guerra nuclear.
144,000 personas (7:1–8)	Judeo-cristianos que huyeron de Jerusalén antes de que los romanos la destruyeran.	Judeo-cristianos que Dios protegerá de las plagas durante la Tribulación.
Silencio en el cielo (8:1–5)	La calma antes de la tormenta cuando Dios desate su juicio sobre Jerusalén.	La calma antes de la tormenta del juicio de Dios sobre el mundo en el fin de los tiempos.

Algunos leen el libro del Apocalipsis principalmente como **historia**, un informe de lo que sucedió en los tiempos de Juan cuando gobernaban los romanos. Otros lo leen como una profecía sobre el **futuro**. Los puntos de vista de cada columna, historia y futuro, son solo una muestra de las teorías más populares. A veces surgen otros puntos de vista en cada una de estas categorías.

Cuando los mártires le preguntaron a Dios cuánto tiempo más debían esperar para que juzgara a las personas que los mataron, Dios les dio una respuesta ominosa: "Se les dijo que esperaran un poco más... hasta que se completara el número de sus consiervos y hermanos que iban a sufrir el martirio como ellos" (Apocalipsis 6:11 NVI).

 Mártires en la historia. Algunos expertos en la Biblia dicen que los mártires de la visión de Juan representaban a los cristianos muertos por los judíos. También especulan sobre el hecho de que la justicia que los mártires le reclaman a Dios —"tomes venganza de nuestra sangre" (Apocalipsis 6:10)— tuvo lugar cuando los soldados romanos destruyeron Jerusalén.

Antes de que los romanos comenzaran a divertirse matando cristianos de distintas formas creativas, los judíos mataban a los cristianos por herejes. La mayoría de los primeros cristianos eran judíos de raza. Pero eran judíos que creían que Jesús era el Mesías que tanto habían esperado. Eso no representaba un delito que merezca la pena de muerte. Pero sí enseñar que Dios tuvo un Hijo. La Biblia judía dice que hay un solo Dios y en

LAS ÚLTIMAS PALABRAS DE UN MÁRTIR CRISTIANO

En su camino hacia Roma, donde animales salvajes lo devorarían en el Coliseo, un obispo de Siria le escribió cartas de ánimo a varias iglesias.

El nombre del obispo era Ignacio, y el año, 110 d.C.

Ignacio de Antioquía les escribió a tres de las siete iglesias a las que se dirigió Juan al comienzo del libro del Apocalipsis. Una fue a la iglesia que Jesús halagó: Éfeso. Las otras dos fueron a las iglesias que Jesús no solo halagó, sino a las que se negó a criticar: Filadelfia y Esmirna.

Pero fue a los cristianos en Roma, la ciudad que lo vería morir, a quienes Ignacio les escribió estas palabras:

Pienso disfrutar de las fieras que tienen preparadas para mí. Espero y rezo que estén hambrientas y que me devoren rápidamente. No quiero que me teman y estén alejadas, tal como han hecho algunos animales con otros. Si no me atacan, yo las atacaré. Se lo que es mejor para mí... No importa si me queman vivo, me clavan a un cruz, me arrojan a una jauría de fieras que despedacen mi carne, rompan mis huesos, arranquen mis extremidades y aplasten mi cuerpo. Dejen que el diablo haga de las suyas. Solo dejen que alcance a Jesús. [v.d.t.]

CARTA A LOS ROM ANOS, CAP ÍTULO 5.

ninguna parte dice que tuvo un Hijo. Los líderes judíos no permitían que sus prójimos judíos blasfemaran a Dios insinuando que había tenido sexo con alguien.

Los judíos de Jerusalén iniciaron un holocausto de herejes cuando comenzaron a lanzarle piedras a Esteban, un líder del movimiento cristiano en Jerusalén. Lo apedrearon hasta la muerte. Luego, los líderes judíos enviaron patrullas de judíos piadosos y rectos a dar caza a los demás cristianos, en Israel y en el exterior.

El líder de una de esas patrullas era el futuro converso y extraordinario misionero Saulo. Actualmente, se lo conoce mejor por su nombre romano, el apóstol Pablo.

"Saulo iba por todas partes con la intención de acabar con la iglesia. Iba de casa en casa y sacaba a rastras tanto a hombres como a mujeres y los metía en la cárcel" (Hechos 8:3).

Durante treinta años, los judíos llevaron adelante esta persecución. No fue sino hasta el año 64 d.C., cuando el emperador Nerón culpó a los cristianos por haber incendiado dos terceras partes de Roma, que los romanos comenzaron a perseguir a los cristianos.

La predicción de Dios de que todavía debían ser martirizados más cristianos era precisa, tanto en los tiempos de Juan como en las décadas que siguieron. Se sabe que los emperadores romanos Domiciano (quien gobernó del 81 al 96 d.C.) y Trajano (quien gobernó del 98 al 117 d.C.) realizaron persecuciones contra los cristianos.

Asesino de cristianos. El emperador romano Trajano (gobernó desde el año 98 al 117 d.C.) tomó una consulta difícil de uno de sus gobernadores en Turquía, Plinio el joven. Plinio le preguntó qué debía hacer respecto del rápido crecimiento del movimiento cristiano, el cual era muy impopular entre el pueblo. Trajano le sugirió que no persiguiera cristianos. Pero le dijo que podría castigar a todo aquel que fuera descubierto como cristiano y que se negara a renunciar al cristianismo y a adorar a los dioses romanos. Trajano dijo que los cristianos que renunciaban a su religión podían ser liberados.

Los mártires que vendrán. Los expertos de la Biblia que leen la mayor parte del libro del Apocalipsis como una predicción sobre el fin de los tiempos dicen que estos mártires son cristianos que serán ejecutados durante la Tribulación de siete años.

Algunos dicen que son personas que se convierten al cristianismo luego del arrebatamiento, cuando Jesús venga a llevarse todas las almas devotas tanto de los vivos como de los muertos. Estos eruditos dicen que solo los impíos serán dejados atrás para que enfrenten parcial o totalmente la Tribulación.

Las teorías varían en torno al momento del regreso de Jesús: antes, durante o después de la Tribulación.

Los mártires que Juan ve en su visión, según los eruditos, son aquellos que morirán durante la primera mitad de la Tribulación. Los mártires que Dios dice que se unirán a los otros más tarde son aquellos que morirán durante la segunda mitad.

San Francisco en ruinas. Un terremoto demolió la ciudad de San Francisco en 1906, donde murieron aproximadamente 3,000 personas. El suelo se desplazó 20 pies (6 metros) hacia los costados. Los sismólogos, junto con la Sociedad Geológica de los Estados Unidos, dicen que es razonable esperar que el desarrollo de presión sísmica en esta región se libere en forma de un terremoto tan violento cada 200 años. En Apocalipsis, Juan dice que ve un terremoto masivo que mueve montañas e islas. Los expertos en la Biblia discuten si el terremoto es literal o es un símbolo de una revuelta, quizás política o económica.

LA MADRE DE TODOS LOS SISMOS

Cuando Jesús rompe el sexto sello, Juan ve un "gran terremoto" (Apocalipsis 6:12). Con este, una tela negra cubrió el sol. La luna brillaba de color rojo sangre. Las estrellas cayeron. "Las montañas y las islas fueron movidas de su lugar" (Apocalipsis 6:14), quizás destruidas.

Estos eran símbolos comunes judíos del juicio de Dios. Jesús los tomó prestados de los profetas Isaías (13:10) y Joel (2:10–11), a los que llamó "señales" de su regreso (Mateo 24:7, 29–30). Jesús dijo que después de estas señales, "Todos los pueblos de la tierra... verán al Hijo del Hombre venir en las nubes del cielo" (Mateo 24:30).

Sacudiendo a la nación judía. Algunos expertos en la Biblia dicen que en estas palabras ven una descripción simbólica de la muerte de Israel como nación, derrotada y desarmada por los romanos.

En el año 69 d.C., el año anterior a que Roma arrasara con Jerusalén, el historiador judío Flavio Josefo escribió que había visto muchas señales de la futura caída. Una estrella con la forma de una espada brillaba sobre Jerusalén. Un cometa apareció en el cielo (*Wars of the Jews*, 6.5.3).

También hubo un eclipse total de luna. Esto ocurre cuando el sol, la Tierra y la luna llena se alinean y la Tierra queda en el medio. Cuando la luna se esconde tras la sombra de la Tierra, todavía es visible pero solo por la luz reflejada desde la Tierra. De los tres colores primarios que se juntan para producir muchos colores, el rojo, azul y verde, la atmósfera de la Tierra filtra la luz azul. La luna entonces adquiere un resplandor rojizo.

Juan también dijo que vio a los ricos y a los pobres esconderse en cuevas, tal como lo había predicho Isaías (2:19). Flavio Josefo informó haber visto esto, literalmente, no como un símbolo. En una versión antigua de conflicto urbano, los soldados romanos derrumbaron las murallas de Jerusalén y pelearon casa por casa para tomar toda la ciudad. Flavio Josefo narra que:

La última esperanza de los rebeldes judíos, tiranos y ladrones, era esconderse en cavernas subterráneas. No pensaban que los romanos buscaran allí. También esperaban que luego de que los romanos terminaran de destruir la ciudad y se fueran, ellos podrían salir y escapar. Solo era un sueño, porque no pudieron esconderse del juicio de Dios ni de la venganza de Roma. [v.d.t.]

WARS OF THE JEWS, 6.7.3

Sacudiendo al mundo venidero. Algunos expertos en la Biblia que leen estas catástrofes como acontecimientos futuros dicen que son literales. Otros dicen que son simbólicos.

En lugar de un terremoto real, algunos ven a Dios sacudiendo nuestra vida tal como la conocemos. Los gobiernos colapsan. Las sociedades civilizadas se desmoronan y sus servicios públicos desaparecen: la educación, el cuidado de la salud, el transporte. Las religiones se quiebran. Las masas —ricos y pobres, presidentes y campesinos— se esconden para escapar del terrorismo de la anarquía.

Otros dicen que en las visiones de Juan ven catástrofes literales, geológicas. Un terremoto masivo podría accionar las líneas de falla existentes en todo el mundo. Los volcanes podrían unirse a la danza planetaria, escupiendo la cantidad suficiente de ceniza como para cubrir el sol y filtrar la luz suficiente para que la luna quede de un tono rojizo.

También, algunos se preguntan si los humanos podrían hacer que todo esto ocurra con una guerra nuclear. Quizás cuando el último misil explote en un último hongo nuclear, los sobrevivientes se encontrarán de nuevo en la Edad de Piedra. Tal vez, el invierno nuclear que siga enfriará el recalentamiento mundial, reiniciará el planeta y producirá un nuevo y radiante mundo —o una bola muerta de polvo.

SILENCIO EN EL CIELO

Cuando Jesús rompió el séptimo y último sello del rollo, "hubo silencio por todo el cielo durante una media hora" (Apocalipsis 8:1).

Era la calma antes de la tormenta. El momento de temor reverencial antes de que Dios desatara toda la fuerza del juicio sobre el pecado. Los escritores de la Biblia muchas veces relacionan el silencio con personas que esperan el juicio de Dios:

"Escuchen en silencio ante mí, tierras más allá del mar. Traigan sus argumentos más convincentes... el tribunal está listo para oír su caso".

ISAÍAS 41:1

Algunos eruditos dicen que antes de que Dios descargue la furia de su juicio, la cual está detallada en el rollo que ahora se abrió, todos en el cielo hacen una pausa para escuchas las oraciones del pueblo de Dios.

Quizás oren con los mártires de Apocalipsis 6:9–11, que preguntan cuánto tiempo más tendrán que esperar para que Dios juzgue a los culpables.

El silencio dura solo treinta minutos, posiblemente solo como símbolo de un tiempo corto.

Con eso, la espera termina. El juicio comienza. Algunos dicen que en Jerusalén, en el año 70 d.C. Otros dicen que en el mundo que llegará al fin de los tiempos.

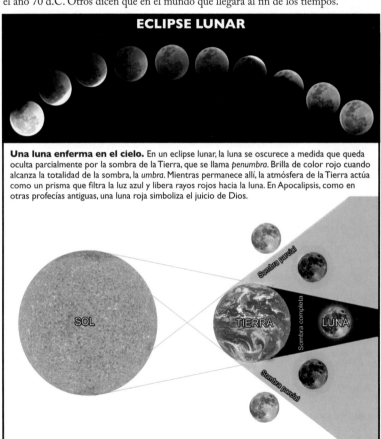

ECLIPSE LUNAR

Una luna enferma en el cielo. En un eclipse lunar, la luna se oscurece a medida que queda oculta parcialmente por la sombra de la Tierra, que se llama *penumbra*. Brilla de color rojo cuando alcanza la totalidad de la sombra, la *umbra*. Mientras permanece allí, la atmósfera de la Tierra actúa como un prisma que filtra la luz azul y libera rayos rojos hacia la luna. En Apocalipsis, como en otras profecías antiguas, una luna roja simboliza el juicio de Dios.

SOL

TIERRA

LUNA

Sombra parcial

Sombra completa

Sombra parcial

144,000 ALMAS: ¿QUIÉNES SON?

"Vi otro Ángel... que llevaba el sello del Dios viviente. Gritó a los Cuatro Ángeles que habían recibido la orden de dañar la tierra y el mar... '¡No hagan tanto daño a los árboles hasta que haya sellado a los siervos de nuestro Dios sobre sus frentes!' Yo oí el número de los que fueron sellados: ¡144,000!" (Apocalipsis 7:2–4 THE MESSAGE).

Las catástrofes están a punto de sacudir la tierra, quizás como cortesía de los cuatro jinetes del apocalipsis. Independientemente de las catástrofes que se avecinan, un ángel pulsa el botón de PAUSA el tiempo suficiente como para colocar un sello de protección a 144,000 judíos: 12,000 por cada una de las doce tribus de Israel.

Estos números representan la palabra *todo*, según los eruditos. Según la teoría a la que se adhiera, esto podría significar todos los judíos, todos los cristianos judíos o todos los verdaderos cristianos.

La relación de la palabra *todo* proviene del hecho que las doce tribus eran todas las tribus de Israel. Doce mil en cada tribu es un buen número redondo para representar a todas las personas de esas doce tribus. Haga la cuenta: 12 veces 12,000. El resultado es 144,000, que representa a todas las personas de todas las tribus.

Pueden existir 144,000 teorías sobre a quiénes representan esas 144,000 almas. Los Testigos de Jehová dicen que esas personas son una raza especial de creyentes y que serán los únicos que alcanzarán el cielo. El resto de la multitud devota vivirá en un paraíso eterno sobre la Tierra.

Judeo-cristianos en fuga. Los expertos en la Biblia que relacionan el número 144,000 con los tiempos de Juan especulan que se trata de un símbolo. Representa a los refugiados judeo-cristianos que huyeron de Jerusalén antes de que los soldados romanos rodearan la ciudad.

El historiador eclesiástico Eusebio, en sus escritos del siglo IV d.C., dijo que los cristianos abandonaron la ciudad debido a una profecía que repetía una advertencia de Jesús:

> "Cuando vean a Jerusalén rodeada de ejércitos, entonces sabrán que ha llegado el tiempo de su destrucción. Entonces los que estén en Judea huyan a las colinas. Los que estén en Jerusalén deben salir".
> LUCAS 21:20–21

Eusebio dijo que cruzaron el río Jordán y huyeron a lo que actualmente es Jordania.

Judeo-cristianos en la Tribulación. Algunos estudiantes de la Biblia dicen que los 144,000 son judíos que quedaron atrás luego del arrebatamiento. Quizás no son creyentes al momento del arrebatamiento, pero serán creyentes y evangélicos entusiastas durante la Tribulación.

Si bien al parecer el sello de Dios los protegerá de la primera ronda de plagas y catástrofes, no los protegerá de los horrores que siguen.

Algunos ven a estos 144,000 como los mártires que Juan describió antes.

Pero otros eruditos que también leen el libro del Apocalipsis como un libro sobre el futuro dicen que estos 144,000 no son en realidad judíos. En cambio, los 144,000 representan a la Iglesia durante la Tribulación, es la última generación de cristianos. Sin embargo, otros dicen que ese número representa a todas las personas devotas de todos los tiempos: el verdadero Israel que confía en Dios, sean judíos de raza o no.

Uno de 144,000. Una paloma, el símbolo bíblico del Espíritu Santo, sobrevuela cerca de un alma celestial. En su visión del cielo, Juan ve a 144,000 personas con una marca en la frente, un sello que los protege de las catástrofes. Juan no dice en qué consiste el sello. Pero la Biblia a veces describe el Espíritu Santo como un sello de protección: "No contristéis al Espíritu Santo de Dios, con el cual fuisteis sellados para el día de la redención" (Efesios 4:30 RVR1960).

Mel Gama

El ángel alcanza la nota alta. El cielo se abre, en la visión de Juan, cuando el último de los siete ángeles termina de hacer sonar el cuerno. De repente, Juan ve seres celestiales que alaban a Dios y que anuncian que finalmente ha llegado el tiempo de ponerle un fin a toda la maldad sobre la Tierra.

LAS SIETE TROMPETAS DE PERDICIÓN (APOCALIPSIS 8:6–11)

Los siete ángeles con las siete trompetas se aprestaron para hacerlas sonar. El primer ángel hizo sonar su trompeta... Se incendió la tercera parte de la tierra.

APOCALIPSIS 8:6–7

El rollo de Dios ya está abierto, un libro abierto para que todos vean. Muchos expertos en la Biblia dicen que este rollo representa Sus planes, los planes que Juan está a punto de vivir en una serie de visiones, algunas horrorosas y otras maravillosas.

Pero ¿planes para qué?

El fin del mundo. Eso es lo que muchos dicen.

El fin de Jerusalén en el año 70 d.C. Es lo que muchos otros dicen.

Persecución y perseverancia de los cristianos a lo largo de los siglos. Hace algunos siglos, esta era una teoría popular. Aunque actualmente no tiene muchos seguidores.

Independientemente de la referencia —pasado, presente o futuro— lo que sigue en la visión de Juan es un mundo en problemas.

Los siete ángeles anuncian siete olas de tormento, cada uno haciendo sonar una trompeta perversa.

De la misma manera en que un trompetero del pasado anunciaba en una ceremonia formal la llegada de un rey, cada sonido de trompeta anuncia la llegada de una catástrofe real:

TROMPETA	REFERENCIA	RESULTADO
1	8:7	El granizo y el fuego destruyen un tercio de la vida vegetal del planeta
2	8:8–9	Una montaña de fuego colapsa en el mar, destruyendo un tercio de la vida marítima
3	8:10–11	Una estrella cae y envenena un tercio del agua dulce
4	8:12	Un tercio de las estrellas se oscurece
5	9:1–11	Otra estrella choca contra la Tierra, perfora el suelo y crea un abismo; se liberan así unas criaturas mortales descritas como langostas
6	9:13–21	Los ángeles de la muerte matan a un tercio de la población superviviente
7	11:15–19	Una trompeta final declara la victoria de Dios sobre toda la maldad de la Tierra

LAS TROMPETAS DEL PROBLEMA: DOS PUNTOS DE VISTA

HISTORIA

FUTURO

	HISTORIA	FUTURO
Los ángeles hacen sonar las siete trompetas (Apocalipsis 8:6–9:21; 11:15–19)	**Trompetas 1–4, 6:** Las catástrofes que se desatan describen lo que el ejército romano hizo para reprimir la revuelta judía de los años 66 a 70 d.C. **Trompeta 5:** El asedio romano de cinco meses a Jerusalén. **Trompeta 7:** Roma desarmó el reino judío, luego Dios envió un nuevo reino espiritual a través de las enseñanzas de Jesús.	**Trompetas 1–6:** Los pecadores sufren catástrofes durante los siete años de la Tribulación, que puede ser literal o simbólica. Posiblemente estas catástrofes provengan de Dios en la forma de milagros, o quizás se las inflijan ellos mismos, como los daños al medioambiente o mediante las armas nucleares. **Trompeta 7:** Anuncia la segunda venida de Jesús para reinar por mil años sobre la Tierra.
El ángel y el rollo pequeño (10:1–3) **Los siete truenos que hablan (10:4–7)**	El ángel sostiene lo que se convertirá en el libro del Apocalipsis que Juan escribió. Le envían un mensaje privado a Juan, el cual no deberá incluir en su libro.	Jesús o un ángel con un título de propiedad para la Tierra o un mensaje para los cristianos. El mensaje secreto que escucha Juan será revelado en el fin de los tiempos.
Juan come un rollo amargo (10:8–11)	El profeta Ezequiel hizo lo mismo antes de predecir la destrucción de Jerusalén por parte de Babilonia en el año 586 a.C.	Al igual que con Ezequiel, esto marca el inicio de un nuevo período de predicación; el sabor amargo representa las sentencias terribles que vendrán.
Juan mide el Templo (11:1–2)	Como cuando Ezequiel hizo lo mismo, esto representa el templo espiritual (de los creyentes) que sobrevivió cuando el Templo de Jerusalén dejó de existir.	Representa el Templo de Jerusalén que se volverá a construir durante la Tribulación, reinstaurando el sistema judío de sacrificios animales.
Dos profetas martirizados e insepultos (11:3–14)	Los apóstoles Pedro y Pablo, que podían obrar milagros y que fueron ejecutados poco antes de la caída de Jerusalén, aunque su obra los sobrevivió; Nerón ordenó que los dejaran sin sepultar.	Dos profetas, posiblemente Moisés y Elías, que volverán a Jerusalén durante la Tribulación; los milagros que ellos harán serán como los que hacían en la antigüedad.

Algunos leen el libro del Apocalipsis principalmente como **historia**, un informe de lo que sucedió en los tiempos de Juan cuando gobernaban los romanos. Otros lo leen como una profecía sobre el **futuro**. Los puntos de vista de cada columna, historia y futuro, son solo una muestra de las teorías más populares. A veces surgen otros puntos de vista en cada una de estas categorías.

Fuego en la montaña. El monte Vesubio retumba mientras los pescadores de la bahía de Nápoles, en Italia, reman hacia la costa en el siglo XIX. Juan habla de una montaña ardiente, sobre la costa, que mata a las personas que se encuentran sobre la tierra y el mar. En el año 79 d.C., quizás tan solo entre diez y quince años antes de que Juan escribiera el libro del Apocalipsis, el Vesubio entró en erupción y destruyó la ciudad de Pompeya y los pueblos vecinos. Se calcula que murieron entre 10,000 a 20,000 personas, entre ellos los rescatistas que iban en barcos. Antes de eso, los dos picos del Vesubio como se ven en esta pintura se unieron en uno, formando una montaña con una altura de casi el doble: 4,200 pies (1,280 metros). El Vesubio, aun activo, es considerado uno de los volcanes más peligrosos de la Tierra. Esto es debido a los dos millones de personas que viven en las cercanías.

CUATRO TROMPETAS DE UN *DÉJÀ VU* DE CATÁSTROFE

Las primeras cuatro trompetas tocaron una melodía conocida.

Las catástrofes que presentan suenan casi como las escenas del Éxodo, incluidas las catástrofes que convencieron al rey de Egipto a que liberara a los esclavos judíos para que Moisés los guiara hasta su hogar.

Cuando los ángeles hacen sonar la trompeta:

Cae granizo. Esta fue la séptima de las diez plagas con las que Dios castigó a Egipto.

El agua del mar se vuelve roja como la sangre. Esta fue la primera de las diez plagas.

Una montaña estalla en fuego. Cuando Moisés escaló el monte Sinaí para recibir los Diez Mandamientos, había fuego en la montaña. Los judíos luego infringen esas leyes y Dios los castiga al enviarles los invasores de Babilonia (actualmente Irak) para que destruyan Jerusalén y los sobrevivientes vayan al exilio.

El sol se oscurece. Esta fue la novena de las diez plagas.

Una cosa parece obvia. Los ángeles de la visión de Juan se ocupan de un tema: el juicio.

Algunos expertos en la Biblia relacionan este juicio con el fin de los días para la nación judía, cuando Roma destruyó Jerusalén en el año 70 d.C. La nación de Israel permaneció muerta durante aproximadamente 1,900 años, hasta que finalmente las Naciones Unidas la hacen revivir en 1948.

Otros expertos en la Biblia conectan este juicio con el fin de los días para todo tipo de vida tal cual la conocemos.

Cuatro trompetas que dan el toque de queda para Jerusalén. Las descripciones vívidas de Juan no deberían ser interpretadas literalmente, dicen muchos eruditos. Son símbolos de lo que Roma le hizo a la nación judía en el año 70 d.C.

Lluvia de granizo. "Granizo y fuego mezclados con sangre fueron lanzados sobre la tierra" (Apocalipsis 8:7). Durante el asedio, las catapultas arrojaban todo lo que podían contra la ciudad: piedras, proyectiles con fuego y hasta cadáveres para contagiar enfermedades.

Tierra incendiada. "Se incendió la tercera parte de la tierra, y se quemó la tercera parte de los árboles y toda la hierba verde" (Apocalipsis 8:7). Algunos dicen que *un tercio* no es una cantidad literal. Es un símbolo de la destrucción parcial, como la provocada por un ejército invasor. El general romano Tito ordenó que se talaran todos los árboles de la región de Jerusalén para construir torres para el asedio y otras armas.

Montaña de fuego. "Una gran montaña de fuego fue lanzada al mar" (Apocalipsis 8:8). Jerusalén, que se encontraba sobre la cumbre del monte Sión, fue incendiada y desarmada piedra por piedra.

Mar sangriento. "La tercera parte de las aguas del mar se convirtió en sangre" (Apocalipsis 8:8). El historiador del primer siglo, Flavio Josefo, describió una batalla en la que los romanos persiguieron a los judíos hasta el mar de Galilea y allí los masacraron:

Los romanos los atravesaban con sus lanzas. A veces, los romanos saltaban de sus barcos y los mataban con sus espadas... Cuando aquellos que se estaban ahogando

levantaban sus cabezas para respirar, las flechas los mataban... pero si intentaban nadar hacia sus enemigos, los romanos les cortaban la cabeza y las manos... El lago era de color rojo sangre y lleno de cuerpos muertos, ya que nadie pudo escapar. [v.d.t.]
WARS OF THE JEWS, 3.10.9

Aguas amargas. "Y la tercera parte de las aguas se volvió amarga y por causa de esas aguas murió mucha gente" (Apocalipsis 8:11 NVI). El mar de Galilea era la principal fuente de agua dulce de Israel. Los cadáveres la contaminaron.

Día oscuro. "La tercera parte del sol... de la luna... de las estrellas se dañó. El sol no alumbraba durante la tercera parte del día, y la luna y las estrellas no brillaban durante la tercera parte de la noche" (Apocalipsis 8:12 TLA). La caída de Jerusalén se convirtió en uno de los días más oscuros en la historia de los judíos. Literal y espiritualmente, las luces de esta ciudad sobre la colina se apagaron. El Templo colapsó y nunca más fue reconstruido. Los sacerdotes judíos perdieron sus carreras. Sin el Templo ni los sacerdotes, los judíos no podían seguir adorando a Dios mediante el sacrificio de animales.

Las cuatro trompetas que dan el toque de queda por el futuro de la Tierra. Entre los eruditos que dicen que ven el futuro en estas catástrofes, algunos interpretan las descripciones de forma literal, como esperando la catástrofe del fin de los tiempos.

Quizás las catástrofes ocurran naturalmente, como una "montaña de fuego" en forma de meteorito o "una estrella que cae" y golpea la Tierra.

O quizás son provocadas por una guerra nuclear. Las plantas mueren. La contaminación y el humo de las explosiones masivas bloquean el sol. Privados de luz, los brotes de las plantas se secan y mueren. Una por una, comienzan a morirse hasta que todo acaba.

Sin embargo, otros eruditos que miran hacia el futuro leen estas catástrofes como símbolos.

Algunos dicen que ven "un tercio de la Tierra" como una coalición de naciones, "un tercio de todos los árboles" como los líderes mundiales más conocidos y la "hierba verde" como los ciudadanos comunes.

La "gran estrella" que cae del cielo y envenena las aguas podría referirse al anticristo que envenena las mentes de las personas.

También es posible que la estrella que cae se refiera a un papa que haga públicamente lo que supuestamente hizo el Papa León X (su papado transcurrió desde 1513 a 1521) en privado: manifestar que el cristianismo era un engaño. Es el papa que creó la lucrativa recaudación a partir de la venta de indulgencias —pasajes directos al purgatorio— que provocó la protesta de monjes como Martín Lutero. Así fue como comenzó el movimiento de la reforma protestante.

El historiador eclesiástico inglés John Bale (1495–1563), no muy amigo de la Iglesia católica, citó lo que supuestamente dijo el Papa León:

> *"Los siglos son testigos de lo rentable que ha resultado siempre para nosotros y nuestra compañía esa fábula de Cristo"*
>
> PAGEANT OF THE POPES [EL DESFILE DE LOS PAPAS] [V.D.T.]

Algunos expertos de la Biblia dicen que esa estrella llamada "Amargura" (Apocalipsis 8:11 NVI) o, más literalmente, "Ajenjo", la que Juan dice que hizo que las aguas se volvieran amargas y mataran a tantas personas, puede referirse a alguna catástrofe natural o provocada por el hombre.

Chernóbil, por ejemplo.

Actualmente, Chernóbil es una ciudad de Ucrania prácticamente abandonada en

LAS TROMPETAS EN EL FRENTE DE BATALLA

Antes de que los escoceses tocaran la gaita en el campo de batalla para inspirar a sus soldados y antes de que los niños tamborileros estadounidenses tocaran sus redoblantes en la Guerra Civil, los judíos ya tocaban las trompetas de cuernos de carnero.

Los sacerdotes ayudaban a dirigir la batalla de la misma forma en que se utilizaba el clarín de caballería del antiguo oeste para cargar contra el enemigo o retirarse.

Los rollos del mar Muerto que se encontraron, de dos mil años de antigüedad, hablan de siete tipos diferentes de señales de trompetas, cada una con un propósito distinto: para reunirse, para avanzar, para atacar y matar, para emboscar, para perseguir al enemigo en retirada y para volver a reunirse.

Una comunidad de judíos de los tiempos de Jesús estaba ansiosa por la venida del Mesías para que restaure a Israel como el reino de Dios en la Tierra. Estaban tan ansiosos que tramaron un plan de batalla para la batalla del fin de los tiempos del Mesías contra las fuerzas del mal, y la completaron con señales de trompeta.

Estos judíos esperaban poder luchar junto con el ejército de Dios y eliminar a los romanos y al resto de los infieles.

Irónicamente, los romanos los eliminaron a ellos al reprimir la revuelta judía de los años 66 a 73 d.C.

Los planes de guerra que los judíos dejaron atrás incluían las siguientes instrucciones para las trompetas:

- *Toda la gente con cuernos de carnero deberá hacer sonar una gran alarma de batalla para aterrorizar al enemigo.*
- *Hacer sonar las trompetas continuamente hasta que los honderos [soldados armados con hondas] hayan arrojado sus piedras siete veces.*
- *Los sacerdotes deberán hacer sonar continuamente un sonido agudo y rápido [staccato] hasta que los lanzadores de jabalinas las hayan arrojado siete veces.*
- *Luego, los sacerdotes deberán hacer sonar una nota baja, nivelada y suave [legato], para hacer saber a los lanzadores de jabalina que deben retirarse.*

LA GUERRA DE LOS HIJOS DE LA LUZ CONTRA LOS HIJOS DE LAS TINIEBLAS [V.D.T.]

su totalidad. Allí explotó un reactor nuclear en 1986. *Chernóbil* significa literalmente "pasto negro". También es la palabra local para *ajenjo*, una planta de sabor amargo.

Las muertes relacionadas con la catástrofe de Chernóbil —la mayoría debidas al cáncer— se estiman entre 4,000 y 200,000, según la organización que realiza la estimación.

QUINTA TROMPETA: TERRORISTAS DEL ABISMO.

Un águila llega con una advertencia sobre las últimas tres trompetas: "¡Terror, terror, terror para todos los habitantes de este mundo por lo que vendrá cuando los últimos tres ángeles toquen sus trompetas!" (Apocalipsis 8:13).

El águila funciona como el símbolo de un mensajero por lo menos por dos razones.

Las águilas eran entrenadas para entregar mensajes, como las palomas mensajeras.

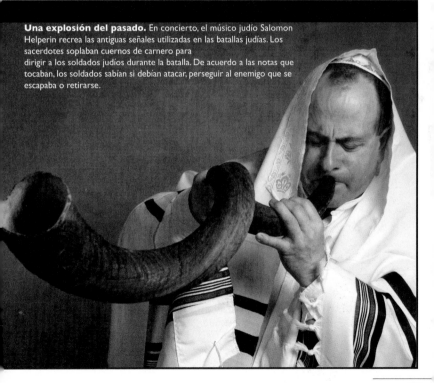

Una explosión del pasado. En concierto, el músico judío Salomon Helperin recrea las antiguas señales utilizadas en las batallas judías. Los sacerdotes soplaban cuernos de carnero para dirigir a los soldados judíos durante la batalla. De acuerdo a las notas que tocaban, los soldados sabían si debían atacar, perseguir al enemigo que se escapaba o retirarse.

Las águilas también fueron un símbolo principal del ejército romano: se tallaban imágenes de águilas en objetos de plata y oro, se las colocaba en los postes como banderas y se las entrelazaba en las velas de los barcos (*ver las imágenes de las páginas 272–273*).

Trompetas del terror para Jerusalén. Cuando el quinto ángel hace sonar su trompeta, una estrella cae del cielo. Su impacto perfora el suelo y produce un "abismo sin fondo", descrito como una "enorme caldera". Tal como Juan revela más adelante, se trata de la prisión de San Quentin para los seres malvados (Apocalipsis 20:3).

De este abismo sale humo, seguido de una fuerza invasora de "langostas" del inframundo. Demonios, según algunos eruditos. Estos demonios atormentaron a los judíos que estaban atrapados en Jerusalén durante el asedio romano.

Pero existe otra teoría. Esta nutre la idea de que el profeta Joel utilizó langostas para simbolizar el juicio de Dios. Joel predijo que un ejército extranjero invadiría y devastaría la tierra judía. "Un inmenso ejército de langostas ha invadido mi tierra, un ejército terrible, imposible de contar. Sus dientes son como los del león". (Joel 1:6). La descripción de Juan sobre las langostas también incluye "dientes de león".

Algunos eruditos dicen que la descripción se asemeja a la del ejército romano.

- Los romanos vinieron desde muy lejos, desde Italia, aproximadamente a 1,500 millas (2,400 km), tan lejos como vuela el águila. En cuanto a los judíos, Roma tenía para ellos un abismo de maldad.
- Los "dientes de león" de Juan (Apocalipsis 9:8) es una frase utilizada en la antigüedad para describir un determinado tipo de muerte.
- Las langostas de Juan tenían cola como los escorpiones. Esta era otra forma de describir algo realmente mortal. También era una descripción acertada de las catapultas romanas, cuyas colas arrojaban muerte.
- Las langostas tenían "armaduras de hierro". Y sonaban como "un ejército de carros de guerra que se apresura a la batalla" (Apocalipsis 9:9).
- Atormentaron a sus víctimas durante "cinco meses" (Apocalipsis 9:10). Todo se asemeja al período de vida de una langosta, de la primavera al verano. También es similar la cantidad de tiempo que los romanos asediaron Jerusalén, quienes comenzaron aproximadamente en marzo y obtuvieron el control de toda la ciudad hacia fines de agosto del año 70 d.C.

La sexta trompeta anuncia el segundo terror. Cuatro ángeles sueltan un ejército enorme en el río Éufrates (Apocalipsis 9:14). Una tercera parte de la raza humana muere (versículo 15), o "una parte de la humanidad" en el caso de que el número no sea literal.

El Éufrates atraviesa Siria, donde Roma tenía cuatro legiones. Esto significa aproximadamente 24,000 soldados, muchos reclutados entre la gente del lugar. Cuando el general romano Tito inició el asedio de Jerusalén, utilizó cuatro legiones. Dos se habían posicionado en Siria: la Décima legión (llamada Fretensis) y la Decimoquinta legión (Apollinaris).

La séptima trompeta anuncia el tercer y último terror de esta serie.
Suena como un canto de victoria, pero solo para los vencedores.

Las voces del cielo gritan: "Ahora el mundo ya es el reino de nuestro Señor y de su Cristo, y él reinará por siempre y para siempre" (Apocalipsis 11:15).

Los veinticuatro ancianos sentados al lado de Dios respondieron: "Es tiempo de destruir a todos los que han causado destrucción en la tierra" (Apocalipsis 11:18).

Algunos eruditos que relacionan esto con los tiempos romanos opinan que es Dios que establece su nuevo reino espiritual sobre la Tierra al destruir el antiguo reino judío. Solo después de que los romanos destruyeron el Templo, los cristianos —muchos de los cuales eran judíos de raza— rompieron todos sus lazos con la fe judía. Los judeocristianos ya no podían adorar a Dios en el patio del Templo, el cual había estado abierto para todos. Ya no eran bienvenidos en las sinagogas.

El cristianismo, el cual supo ser visto como una rama del judaísmo, comenzó a emerger como el siguiente paso del plan de salvación de Dios.

Algunos vinculan este paso con lo que el profeta Daniel llamó, luego de describir un cuarto reino que muchos dicen que era el imperio romano, el quinto y último reino: "El Dios del cielo establecerá un reino que jamás será destruido o conquistado" (Daniel 2:44).

Es este reino, un reino espiritual, que Jesús inauguró y que sus seguidores acogieron.

La quinta trompeta anuncia terror para el futuro de la Tierra. Muchos eruditos dicen que la estrella caída de la quinta trompeta es una persona, no un símbolo.

Algunos dicen que podría ser un futuro papa que reemplace las enseñanzas cristianas tradicionales por alguna novedad herética.

Otros dicen que la estrella caída es un ángel caído: Satanás. Por alguna razón, *estrella* era una forma común de referirse a los ángeles en la antigüedad. El nombre de esta estrella es "Destructor" (Apocalipsis 9:11). Y es del "abismo sin fondo" (Apocalipsis 9:11), o simplemente, del "abismo". Esta es la misma prisión donde Juan dice que Satanás quedará "encadenado... durante mil años" (Apocalipsis 20:3 THE MESSAGE).

Algunos dicen que la invasión de langostas representa a los demonios liberados para atormentar a los pecadores durante los siete años de Tribulación. Esos demonios no tienen permitido molestar a los justos, aquellos que llevan "el sello de Dios en la frente" (Apocalipsis 9:4). En cuanto a esta teoría, los creyentes con dicho sello son los 144,000 que Juan identificó en el capítulo 7.

Otros relacionan las langostas con una futura invasión militar, muchos dicen que de Rusia.

Fuerza invasora. Juan ve cuatro ángeles en el río Éufrates. Estos liberan un ejército de 200 millones de soldados que mata a un tercio de la población mundial. Juan describe como "langostas acorazadas" a uno de los grupos de invasores. Dice que sus rostros se asemejan a los de humanos. También tienen coronas, cabello largo como las mujeres, dientes de león y colas que pican como las de los escorpiones. Algunos ven en esto un símbolo del antiguo ejército romano (recuadro inferior). Otros miran hacia el futuro y predicen que los asiáticos o quizás los rusos invadirán el Oriente Medio. Algunos creativos estudiosos de la Biblia se preguntan si la descripción de Juan podría adaptarse a los soldados modernos con chalecos antibalas o quizás a los vehículos blindados con armas, tales como los helicópteros de ataque (recuadro superior). Conexiones especulativas del helicóptero: rostro humano = cabeza del piloto; corona = casco; cabello largo = aspas del rotor; dientes de león = ráfaga de ametralladora; cola de escorpión = misiles.

Ejército romano

La sexta trompeta indica la liberación de cuatro ángeles que controlan un ejército de 200 millones de soldados en el río Éufrates. Este río nace en las montañas de Turquía y fluye a través de Siria e Irak, antes de desembocar en el golfo Pérsico. Para los judíos, este río servía como límite de unas tierras misteriosas: el imperio de Partia, rival de Roma, y las tierras orientales.

Algunos especulan que un gran ejército de asiáticos algún día cruzará ese río e invadirá Israel y quizás Europa. El ejército chino tiene alrededor de tres millones de personas y reservistas activos, con más de 300 millones de personas aptas para el servicio.

Después de la matanza, la población del mundo se ve reducida a la mitad. Un cuarto ya había muerto anteriormente por enfermedades e inanición luego de que Jesús abriera

EL ATAQUE DE LAS LANGOSTAS

ASIA

China

Mongolia

Helicóptero de ataque Cobra

Mar Amarillo

Pakistán

India

Taiwán

Océano Pacífico

Bahía de Bengala

Tailandia

Vietnam

Mar de China Meridional

Filipinas

Camboya

Océano Índico

N

0   1000 Millas

1000 Kilómetros

el cuarto sello. Ahora, un tercio de la población restante muere en la guerra. Según la población actual —la población mundial es de 6,700 millones de personas— las enfermedades y la inanición matarían alrededor de 1,600 millones. Luego, la guerra mataría a otros 1,600 millones. El total de víctimas de esa guerra, si tuviera lugar actualmente, equivaldría a la suma de la población de China, Israel y los Estados Unidos, algo que intriga realmente a varios.

La séptima trompeta anuncia la segunda venida de Jesús. Casi todos los eruditos que ven el futuro en el Apocalipsis coinciden en que ese es el significado de esta trompeta.

Jesús vuelve a la tierra. Destroza toda la oposición al Reino de Dios. Luego establece un reinado de mil años sobre la tierra, el milenio.

Aquí no se menciona el reino de mil años, pero muchos relacionan este acontecimiento con una posterior visión de Juan: Jesús reina mientras Satanás se encuentra encerrado en un abismo sin fondo "por mil años" (Apocalipsis 20:2).

La mayoría de los eruditos, ya sea que consideren el Apocalipsis como historia o como una profecía, generalmente coinciden en una cosa. Luego de que suena la séptima trompeta, Dios es el vencedor.

El que mata al dragón. Ensangrentado por una corona de espinas, el joven Jesús presagia su futura batalla contra Satanás. En una visión, Juan ve un dragón intentando matar a un recién nacido. Pero la sangre de un Cordero derrota al dragón. Muchos eruditos dicen que la historia es un relato simbólico de Jesús cuando derrota a Satanás. Descrito en la Biblia como el acusador de la humanidad, a Satanás le toca perder cuando Jesús muere en la cruz. El perdón triunfa sobre la acusación.

BESTIAS Y ÁNGELES EN LUCHA (APOCALIPSIS 12-14)

"Vi a una bestia que subía del mar... El dragón le dio a la bestia su propio poder... Luego vi a otra bestia; esta salía de la tierra... Su número es 666".

APOCALIPSIS 13:1–2, 11, 18

Juan tiene una visión sobre Satanás, su nombre en código es "el dragón", que se une con dos bestias del mal para formar una trinidad profana.

Pero antes de que lleguen los bestiales aliados de Satanás, este intenta robarle el hijo recién nacido a una mujer. Muchos eruditos coinciden en que este recién nacido es Jesús.

Claves:
- El destino del hijo es que "gobernaría a todas las naciones" (Apocalipsis 12:5).
- Escapa de Satanás y "lo llevaron hasta Dios y su trono" (Apocalipsis 12:5). Para muchos eruditos, esto suena a la Ascensión del final del ministerio de Jesús sobre la tierra.

Satanás, quien no logra destruir al niño, le declara la guerra a los hermanos y las hermanas del niño: "a todos los que obedecen los mandamientos de Dios y se mantienen firmes en su testimonio de Jesús" (Apocalipsis 12:17).

Seguirá un baño de sangre.

NACE UN NIÑO

La visión de Juan entra en una fase fracturada. Es como un sueño con trastorno de déficit de atención, que pasa de una escena a otra y vuelve otra vez.

Primero Juan ve a una mujer dando a luz y a un dragón que intenta comerse al niño. Juan identifica a este dragón como "la serpiente antigua llamada diablo o Satanás" (Apocalipsis 12:9).

Luego Juan ve una guerra en el cielo, con el mismo dragón y a sus aliados que fueron expulsados de las alturas celestiales y obligados a bajar a la tierra.

Después, el dragón vuelve a su objetivo de atacar a la familia del niño recién nacido, ya que la familia es todo lo que queda dentro de su alcance; Dios se ha llevado al niño y lo ha puesto a resguardo en el cielo.

Muchos eruditos coinciden en que estas visiones no son literales, pero que están llenas de símbolos. Lo difícil es intentar descubrir qué simbolizan esas visiones.

Madre Israel da a luz a Jesús, el Mesías. Algunos expertos en la Biblia que consideran el Apocalipsis como historia dicen que la mujer embarazada en la visión de Juan es María, la madre de Jesús. Dicen que la historia es una forma poética de describir el intento de Satanás de detener a Jesús y a la Iglesia.

Sin embargo, parece que muchos eruditos están acostumbrándose a la teoría de que la mujer representa a la antigua nación judía, la cual dio a luz al Mesías —el niño de la visión de Juan—.

Los eruditos hacen esta conexión porque la imagen que Juan describe sobre la mujer se parece mucho a la descripción de la familia fundadora de Israel, del Antiguo Testamento: Jacob, su esposa y sus doce hijos, cuyas familias luego se convertirían en las doce tribus de Israel.

> *"Vi a una mujer vestida del sol, con la luna debajo de los pies y una corona de doce estrellas sobre la cabeza".*
>
> APOCALIPSIS 12:1

> *"He aquí que el sol y la luna y once estrellas se inclinaban a mí".*
>
> GÉNESIS 37:9 RVR1960

La cita de Génesis proviene de José, uno de los doce hijos de Jacob. Relataba un sueño que había tenido. El sol y la luna representaban a su padre y madre. Las estrellas representaban a sus once hermanos. José era la decimosegunda estrella.

Luego de que la mujer del Apocalipsis da a luz a su hijo y a este se lo llevan al cielo, la madre huye y se esconde durante tres años y medio. Muchos dicen que la mujer que se escapa no representa a toda Israel, sino que solo a los judeocristianos de Jerusalén. Eusebio, un historiador cristiano, dijo que muchos de ellos se escaparon por su seguridad antes de que llegara el ejército romano y rodeara a la ciudad para reprimir la revuelta judía del año 70 d.C. A los romanos les llevó aproximadamente tres años y medio reconquistar la tierra judía. En la invasión de la primavera del año 67 d.C., tomaron la mayor parte del país y destruyeron Jerusalén en el otoño del año 70 d.C.

Cuando la mujer huye del dragón —o cuando los judeocristianos huyeron de Jerusalén, si la teoría es correcta— "el dragón trató de ahogar a la mujer con un torrente de agua que salía de su boca" (Apocalipsis 12:15). Algunos eruditos dicen que esto representa a los refugiados judeocristianos que cruzaron el río Jordán durante la primavera, cuando el nivel del agua llega a su nivel máximo.

Luego de haber cruzado el río, el dragón le declara la guerra a "sus hijos", los cuales Juan identifica como los seguidores de Jesús. Muchos eruditos dicen que esta es la Iglesia de los primeros siglos, que sufrió la persecución tanto de los judíos como de los romanos.

Escena retrospectiva: María da a luz a Jesús. Este es uno de los raros momentos en que algunos expertos en la Biblia que leen el futuro en el Apocalipsis, en realidad ven también el pasado.

Para estos futuristas, la mujer y su niño recién nacido son María y el niño Jesús. El dragón es Satanás. Y el dragón que intenta devorar al niño es un símbolo del rey Herodes. El rey, poseído por Satanás, intenta matar al niño Jesús al ordenar que todos los niños pequeños de Belén debían morir.

La escena de Dios llevándose al niño al cielo simboliza la Ascensión.

Para otros, la mujer representa la nación de Israel o a los judeocristianos. La clave: La mujer está "vestida del sol, con la luna debajo de los pies y una corona de doce estrellas sobre la cabeza" (Apocalipsis 12:1). Así es como se describe a la familia fundadora de Israel en un sueño, la familia de Jacob de donde surgieron las doce tribus de Israel. El joven José vio a su familia inclinándose frente a él, "el sol y la luna [que representan a su padre y madre] y once estrellas [sus hermanos]" (Génesis 37:9).

Luego de estas escenas retrospectivas, los eruditos futuristas se adelantan hasta el anticristo, quien gobierna el mundo durante el fin de los tiempos.

Es en esta zona de tiempo futuro que la madre del niño sigue huyendo del dragón. La mujer vuela como un águila "al lugar que se había preparado para ella en el desierto" (Apocalipsis 12:14). Para algunos eruditos, esta mujer que se esconde representa a los judíos, o quizás a los cristianos, en su huida del anticristo. Para escapar a la persecución, huyen al desierto de Judea, un área desolada al sur de Israel. Algunos suponen que las alas del águila sugieren una elevación, el transporte de los refugiados hacia un lugar seguro.

Estos refugiados permanecen en su refugio seguro "durante un tiempo y tiempos y medio tiempo" (Apocalipsis 12:14 NVI). Muchos eruditos relacionan este período con la última mitad de lo que ellos dicen que serán siete años de sufrimiento mundial —la Tribulación, como ellos la llaman. Hacia el final de esta Tribulación, dicen que ocurrirá la segunda venida de Jesús.

Pero antes de que Jesús vuelva, el dragón Satanás le declara la guerra a los hijos de la mujer, los judíos o quizás los cristianos que no pudieron hallar un refugio seguro durante la Tribulación. La escena es una guerra mundial, dicen muchos, y se la describe en el capítulo del Apocalipsis que lleva el desafortunado número 13, en el cual se habla sobre un equipo de bestias.

Pero antes de la guerra sobre el planeta Tierra, tiene lugar una guerra en el cielo.

EL CIELO COMO CAMPO DE BATALLA: LA GUERRA DE LOS ÁNGELES

Satanás no es un ángel caído. No todavía.

Así dicen algunos expertos en la Biblia que leen el libro del Apocalipsis como una guía rápida del futuro.

Otros, quienes leen el libro del Apocalipsis como historia, dicen que la caída tuvo lugar solamente después de que Jesús muriera en la cruz.

BESTIAS Y BATALLAS: DOS PUNTOS DE VISTA

  HISTORIA  FUTURO

	HISTORIA	FUTURO
La mujer da a luz a un hijo (Apocalipsis 12:5)	El hijo es el Mesías, y la mujer es Israel, el pueblo judío que sufre los "dolores de parto" por los siglos de opresión antes del nacimiento del Mesías.	Para algunos, se trata de una escena retrospectiva de cuando María da a luz a Jesús y sufre los dolores que suelen padecer las mujeres durante un parto.
El dragón intenta devorar al niño (12:4)	El dragón es Satanás, quien tienta a Jesús y se opone a él de distintas formas, en un intento por arruinar su ministerio.	Satanás planea matar al niño Jesús al convencer al rey Herodes de que mate a todos los bebés varones de Belén.
El hijo es llevado al cielo (12:5)	Jesús, en la Ascensión, es llevado de vuelta al cielo cuando termina su ministerio.	La Ascensión.
La mujer huye al desierto (12:14)	Los judeocristianos de Jerusalén huyeron antes de que el ejército romano rodeara la ciudad y la destruyera.	Los refugiados judíos o cristianos encuentran un refugio a resguardo del anticristo durante la segunda mitad de los siete años de Tribulación.
El dragón ataca al resto de los hijos de la mujer (12:17)	Satanás, quien no pudo detener a Jesús, intenta detener el movimiento cristiano.	Con el poder de Satanás, el anticristo persigue a los fieles.
Satanás cae del cielo luego de perder la guerra (12:7–9)	Satanás ya no tiene permitido acusar a las personas ante Dios luego de que la muerte de Jesús les diera su perdón.	Satanás, ahora aceptado en el cielo, perderá una guerra celestial y será exiliado a la tierra durante la Tribulación.
La bestia que sube del mar (13:1–10)	El antiguo Imperio romano que eliminó a Israel del mapa político.	El Imperio romano, revivido durante la Tribulación, gobierna el mundo
La bestia que sale de la tierra (13:11–18)	El emperador Nerón, el primer líder romano en perseguir a los cristianos.	Un líder religioso carismático que se convierte en el anticristo.
Babilonia cae (14:8)	Juan le asegura a los cristianos que Dios en su justicia hará caer a Roma.	Caída de un imperio futuro gobernado por el anticristo durante la Tribulación.

Algunos leen el libro del Apocalipsis principalmente como **historia**, un informe de lo que sucedió en los tiempos de Juan cuando gobernaban los romanos. Otros lo leen como una profecía sobre el **futuro**. Los puntos de vista de cada columna, historia y futuro, son solo una muestra de las teorías más populares. A veces surgen otros puntos de vista en cada una de estas categorías.

Esta es la escena que leen:

"Miguel y sus ángeles lucharon contra el dragón; El dragón perdió la batalla y él y sus ángeles fueron expulsados del cielo. Este gran dragón —la serpiente antigua llamada diablo o Satanás, el que engaña al mundo entero— fue lanzado a la tierra junto con todos sus ángeles".

APOCALIPSIS 12:7–9

Para algunos estudiosos de la Biblia, las dos teorías sobre el momento en que esta guerra tiene lugar son algo escandalosas. Pensaban que Satanás ya había sido expulsado del cielo siglos antes de tentar a Eva.

Pero Satanás todavía tenía acceso a Dios en los tiempos de Job: "Un día, cuando los ángeles vinieron a presentarse ante Dios, Satanás, quien era el Acusador designado, vino junto con ellos" (Job 1:6 THE MESSAGE).

El "Acusador designado" suena a fiscal.

O, dado todo lo que hace Satanás en la historia de Job, quizás era algo así como un policía malo determinado a atrapar a su hombre, sea cual fuere el costo. Su objetivo era Job. Y su meta era probar que Job no era fiel a Dios por lo que Dios era, sino por lo que Dios le daba: salud y riquezas. Job demostró que Satanás estaba equivocado.

Este luego intentó formar un caso contra un sumo sacerdote llamado Jesúa. Tuvo el mismo resultado: "Yo, el SEÑOR, rechazo tus acusaciones, Satanás" (Zacarías 3:2).

Jesús muere en la tierra, Satanás cae del cielo. No existe referencia bíblica sobre la caída de Satanás, sino hasta la venida de Jesús. Muchos eruditos que leen el libro del Apocalipsis como historia dicen que luego Jesús incorporó la caída de Satanás en la línea de tiempo después de la crucifixión:

"Ahora es el juicio de este mundo; ahora el príncipe de este mundo será echado fuera. Y yo, si fuere levantado de la tierra, a todos atraeré a mí mismo".

JUAN 12:31–32 RVR1960

Al igual que Juan del Apocalipsis, pareciera que Jesús tuvo una visión de la caída de Satanás: "Vi a Satanás caer del cielo como un rayo" (Lucas 10:18).

Posteriormente, los escritores de la Biblia enseñaron que la muerte de Jesús, que expió el pecado de la humanidad, provocó el exilio de Satanás del cielo y lo dejó sin el empleo de fiscal celestial: "Sólo mediante la muerte podía [Jesús] quebrantar el poder del diablo" (Hebreos 2:14).

Al parecer, Juan tenía la misma opinión cuando describió la canción de alabanzas que escuchó en el cielo. Las fuerzas de Miguel "lo han vencido [a Satanás] por medio de la sangre del Cordero" (Apocalipsis 12:11).

Problemas en el paraíso. En el cielo se desata una guerra. Satanás lidera a sus ángeles rebeldes contra las fuerzas superiores comandadas por el arcángel Miguel. Derrotado, Satanás y sus rebeldes son exiliados a la tierra. Los expertos de la Biblia discuten si esta batalla es literal o simbólica. Y, si fuera literal, cuándo tuvo lugar. Algunos dicen que en la crucifixión de Jesús. Otros miran el futuro, a los terrores de la Tribulación.

FUTURO

Satanás todavía en el cielo. Muchos expertos en la Biblia que leen el futuro en el libro del Apocalipsis dicen que la guerra entre las fuerzas de Miguel y Satanás no tendrá lugar sino hasta la Tribulación.

Los eruditos así lo suponen porque conectan la visión de Juan con las visiones de Daniel aproximadamente setecientos años antes: "Se levantará Miguel, el gran príncipe protector de tu pueblo. Habrá un período de angustia, como no lo ha habido jamás desde que las naciones existen" (Daniel 12:1 NVI).

La bestia que sube del mar. Armados con catapultas y lanzallamas, una galera de guerra romana se desliza por el mar Mediterráneo con la fuerza de 240 remeros esclavos, cuatro por remo. Muchos expertos en la Biblia dicen que la visión de Juan sobre una bestia del mar representa al Imperio romano. Cuando los romanos iban a la costa occidental de Turquía, cuyos habitantes conformaban el público a quien se dirigía Juan en el libro del Apocalipsis, generalmente lo hacían por mar y desembarcaban en el puerto de Éfeso.

La caída de Satanás, muchos dicen, es solo otra forma de describir el terror de la quinta trompeta: "una estrella que había caído del cielo a la tierra" (Apocalipsis 9:1). La *estrella*, una palabra que los escritores de la Biblia usan muchas veces como símbolo de un ángel, abrió un abismo sin fondo y desató un ejército de criaturas, quizás demonios, para que atormenten al mundo.

EQUIPO DE BESTIAS

Juan vio a dos bestias de aspecto extraño, una del mar y la otra de la tierra.

La bestia que subía del mar "tenía siete cabezas y diez cuernos" (Apocalipsis 13:1).

La bestia de la tierra "tenía dos cuernos como los de un cordero" (Apocalipsis 13:11).

Los expertos de la Biblia que relacionan estas bestias con la historia muchas veces identifican a la bestia del mar con el Imperio romano y a la bestia de la tierra con el emperador Nerón.

Muchos eruditos que proyectan las bestias en el futuro dicen que la bestia que sube del mar es, de alguna manera, una versión resucitada del Imperio romano. Y dicen que la bestia que sube de la tierra, que realiza milagros y que le ordena a la gente que use la marca del 666 es el anticristo.

Los romanos bestiales del siglo de Jesús. Los eruditos que leen el libro del Apocalipsis como historia dicen que la visión de Juan sobre las dos bestias despiadadas es sobre la historia de los romanos que destruyen la ciudad de Jerusalén en el año 70 d.C. También dicen que lo que sucede posteriormente a esas dos bestias representa el castigo de Dios sobre el verdugo de Jerusalén.

PRIMERA BESTIA: EL IMPERIO ROMANO

La primera bestia subió del mar.

Los eruditos dicen que probablemente sea la misma bestia que Juan describe en el capítulo 11. Allí, la bestia salió de un abismo sin fondo y mató a dos profetas, posiblemente en referencia a la ejecución de los apóstoles Pedro y Pablo por parte de los romanos.

Los dos lugares son dos formas de decir lo mismo:
- abismo (o pozo sin fondo)
- mar (las profundidades)

En las escrituras judías antiguas, el *mar* muchas veces simbolizaba a las naciones no judías.

La bestia que sube del mar, sea lo que fuere o quien fuere, tenía siete cabezas y diez cuernos. Más adelante, un ángel le explica a Juan lo que simbolizan las cabezas y los cuernos.

Siete cabezas. "Las siete cabezas de la bestia representan las siete colinas donde la mujer gobierna [la gran prostituta de Babilonia]. *(Ver Modelos de la Roma antigua, en las páginas 306–307).* También representan siete reyes. Cinco reyes ya han caído, el sexto reina actualmente, y el séptimo todavía no ha llegado" (Apocalipsis 17:9–10).

Muchos expertos en la Biblia dicen que estas claves apuntan directamente al antiguo Imperio romano.

Roma era famosa en todo el mundo como la ciudad construida sobre las siete colinas. Y *Babilonia* era el nombre en código para Roma. Ambos imperios —Babilonia y Roma— conquistaron la tierra de los judíos, ocuparon la tierra y desarmaron la ciudad de Jerusalén, convirtiéndola en una pila de rocas.

Hay otra clave que apunta a Roma: La bestia subió del "mar".

Cualquier persona de Roma que fuera hacia Turquía occidental —los residentes eran los receptores de esta carta de Juan— generalmente llegaban desde el "mar". Y generalmente lo hacían en el puerto de Éfeso. Allí es donde los líderes religiosos dicen que se mudó el apóstol Juan después de que Roma destruyera Jerusalén en el año 70 d.C.

Muchos expertos también dicen que los siete reyes relacionados con estas siete colinas representan a todos los emperadores romanos: 147 de ellos abarcan casi cuatro siglos. El número siete era un símbolo judío popular para simbolizar la compleción. Proviene de la historia de la Creación: Dios descansó el séptimo día, cuando su obra ya estaba terminada. *(Ver también "Siete reyes", página 308).*

Una de estas siete "cabezas" se recuperó de una herida mortal. Esta es una clave que se relaciona con una leyenda urbana del primer siglo sobre Nerón. Es una leyenda similar a una sobre Elvis: que su muerte fue montada y que volverá.

Un año después de la muerte de Nerón, un esclavo de aspecto similar se presentó en los juegos populares, parecidos a los juegos olímpicos, en lo que actualmente es Grecia, y confesó ser Nerón. Muchos le creyeron y parece que reunió un pequeño ejército de desertores que se convirtieron en piratas. Los romanos atacaron su barco, le cortaron la cabeza y la mandaron de paseo por lo que actualmente es Turquía. También allí, en el año 80 d.C. apareció un segundo falso Nerón. Se lo conocía como Terencio Máximo, quien también reunió a algunos seguidores y terminó siendo ejecutado. Una década más tarde, lo mismo le pasó a un tercer hombre.

Diez cuernos. Sus diez cuernos "son diez reyes que todavía no han subido al poder; pero éstos serán designados como reyes por un breve momento para reinar junto con la bestia" (Apocalipsis 17:12).

Estos seguramente eran reyes "clientes" que gobernaban a discreción de Roma. Herodes el Grande era un rey así. Los romanos le dieron el poder sobre las tierras judías y lo mantuvieron allí porque era leal a Roma.

SEGUNDA BESTIA: NERÓN
La visión de Juan sobre una segunda bestia incluye un acertijo.

Al resolverlo —muchos eruditos dicen que es una tarea fácil— se expone a la bestia como el emperador Nerón (quien gobernó desde el año 54 al 68 d.C.).

> *"Aquí hay que esforzarse mucho para poder comprender: si hay alguien que entienda, trate de encontrar el significado del número del monstruo. Porque es el número de un ser humano. Ese número es 666".*
>
> APOCALIPSIS 13:18 TLA

El emperador 666. Dos palabras latinas en una moneda —*Nero Caesar*— es todo lo se necesita para descifrar el código que identifica al hombre detrás de la marca de la bestia, según muchos eruditos. Las letras tenían valores en números, como por ejemplo la N = 50. Las letras que forman *Nero Caesar* suman 666 cuando se las traduce del griego al hebreo —del idioma internacional de la época al idioma de los judíos. Pero suman solo 616 cuando se las traduce del latín, el idioma de los romanos, al hebreo. Las Biblias de la antigüedad utilizaban un número o el otro. (Abajo) Un fragmento del libro del Apocalipsis, escrito durante los años 200 d.C. o a principios del 300 d.C., antes de que Roma legalizara el cristianismo, nombra el número como 616, *Xιc* en griego.

Esa es la infame marca de la bestia: 666.

En realidad, en algunas de las copias más antiguas del libro del Apocalipsis el número es 616. Pero esto solo respalda aún más la teoría de que Nerón es la bestia. Esto se debe a que ambos números se vinculan con Nerón, lo que ofrece una doble evidencia.

Independientemente de que sea el 666 o el 616, muchos eruditos dicen que los judíos podrían haber resuelto este acertijo fácilmente. Ellos sabían que las letras del alfabeto de sus dos idiomas principales, el hebreo y el griego, tenían números equivalentes.

Las letras para *Nero Caesar*, el nombre del emperador tal como aparecía en las monedas romanas, sumaban 666. Pero eso es solo cuando se translitera las letras al hebreo —el idioma singular de los judíos— del griego, el idioma internacional que Juan utilizó para escribir el libro del Apocalipsis. (Para transliterar *Nero* del griego al hebreo, primero lo pronunciaban en griego y luego seleccionaban las letras hebreas que producían el mismo sonido, o el más aproximado posible).

Las letras solo suman 616 cuando se las translitera al hebreo desde el latín, el idioma de los romanos.

El cuadro que sigue, "La marca de la bestia", muestra las letras con sus números equivalentes en hebreo. Las letras sin números no tienen valor, porque no se las utilizaba en la escritura. Los escritores judíos generalmente salteaban la mayoría de las vocales, al escribir de forma taquigráfica.

LA MARCA DE LA BESTIA

N	e	r	o	n	C	a	e	s	a	r	griego
נ	ר	ו	נ		ק			ס		ר	hebreo
50		200	6	50	100			60		200 =	666

N	e	r	o		C	a	e	s	a	r	latín
נ	ר	ו			ק			ס		ר	hebreo
50		200	6		100			60		200 =	616

Este acertijo en números no es la única clave de que Nerón es la bestia, según dicen muchos eruditos, y de que los eventos hayan tenido lugar durante los tiempos romanos.

"Exigíaquetodalatierraysushabitantesadoraranalaprimerabestia" (Apocalipsis 13:12). Muchos emperadores romanos le ordenaban a la gente que los adorara como dioses, junto a los demás dioses de Roma. Nerón decía que él era divino. También Domiciano (desde el año 81 al 96 d.C.), el emperador que gobernaba en los tiempos en que muchos dicen que Juan escribió el libro del Apocalipsis. Domiciano afirmaba que provenía de la estirpe del dios más importante de los griegos, Zeus (llamado Júpiter en la mitología romana), y su primer acto como emperador fue declarar a su hermano recientemente fallecido como dios. Ese hermano era Tito, el general que lideró el ejército romano que destruyó Jerusalén en el año 70 d.C. y quien luego fue emperador (desde el año 79 al 81 d.C.).

"Hacíamilagrosasombrosos,inclusoquecayerafuegodelcieloalatierra" (Apocalipsis 13:13). Algunos emperadores utilizaban efectos especiales para imitar milagros. Un historiador romano cuenta que el emperador Calígula (quien gobernó desde el año 37 al 41 d.C.) utilizaba algo que hacía parecer que hablaba con su celestial padre Zeus durante las tormentas.

> *Tenía algún tipo de dispositivo que utilizaba para responder con sonidos de truenos y estruendos e imitar los relámpagos con destellos de luz.*
> Dion Casio (aproximadamente del 150 al 234 d.C.)
> *Historia romana*, 59.28.6 [v.d.t.]

"Selepermitióinfundirvidaalaimagendelaprimerabestia,paraque hablara" (Apocalipsis 13:15 NVI). Muchos historiadores romanos informaron sobre estatuas parlantes.

Al parecer, una estatua de Zeus se rió brevemente antes de que el emperador Calígula fuera asesinado. Algunos consideraron esa risa de Zeus como un presagio de dicho asesinato, el "padre celestial" riéndose de la idea de que Calígula fuera su hijo.

Se dice que un profeta que adoraba a una serpiente construyó una estatua de la serpiente con una boca que se movía. Dentro de la boca había un tubo escondido a través del cual una persona podía hablar, fingiendo órdenes dadas por el dios serpiente. El habilidoso profeta era Alejandro de Abonuteicos (aproximadamente del 105 al 175 d.C.), del norte de Turquía.

"Además logró que a todos [...] se les pusiera una marca en la mano derecha o en la frente... De modo que nadie pudiera comprar ni vender, a menos que llevara la marca" (Apocalipsis 13:16–17 NVI). Muchos eruditos dicen que esto era un símbolo de que tanto los romanos como los judíos persiguieron económicamente a los cristianos, boicoteando sus productos y servicios y negándose a venderles.

El lugar de la marca, la frente o la mano derecha, es como la imagen exacta o la copia maligna de la marca de Dios. Muchos judíos devotos llevaban pequeños rollos con pasajes bíblicos en pequeños estuches atados a su frente o brazo izquierdo. Actualmente, algunos todavía los llevan. Tomaron de forma literal la orden de Dios de comprometerse con sus leyes: "Átalas a tus manos como un signo; llévalas en tu frente como una marca" (Deuteronomio 6:8 NVI).

Marionetas bestiales del fin de los tiempos de Satanás. Para muchos cristianos, la historia romana no resuelve el misterio.

Dicen que lo más probable es que las dos bestias sobre las que escribió Juan sean algún tipo de tiranos futuros similares a Nerón, entre ellos una figura poderosa del fin de los tiempos que se oponga al cristianismo: el anticristo.

PRIMERA BESTIA: ROMA RESUCITADA O EL ANTICRISTO

Muchos expertos en la Biblia que se inclinan por una bestia del futuro dicen que no tienen problemas en aceptar al antiguo Imperio romano como la bestia de los tiempos de Juan, la que perseguía a los cristianos. Pero debaten si esta bestia es solo una sombra de lo que vendrá: ya sea una nueva versión del despiadado Imperio romano o quizás un gobernador malvado, el anticristo.

Según enseñan muchos eruditos, luego del retorno de Jesús durante el arrebatamiento para llevarse a todos los cristianos, vendrá la Tribulación. Durante esta Tribulación, surgirá un imperio mundial. De muchas formas se parecerá al Imperio romano de los

La marca de Dios. Un judío ortodoxo lleva la marca de Dios atada a su mano izquierda y a su frente: estuches que contenían versículos bíblicos importantes escritos en pequeños rollos. Estos estuches le dicen al mundo que este hombre adora a Dios. Algunos expertos de la Biblia se preguntan si la marca de la bestia, llevada en la mano opuesta y en la frente, es un símbolo, en lugar de ser una marca literal —el opuesto idéntico de lo que significa adorar a Dios—.

tiempos de Juan. Será igual de ventajero, pagano y despiadado. El gobernador hasta quizás provenga de Roma, una teoría que algunos protestantes recelosos del catolicismo dicen que le abre una puerta a la posibilidad de que un futuro papa sea envilecido.

Pero hay algunas claves que sugieren que esta bestia se asemejará a muchos imperios antiguos, no solo a Roma.

"Esta bestia se parecía a un leopardo, ¡pero tenía las patas de un oso y la boca de un león!" (Apocalipsis 13:2).

Esas criaturas son las mismas que vio Daniel en una visión sobre el fin de los tiempos (*ver página 150*). Muchos eruditos dicen que en la visión de Daniel:

- **León** = Imperio babilónico, conocido por su ferocidad

- **Oso** = medos y persas, famosos por su avidez de conquista

- **Leopardo** = Imperio griego, rápido e imparable en sus conquistas

En la visión de Daniel, la bestia que siguió a estas tres era una bestia "aterradora". Muchos dicen que esto representaba al Imperio romano.

Sea lo que fuera o quien fuera esta bestia, muchos futuristas dicen que esperan ver surgir a un líder, alguien carismático, inteligente, impío. Quizás el anticristo. "Abrió la boca para blasfemar contra Dios, para maldecir su nombre y su morada y a los que viven en el cielo" (Apocalipsis 13:6 NVI).

Un acontecimiento que lo podría lanzar al estrellato, según dicen algunos, es una resurrección, o algo que se le parezca. Quizás un intento de asesinato: "Vi que una de las cabezas de la bestia parecía estar herida de muerte, ¡pero la herida mortal sanó! Todo el mundo se maravilló de este milagro y dio lealtad a la bestia" (Apocalipsis 13:3).

Juan lo describe como una herida en la cabeza. Debido a esto, algunos cristianos de 1963, cuando el presidente John F. Kennedy murió por una bala asesina en la cabeza, se preguntaban públicamente si este líder carismático se pondría de pie nuevamente.

Otra suposición respecto de la bestia con la herida mortal es que se trata del antiguo Imperio romano. Aunque en la actualidad se lo considera muerto y olvidado, podría ponerse nuevamente en pie durante el fin de los tiempos.

La bestia hace lo que quiere durante "cuarenta y dos meses" (Apocalipsis 13:5). Eso representa tres años y medio; algunos especulan que se trata de la última mitad de los siete años de Tribulación.

Durante este tiempo, la bestia hace la guerra contra "el pueblo santo de Dios" (Apocalipsis 13:7). Algunos dicen que este pueblo santo son los judíos. Otros dicen que son los cristianos antes del arrebatamiento. También otros dicen que se trata de las personas convertidas al cristianismo luego del arrebatamiento.

EL ANTICRISTO

He aquí algo sorprendente para muchos cristianos. No hay "anticristo" en el libro del Apocalipsis, ni en ninguna parte de la Biblia. Al menos no el tipo de anticristo del que hablan los especialistas del fin de los tiempos.

El apóstol Juan es el único escritor de la Biblia que utiliza esta palabra. Y la utiliza únicamente en las breves cartas, 1 Juan y 2 Juan, para describir a los herejes que dicen mentiras sobre Jesús.

Estos son todos los versículos de la Biblia en donde se utiliza la palabra *anticristo*:

Han oído que el anticristo viene. Bueno, están en todas partes; hay anticristos en todos lados... Es aquel que dice que Jesús no es el Cristo divino... El que niega al Padre y al hijo es un anticristo.

1 JUAN 2:18, 22 THE MESSAGE

"Pero si alguien afirma ser profeta y no reconoce la verdad acerca de Jesús, aquella persona no es de Dios. Tal persona tiene el espíritu del Anticristo, del cual ustedes oyeron que viene al mundo, y de hecho, ya está aquí".

1 JUAN 4:3

"Muchos engañadores han salido por el mundo. Ellos niegan que Jesucristo vino en un cuerpo humano. Tales personas son engañadores y anticristos".

2 JUAN 1:7

¿Quién es el anticristo, del cual Juan dijo que oirían que vendría y que "ya está aquí" (1 Juan 4:3)? La Biblia no lo explica. Sin embargo, a los estudiosos de la Biblia les encanta suponer:

- **Uno de los tantos engañadores del fin de los tiempos de los cuales Jesús habló.**

"Pues se levantarán falsos mesías y falsos profetas y realizarán grandes señales y milagros para engañar, de ser posible, aun a los elegidos de Dios" (Mateo 24:24).

- **El misterioso "hombre de maldad" que se llamará a sí mismo Dios.**

"Primero [antes de la venida de Cristo] tiene que llegar la rebelión contra Dios, y manifestarse el hombre de maldad, el destructor por naturaleza. Éste se opone y se levanta contra todo lo que lleva el nombre de Dios o es objeto de adoración, hasta el punto de adueñarse del templo de Dios y pretender ser Dios" (2 Tesalonicenses 2:3–4 NVI).

- **Una de las dos bestias mencionadas en el libro del Apocalipsis.**

"Además se le permitió a la bestia hacer guerra contra el pueblo santo de Dios y conquistarlo; y se le dio autoridad para gobernar sobre todo pueblo y toda tribu, lengua y nación. Y adoraron a la bestia todos los que pertenecen a este mundo" (Apocalipsis 13:7–8).

Algunos historiadores bíblicos dicen que durante los comienzos de la Edad Media, entre los años 600 y 1000 d.C., los predicadores comenzaron a unir estas ideas desconectadas en un único perfil del anticristo. También en los siglos que siguieron, los predicadores le agregaron detalles coloridos que provenían de quién sabe dónde. De la Biblia seguro que no.

Equipo diabólico. Satanás le susurra instrucciones al anticristo, pintado para que parezca el hermano gemelo diabólico de Jesús. La Biblia menciona brevemente al anticristo en pocas ocasiones, pero nunca en el libro del Apocalipsis. Aun así, por más de mil años algunos cristianos han especulado que se trata de la bestia del libro del Apocalipsis, el que toma control del mundo y les hace creer a muchos que él es Dios.

LA OPINIÓN DE UN MONJE SOBRE EL ANTICRISTO

Grandes bolas de fuego. El anticristo "hará que el fuego caiga del cielo de una forma aterradora", le advirtió un monje francés a su reina a comienzos del primer milenio.

A medida que el calendario se acercaba al año 1000, una fiebre del fin de los tiempos estremeció algunas áreas del mundo cristiano.

Preocupados por el anticristo que llegaría en algún momento, la reina francesa Gerberga le pidió a un respetado monje francés que le explicara qué debían esperar.

El nombre del monje era Adso de Montier-en-Der. Le envió el informe en una carta escrita aproximadamente en el año 950 d.C.

Algunos fragmentos escogidos:

- **Judíos.** "El anticristo nacerá del pueblo judío... Al inicio de su concepción, el diablo entrará al vientre de su madre... Al igual que el Espíritu Santo entró a la madre de nuestro Señor Jesucristo".
- **Asesino de cristianos.** "Irá a Jerusalén y... asesinará a todos los cristianos que no pueda convertir".
- **Dice ser el Mesías.** "Se circuncidará y le dirá a los judíos: 'Yo soy el Cristo [Mesías] que les fue prometido'".
- **Muere en Israel.** "El anticristo será asesinado en el monte de los Olivos".
- **Dios perdona a sus seguidores.** "El Señor les otorgará a los que antes eran creyentes cuarenta y dos días de penitencia por haberse dejado llevar por el anticristo".

¿De dónde sacó Adso todo esto?

"Lo hallé todo escrito en los libros", le dijo a la reina.

La mayoría de los eruditos modernos diría que es pura ficción.

SEGUNDA BESTIA: EL ANTICRISTO O UN FALSO PROFETA

Muchos dicen que esta segunda bestia es un falso profeta que posteriormente Juan relaciona con la primera bestia: "La bestia fue capturada, y junto con ella, el falso profeta que hacía grandes milagros en nombre de la bestia" (Apocalipsis 19:20). Juan definitivamente describe esta segunda bestia como religiosa, con veleidades de mesías.

Sin embargo, otros ven al anticristo en esta bestia.

Dicen que a diferencia de la primera bestia —un líder político— esta segunda bestia será un líder religioso y quizás un falso mesías que se presente a sí mismo como el salvador del mundo. Algunos dicen que será un judío de Israel, haciéndose pasar por el tan esperado Mesías. Otros argumentan que no existen tales pruebas.

Esta bestia puede "dar vida a la imagen" de la "bestia que había recibido el golpe mortal" (Apocalipsis 13:14–15 THE MESSAGE). Algunos expertos en la Biblia sugieren que esto podría hacer referencia a un milagro realizado por el poder de Satanás. Otros se preguntan si un robot o un androide podría cumplir esta profecía. Y si esta vida artificial se parecía a la primera bestia, muerta por una herida en la cabeza, el descubrimiento podría parecerse a una resurrección.

La marca de la bestia. Muchos de los futuristas de la Biblia, o casi todos, dicen que no esperan ver exactamente el número 666 sobre la frente o manos de la gente. Dicen que en realidad la aceptación de la marca significa estar de acuerdo en consentir todo lo que diga la bestia.

La referencia de Juan a utilizar esta marca como moneda, para comprar y vender, hace que los futuristas se pregunten si el mundo no está encaminado hacia una economía sin dinero. En estos días, eso no es algo difícil de imaginar, pues muchas personas ya compran casi todo con tarjetas de crédito. Tampoco es difícil visualizar una moneda mundial por, al menos, dos motivos: los bienes provienen de todas partes del mundo y los avances en los medios de transporte hacen que el planeta parezca más pequeño y los países estén más conectados.

Algunos cristianos, sin embargo, advierten contra este tipo de cambios. Dicen que es como extenderle la alfombra roja al anticristo.

En cuanto a cómo entender el "666", la mayoría de los futuristas de la Biblia confiesan estar perplejos. Pero sí ofrecen lo que la mayoría admite que son suposiciones poco realistas:

- **El papa.** Los números equivalentes a cada letra latina de su título, *Vicarius Filii Dei* (Vicario del Hijo de Dios), suman 666.

- **Hitler.** Si A = 100, B = 101, etc., las letras del nombre de Hitler suman 666. Pero esa equivalencia de números no existía en los tiempos de Juan. Tampoco existían las lenguas modernas.

- **Ronald Wilson Reagan.** Seis letras en cada nombre: 6, 6, 6.

Los que llegan. Los guerreros tribales de Europa del norte, que no salieron precisamente a juntar flores, se aliaron e invadieron el debilitado imperio romano. Roma cae. Sucedió trescientos años después de que Juan predijera el fin de *Babilonia*, una palabra judía en código para Roma.

ADIÓS A BABILONIA

La visión de Juan se interrumpe y pasa a una escena totalmente diferente. De los horrores de un mundo dominado por un gobernador bestial que hace que todos lleven su nombre en el cuerpo, Juan ahora ve al Cordero que es Jesús, según lo que concuerda la mayoría de los eruditos.

El Cordero está de pie sobre la cima de la colina de Jerusalén con 144,000 seguidores que también tienen una marca distintiva: "el nombre del Cordero y el de su Padre escrito en la frente" (Apocalipsis 14:1).

La visión ya comienza a parecerse a un enfrentamiento entre los malos y los buenos. En lugar de llevar sombreros negros o blancos, llevan la marca de la bestia o del Señor.

Adiós a Roma. Muchos eruditos que ven estas visiones como historia dicen que Juan no estaba hablando sobre Babilonia, la antigua ciudad en las afueras de lo que actualmente es Bagdad. Estaba hablando de Roma y su imperio mediterráneo.

Babilonia había sido una palabra judía en código para Roma, al menos desde que los soldados romanos destruyeron Jerusalén en el año 70 d.C. Al igual que Babilonia en el año 586 a.C., Roma eliminó a la nación judía del mapa político y arrasó la capital, Jerusalén.

Algunos dicen que, antes, *Babilonia* era el sobrenombre judío para Roma. Pedro le escribió a los cristianos en Turquía desde "su iglesia hermana aquí en Babilonia" (1 Pedro 5:13). Dadas las persecuciones sobre las que escribió Pedro, muchos expertos en la Biblia dicen que probablemente escribía desde Roma a mediados de la década de los años 60 d.C., luego de que el emperador Nerón culpara a los cristianos por iniciar el fuego que quemó y destruyó dos tercios de Roma en el año 64 d.C. Los historiadores de la Iglesia de los primeros siglos informaron que los romanos ejecutaron a Pedro en Roma.

Muchos eruditos dicen que en la visión de Juan, los 144,000 que están de pie con Jesús son los cristianos que huyeron de Jerusalén antes de que llegara el ejército romano. Eran sobrevivientes.

La descripción de esta escena debe de haber sido inspiradora para los primeros lectores de Juan, ya que les recordaba a estos cristianos perseguidos que Roma, aun con todo su poder, no había sido capaz de detener a la Iglesia. Ni lo lograría nunca. La visión prometía que, a su tiempo, Roma caería.

El mundo tendría que esperar trescientos años, cuando las fuerzas invasoras tomaran Roma, atacando en un principio desde lo que hoy es Francia (año 387 d.C.) y nuevamente desde Alemania (año 410 d.C.).

Pero un ángel de la visión de Juan habló sobre la caída de Babilonia, si bien esta ya había sucedido. Tiempo pasado:

"Babilonia ha caído".

Apocalipsis 14:8

En lo que respecta a Dios, el resultado era seguro.

Josué había oído una promesa similar antes de invadir la Tierra Prometida: "Dondequiera que pongan los pies los israelitas, estarán pisando la tierra que les he dado" (Josué 1:3). La tierra ya era suya y la guerra aun no había comenzado.

El cántico que Juan dijo que solo los 144,000 podían cantar era un cántico de salvación, sugieren muchos. Los ángeles no podían cantarla porque no sabían lo que significaba que Dios los salvara.

"Ellos serán atormentados con fuego y azufre ardiente... El humo de su tormento subirá por siempre jamás" (Apocalipsis 14:10–11). Los eruditos dicen que esto no es necesariamente un fuego literal y azufre. Ni que el tormento durará consecuentemente para siempre. En la Biblia, el fuego y el azufre vienen a simbolizar el juicio de Dios luego de haber utilizado esos elementos para incendiar Sodoma y Gomorra y eliminarlas del planeta.

Al igual que Sodoma y Gomorra obtuvieron lo que estaba destinado para ellas, así les sucedió a los romanos. Su imperio desaparecería para siempre.

El mensaje de justicia de la visión hace eco de una canción judía: "El Señor examina tanto los justos como a los malvados... Hará llover carbones encendidos y azufre ardiente sobre los malvados" (Salmos 11:5–6).

"Brotó un río de sangre... de unos trescientos kilómetros [180 millas] de largo y de una altura que llegaba a los frenos de un caballo" (Apocalipsis 14:20). Juan, en su visión, ve al ángel de Dios vencer al enemigo tan fácilmente como alguien que corta un racimo de uvas de la vid. Y al igual que se aplastan las uvas para convertirlas en vino de color rojo sangre, los enemigos de Dios son aplastados hasta que su sangre brota como el vino.

Muchos eruditos dicen que la cantidad enorme que Juan utiliza para describir la sangre es simbólica. En realidad indica una carnicería masiva.

Si bien muchos eruditos dicen que Roma es el enemigo que sufre este destino, otros argumentan que es más probable que sean los judíos atrapados dentro de Jerusalén en el año 70 d.C. los que están sufriendo. Allí murieron cien mil personas, según las estimaciones modernas. Un testigo —Flavio Josefo, un historiador judío y ciudadano romano— dijo que murieron 1.1 millones.

Adiós a la capital de la bestia. Muchos futuristas leen el capítulo 14 del Apocalipsis como un índice de contenidos para el resto del libro, una descripción general de lo que leerán en los siguientes capítulos sobre el fin de los tiempos.

144,000. Muchos dicen que los 144,000 son los mismos mártires judeocristianos del capítulo 7 del Apocalipsis. Se convirtieron luego del arrebatamiento, cuando Jesús se llevó a sus seguidores. Durante la Tribulación que le sigue, murieron por sus creencias.

Otros eruditos dicen que no son judeocristianos, sino todos los creyentes durante la Tribulación.

Sean quienes sean, estaban de pie con el Cordero, Jesús, sobre el monte Sión, la cima de la colina de Jerusalén. Algunos eruditos dicen que esto hace referencia a la segunda venida de Jesús, con los mártires a su lado. Otros dicen que la escena tiene lugar en el cielo.

Babilonia. Esta es la primera vez que Juan menciona a Babilonia en el libro del Apocalipsis. Pero no la identifica.

Algunos eruditos futuristas dicen que es la capital de un imperio futuro que se opondrá a Dios durante la Tribulación. Puede ser una Roma renovada o una Babilonia reconstruida en Irak. Sea lo que fuere, alimentará a los políticos con corrupción, a la economía con codicia y a la religión con cualquier cosa que se oponga a Dios.

Otros dicen que Babilonia no es necesariamente un punto en un mapa futuro. Puede simbolizar a las falsas religiones de la antigua Babilonia y apuntar a una futura falsa iglesia o a una sociedad secular que adora solamente lo que se puede ver y tocar.

Sangre de una altura que llega a los frenos de un caballo. En la visión de Juan hay dos cosechas. Se puede suponer que la primera es de cereales, ya que la cosecha se realiza con una espada curva llamada hoz y los cereales son la primera cosecha de la temporada de cultivo. La segunda es de uvas de color rojo sangre, cosechadas a fines del verano.

Algunos dicen que la cosecha de cereales parece como que pretende hacerle recordar a la gente la parábola de Jesús sobre el trigo y la cizaña. A la cizaña se la junta y se la quema, pero el trigo va "en el granero" (Mateo 13:30), el cual representa el cielo.

La segunda cosecha es de uvas, aplastadas en "el gran lagar de la ira de Dios" (Apocalipsis 14:19). Esta segunda cosecha, según dicen muchos, es la cosecha de sangre en una batalla del fin de los tiempos: la batalla de Armagedón.

Dicen que esta batalla horrorosa tendrá lugar en el enorme valle de Jezreel, al norte de Israel. Desde el aire, el valle se parece un poco a un triángulo de aproximadamente 20 x 20 x 12 millas (2 x 32 x 19 km) y uno de sus extremos llega al mar Mediterráneo. A lo largo de los siglos, se han librado muchas batallas allí, un sitio que alguna vez Napoleón llamó "el campo de batalla perfecto".

La mayoría de los eruditos dicen que la cantidad de sangre no es literal:
- tan alta que llega a los frenos de un caballo, lo que podría ser de aproximadamente 4.5 pies (1.5 metros)
- y de 180 millas (296 km) de largo.

En cambio, esta inmensa medida simboliza una matanza increíble.

El río de sangre de 180 millas puede representar a Israel como el punto inicial de esta batalla del fin de los tiempos. Esa distancia es casi la longitud del área habitable de Israel en los tiempos de Juan, desde el monte Hermón al norte hasta casi debajo del mar Muerto al sur. La Israel actual se hace más angosta al sur, hasta la ciudad de Eilat sobre el extremo norte del mar Rojo, con una longitud total de aproximadamente 270 millas (435 km).

Ahora que estas advertencias terminaron, comienza la cosecha de sangre.

Salida explosiva. Una explosión nuclear elimina un centro urbano exclusivo en una foto-ilustración basada en imágenes de una prueba nuclear. Armagedón, mencionada brevemente en el libro del Apocalipsis, causará escenas de batalla similares, según lo que suponen algunos eruditos. Otros expertos en la Biblia dicen que la batalla ya tuvo lugar: cuando Roma destruyó Jerusalén en el año 70 d.C.

EL ARMAGEDÓN Y LAS SIETE PLAGAS
(APOCALIPSIS 15–16)

Espíritus de demonios... salen a reunir a todos los gobernantes del mundo para pelear contra el Señor... en un lugar que en hebreo se llama Armagedón.

APOCALIPSIS 16:14, 16

Juan vislumbra una última escena en el cielo antes de que Dios desencadene todo el dolor imaginable sobre la tierra.

Pero curiosamente, se trata de una celebración.

Una misteriosa multitud canta alabanzas a Dios.

Juan da una pista acerca de quiénes son los que cantan: "Todos los que habían vencido a la bestia" (Apocalipsis 15:2).

Quienes consideran que el Apocalipsis es historia dicen que son los mismos 144,000 de Apocalipsis 7: judeocristianos que abandonaron Jerusalén antes de que los romanos la destruyeran en el 70 d.C. Sin embargo, muchos futuristas opinan que se trata de los judíos que se convertirán al cristianismo después del arrebatamiento y quienes mueren como mártires durante la tribulación posterior.

Sean quienes sean, están alabando a Dios por los milagros que realiza. Y están expresando su confianza en que finalmente "todas las naciones vendrán y adorarán delante de ti" (Apocalipsis 15:4).

El cántico resulta familiar, como dos cánticos más largos de la época de Moisés.

- Uno de los cánticos alaba a Dios por el milagro de derrotar a los egipcios en el mar Rojo: "Tú soplaste con tu aliento, y el mar los cubrió. Se hundieron como plomo" (Éxodo 15:10).
- El otro cántico expresa la confianza en que Dios demostrará a todos que Él es el único y solo Dios: "No hay otro dios... Alégrense con su pueblo, oh naciones" (Deuteronomio 32:39, 43).

Siete ángeles aparecen cantando. Tienen copas que rebosan de desastre.

Los desastres evocan los horrores que vio antes Juan, después de que siete ángeles hicieran sonar siete trompetas.

No obstante, algunos eruditos ven buenas noticias en estas copas, al menos para el pueblo de Dios. Los próximos desastres también parecen tener relación con las plagas de Egipto de Éxodo 7, 9–10. Y los eruditos dicen que en estas calamidades ven el mensaje sutil de que, aunque Dios está por enviar un doloroso juicio sobre los culpables, protegerá a su pueblo en el proceso; así como protegió a los israelitas esclavizados en Egipto.

Las semejanzas:

LAS SIETE TROMPETAS DEL APOCALIPSIS	LAS SIETE PLAGAS DEL APOCALIPSIS	LAS DIEZ PLAGAS DE EGIPTO
	1. Llagas en la piel	Llagas purulentas *(sexta plaga)*
Un tercio del mar se convierte en sangre *(segunda trompeta)*	**2. Mar ensangrentado**	
Arroyos y manantiales contaminados *(tercera trompeta)*	**3. Arroyos y manantiales ensangrentados**	El río Nilo ensangrentado *(primera plaga)*
Un tercio de la tierra en llamas *(primera trompeta)*	**4. La radiación solar quema la tierra**	
El humo oscurece el sol y la luna *(cuarta y quinta trompetas)*	**5. Oscuridad**	Oscuridad *(novena plaga)*
Langostas en el Éufrates, guerra *(sexta trompeta)*	**6. Sequía en el río Éufrates, guerra**	Langostas que provocan sequía *(octava plaga)*
Terremoto, trueno, granizo *(séptima trompeta)*	**7. Terremoto, trueno, granizo**	Terremoto y granizo *(séptima plaga)*

LAS COPAS DE IRA

Juan oye una voz que les grita a los siete ángeles: "Vayan y vacíen las siete copas que representan el enojo de Dios" (Apocalipsis 16:1 TLA).

Con anterioridad, Juan describió estas copas como "las últimas siete plagas, que completarían la ira de Dios" (Apocalipsis 15:1). La mayoría de los expertos en la Biblia dicen dudar de que Juan estuviera exponiendo un cronograma del futuro y que estos siete desastres fueran los castigos finales de Dios. En cambio —manifiestan— es más probable que Juan estuviera comunicando estos desastres como los últimos que había visto.

De ser así, podrían aparecer en cualquier momento de la cronología de la humanidad —o tal vez no aparecerían en absoluto— si simbolizaran el juicio en general en lugar de imágenes detalladas de cómo sería el juicio.

Algunos opinan que las sietes plagas son justamente eso: recordatorios simbólicos de que Dios castigará el pecado.

Las siete plagas en los tiempos romanos. Los expertos en la Biblia que interpretan la historia según estos siete desastres disienten acerca del lugar en el calendario donde se los debe ubicar. Algunos están de acuerdo con que se refiere a la caída de Jerusalén en el 70 d.C. y argumentan que Dios estaba castigando a los judíos por perseguir a los cristianos. Otros, a la caída de Roma ocurrida unos pocos siglos después; dicen que Dios estaba castigando a los romanos por perseguir a la Iglesia.

La plaga de llagas: ¿la enfermedad del campo de batalla? "A todos los que tenían la marca de la bestia y que adoraban a su estatua les salieron horribles llagas malignas" (Apocalipsis 16:2). Ya sea que Dios estuviera castigando a los judíos o a los ciudadanos romanos que eran leales al imperio, la bestia era el Imperio romano. Los cadáveres se apilaban durante la contienda. La higiene también se vio afectada. Ambos generaban enfermedades.

La plaga de sangre: ¿la sangre de los muertos? El mar "se volvió como la sangre de un cadáver, y murió todo lo que estaba en el mar" (Apocalipsis 16:3). Esto podría simbolizar el mar de sangre que los ciudadanos romanos derramaron cuando los invasores ocuparon su ciudad capital, Roma.

En cambio, si tiene relación con la caída de Jerusalén, podría remitir al hecho de que los judíos consideraban que los cadáveres eran ritualmente impuros. De manera que tal vez, según algunos eruditos, esta escena simboliza a Jerusalén o a todo el territorio de Israel que se tornó impuro como consecuencia de los cadáveres que quedaron tendidos por todos lados después de que los romanos sofocaran la rebelión judía.

De acuerdo con otra teoría, esta plaga podría hacer referencia a una batalla en la que los romanos contaminaron el mar de Galilea con judíos muertos *(ver "Cuatro trompetas que dan el toque de queda para Jerusalén", página 256).*

La plaga de ríos de color rojo: ¿arroyos ensangrentados? Cuando el tercer ángel vació su copa de la ira de Dios, "los ríos y los manantiales... se convirtieron en sangre" (Apocalipsis 16:4). Según algunos expertos en la Biblia, esto podría referirse a arroyos de sangre judía que fluyen a través de Jerusalén.

Como prueba, citan algo que dijo el ángel sobre las víctimas: "Como derramaron la sangre de tu pueblo santo y de tus profetas, tú les has dado a beber sangre. Es su justa recompensa" (Apocalipsis 16:6).

En gran parte, Jesús había dicho lo mismo a los judíos de Jerusalén. Y prometió que, antes del fin de la generación, recibirían el castigo que merecían:

"En verdad son descendientes de aquellos que asesinaron a los profetas. Sigan adelante y terminen lo que sus antepasados comenzaron... Se les hará responsables del asesinato de toda la gente justa de todos los tiempos... Ese juicio caerá sobre esta misma generación".

MATEO 23:31–32, 35–36

Los eruditos que opinan que la plaga hace referencia a la caída de Roma, mencionan que la sangre también fluyó por las calles de Roma.

La plaga de quemaduras solares: ¿líderes tiránicos? "Entonces el cuarto ángel derramó su copa sobre el sol, esto hacía que quemara a todos con su fuego" (Apocalipsis 16:8).

La palabra *sol* suele representar a los líderes. El hijo de Jacob, José, vio en un sueño a su padre representado en el sol, a su madre, en la luna y a sus hermanos, en las estrellas. Por lo tanto, si esta plaga hace referencia a la caída de Jerusalén, podría estar dirigida a los líderes rivales judíos que estaban dentro de la ciudad sitiada de Jerusalén y que mataron a muchos de sus hermanos judíos antes de que los romanos tuvieran oportunidad.

Si se refiere a la caída de Roma, podría tratarse de la acusación contra los líderes romanos que minaron el imperio de corrupción. O podría aludir al golpe mortal provocado por los líderes de las fuerzas invasoras.

La plaga de oscuridad: ¿caos en Roma? "Después el quinto ángel derramó su copa sobre el trono de la bestia, y el reino de la bestia quedó sumergido en la oscuridad" (Apocalipsis 16:10). Muchos opinan que "el trono de la bestia" hace referencia a Roma y, tal vez, a una época difícil en el Imperio.

Esto coincidiría muy bien con lo sucedido con los judíos durante la guerra de Roma. El emperador Nerón se suicidó en el 68 d.C., durante el transcurso de esa guerra. No tenía un claro sucesor. Se nombraron cuatro emperadores durante el caótico año que siguió. Esto amenazó con destruir el Imperio. Vespasiano ganó el enfrentamiento entre los cuatro. Era el general que estaba a cargo de la guerra contra los judíos. Abandonó el campo de batalla para tomar el trono en Roma y dejó que su hijo Tito terminara la guerra.

El caos también podría aludir a la caída de Roma ocurrida siglos más tarde.

La plaga de sequía y el Armagedón: ¿la batalla de Jerusalén? "Luego el sexto ángel derramó su copa sobre el gran río Éufrates, y éste se secó para que los reyes del oriente pudieran marchar con sus ejércitos sin obstáculos hacia el occidente" (Apocalipsis 16:12).

De acuerdo con la mayoría de los eruditos que interpretan el Apocalipsis como si fuera historia, la batalla de Armagedón fue la caída de Jerusalén o la caída de Roma.

Entre las pruebas a favor de Jerusalén, se incluye el hecho de que dos de las cuatro legiones que utilizó el general Tito para sitiar y destruir Jerusalén provenían de bases cercanas al río Éufrates. Las Legiones Décima y Decimoquinta estaban apostadas en Siria.

La referencia de Juan al hecho de que se secara el Éufrates podría tratarse de un recordatorio de que los persas desviaron el curso del río para conquistar Babilonia. Entonces el punto central no fue el río, segun señalan los eruditos, sino la caída de una gran ciudad. Ya sea Jerusalén o Roma.

SIETE PLAGAS: DOS PUNTOS DE VISTA

	HISTORIA	FUTURO
Primera plaga: Llagas malignas (Apocalipsis 16:2)	Probables lesiones y enfermedades cutáneas sufridas durante la caída de Jerusalén en el 70 d.C. o la caída de Roma en el 400 d.C. aproximadamente.	Llagas sobrenaturales o posible daño cutáneo como consecuencia de la exposición mortal a la radiación durante una guerra nuclear del fin de los tiempos.
Segunda plaga: Mar ensangrentado (16:3)	Símbolo de la matanza ocurrida durante la caída de Jerusalén o de Roma.	Símbolo de la matanza que ocurrirá en todo el mundo no judío durante la Tribulación.
Tercera plaga: Ríos ensangrentados (16:4)	Arroyos de sangre que corren por las calles de Jerusalén o de Roma.	Sangre de los masacrados durante la Tribulación o símbolo del gozo de la vida contaminado por el pecado.
Cuarta plaga: Quemaduras solares producto del calor (16:8)	El "sol" hace referencia a los líderes tiránicos que hicieron miserable la vida de los judíos o quizá de los romanos.	Gobierno satánico durante la Tribulación; erupciones solares o consecuencias de una atmósfera dañada por los ataques nucleares.
Quinta plaga: Oscuridad (16:10)	Caos en el Imperio romano después del suicidio de Nerón o antes de la caída de Roma ocurrida siglos después.	Problemas que estallan en el imperio de la bestia durante la Tribulación o apagón u oscuridad como consecuencia del humo.
Sexta plaga: Sequía, Armagedón (16:12)	La batalla describe la matanza de judíos en la caída de Jerusalén o la matanza de romanos en la caída de Roma.	Batalla del fin de los tiempos librada por el ejército de la bestia, líder de un imperio mundial, en una posible guerra civil o lucha contra Cristo.
Séptima plaga: Terremotos (16:17–18)	El colapso final de Jerusalén en el 70 d.C. o de Roma ocurrido siglos después.	La sociedad se desmorona, tal vez debido a una guerra crónica que solo Jesús puede terminar.

Algunos leen el libro del Apocalipsis principalmente como **historia**, un informe de lo que sucedió en los tiempos de Juan cuando gobernaban los romanos. Otros lo leen como una profecía sobre el **futuro**. Los puntos de vista de cada columna, historia y futuro, son solo una muestra de las teorías más populares. A veces surgen otros puntos de vista en cada una de estas categorías.

La caída de Roma. En este fragmento tallado en piedra aproximadamente en la época en que Juan escribió el Apocalipsis, se plasma una lucha entre un guerrero tribal y un legionario romano. Tres siglos después, en el 410 d.C., invasores tribales provenientes de la actual Alemania saquearon Roma. De acuerdo con muchos expertos en la Biblia, la caída de Roma es lo que Juan describió con sus visiones de las sietes plagas.

La plaga de terremoto: ¿la caída de Roma? "Se produjo un fuerte terremoto, el peor desde que el hombre fue puesto sobre la tierra" (Apocalipsis 16:18). Babilonia colapsó, dijo Juan. Al igual que muchas otras ciudades de todo el mundo. Juan dijo que desaparecieron todas las islas. Que cada montaña se derrumbó. Piedras de granizo de 75 libras (34 kg) golpearon el planeta.

La vida, tal como se la conocía, cambió para siempre.

Muchos eruditos señalan que la caída de Babilonia hace referencia a la caída de Roma, una ciudad invadida y saqueada muchas veces alrededor del 400 d.C. *Babilonia* era una palabra judía en clave para designar a Roma porque los judíos consideraban que ambos imperios eran impíos y que ambos habían destruido Jerusalén y el Templo.

Otros opinan que se trató de la sacudida de Jerusalén que daba tumbos en su agonía en el 70 d.C., cuando el sistema de sacrificios desapareció junto con el Templo y la ciudad. Un escritor judío ya había advertido que Dios daría un giro radical al terminar con el sistema de sacrificios y reemplazarlo por algo mejor, en el que las leyes estarían escritas en el corazón humano y no en las piedras:

> *Cuando Dios habló desde el monte Sinaí, su voz hizo temblar la tierra, pero ahora él hace otra promesa: "Una vez más, haré temblar no sólo la tierra, sino también los cielos". Eso significa que toda la creación será agitada y removida, para que sólo permanezcan las cosas inconmovibles.*
>
> Hebreos 12:26–27

Las siete plagas en el fin de los tiempos. Los eruditos que interpretan el futuro a partir de estas plagas suelen decir que ocurrirán durante la Tribulación, quizá inmediatamente antes de la segunda venida. Aunque a veces discrepan sobre si las plagas son literales o simbólicas. Sin embargo, muchos insisten en que son literales y argumentan que no hubo nada simbólico en las diez plagas de Egipto.

La plaga de llagas: ¿enfermedad por radiación? Muchos sugieren que las llagas —posiblemente quemaduras— brotarán de manera sobrenatural como una manifestación física de la enfermedad espiritual; que la fealdad interior saldrá al exterior. Otros se preguntan si las llagas indican un envenenamiento por radiación.

La plaga del mar teñido de rojo: ¿símbolo de la muerte espiritual? En la Biblia, el mar suele representar al mundo gentil, los que no son judíos. En este caso, el mar teñido de rojo podría hacer referencia al mundo gentil ensangrentado por la matanza de la guerra. Algunos se preguntan si alude a la "marea roja" que puede manchar el agua del mar. La marea roja es provocada por una acumulación de algas denominada *bloom de algas*, que libera bacterias tóxicas, consume el oxígeno del agua y destruye la vida marina. O quizá la plaga del agua de mar roja sea el resultado de la contaminación causada por la industria o la guerra.

La plaga de los ríos teñidos de rojo: ¿fuentes de gozo contaminadas? Algunos entienden esta plaga de manera figurada y dicen que es probable que los ríos y los arroyos representen el gozo de la vida. Este gozo, opinan, se ha contaminado con el pecado. Otros la entienden de forma literal y dicen que durante la Tribulación la tierra se teñirá de rojo por la sangre de los masacrados.

La plaga de quemaduras solares: ¿gobierno satánico? Algunos creen que el "sol" es una referencia simbólica a los líderes políticos de un imperio satánico durante la Tribulación, posiblemente de un Imperio romano resucitado. A modo de confirmación, refieren a los efectos de la plaga: "Maldijeron el nombre de Dios... No se arrepintieron de sus pecados ni se volvieron a Dios" (Apocalipsis 16:9). Estos líderes, representados por el término *sol*, "queman" o atormentan a quienes están bajo su control.

Literalmente, otros ven un sol abrasador, tal vez como consecuencia de erupciones solares fuera de control o de una atmósfera deteriorada por los conflictos nucleares o la contaminación.

El color del dinero. Restos de minerales de una mina de cobre contaminan un estanque. En una visión, Juan vio dos plagas que harían que el agua se tornara de color rojo: primero el mar y luego los arroyos. Los expertos en la Biblia se preguntan si Juan vio sangre verdadera o si solo se trataba de un símbolo de algo, como la matanza de la guerra o un posible desastre ambiental.

La plaga de oscuridad: ¿disturbios en el imperio de la bestia? Algunos ven en esta plaga la respuesta de Dios a la jactancia anterior de los seguidores de la bestia: "¡Nunca hubo algo igual a la bestia! ¡Nadie se atrevería a ir a la guerra con la bestia!". (Apocalipsis 13:4 THE MESSAGE).

Pero Dios sí.

La oscuridad podría simbolizar los disturbios que surgen en el imperio del mal. La corrupción, la injusticia y la codicia se cobran su precio en el mundo. Es el principio del fin.

Otros señalan que la llegada de la oscuridad es literal. Posiblemente como consecuencia de un apagón mundial impuesto en forma sobrenatural. O porque el humo de la guerra oculta el sol.

La plaga de sequía y el Armagedón: ¿la madre de todas las batallas? Los futuristas suelen relacionar esta sexta plaga con el terror de la sexta trompeta: Un ejército de doscientos millones que cruza el río Éufrates y mata a la tercera parte de toda la gente de la tierra (Apocalipsis 9:13–16).

El ejército viene "del oriente" (Apocalipsis 16:12). Muchos futuristas dicen sospechar de China, una nación que se estima que tiene trescientos millones de hombres y mujeres que son saludables y tienen la edad adecuada para combatir en una guerra.

Pero China no es el único contendiente.

El ejército no proviene simplemente "del oriente". Según el original en griego, proviene de *anatolē helios*: "el sol naciente". Esa es la marca registrada de Japón: "la tierra del

Vienen del oriente. Ostentando su poder, el Ejército Popular de Liberación celebra un aniversario de la Revolución Comunista china. El ejército se ufana de contar con tres millones de hombres y mujeres, junto con aproximadamente trescientos millones que se encuentran en condiciones de pelear. Algunos especialistas en el fin de los tiempos se preguntan si China podría formar parte del ejército de doscientos millones que Juan vio invadiendo desde el oriente (Apocalipsis 9:16) y cruzando el río Éufrates.

sol naciente". En realidad, el nombre del país en japonés significa "la tierra donde comienza el sol" o "el país de origen del sol". Es por esto que se exhibe el sol en la bandera.

Por el momento, no obstante, la constitución de Japón no permite que los líderes nacionales declaren la guerra. Japón agregó este artículo a la constitución después de las pérdidas desastrosas que sufrió la nación en la Segunda Guerra Mundial.

Otros contendientes podrían ser naciones que están al este del Éufrates, como Irán, Afganistán y Pakistán. Hay quienes predicen una coalición de fuerzas del este, incluida Rusia.

Según una teoría, la batalla de Armagedón representa una rebelión dentro del imperio de la bestia durante la Tribulación. Otros dicen que se trata de un encuentro masivo de la fuerzas terrenales de la bestia que se preparan para pelear contra los poderes del cielo en la segunda venida; un enfrentamiento final entre el bien y el mal. Según Apocalipsis 19, dicen muchos eruditos, la batalla la librarán los ejércitos terrenales de la bestia

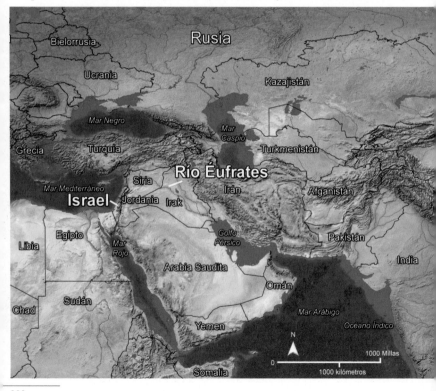

y los ejércitos celestiales conducidos por Jesús, que monta un caballo blanco.

La plaga de terremoto: ¿el fin de la civilización? Algunos futuristas predicen que literalmente ocurrirá un terremoto durante la Tribulación, y que este destruirá el planeta. Otros se preguntan si será el resultado de un ataque nuclear sin precedentes durante la batalla de Armagedón.

Aun así, otros eligen el enfoque simbólico. Opinan que la devastación de todas las islas y las montañas podría aludir a Dios que asola la civilización laica, a todo sistema humano de la sociedad que aleja a las personas de Él —ya sea político, religioso, financiero o social—.

Todo lo que ha construido la humanidad se desmorona. Tal vez se desintegra debido a una guerra que solo se detiene en el momento de la segunda venida de Jesús.

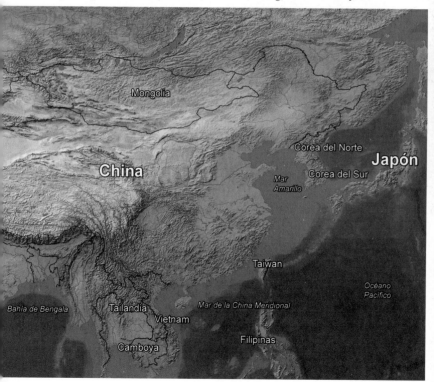

Monte Tabor

Ruinas de Jezreel

Valle de Jezreel

Ruinas de la cima
de la colina Megido

N

Megido: una vista por la que vale la pena morir. En la cima de esta colina de 100 pies (arriba), la caballería de Salomón, los soldados romanos y muchos otros ejércitos vigilaron alguna vez el creciente valle de Jezreel. Hacia el este, podrían haber visto hasta la cima de la antigua Jezreel, a una distancia de 9 millas o 14 kilómetros, y el monte Tabor, a 14 millas o 22 kilómetros.

SIRIA

Mar de Galilea

Nazaret

Monte Tabor

Valle del río Jordán

JORDANIA

Monte Gilboa

Jezreel

VALLE DE JEZREEL

Megido

Paso de Megido

Base de la Fuerza Aérea Israelí Ramat David

Cordillera del Carmelo

N

Jezreel significa "Dios esparce semillas". Es un nombre apropiado para el granero que representa el Israel moderno —origen de muchos cultivos, especialmente trigo y cebada (extremo derecho). Es aquí donde muchos dicen que se producirá la batalla de Armagedón.

Cordillera del Carmelo

Fortaleza de Megido

N

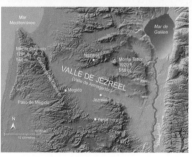

Mar Mediterráneo

Mar de Galilea

Nazaret

Monte Carmelo
1739 ft.
546 m.

Monte Tabor
1920 ft.
588 m.

VALLE DE JEZREEL
(Valle de Armagedón)

Paso de Megido

Megido

Jezreel

Yenín

N

13 kilómetros

EL CAMPO DE BATALLA DE ARMAGEDÓN

Algunos eruditos consideran que la tierra está destinada a una horrible batalla final antes de que regrese Jesús.

En la Biblia, se ofrece solo una señal desconcertante del lugar donde podría ocurrir esta batalla: "Los espíritus de demonios reunieron a todos los gobernantes y a sus ejércitos en un lugar que en hebreo se llama *Armagedón*" (Apocalipsis 16:16).

Armagedón es la versión en español de la palabra. La versión en hebreo suena más parecida a *Harmageddon*.

No obstante, hay un problema.

No existe mención a dicho lugar en ningún otro lugar de la Biblia.

Lo más cerca que han estado los eruditos de resolver esta encrucijada es mediante la unión de dos palabras hebreas: *Har Megiddo*, que significa "colina de Megido".

Megido era una ciudad fortificada del norte de Israel. Se asentaba en una pequeña colina que miraba hacia el valle de Jezreel y protegía el único paso importante que atravesaba el monte Carmelo. En la época de Juan, los soldados romanos tenían una base allí llamada la "legión de la gran planicie".

Los ejércitos, las caravanas de mercaderes y cualquier otro grupo grande que estuviera viajando debían atravesar el paso de Megido si querían seguir la ruta marítima, que era el camino costero más importante de Israel. El paso de Megido era un puente de tierra fundamental entre Egipto en el sur y los reinos de la región septentrional donde hoy están Siria, Turquía, Irak e Irán. Las otras opciones principales eran viajar por mar o atravesar el desierto sirio. Para algunos, demasiado húmedo o demasiado seco.

El paso de Megido es la razón por la que los ejércitos han librado más de treinta batallas importantes en el valle que se encuentra abajo durante los últimos tres mil años.

El valle de Jezreel recibe su nombre de la antigua ciudad de Jezreel que estaba en la cima de una colina. Al igual que Megido, miraba hacia el valle en los tiempos antiguos. También como Megido, hoy no es más que un montón de rocas. Pero en la época del rey Acab de Israel y de Jezabel, Jezreel era su segundo hogar; un palacio de descanso con una gran vista.

La ubicación del valle de Jezreel —al norte del monte Carmelo— encaja a la perfección con la descripción realizada por Ezequiel de una batalla del fin de los tiempos liderada por alguien llamado Gog. Ezequiel citó a Dios cuando advertía a Gog: "Caerás sobre los montes de Israel" (Ezequiel 39:4 nvi).

En lo que algunos creen otra descripción de la batalla, una invasión de langostas sale en enjambre del suelo envuelta en humo (Apocalipsis 9:3). Para algunas personas, es curioso que Israel tenga una base aérea en el valle, ya que la mayor parte está protegida de manera subterránea.

En otra descripción de una batalla del fin de los tiempos, Juan agregó que cuando se libere a Satanás de los mil años de prisión:

> ...saldrá para engañar a las naciones que están en los cuatro ángulos de la tierra —a Gog y a Magog—, a fin de reunirlas para la batalla. Su número será como el de las arenas del mar. Marcharán a lo largo y a lo ancho de la tierra, y rodearán el campamento del pueblo de Dios.
>
> APOCALIPSIS 20:8–9 nvi

Esta particular batalla termina, según Juan, cuando Dios aniquila al enemigo con fuego del cielo. Misiles o bombas, suponen algunos.

¿Cuántos mueren?

Aunque las descripciones de las batallas que dan Ezequiel y Juan no se entiendan de manera literal, las señales apuntan a una matanza masiva.

- "Oí que su ejército estaba formado por doscientos millones de tropas a caballo" (Apocalipsis 9:16).
- "Del lagar... brotó un río de sangre de unos trescientos kilómetros de largo y de una altura que llegaba a los frenos de un caballo" (Apocalipsis 14:20).
- "Les llevará siete meses a los israelitas enterrar los cuerpos y limpiar la tierra" (Ezequiel 39:12).

Eso sí que es un baño de sangre.

Cada adulto cuenta con aproximadamente un galón y medio de sangre (5.6 litros). Un ejército de doscientos millones equivaldría aproximadamente a trescientos millones de galones de sangre (más de mil millones de litros). Esto es suficiente para llenar más de cuatrocientas cincuenta piscinas olímpicas.

Aunque no es suficiente para llenar el valle de Jezreel, que tiene 300 millas cuadradas (483 km²). Eso equivale aproximadamente al tamaño de cada una de las siguientes áreas metropolitanas: Nueva York, Kansas o San Diego.

Aunque la sangre derramada sin duda mancharía la tierra: un millón de galones de sangre por milla cuadrada. Se necesitarían diecisiete millones de galones (sesenta y cuatro millones de litros) para cubrir cada milla cuadrada (1.6 km) con una pulgada (2.5 cm) de sangre. Por lo tanto, un simple millón no haría mucho más que cubrir con una mano de pintura. Pero podría pintar todo el valle.

En vez de tomar en forma literal estos números o la ubicación de Armagedón, muchos eruditos dicen que es más probable que sean símbolos del juicio inevitable de Dios. En la época de Juan, había muerto tanta gente en las batallas libradas cerca de Megido que el lugar ya se había convertido en un símbolo del juicio de Dios; así como la fecha 9/11 se ha convertido en un símbolo del terrorismo e Hiroshima en un símbolo de los horrores de la guerra nuclear.

BATALLAS LIBRADAS EN EL VALLE DE JEZREEL

- El faraón **egipcio** Tutmosis III derrotó a los cananeos a mediados del siglo xv a.C. (primera batalla conocida allí)
- El faraón **egipcio** Merenptah derrotó a los cananeos en el 1220 a.C.
- La jueza **israelita** Débora derrotó a los cananeos de Sísara en el siglo xii a.C.
- El juez **israelita** Gedeón derrotó a los madianitas en el siglo xii a.C.
- Los **filisteos** derrotaron al rey israelita Saúl y a sus hijos en el 1010 a.C.
- El faraón **egipcio** Necao derrotó al rey judío Josías en el 609 a.C.
- El general **británico** Edmund Allenby derrotó a las fuerzas turcas en la batalla de Megido en 1918
- Las fuerzas militares **israelíes** derrotaron a los árabes en la Guerra de los Seis Días en 1967 (batalla librada en el valle por la ciudad de Yenín)
- Los **israelíes** derrotaron a los árabes en la Guerra de Yom Kipur en 1973 (Siria lanzó un ataque con artillería contra la base aérea Ramat David ubicada en el valle)

"¡Oh Babilonia, tú, gran ciudad! En un solo instante el juicio de Dios cayó sobre ti... Todos tus lujos y el esplendor se han ido para siempre".

APOCALIPSIS 18:10, 14

Un ángel lleva a Juan al futuro para que vea cómo será "el castigo de la gran prostituta", Babilonia. (Apocalipsis 17:1 NVI).

Pero ¿quién es esta prostituta cuyo nombre en código es Babilonia? Los eruditos tienen docenas de teorías. Las principales son:

- Roma, que simboliza al Imperio romano
- Jerusalén, que simboliza a la ciudad que persiguió por primera vez a los cristianos
- Un imperio del mal que ha de venir.

Independientemente de lo que represente Babilonia, la mayoría de los eruditos afirman que observan varias conexiones con la Roma de la época de Juan.

Vestimenta llamativa. La mujer usa un atuendo de color púrpura y rojo y está cubierta de oro y gemas. No solo es la forma en que vestían las prostitutas de la alta sociedad de la época. Es la forma en que vestían los líderes romanos. Con uniformes codificados por colores según la clase social, los senadores podían llevar una tira de color escarlata en sus togas. Solo los emperadores podían usar togas completamente escarlatas, en una variedad de matices que iban del púrpura al rojo.

La copa del pecado. La prostituta tiene una copa de oro con pecado. La palabra griega para "pecado" que usó Juan es inusual. Algunos eruditos manifiestan que los judíos de la época de Juan podían haber relacionado esta palabra con la "abominación desoladora" (Daniel 11:31; 12:11 RVR1960) que dice el profeta Daniel que algún día profanaría y destruiría el Templo de Jerusalén y terminaría con el sistema de sacrificios.

Esta profecía parece haberse cumplido en el 70 d.C., cuando el general romano Tito profanó el Templo sagrado al ingresar. Solo los sacerdotes judíos podían ingresar allí. Los soldados de Tito quemaron por completo el Templo. No ha vuelto a construirse.

Ella no es ninguna dama. Ella es la "grande ramera" de Babilonia. Así se la llama en algunas traducciones de la Biblia, incluso en la venerada versión Reina Valera 1909. Tiene un nombre misterioso escrito en la frente: "Babilonia la grande, madre de todas las prostitutas y obscenidades del mundo" (Apocalipsis 17:5). Según algunos eruditos, esta mujer representa el Imperio romano. Otros opinan que encarna un reino del mal por venir que está gobernado por el anticristo.

Quirinal

Viminal

Capitolino

Palatino

Río Tíber

Aventino

ROMA 325 d.C.

Emborrachada de sangre. La prostituta de Babilonia estaba "borracha de la sangre del pueblo santo de Dios, es decir los que testificaron de Jesús" (Apocalipsis 17:6). Esto podría hacer referencia a la persecución de los cristianos por parte de los romanos. Pero también podría aludir a los judíos de Jerusalén que persiguieron a los cristianos.

Roma: la ciudad de las siete colinas. Roma comenzó como caseríos aislados en siete colinas. Con el tiempo, estos caseríos se unieron. Juan dijo que la prostituta de Babilonia gobernó en un lugar que tenía siete colinas. Esto lleva a que muchos eruditos digan que la prostituta representa a Roma. El crecimiento urbano, incluso en la antigüedad, desgastó gran parte de las colinas. Una excepción es el monte Palatino, que se encuentra a la izquierda del Coliseo de forma circular (arriba a la derecha). Los romanos adinerados vivían allí en la época de Juan. Hoy es una reserva arqueológica.

Cabalgando sobre la bestia. La prostituta de Babilonia monta una bestia con siete cabezas que "representan las siete colinas donde la mujer gobierna" (Apocalipsis 17:9). Los escritores romanos de la época hablaban de Roma como la ciudad construida sobre siete colinas. Hoy es imposible ver la mayor parte de las colinas porque están cubiertas de edificios y de calles. Pero en los tiempos romanos remotos, la cumbre de cada colina parecía tener su propia fortaleza amurallada.

Siete reyes. Las siete cabezas de la bestia también representan siete reyes. Un ángel cuenta a Juan que los primeros cinco reyes están muertos y que ahora reina el sexto rey. El reinado del rey número siete, dice el ángel, será breve.

También surgirá un octavo rey, comenta el ángel. Pero este rey "es de entre los siete" (Apocalipsis 17:11 RVR1960), dando a entender que es la resurrección de uno de los reyes anteriores —tal vez se trate de una referencia a la leyenda urbana muy difundida de que Nerón no había muerto en realidad.

Algunos relacionan a estos reyes con los ocho emperadores romanos que gobernaron desde el nacimiento de Jesús y durante la mayor parte del primer siglo:

1. Augusto (gobernó entre el 27 a.C. y el 14 d.C.)

2. Tiberio (14-37 d.C.)

3. Calígula (37-41 d.C.)

4. Claudio (41-54 d.C.)

5. Nerón (54-68 d.C.)

6. Vespasiano (69-79 d.C.)

7. Tito, el que gobernó por menos tiempo (79-81 d.C.)

8. Domiciano, a veces considerado la reencarnación de Nerón (81-96 d.C.)

(Para leer más sobre la bestia de siete cabezas y diez cuernos —incluso sobre la manera en que los futuristas proyectan estos símbolos en el fin de los tiempos— ver "Equipo de bestias", página 273).

Cualquiera sea el sistema pagano que representa Babilonia —la antigüedad o el futuro— Dios lo está desmoronando. Juan observó asombrado cómo la multitud del cielo cantaba la canción triunfal:

"¡Aleluya!
La salvación, la gloria y el poder son de nuestro Dios,
pues sus juicios son verdaderos y justos:
ha condenado a la famosa prostituta
que con sus adulterios corrompía la tierra;
ha vindicado la sangre de los siervos de Dios derramada por ella".

APOCALIPSIS 19:1–2 NVI

LA CAÍDA DE BABILONIA: DOS PUNTOS DE VISTA

	HISTORIA	FUTURO
Siete colinas (17:9)	Roma era conocida como "la ciudad construida sobre siete colinas".	Símbolo de Roma y posible emplazamiento de un imperio futuro.
Siete reyes (17:9–10)	Emperadores romanos del primer siglo desde el nacimiento de Jesús.	Imperios a lo largo de la historia que conducen al último imperio del mundo.
La caída de Babilonia (Apocalipsis 18)	Los romanos destruyen la ciudad de Jerusalén en el 70 d.C. o invasores tribales destruyen Roma en el 400 d.C. aproximadamente.	Durante la Tribulación, se destruye un imperio del fin de los tiempos o quizá una falsa religión liderada por el anticristo.

Algunos leen el libro del Apocalipsis principalmente como **historia**, un informe de lo que sucedió en los tiempos de Juan cuando gobernaban los romanos. Otros lo leen como una profecía sobre el **futuro**. Los puntos de vista de cada columna, historia y futuro, son solo una muestra de las teorías más populares. A veces surgen otros puntos de vista en cada una de estas categorías.

Guerra santa. En una visión, Juan ve que los ejércitos celestiales montan caballos blancos y arremeten contra la tierra. Un rey guerrero los conduce. La mayoría de los expertos en la Biblia dicen que este "Rey de reyes" (Apocalipsis 19:16), como lo describe Juan, es Jesús. Juan no aclara si estos ejércitos son angélicos o si están formados por los santos del cielo. Y los eruditos deliberan si la batalla que libran es un Armagedón literal o figurado, una batalla espiritual por los corazones de la humanidad.

JESÚS VA A LA GUERRA (APOCALIPSIS 19:11–21)

Luego vi el cielo abierto, y apareció un caballo blanco. Su jinete se llama Fiel y Verdadero... Lo siguen los ejércitos del cielo.

APOCALIPSIS 19:11, 14 NVI

Es el momento de una guerra santa, ya sea en la dimensión espiritual o en la física. Los expertos en la Biblia deliberan cuál.

Sobre lo que no suelen debatir es quién es el jinete del caballo blanco. La mayoría coincide en que es Jesús. Hay varias señales que apuntan a Él.

Montaba un caballo blanco (Apocalipsis 19:11). Este era el color de la victoria en los tiempos romanos. Después de que Julio César derrotó los ejércitos del norte de África, desfiló por Roma en un carro tirado por caballos blancos. Juan había dicho anteriormente que el Mesías también era un vencedor —uno que descendía de la tribu de Judá, del clan ancestral del rey David— y que había tenido grandes victorias (Apocalipsis 5:5).

Su nombre era "Fiel y Verdadero" (Apocalipsis 19:11). Juan ya había descrito a Jesús como "fiel" (Apocalipsis 1:5) y "verdadero" (Apocalipsis 3:7).

"Sus ojos eran como llamas de fuego" (Apocalipsis 19:12). Juan dijo con anterioridad que los ojos del "Hijo del Hombre" (Apocalipsis 1:13) eran "como llamas de fuego" (Apocalipsis 1:14).

Su túnica estaba "bañada de sangre" (Apocalipsis 19:13). Los eruditos deliberan si se trata de la sangre de sus víctimas o de un símbolo de la sangre que derramó al morir en la cruz. Pero en las primeras enseñanzas judías anteriores a la época de Juan, se utilizan palabras notablemente similares para describir al Mesías que iba a venir de la tribu de Judá.

Los judíos de la época de Juan hablaban arameo, un idioma que adquirieron siglos antes durante el exilio en Babilonia, actual Irak. Como la Biblia de los judíos estaba escrita en hebreo, los rabinos debían traducirla al arameo durante los servicios religiosos. Muchas de estas traducciones sobrevivieron. La siguiente es una traducción de unos pocos versículos que muchos judíos creían que describía al Mesías prometido.

Qué hermoso es el rey Mesías, que está destinado a venir de la familia de Judá. Se puso su traje de batalla y partió a la guerra contra sus enemigos.

Asesinó a reyes y gobernantes y pintó las montañas de rojo con la sangre de sus ejércitos… Su ropa estaba empapada de sangre, al igual que la de quien estuvo pisoteando las uvas en un lagar.

TARGUM NEOFITI, GÉNESIS 49.10–12 [v.d.t.]

Al parecer, Juan captó no solo la imagen de la ropa ensangrentada, sino también el simbolismo del lagar, porque comparó las consecuencias de la ira de Dios con "el jugo que corre del lagar" (Apocalipsis 19:15).

Su título es "la Palabra de Dios" (Apocalipsis 19:13). El apóstol Juan, que muchos dicen que es la misma persona que escribió el Apocalipsis, describió a Jesús como la Palabra enviada por Dios: "La Palabra se hizo hombre y vino a vivir entre nosotros" (Juan 1:14).

Su otro título es "Rey de reyes y Señor de señores" (Apocalipsis 19:16). Juan ya había descrito al "Cordero", un nombre en código para designar a Jesús, que se había sacrificado por los pecados de la humanidad como "el Señor de todos los señores y el Rey de todos los reyes" (Apocalipsis 17:14).

JINETES SOBRE CABALLOS BLANCOS: DOS PUNTOS DE VISTA

	HISTORIA	FUTURO
El jinete sobre el caballo blanco (Apocalipsis 19:11)	Jesús, que representa la Palabra de Dios, pelea la constante batalla de la guerra de la cristiandad contra el mal y finalmente vence a todos los que se oponen.	Jesús viene por segunda vez para derrotar a las fuerzas del mundo en Armagedón, juzgar a la humanidad y establecer su reinado de mil años.
Los ejércitos del cielo sobre caballos blancos (19:14)	Cristianos que transmitieron las enseñanzas de Jesús a lo largo de los siglos.	Posiblemente ángeles, mártires de la Tribulación o todos los creyentes en el cielo.

Algunos leen el libro del Apocalipsis principalmente como **historia**, un informe de lo que sucedió en los tiempos de Juan cuando gobernaban los romanos. Otros lo leen como una profecía sobre el **futuro**. Los puntos de vista de cada columna, historia y futuro, son solo una muestra de las teorías más populares. A veces surgen otros puntos de vista en cada una de estas categorías.

JESÚS EN LA MONTURA

Aunque la mayoría de los eruditos no dudan acerca de que Jesús es el jinete sobre el caballo blanco, no se ponen de acuerdo sobre qué es lo que está haciendo en la montura.

No es precisamente Armagedón. Los eruditos que interpretan la historia romana a partir de gran parte del Apocalipsis tienden a considerar la batalla como un símbolo de la lucha continua del cristianismo contra el mal. Algunos de ellos dicen que ni siquiera esperan una segunda venida en forma literal, menos aún una batalla de Armagedón literal.

La segunda venida sobre la que habló Jesús, según algunos eruditos, podría haberse cumplido durante la época de los discípulos. Posiblemente Jesús regresó a juzgar en el 70 d.C., cabalgando simbólicamente con el ejército romano mientras éste arrasaba Jerusalén, la ciudad donde comenzó la persecución a los cristianos. O tal vez Jesús regresó incluso antes, según dicen algunos, en su resurrección. O regresó en la forma del Espíritu Santo y descendió sobre los apóstoles (Hechos 2) poco tiempo después de ascender al cielo desde el monte de los Olivos (Hechos 1:9–12).

Sin embargo, la mayoría de los eruditos que interpretan que el Apocalipsis se refiere a la historia, manifiestan que esperan una segunda venida en el fin de los tiempos. Pero algunos no están tan seguros de que el Jesús que cabalga sobre el caballo blanco cumpla con los requisitos.

Cuando Jesús ascendió desde el monte de los Olivos, un ángel dijo a los discípulos que Jesús "¡volverá del cielo de la misma manera en que lo vieron irse!" (Hechos 1:11). No se fue a caballo. Pero, según argumentan algunos, tal vez eso sea tomar al ángel de manera demasiado literal.

Para muchos eruditos, la batalla que emprende Jesús en la visión de Juan es espiritual. Es la batalla a la que se enfrentará la Iglesia a lo largo de los siglos.

Un indicio: Jesús no gana esta batalla con una espada. La gana con algo que parecen palabras; quizá sea la Palabra de Dios: "De su boca salía una espada afilada para derribar a las naciones" (Apocalipsis 19:15).

Isaías pareció predecir otro tanto:

> *La tierra temblará con la fuerza de su palabra,*
> *y bastará un soplo de su boca para destruir a los malvados.*
> Isaías 11:4

Guerra santa. Algunos expertos en la Biblia que vislumbran el futuro a partir de esta sección del Apocalipsis coinciden en que la batalla es simbólica. Pero muchos otros relacionan esta lucha con la batalla de Armagedón. Dicen que Jesús llegará para arrasar con el pecado y establecer su reinado de mil años: el Milenio.

Hay quienes opinan que los "ejércitos del cielo" (Apocalipsis 19:14), que también montaban caballos blancos, están compuestos por ángeles. Otros especulan que son cristianos que murieron durante la Tribulación o tal vez la Iglesia en general. Pero Juan no aclaró quiénes eran.

Si esta visión representa una batalla literal de las fuerzas espirituales del cielo contra las naciones malvadas de la tierra, las consecuencias son por lo tanto atroces. Los seguidores de Cristo disfrutan de la "cena de la boda" (Apocalipsis 19:9), pero los enemigos de Cristo se convierten en un banquete de carroñeros:

> *Vi a un ángel parado en el sol que les gritaba a los buitres que volaban en lo alto de los cielos: "¡Vengan! Reúnanse para el gran banquete que Dios ha preparado. Vengan y coman la carne de los reyes, los generales y los fuertes guerreros; la de los caballos y sus jinetes y la de toda la humanidad, tanto esclavos como libres, tanto pequeños como grandes".*
>
> Apocalipsis 19:17–18

Los ejércitos del cielo masacraron a las fuerzas de coalición de la tierra. Sus líderes —la bestia y un falso profeta— fueron lanzados al lago de fuego.

EL LAGO DE FUEGO

El "lago de fuego que arde con azufre", también llamado "lago de fuego", no es el centro derretido del infierno: el punto más caliente del lugar caliente (Apocalipsis 19:20; 20:14).

Según la mayoría de los expertos en la Biblia, tampoco es un infierno extremo para pecadores extremos.

El lago de fuego no es más que otro nombre para designar el infierno.

Sin embargo, es un nombre único. Ningún otro escritor de la Biblia usó esa frase. Como tampoco la usó ningún escritor judío de la época de Juan o en un tiempo anterior. Ni tampoco algún escritor griego o romano de esa época, por lo que se sabe.

Los eruditos dicen que a Juan se le debe de haber ocurrido esa frase tan peculiar de alguna de estas dos posibles maneras:

- **Es probable que Juan haya tomado la expresión "lago de fuego" del texto egipcio *Libro de los muertos*.**

El lago de fuego aparece allí.

También aparece la "segunda muerte", otra imagen de la vida después de la muerte que Juan debe de haber tomado de los egipcios. Juan dijo: "Este lago de fuego es la segunda muerte" (Apocalipsis 20:14). En el *Libro de los muertos* egipcio, la primera muerte es la muerte corporal. La segunda muerte es la muerte del alma. Algunos dicen que Jesús también parecía hablar de una doble muerte: "Teman sólo a Dios, quien puede destruir tanto el alma como el cuerpo en el infierno" (Mateo 10:28).

Esta serie de imágenes que aparecen tanto en el Apocalipsis como en el *Libro de los muertos* aporta relevancia a la teoría, según expresan algunos eruditos, de que Juan tomó prestadas ambas ideas del libro egipcio escrito aproximadamente 1,400 años antes de su época.

- **Juan podría haber acuñado "lago de fuego" como una frase combinada proveniente de la adaptación de palabras que usaron los escritores judíos y griegos para describir la vida después de la muerte.**

Los judíos hablaron de un castigo ardiente. El primero fue el profeta Isaías: "El fuego que los quema nunca se apagará" (Isaías 66:24). Jesús también hizo referencia a este tema: "¡Fuera de aquí, ustedes, los malditos, al fuego eterno preparado para el diablo y sus demonios!" (Mateo 25:41).

Y con respecto a las almas de los muertos en el agua hirviendo, los escritores griegos y romanos se refirieron a "grandes ríos de fuego" y a un "lago del Hades". También lo hizo un profeta judío que describió a Dios en el día del juicio: "Un río de fuego brotaba de su presencia" (Daniel 7:10).

Tal vez Juan combinó las dos ideas que conocía —el castigo ardiente y el agua ardiente— como una manera de describir su visión.

Luego, en la visión de Juan, Jesús reina durante mil años y Satanás recibe su merecido.

Acidez egipcia. En una escena del *Libro de los muertos* escrito en Egipto en 1275 a.C. aproximadamente, el dios de los muertos, Anubis, que tiene cabeza de chacal (el último de la izquierda), conduce al juicio a un hombre vestido con una túnica blanca. Los egipcios enseñaban que el corazón contenía el carácter de una persona. Si el corazón no estaba a la altura, era una lástima. Osiris, el dios de la inmortalidad (sentado en el extremo derecho), ordenó matar salvajemente a la persona. Un "devorador" feroz se comió el cuerpo. Uno de los tantos hechizos del *Libro de los muertos* invoca: "Salva al escriba Nebseni... del dios... que espera en el recodo del lago de fuego y se come el cuerpo de los muertos". [v.d.t.]

El lago de fuego. Es el final del camino para los pecadores. Es lo que ve Juan en su visión. Dice que Satanás regresa a vengarse después de mil años de paz —en los que estuvo contenido. Reúne un ejército para hacer un último ataque contra Dios. Pero Dios arrasa con el ejército, aparentemente antes de que incluso pudiera iniciar un ataque. A continuación: El día del juicio. Los pecadores se unen a Satanás en un lago que arde con azufre. Los eruditos deliberan si el fuego es literal o figurado.

EL CIELO EN LA TIERRA DURANTE MIL AÑOS; DESPUÉS, EL FUEGO (APOCALIPSIS 20)

Vi además a un ángel... Sujetó al dragón... Satanás. Y lo encadenó por mil años.

APOCALIPSIS 20:1–2 NVI

He aquí el capítulo más desconcertante del libro más desconcertante de la Biblia.

Si las palabras sagradas fueran soldados, este capítulo sería la fuerza de élite, el más secreto y engañoso de toda la Biblia.

Muchos insisten en que es imposible descifrar este capítulo. Pero los expertos en la Biblia lo intentan. Si hicieran una voltereta cada vez que formularan una teoría sobre este capítulo, es probable que sus estudiantes no se durmieran tanto durante la conferencia.

- **Se mencionan mil años de paz.**

Pero los eruditos discuten si ese milenio es literal o simbólico. Quienes creen que es literal, deliberan si Jesús regresará antes o después del milenio.

- **Se habla de Satanás y de todos los malvados que son lanzados al infierno.**

Pero los eruditos polemizan sobre la temperatura. Algunos dicen que hace calor. Otros dicen que no, que probablemente solo sea la separación de Dios. Y otros esgrimen que no importa porque allí se aniquila a los malvados, se los arroja a la nada en lugar de torturarlos durante toda la eternidad.

- **Se habla de una batalla.**

Pero los eruditos no pueden ponerse de acuerdo acerca de si se trata de otra descripción más de la batalla de Armagedón o de una batalla posterior: el último intento de Satanás contra Dios.

Con respecto a los capítulos anteriores, la mayoría de los eruditos se dividen en dos grupos principales. Algunos consideran que el informe de Juan es historia. Otros lo consideran un vistazo al futuro.

Sin embargo, con respecto a Apocalipsis 20, la mayoría coincide en que la mayor parte de los sucesos que describe Juan ocurren en el futuro. Aun así, estos expertos se dividen en tres grupos. El grupo que elijan influirá en su punto de vista. Los eruditos de un grupo ven el capítulo desde una perspectiva diferente a la de los otros dos grupos. Y este ángulo único se refleja en la manera en que cada uno explica la visión de Juan.

Los tres grupos:

Antes del milenio. Término especializado: Premilenio. En realidad, la expresión especializada completa es *premileniarismo*. Pero algunos de los lectores de este libro podrían estar mascando tabaco. Y un trabalenguas como ese podría hacerlos atragantarse. O aun peor, tragarse el tabaco.

Los eruditos de este grupo opinan que Jesús regresará en la segunda venida que ocurrirá *antes* (*pre*) de los mil años de paz (*milenio*). Luego fundará un reino en la tierra y gobernará durante mil años. Después de esto, Jesús resucitará a los muertos, juzgará al mundo y castigará a Satanás y a los malvados. A continuación, Jesús se llevará consigo a sus seguidores para disfrutar juntos de la vida eterna.

Después del milenio. Término especializado: Posmilenio. Jesús regresa *después* (*pos*) de mil años, una vez que los cristianos han hecho del mundo un lugar mejor y más pacífico.

MIL AÑOS DE PAZ EN LA TIERRA
TRES TEORÍAS POPULARES

Teoría premileniarista
Jesús llega antes de mil años de paz

Tribulación   Milenio

Crucifixión   Segunda venida   Juicio Final

No existe el milenio. Término especializado: Amileniarismo. No existe un reinado literal de mil años. El milenio simboliza todos los siglos posteriores a la vida terrenal de Jesús. Es durante este largo período de tiempo que los cristianos son capaces de transmitir el mensaje de paz y salvación, ahora que Jesús ha derrotado los poderes del pecado y de la muerte. Jesús lo logró al hacer que el perdón y la vida eterna estuvieran disponibles para todos.

EL MILENIO: PAZ EN LA TIERRA, SATANÁS EN SUSPENSO

Juan ve un ángel con una cadena y una llave. Nos podría parecer que es un motociclista: un ángel del infierno que se dirige a su Harley para poner en marcha algunos problemas.

Pero en la visión de Juan, este ángel tenía la intención de detener los problemas. Estaba a punto de capturar al ángel del infierno, Satanás, y encerrarlo en el "pozo sin fondo" o, más literalmente, el abismo. En algunos escritos antiguos, se lo llama "inframundo" —bien abajo, donde permanecen los demonios y los muertos—.

El ángel de Dios "sujetó con fuerza al dragón —la serpiente antigua, quien es el diablo, Satanás—" (Apocalipsis 20:2).

Posmilenio
Jesús llega después de mil años de paz

La segunda venida

El milenio

Crucifixión

Juicio Final

Teoría amileniarista
Jesús llega después de mil años simbólicos de paz

La segunda venida

Milenio simbólico

Crucifixión

Juicio Final

Tanto "dragón" como "serpiente" son nombres en clave para designar a Satanás.

El nombre "dragón" nos remonta al capítulo 12. Allí, un dragón esperaba para devorarse a un niño recién nacido —una posible referencia al intento de Satanás por evitar que Jesús completara su misión en la tierra—. En escritos judíos antiguos, los dragones representaban a los enemigos de Dios.

El ataque del dragón. Sorprendido, un asesino novato de dragones se apura a sacar su espada a tiempo para destruir a la bestia antes de que la bestia lo destruya a él. Los dragones surgieron en los relatos míticos de la antigüedad y en los escritos judíos, al menos como bestias en sentido figurado. Representaban a los enemigos de Dios. En el Apocalipsis, un dragón intenta matar y devorar a quien —según la mayoría de los expertos en la Biblia— era el Niño Jesús. No tuvo éxito.

El nombre "serpiente" nos remonta a mucho antes, a la historia de la Creación. Allí, una serpiente que hablaba engañó a Eva para que se comiera la fruta prohibida.

A medida que continúa la visión de Juan, el ángel del cielo encadena a Satanás, lo arroja al pozo para que cumpla una condena de mil años y cierra la puerta con llave.

Fuera del pozo, la vida cambia para mejor.

Los mártires resucitan de entre los muertos y reinan junto a Cristo durante mil años. Lamentablemente, Juan no dice dónde reinan o si se trata de los mismos mil años durante los cuales Satanás permanece en suspenso.

A continuación se ofrecen algunas de las muchas interpretaciones de esta visión.

La llegada del Reino. Los eruditos premileniaristas suelen tomar de manera literal los mil años. Dicen que comenzarán cuando regrese Jesús, después de que las personas de la tierra hayan sufrido siete años de Tribulación. Para demostrar que la Tribulación sucede antes, destacan el hecho de que solo después de que se encierra a Satanás, Juan ve la resurrección de los mártires "decapitados por dar testimonio" (Apocalipsis 20:4).

Rechazan la enseñanza amileniarista según la cual los mil años representan la obra de la Iglesia en general, en relativa paz y sin la intromisión de Satanás. Los premileniaristas argumentan que si Satanás está encadenado, entonces alguien dejó la cadena demasiado floja. Porque, considerando lo que sucede en el mundo, pareciera que se llevó la llave al pozo sin fondo y está de un lado para el otro en su Harley del infierno, poniendo en marcha problemas por todas partes.

Incluso dentro del grupo de los premileniaristas, hay distintos tipos de enseñanzas: dispensacional e histórica. Los dispensacionalistas manifiestan que, por ejemplo, la nación judía de Israel desempeñará un papel especial en el futuro reino de Dios. El grupo histórico, que incluía al célebre predicador inglés Charles Spurgeon, expresa que las referencias a Israel en el Apocalipsis corresponden a la Iglesia cristiana y no a la nación judía.

Predicar hasta la llegada del Reino. Los eruditos posmileniaristas suelen enseñar que la Iglesia es una fuerza incontenible destinada a vencer a Satanás y a convertir el mundo en un refugio cristiano de paz, casi una utopía. A su vez, estos eruditos dicen que las palabras y los ejemplos de vida de los cristianos lograrán persuadir a la mayor parte del planeta.

Los mil años de paz podrían ser literales o quizá solo una manera figurada de hacer referencia a un período de tiempo prolongado. Una vez que este período de paz llegue a su fin según los tiempos de Dios, los eruditos especulan que Jesús regresará por segunda vez.

La edad de oro de la Iglesia. Niños rusos se unen para rendir culto. Algunos expertos en la Biblia consideran que no es la segunda venida de Jesús la que conduce al milenio de paz sobre la tierra. Es la Iglesia, mediante el ministerio constante y la vida devota. De acuerdo con los posmileniaristas, Jesús regresará solo después de que el cristianismo convenza a la mayor parte del planeta.

El Reino ya vino. Los eruditos amileniaristas opinan que Jesús encerró a Satanás hace aproximadamente dos mil años y que hemos estado disfrutando un milenio simbólico de relativa paz espiritual desde entonces. Es por este motivo que en algunas traducciones de la Biblia se usa una *A* mayúscula en "Un Ángel que descendía del cielo" (Apocalipsis 20:1 THE MESSAGE). Suponen que el Ángel que encerró a Satanás fue Jesús.

Después de todo, argumentan estos eruditos, Jesús salió victorioso cuando Satanás intentó tentarlo. Y Jesús nunca tuvo problemas para exorcizar los demonios de Satanás de las almas humanas.

Los autores de la Biblia esgrimen que Jesús le arrebató a Satanás sus armas principales: el pecado y la muerte.

"Desarmó a los gobernantes y a las autoridades espirituales... con su victoria sobre ellos en la cruz" (Colosenses 2:15). Debido a la muerte sacrificial y a la resurrección de Jesús, Satanás perdió todas sus influencias con quienes deseaban el perdón y la vida eterna. Jesús ofreció ambos dones sin pedir nada a cambio.

Otro escritor lo expresó de esta manera: "Al aceptar la muerte y hacerla propia, destruyó el poder del diablo sobre la muerte y liberó a todos los que vivían con miedo, que le tenían pánico a la muerte" (Hebreos 2:15 THE MESSAGE).

Cuando Juan dijo que Satanás fue encerrado, algunos eruditos amileniaristas explicaron que el apóstol no había querido decir que Satanás no tenía más influencia, sino que quiso decir que Satanás estaba atrapado en los planes de Dios. Satanás no podía hacer nada para detener el Reino de Dios. Tenía las manos atadas. Porque cuando Jesús llegó, el Reino llegó.

LA SEGUNDA VENIDA DE SATANÁS

Al finalizar los mil años, Satanás es liberado. No debe sorprendernos que vuelva a hacer lo que mejor sabe hacer.

"Saldrá para engañar a las naciones —llamadas Gog y Magog— por todos los extremos de la tierra. Las reunirá a todas para la batalla: un poderoso ejército tan incalculable como la arena de la orilla del mar" (Apocalipsis 20:8).

Armagedón II. Algunos eruditos opinan que se trata de la misma batalla de Armagedón a la que se refería Juan en el Apocalipsis 16 y sobre la que escribió Ezequiel casi setecientos años antes. Después de todo, tanto Ezequiel como Juan mencionan que Gog y Magog forman parte de esta batalla contra Dios.

Pero la mayoría de los eruditos premileniaristas opinan que es un desesperado intento final de Satanás por derrotar a Dios, un intento de provocar un

EL MILENIO Y EL JUICIO: TRES PUNTOS DE VISTA

	Pre-Mil Jesús llega primero, después acontece el milenio	Post-Mil Primero acontece el milenio, luego llega Jesús	A-Mil Solo llega Jesús, no existe el milenio en términos literales
Satanás pasa mil años en prisión; paz en la tierra (Apocalipsis 20:3, 6)	Sucederá cuando Jesús regrese para establecer su reinado milenial sobre la tierra.	Sucederá cuando la enseñanza cristiana disminuya la eficacia de Satanás.	Está sucediendo en la actualidad y ha sucedido desde que Jesús derrotó a Satanás.
Jueces sentados en tronos (20:4)	Devotos de los tiempos bíblicos, mártires durante la Tribulación o ángeles.	Mártires cuya muerte ayuda a difundir el cristianismo en todo el mundo.	Devotos que ahora están en el cielo, o un símbolo de los cristianos en la tierra, y que viven una victoria espiritual.
Satanás congrega naciones para luchar contra el pueblo de Dios (20:7–9)	La batalla de Armagedón o una probable batalla posterior que Dios gana fácilmente.	Una última rebelión (no es Armagedón) que Dios sofoca rápidamente.	Persecución física de los cristianos o guerra espiritual contra los cristianos.
Día del juicio en el gran trono blanco (20:12–13)	Solo se juzga a los pecadores; los devotos se salvan.	Todos son juzgados, tanto los buenos como los malos.	Todos son juzgados.

Los puntos de vista de cada columna —**premileniarista, posmileniarista** y **amileniarista**— son solo una muestra de las teorías más populares. A menudo existen muchos otros puntos de vista en cada una de estas tres categorías.

segundo Armagedón. Según estos eruditos, la batalla de Gog y Magog contra Dios que menciona Ezequiel —quizá se trate de Armagedón I del Apocalipsis 16— ocurre cronológicamente mucho tiempo antes. Es al comienzo de la Tribulación de los siete años y no a fines del milenio, que se produce después de la Tribulación.

De acuerdo con estos eruditos, la referencia de Juan a Gog y Magog no es más que una alusión en clave. Es como utilizar *Babilonia* como palabra clave para mencionar a Roma. Esta es una pista. La versión de Ezequiel sobre la batalla identifica a Gog como un gobernante misterioso y a Magog como su reino. Pero la versión de Juan de esta batalla acontecida mucho tiempo después llama "Gog y Magog" al ejército de coalición de Satanás. Es probable que Juan haya tomado prestado los nombres de "Gog y Magog" para ayudar a los lectores que conocían la profecía de Ezequiel a comprender de manera inmediata que se tratará de un ejército despreciable similar y que está condenado a sufrir la misma suerte.

Ambos ejércitos son aniquilados.

En Armagedón II, ese ejército se dirige a la "ciudad amada" de Dios, una frase en código para referirse a Jerusalén. Pero, aparentemente, incluso antes de que pudieran atacar, Dios los quema con el gran "fuego del cielo" (Apocalipsis 20:9). Esto es exactamente lo que Dios prometió hacer a Gog en Armagedón I, si la batalla de Ezequiel se refiere a la guerra ocurrida durante la Tribulación: "Haré llover fuego sobre Magog y sobre todos tus aliados" (Ezequiel 39:6).

Una guerra menor con un gran nombre. Juan llama Gog y Magog al ejército de coalición internacional de Satanás, por los famosos enemigos de Dios mencionados por Ezequiel. Pero la mayoría de los eruditos posmilenaristas manifiestan que este ejército ni siquiera hace mella en el pacífico milenio.

Este ejército no se involucra con sus enemigos: cristianos que habrán dominado el mundo durante los últimos mil años aproximadamente.

Dios ataca a los invasores. Quizá con fuego literal, dicen algunos eruditos. Es la misma arma que utilizó Dios para destruir las ciudades de Sodoma y Gomorra cuatro mil años antes (Génesis 19:24).

Según otros eruditos, la guerra y el fuego podrían ser meros símbolos. La guerra representa una revuelta contra el cristianismo. Y el fuego representa a los cristianos que se aferran con firmeza a sus creencias y se niegan a ceder a las demandas de la minoría pecadora.

El acto final antes de la segunda venida de Jesús. Muchos eruditos amileniaristas opinan que ven en estos versículos la "segunda venida" de Satanás derrotada por la segunda venida de Jesús.

Al reaparecer, Satanás lanza una guerra que podría ser espiritual. O tal vez sea física y el objetivo sea una persecución violenta a los cristianos. Los eruditos no están seguros.

Cualquiera sea la naturaleza de la guerra, algunos eruditos la relacionan con una revuelta que Pablo anunció que ocurriría antes del regreso de Jesús.

> *También recordarán que les dije que el anarquista se encuentra contenido hasta que llegue el momento justo... Pero llegará el momento en que el anarquista ya no esté contenido sino libre. Sin embargo, no se preocupen. El Maestro Jesús le pisará los talones y lo liquidará. El Maestro aparece y —¡puf!— el anarquista desaparece.*
> 2 Tesalonicenses 2:6, 8 the message

Sin duda que esto parece la historia de Satanás después de ser liberado de la prisión, dicen los eruditos.

El fuego del cielo termina con la guerra y destruye el ejército de Satanás. Luego Satanás es arrojado al lago de fuego —el infierno— donde se une a la bestia y al falso profeta.

Según algunos eruditos, el fuego del cielo no es literal. Es Jesús en su segunda venida. Pablo dijo que sucedería de esta manera: "Él vendrá con sus ángeles poderosos, en llamas de fuego, y traerá juicio sobre los que no conocen a Dios y sobre los que se niegan a obedecer la Buena Noticia de nuestro Señor Jesús" (2 Tesalonicenses 1:7–8).

EL DÍA DEL JUICIO Y EL FIN DEL MUNDO

Juan escribe: "Vi un gran trono blanco y al que estaba sentado en él... Vi a los muertos, tanto grandes como pequeños, de pie delante del trono de Dios" (Apocalipsis 20:11–12).

Los expertos en la Biblia discrepan con respecto a quién está sentando en el trono: Dios Padre o Dios Hijo. Y disienten acerca de quiénes está siendo juzgados: solo los pecadores o tal vez los pecadores y los honestos.

Sin embargo, muchos concuerdan en que la escena que narra Juan es un día del destino por partida doble: El día del juicio y el fin del universo. *(Para consultar las teorías sobre cómo terminará el universo, leer "Cuando Dios apague la luz", página 340).*

El día del juicio solo para los pecadores. Muchos eruditos que ubican la segunda venida de Jesús antes del milenio esgrimen que resulta fácil identificar a Jesús como el juez sobre el gran trono blanco, aunque Juan llame el "trono de Dios" al asiento del juicio. El gran trono blanco, dicen estos eruditos, es tan grande como para el Padre y el Hijo —e incluso algunos más—. Es más una banca que un trono. Jesús ya lo dijo: "Todos los que salgan vencedores se sentarán conmigo en mi trono, tal como yo salí vencedor y me senté con mi Padre en su trono" (Apocalipsis 3:21).

Algunos opinan que el juez pareciera ser Dios Padre —la misma persona divina que un profeta llamó "el Anciano" setecientos años antes—. "Observé mientras colocaban unos tronos en su lugar, y el Anciano se sentó a juzgar... Entonces comenzó la sesión del tribunal y se abrieron los libros" (Daniel 7:9–10).

Sin embargo, en muchos pasajes de la Biblia se dice que Jesús será quien juzgará. Jesús también lo dijo: "Le ha dado autoridad para juzgar, puesto que es el Hijo del hombre" (Juan 5:27 NVI).

No obstante, Jesús reconoce que su juicio no es una acción en solitario: "Yo no puedo hacer nada por mi propia cuenta; juzgo según Dios me indica. Por lo tanto, mi juicio es justo, porque llevo a cabo la voluntad del que me envió y no la mía" (Juan 5:30).

Los premilenaristas suelen opinar que las personas juzgadas son solo los pecadores que resucitaron de entre los muertos. Los pecadores que habían vivido durante el milenio fueron asesinados antes, en una batalla liderada por Satanás (Apocalipsis 19:19–21). Los muertos devotos, dicen estos expertos, fueron resucitados antes del milenio, durante el arrebatamiento —mucho antes de este día del juicio—.

El día del juicio para los santos y los pecadores. Los eruditos que predican que Jesús vendrá después de los mil años de paz dicen que Jesús juzgará a todos, tanto a los buenos como a los malvados:

- **Todos los que murieron.** "La muerte y la tumba también entregaron sus muertos" (Apocalipsis 20:13).

- **Los buenos también.** "Todo el que no tenía su nombre registrado en el libro de la vida fue lanzado al lago de fuego" (Apocalipsis 20:15).

Juan dice que este lago de fuego es la "segunda muerte" (Apocalipsis 20:14). Esto resulta confuso para muchos eruditos.

Algunos se preguntan si la *segunda muerte* hace referencia a los pecadores resucitados que, de alguna forma, mueren otra vez cuando se los arroja al lago de fuego.

Otros especulan que el término puede referirse al olvido de la no existencia: la muerte del alma pecadora después de la muerte del cuerpo del pecador. Los escritores egipcios usaron la frase de esta manera. Algunos opinan que Jesús también lo dio a entender: "Temed más bien a aquel que puede destruir el alma y el cuerpo en el infierno" (Mateo 10:28 RVR1960).

La segunda venida y el día del juicio para todos. Los eruditos amilenaristas que manifiestan que no existe el milenio en forma literal argumentan que hay solo una segunda venida de Jesús y solo un día del juicio para toda la humanidad.

Dicen que la Biblia los relaciona en forma constante, tal como lo hizo Jesús: "Cuando finalmente llegue, resplandeciente de belleza y con todos sus ángeles, el Hijo del Hombre ocupará su lugar en su trono glorioso. Entonces todas las naciones se reunirán ante Él y Él separará a las personas así como un pastor separa a sus ovejas y sus cabras" (Mateo 25:31–32 THE MESSAGE).

BELDADES DEL INFIERNO, BESTIAS Y BELCEBÚ

Para algunas personas, que Satanás permanezca pisoteando el agua del lago de fuego por siempre no parece tan cruel. Sobre todo si se tiene en cuenta su largo historial como malhechor recurrente.

En el agua caliente, no es más que otro huevo podrido hirviéndose.

Pero no es así en lo que respecta a los seres humanos.

EL PROBLEMA CON EL INFIERNO

Tanto las personas comunes como muchos de los eruditos tienen problemas por igual con la idea de la tortura eterna en un lago de fuego.

Un castigo cruel e inusual. La sabiduría convencional coincide en que lo peor de nosotros no merece que seamos "atormentados día y noche por siempre jamás" en el "lago de fuego" (Apocalipsis 20:10, 15).

No es característico de Dios. Muchos expertos en la Biblia dicen que hacer esto no es para nada característico de Dios. Porque cada vez que Dios castigó a alguien en la Biblia, siempre estaba mirando hacia el futuro, tratando de que las personas se alejaran del pecado. Se trataba de un castigo que tenía un propósito redentor.

Pero ¿dónde está la redención en el infierno? ¿Cuál es el beneficio de la tortura eterna?

El infierno es un valle que está en Jerusalén. Cuando aparece el término *infierno* en las Biblias en español, casi siempre es la traducción de la palabra *Gehena*, el nombre de un valle que se encuentra justo afuera de las murallas de la ciudad de Jerusalén. Los judíos solían matar personas en este valle como sacrificios a sus ídolos. Como la idolatría es el mayor pecado por el que Dios hizo exiliar a los judíos de su tierra en el 586 a.C., pareciera ser que el valle se convirtió en un recordatorio de ese castigo y en un símbolo del juicio de Dios. Por ese motivo, los traductores de la Biblia utilizan la palabra *infierno* para reflejar ese simbolismo.

La descripción del infierno transmite mensajes contradictorios. A menudo se lo describe como un lugar con un "fuego inextinguible" (Marcos 9:43). Pero también se trata de un lugar que tiene "fosas tenebrosas" (2 Pedro 2:4).

TEORÍAS SOBRE EL INFIERNO

Los expertos en la Biblia ofrecen muchas teorías para describir el infierno.

Hace calor. Mucho expertos dicen que las personas que terminen en el infierno sufrirán para siempre en las llamas. Dios es amor, aseguran, pero también es santo. No puede ignorar el pecado. Pero sí puede —y así lo hace— advertir a las personas adónde las conduce el pecado. Si eligen seguir ese camino, es su elección y no la de Él.

No existe el fuego físico. El infierno es el tormento de permanecer separado de Dios por siempre. En vida, estas personas no quisieron saber nada con Dios. Después de la muerte, cumplen su deseo.

El fuego representa el exterminio. Los pecadores no sufrirán continuamente. Serán destruidos. Es la destrucción —y no el sufrimiento— la que dura por siempre.

Finalmente, todas las personas vivirán con Dios. Dios mantiene a los pecadores vivos por siempre; no lo hace para castigarlos, sino para permitir la reconciliación. Por qué otra razón, preguntan algunos eruditos, el apóstol Pablo escribiría algo así:

> Todas las piezas rotas y desencajadas del universo —tanto las personas y los objetos como los animales y los átomos— se reparan a la perfección y encajan en una armonía vibrante y todo se debe a su muerte [de Jesús], su sangre derramada desde la cruz.
>
> COLOSENSES 1:20 THE MESSAGE

El infierno en la tierra. El infierno es un lugar literal. Es un valle en la actual ciudad de Jerusalén que se observa en esta pintura del siglo XIX. Cuando Jesús mencionó el infierno, utilizó la palabra griega *Gehena* (Mateo 5:22). Es una transliteración del término hebreo "valle de Hinom". Para los judíos, la historia de este valle representa el símbolo perfecto del castigo de Dios.

Adiós al mar. La visión del futuro que tuvo Juan parece ser una mala noticia para los amantes del mar. Pues Juan dijo que el mar desaparecería. Pero también el cielo y la tierra, que serían reemplazados por un nuevo cielo y una nueva tierra. No hay que preocuparse, dicen algunos eruditos. El mar es una metáfora del temor de los antiguos marineros de agua dulce judíos: pastores que eran más temerosos del mar que marineros. Muchos opinan que la nueva tierra vendrá equipada tanto con tierra como con mar. Después de todo, Juan dijo que fluía un río del trono de Dios. Los partidarios de la literalidad esperan mojarse los pies. Pero los eruditos que interpretan que estos capítulos finales son simbólicos no están tan seguros.

EL NUEVO CIELO Y LA NUEVA TIERRA (APOCALIPSIS 21–22)

Vi un cielo nuevo y una tierra nueva, porque el primer cielo y la primera tierra habían desaparecido... Y vi la ciudad santa, la nueva Jerusalén, que descendía del cielo desde la presencia de Dios.

APOCALIPSIS 21:1–2

En una visión final —el clímax de toda la Biblia— Juan ve algo sorprendente.

Como siempre, los expertos en la Biblia no se ponen de acuerdo en qué se trata.

Intentan concordar con una de las tantas interpretaciones: en este caso, hay tres principales.

- **Literal.** Juan describe un nuevo universo que es completo y tiene un nuevo cielo y una nueva tierra. Entre los expertos en la Biblia que enseñan este enfoque se encuentran William E. Biederwolf, Arno C. Gaebelein y Ray Stedman.

- **Simbólico.** Juan utiliza palabras figuradas para describir el cielo, la morada eterna del Pueblo de Dios. Partidarios: G. R. Beasley-Murray, Robert H. Mounce y John F. Walvoord.

- **Espiritual.** Juan hace referencia a la Iglesia —pasada, presente y futura—, a todos los que se han "renovado" a partir de la fe en Jesús. Partidarios: David Chilton, A. A. Hoekema y P. E. Hughes.

Algunos de estos eruditos así como muchos otros se mueven sigilosamente entre un par de estas interpretaciones. Argumentan, por ejemplo, que algunas partes de la visión de Juan señalan un futuro glorioso, mientras que otras partes se relacionan con los cristianos en esta vida.

El cielo en la tierra. La mayoría de los eruditos que interpretan a Juan de manera literal dicen que está describiendo la creación de Dios de un nuevo universo.

La Tierra versión 2.0 es restaurada con la misma perfección de la primera tierra de Dios, tan magnífica como el jardín del Edén antes de que Adán y Eva lo contaminaran con el pecado.

La nueva Jerusalén, explican, será una ciudad física que descenderá del nuevo cielo a la nueva tierra. Es en esta ciudad, argumentan, donde reinará Jesús.

La descripción de Juan sobre una nueva creación repite las palabras de Dios que transmitió un profeta ochocientos años antes:

"¡Miren! Estoy creando cielos nuevos y una tierra nueva, y nadie volverá siquiera a pensar en los anteriores... Yo crearé una Jerusalén que será un lugar de felicidad... El sonido de los llantos y los lamentos jamás se oirá en ella".

ISAÍAS 65:17–19

EL NUEVO CIELO Y LA NUEVA TIERRA: TRES PUNTOS DE VISTA

	TIERRA 2.0 — Literal: Es una nueva Creación	CIELO — Simbólico: Es el cielo	IGLESIA — Espiritual: Son los cristianos
Un nuevo cielo y una nueva tierra reemplazan el primer cielo y la primera tierra (Revelación 21:1)	Se trata de un universo nuevo y físico en el que el pueblo de Dios vive en cuerpos glorificados sobre un nuevo planeta tierra.	Es un simbolismo para describir el cielo mediante palabras que las personas, sujetas bajo las leyes de la física, no comprenderían de otra manera.	Es una forma figurada de referirse a la Iglesia: cristianos convertidos en "nuevas criaturas" por Jesús.
El mar ha desaparecido (21:1)	Se trata del primer mar; la nueva tierra tendrá un mar nuevo.	El mar de los impíos rechazados en el cielo.	El mar nuevo es la gloria de Dios que colma la tierra en la actualidad.
La nueva Jerusalén desciende (21:2)	Una nueva ciudad de Jerusalén desciende del nuevo cielo en la nueva tierra.	Es una manera figurada de describir el cielo.	Se trata del pueblo santo de Dios, la Iglesia que obra en el mundo.
No habrá más llanto (21:4)	Los motivos de llanto —la muerte y la tristeza— desaparecieron.	Los motivos de llanto desaparecieron.	Jesús venció a la muerte, así que no nos entristecemos como quienes "no tienen esperanza" (1 Tesalonicenses 4:13).
La nueva Jerusalén era cúbica y medía 1,400 millas (2,220 km) de longitud, de ancho y de altura (21:16)	La ciudad está literalmente diseñada en forma de cubo.	Simboliza la santidad del cielo ya que la sala más sagrada del templo tenía forma de cubo.	Este múltiplo de doce, un número que simboliza la perfección, describe a la Iglesia como el plan perfecto de Dios.

Según algunos eruditos, el paisaje terrestre cambiará. "El mar ya no" existirá más (Apocalipsis 21:1 RVR1960). Parecen malas noticias para las almas marineras.

Pero otros eruditos dicen que Juan hablaba sobre el mar de la versión 1.0 de la Tierra. Así como desaparecerán las tierras de la primera tierra, también desaparecerá el mar. Sin embargo, la Tierra versión 2.0 vendrá equipada con nuevas tierras y un nuevo mar.

No solo cambiará el paisaje de la nueva tierra, sino también sus habitantes. El pueblo

BIBLIA	TIERRA VERSIÓN 2.0	CIELO	IGLESIA
Calles de oro (21:21)	Las calles de la nueva Jerusalén están pavimentadas con oro purísimo y transparente.	El oro es una de las tantas metáforas provenientes del mundo de la física que se utiliza para describir el mundo espiritual indescriptiblemente maravilloso.	El estilo de vida devoto, descrito por los profetas del Antiguo Testamento como un camino que recorremos.
No tiene necesidad de sol; la gloria de Dios ilumina la ciudad (21:23)	Al igual que Jesús en la Transfiguración y los ángeles en la Resurrección, Dios y su pueblo glorificado resplandecerán.	La gloria de Dios resplandece, como vieron los judíos del Éxodo en el pilar de luz.	El pueblo de Dios tiene "la luz que proviene del Señor" y vive "como gente de luz" (Efesios 5:8).
Doce puertas abiertas que conducen a la ciudad (21:12, 25)	Puertas literales que conducen a la ciudad y que están siempre abiertas porque ya no hay ninguna amenaza.	Simbolizan el acceso ilimitado a Dios en el cielo.	Simbolizan el acceso ilimitado a Dios en nuestra propia vida.
El agua de la vida fluye como un río del trono de Dios (22:1)	Este río de la nueva Jerusalén proporciona agua para el pueblo y las plantas.	Es un símbolo de que Dios es la fuente de toda vida tanto en el cielo como lo fue en la tierra.	El agua viva representa a Dios como fuente de vida eterna para todos los creyentes.
El árbol de la vida (22:2)	Proporciona alimento a los cuerpos glorificados del pueblo de Dios en la nueva Jerusalén.	Simboliza la vida eterna en el cielo que Dios renueva y mantiene constantemente.	Representa la esperanza de la vida eterna y el cobijo de la protección a la sombra de Dios.

Los puntos de vista de cada columna —**Tierra**, **Cielo** e **Iglesia**— son solo una muestra de las teorías más populares. A menudo existen muchos otros puntos de vista en cada una de estas tres categorías.

de Dios contará con cuerpos glorificados, posiblemente como el de Jesús después de su resurrección. Los escritores de los Evangelios manifestaron que Él podía aparecer repentinamente de la nada y desaparecer de la misma manera. *(Para obtener más información sobre los cuerpos en la otra vida, ver "¿Cómo se verán los cuerpos de resurrección?", página 198).*

Independientemente de cómo sean nuestros cuerpos, Juan expresa que "no habrá más muerte ni tristeza ni llanto ni dolor. Todas esas cosas ya no existirán más" (Apocalipsis 21:4).

Ya lo dijo Jesús en una de sus declaraciones más citadas de la Biblia: "Porque tanto amó Dios al mundo, que dio a su Hijo unigénito, para que todo el que cree en él no se pierda, sino que tenga vida eterna" (Juan 3:16 NVI).

Tiempo de llanto. En los tiempos bíblicos, los funerales solían realizarse el mismo día en que moría la persona. Tanto la familia como los amigos del difunto contaban con poco tiempo para adaptarse a la conmoción, y esto aumentaba su dolor. Juan dice que ve llegar un día en el que la muerte perderá su poder sobre los seres humanos. Al sentirse derrotada, se llevará consigo la pena y las lágrimas ocasionadas.

LA NUEVA JERUSALÉN: LAS CARACTERÍSTICAS

Juan describe la nueva Jerusalén en detalle extraordinario y glorioso. Se trata de detalles que las personas aceptan de manera literal, como una descripción de una ciudad futura de la tierra. Otros dicen que el detalle que brindó Juan es una mera descripción simbólica del cielo.

La nueva Jerusalén es un cubo. Se extiende por 1,400 millas (2,220 km) en las tres direcciones: longitud, ancho y altura.

Esto significa que, si pudiéramos cambiarle la forma para que fuera una esfera, tendría aproximadamente la mitad del tamaño de la luna. Entrarían casi 95 nuevas ciudades de Jerusalén dentro de una tierra ahuecada. La Ciudad Santa abarca 2,700 millones de millas cúbicas (4,300 millones de km³). La Luna: 5,300 millones (8,500 millones de kilómetros). La Tierra: aproximadamente 260,000 millones (418,000 millones de kilómetros).

Si todos los habitantes de la tierra terminaran viviendo en esta ciudad —aproximadamente 106,000 millones de almas— habría casi 40 almas por milla cúbica (1.6 km³). Juan, por cierto, opina que no todos llegarán. Esto dejaría aún más lugar.

Si cuarenta personas vivieran a ras del suelo —una milla cuadrada— y tuvieran que cortar su propio pasto, desearían tener un tractor cortacésped. Porque significaría que deberían cortar el equivalente a casi dieciséis estadios de fútbol americano de la National Footbal League. Y dos veces por semana durante la primavera.

Pero si esto es el cielo, el servicio de mantenimiento del césped debería estar incluido.

La nueva Jerusalén está decorada con joyas y tesoros. Las zonas más mundanas de la nueva Jerusalén están modeladas con los tesoros más valiosos de la tierra.

- Cimientos: piedras de jaspe, zafiro, esmeralda y otros
- Calle principal: pavimentada con oro tan puro que parece vidrio
- Una docena de puertas: cada una fabricada con una perla única y maciza

Las perlas gigantes podrían llevar a los estudiantes de la Biblia más creativos a pensar que por este motivo desapareció el mar. ¿Quién quisiera nadar con ostras tan grandes?

Clasificación del constructor
de la nueva Jerusalén

Jaspe | Zafiro | Ágata | Esmeralda

Ónix | Cornalina | Crisólito | Berilo

Topacio | Crisoprasa | Jacinto | Amatista

Las piedras celestiales de los cimientos. Las piedras preciosas de la tierra son solo los cimientos de la nueva Jerusalén. Juan dice ver estas doce gemas en su visión, junto con una calle principal de oro y doce puertas de perla. Algunos eruditos dicen comprender el sentido: Lo mejor que tiene la tierra para ofrecer en joyas y tesoros parece ser el objeto más común en el majestuoso Reino de Dios.

Adiós al mundo; bienvenido el cielo. Los expertos en la Biblia que interpretan que Juan hace referencia al cielo en sus dos últimos capítulos, argumentan que Juan utilizó las únicas palabras que podía para describir lo indescriptible: metáforas provenientes del terreno de la física. No existe otro lenguaje que no sea el de la física para describir un mundo celestial.

El dilema de Juan podría haber sido similar al que tendría Wernher von Braun (1912–1977) si tratara de describir la ciencia espacial a Lucio III, el papa que lanzó la

CONJETURAS SOBRE LA SEGUNDA VENIDA

FECHA PREVISTA DEL REGRESO DE JESÚS		PREDICCIÓN DE	NOTAS DESTACADAS
Clemente de Roma *	90 d.C.	Clemente de Roma (fallecido aproximadamente en el 97 d.C.), presbítero de la Iglesia de Roma, considerado el cuarto papa	Dijo que Jesús regresaría en cualquier momento y que el mundo tal como lo conocemos terminaría.
	365 d.C.	Hilario de Poitiers (aproximadamente 315–367 d.C.), obispo francés	Anunció que el anticristo era el recién fallecido emperador Joviano (fallecido en el 364), que no podía defenderse.
	1205	Joaquín de Fiore (aproximadamente 1130–1201), monje y místico italiano	Dijo que el anticristo ya estaba en el mundo.
Melchor Hoffman	1533	Melchor Hoffman (aproximadamente 495–1543), predicador laico y místico alemán	Declaró que la nueva Jerusalén estaría ubicada en Estrasburgo, Francia, y que en ese lugar montaría una nube junto a Jesús. En cambio, este predicador murió allí en una prisión. Ocurrió después de una revuelta fallida con el fin de establecer un gobierno dirigido por la Iglesia.
William Miller	1844	William Miller (1782–1849), granjero neoyorquino educado en su casa que se convirtió en predicador bautista	Murió humillado y emocionalmente dañado, pero aún convencido de que la segunda venida estaba cerca. La mayoría de sus aproximadamente cien mil seguidores abandonaron el movimiento. Otros ayudaron a fundar la Iglesia Adventista del Séptimo Día.

Inquisición española contra los herejes en 1184. Debe de haber sido von Braun y no el cohete el que estaba en llamas.

"Nuevo cielo". "Nueva tierra". "Nueva Jerusalén". De acuerdo con muchos eruditos, todos apuntan a lo mismo: la morada eterna del pueblo de Dios. Insisten en que lo que Juan describe es el cielo y no una nueva creación.

Incluso la descripción de la nueva Jerusalén —si se la interpreta de manera literal— sugiere algo sobrenatural según estos eruditos. Las personas no viven sobre un globo. Viven dentro de un cubo, como una especie de nave bien equipada de los Borg en una secuela de *Viaje a las estrellas*. Aunque más grande; equivalente en tamaño a una flota de aproximadamente ciento cincuenta millones de naves de los Borg.

 Hal Lindsey	1988	Hal Lindsey, capellán universitario que se convirtió en el escritor del éxito de ventas *La agonía del gran planeta Tierra* (más de 35 millones de ejemplares vendidos)	Fijó la fecha para una generación posterior al momento en que Israel se convirtiera en una nación en 1948. Su predicción falló, pero mientras tanto se hizo rico. También tuvo un programa de televisión. Todavía afirma conocer de qué manera las noticias mundiales cumplen la profecía. Predice que Rusia liderará la alianza entre Gog y Magog.
	1988	Edgar Whisenant, ingeniero espacial de la NASA que se convirtió en el autor de *88 Reasons the Rapture Will Be in 1988* [88 razones por las que el rapto será en 1988] (4 millones vendidos y 300,000 ejemplares regalados)	Las ventas de su secuela, *Rapture Report 1989* [Informe sobre el rapto, 1989], nunca entraron en órbita.
	1992	Jang Rim Lee, pastor de Corea del Sur y autor del panfleto *Getting Close to the End* [El fin está cerca]	Embolsó cuatro millones de dólares provenientes de donaciones y compró bonos que vencieron en 1993. Encarcelado por fraude.
 Jack Van Impe	2012	Jack Van Impe, telepredicador bautista	Predijo varias fechas y las corrigió. Sugirió el año 2012 como una fecha posible, cuando termina el calendario maya. En 2001, ganó el premio Ig Nobel (una parodia del Premio Nobel) en astrofísica al explicar de qué manera los agujeros negros cumplen los requisitos para ser el infierno: Se tragan las estrellas ardientes.

*No se conocen retratos de Clemente de Roma. Esta imagen corresponde a un homenaje fúnebre de un hombre de la época de Clemente en los tiempos romanos.

Los muros que rodean la nueva Jerusalén tampoco tendrían ningún sentido desde el punto de vista literal. Ya no hay más peligro. Es por este motivo que las doce puertas de la ciudad "nunca se cerrarán al terminar el día" (Apocalipsis 21:25).

Pero en una jerga figurada, los muros cobran perfecto sentido. En la época de Juan, los muros que rodeaban las ciudades ofrecían protección contra las fuerzas externas. Por lo tanto, los muros de la nueva Jerusalén podrían haber simbolizado la protección de Dios. Las personas que se encuentran en el cielo están completamente a salvo. Todas las amenazas externas desaparecieron.

En forma literal, las puertas abiertas tampoco tienen sentido. Son tan innecesarias como los muros. Pero la cantidad de puertas —doce— transmite al menos un par de mensajes codificados.

Lo mejor está por venir. En la época de Jesús, solo había cuatro puertas en Jerusalén. Incluso la majestuosa ciudad de Babilonia contaba solo con ocho. Pero la nueva Jerusalén tiene una docena. Una para cada una de las doce tribus de Israel. Se dice que un mensaje que transmite esto es que la nueva Jerusalén es más extraordinaria que lo mejor que tenía para ofrecer la Tierra. Los cimientos hechos de gemas transmiten el mismo mensaje. Al igual que una calle pavimentada con oro.

Ingresa todo el pueblo de Dios. Las almas que atravesaron estas puertas representan toda la nación espiritual de Israel —todo el pueblo de Dios, tanto los judíos como los no judíos—. Nadie quedó afuera. El cielo se convirtió en el hogar de las doce tribus de la nueva Israel. Se trata del Israel espiritual de Jesús que reemplaza el Israel racial de Moisés.

Es posible que las doce gemas que forman los cimientos de la nueva Jerusalén transmitan un mensaje codificado similar.

La mayor parte de las doce gemas que menciona Juan se utilizó en el pectoral del sumo sacerdote. Cada gema representaba una de las doce tribus. Así era la vieja Israel: una nación basada fundamentalmente en la raza. La nueva Israel —liderada por los doce apóstoles de Jesús— se basa en la fe.

Pablo parecía hacer referencia a esta Israel basada en la fe en una carta que escribió a los creyentes que no eran judíos. Su elección de las palabras se asemeja a algo que Gabriel debería escoger y usar como saludo de bienvenida del cielo a todos los recién llegados, tanto judíos como no judíos:

> Este reino de la fe es ahora su patria. Ya no son más desconocidos ni extranjeros. Pertenecen a este lugar... Dios está construyendo un hogar... Usó a los apóstoles y a los profetas como cimientos... y Jesucristo es la piedra fundamental.
>
> EFESIOS 2:19–20 THE MESSAGE

El cielo aquí y ahora. La mayoría de los eruditos cristianos de la Biblia dicen creer en la vida eterna y en alguna clase de cielo. Pero muchos manifiestan que no ven el cielo en esta visión. Ni siquiera ven una nueva tierra. En cambio, dicen ver una hermosa descripción de lo que representa la vida cristiana en este preciso momento.

El nuevo cielo, la nueva tierra y la nueva Jerusalén son metáforas del pueblo de Dios:

- Ya somos criaturas nuevas. "Todo el que pertenece a Cristo se ha convertido en una persona nueva. La vida antigua ha pasado, ¡una nueva vida ha comenzado!" (2 Corintios 5:17).
- Ya estamos viviendo la vida eterna. "Les aseguro que todo el que preste atención a lo que digo, y crea en Dios, que fue quien me envió, tendrá vida eterna. Aunque antes haya vivido alejado de Dios, ya no será condenado, pues habrá recibido la vida eterna" (Juan 5:24 TLA).

El fin de la muerte, de la pena, del llanto y del dolor también son metáforas:

- Jesús venció a la muerte y demostró que existe la vida después de la muerte. "Quitó la muerte y sacó a luz la vida y la inmortalidad por el evangelio" (2 Timoteo 1:10 RVR1960).
- Nuestra pena es quitada gracias a la esperanza de la resurrección. "No queremos que ignoren lo que va a pasar con los que ya han muerto, para que no se entristezcan como esos otros que no tienen esperanza... para encontrarnos con el Señor en el aire. Y así estaremos con el Señor para siempre" (1 Tesalonicenses 4:13, 17 NVI).

Los muros y las puertas abiertas de la nueva Jerusalén simbolizan las bendiciones de Dios:

- Nos rodea con su amor protector, que nos salva. "Llamarás a tus muros 'Salvación'" (Isaías 60:18 NVI).
- Nos brinda un acceso completo a Él; Su puerta siempre está abierta. "Te he abierto una puerta que nadie puede cerrar" (Apocalipsis 3:8).

La ciudad adornada con joyas describe el carácter de la Iglesia:

- La ciudad afligida, que representa al pueblo de Dios, se convertirá en la ciudad hermosa. "¡Te afirmaré con turquesas, y te cimentaré con zafiros! ...y con piedras preciosas todos tus muros. El Señor mismo instruirá a todos tus hijos, y grande será su bienestar" (Isaías 54:11–13 NVI).
- Así como el fuego purifica el oro y el dolor produce perlas, los tiempos difíciles fortalecen al Pueblo de Dios. "Mediante estas pruebas, muchos serán purificados, limpiados y refinados" (Daniel 12:10).
- Una calle principal de oro puro representa el camino puro de la santidad; el sendero que el pueblo de Dios deberá seguir. "Habrá allí una calzada que será llamada Camino de santidad. No viajarán por ella los impuros" (Isaías 35:8 NVI).

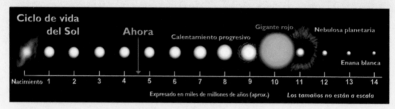

Ciclo de vida del Sol — Ahora — Calentamiento progresivo — Gigante rojo — Nebulosa planetaria — Enana blanca — Nacimiento 1 2 3 4 5 6 7 8 9 10 11 12 13 14 — Expresado en miles de millones de años (aprox.) — Los tamaños no están a escala

De acuerdo con la teoría, el universo comenzó aproximadamente catorce mil millones de años atrás con un *big bang*: una gran explosión de poder creador.

Muchos creyentes opinan que Dios apretó el gatillo.

Otros argumentan que Dios creó el universo hace solo unos pocos miles de años.

Cualquiera sea la causa o el momento, la mayoría de los cosmólogos concuerdan en que la vida se originó con una gran explosión. Para demostrar su teoría y ampliar sus conocimientos sobre física, los científicos han construido un gran colisionador subterráneo: una cámara que destruye las partículas ubicada a 17 millas (25 km) bajo tierra en la frontera entre Francia y Suiza. Esperan recrear una explosión a pequeña escala mediante la colisión de partículas entre sí a la velocidad aproximada de la luz.

Aunque en la Biblia no se menciona si el mundo comenzó con una explosión, el apóstol Pedro sugirió que terminaría de esa manera:

> Los cielos desaparecerán con un estruendo espantoso. los elementos serán
> destruidos por el fuego... Pero, según su promesa, esperamos un cielo nuevo y una
> tierra nueva.
>
> 2 Pedro 3:10, 13 NVI

Es posible que Pedro haya hablado como un poeta más que como un científico. Aunque una teoría popular sobre el fin del universo es asombrosamente parecida a la predicción de Pedro.

Gran implosión. Muchos suponen que vamos camino a un colapso del universo. De acuerdo con esta teoría, el impulso del universo en expansión que se experimenta desde el *big bang* continuará hasta llegar a un punto muerto. Luego, la gravedad de la fuente nos llevará en reversa hasta que el universo colapse sobre sí mismo. Esta esfera comprimida podría explotar y generar otro *big bang* que reciclaría el universo. "Un nuevo cielo y una nueva tierra".

Según predicen los científicos, antes de que pase cualquiera de estas cosas, la tierra arderá.

Se espera que el sol crezca hasta convertirse en un gigante rojo en aproximadamente cinco mil millones de años. Al expandir su tamaño de doscientas a doscientas cincuenta veces, el sol incinerará la Tierra —o incluso es posible que la trague. "Los elementos serán destruidos por el fuego".

Esta es solo una de las tantas teorías científicas que existen sobre el destino de la Tierra y del universo.

Juego final. Los cosmólogos conjeturan que el sol crecerá hasta convertirse en un gigante rojo que incinerará la tierra en cinco mil millones de años. Después, agregan muchos científicos, nuestro universo en expansión retrocederá y colapsará contra sí mismo: una gran implosión. Es posible que luego se recupere y genere otro *big bang* que cree un universo nuevo.

El Sol como un gigante rojo en cinco mil millones de años

El Sol en la actualidad

La Tierra

No está a escala.
Si lo estuviera, el sol amarillo sería la cuarta parte del tamaño o menos y la Tierra sería una pequeña mancha.

La teoría del *big bang*
Cómo nació el universo

Big bang

Radiación cósmica de fondo

Recombinación

Edad oscura

Primeras estrellas

Primeras galaxias

Evolución de galaxias

Cúmulos galácticos

La transformación de la tierra. En general, la vista desde la torre Eiffel es conocida e imponente pero, en esta panorámica formada por ochenta fotografías, adquiere aún más importancia y portento. Cuando Juan tiene una visión sobre la nueva Jerusalén, no se parece en nada a la Jerusalén de su época. Según algunos eruditos, la nueva Jerusalén es tan bella que Juan recurre a metáforas majestuosas para describirla: joyas, tesoros y el paraíso del Edén. De acuerdo con otros expertos en la Biblia, solo está informando lo que ve. Sin metáforas. Se trata simplemente de los hechos desde una realidad fantásticamente distinta.

SE PARECE AL NUEVO EDÉN

Aún de viaje por la nueva Jerusalén, Juan describe algo parecido a la Creación de Dios una vez finalizada: un regreso al paraíso perdido, el jardín del Edén.

> *El ángel me mostró un río con el agua de la vida, era transparente como el cristal y fluía del trono de Dios y del Cordero. Fluía por el centro de la calle principal. A cada lado del río crecía el árbol de la vida.*
>
> APOCALIPSIS 22:1–2

Al principio, "un río salía de la tierra del Edén que regaba el huerto... En medio del huerto [Dios] puso el árbol de la vida" (Génesis 2:10, 9).

Fue en este paraíso que Dios puso a los primeros seres humanos: Adán y Eva. Dios alimentó el Edén con un río. Y ofreció a Adán y a Eva un futuro para siempre, con frutas del árbol de la vida. Al menos esta es la explicación que dan algunos expertos en la Biblia sobre la función del árbol en el Edén.

Pero los primeros humanos violaron la única regla que les había dado Dios. Comieron de otro árbol: un árbol que tenía frutas prohibidas. De alguna manera, este acto de desobediencia contaminó la creación de Dios e introdujo el pecado y la muerte en la ecuación cósmica. El resto de la Biblia —desde el Génesis hasta el Apocalipsis— es la historia de Dios que ejecuta su plan para reparar el daño.

Juan, en su última visión, ve el final de esa historia.

Un río puro fluye del trono de Dios. Árboles de la vida brotan en ambos lados del río.

Algunos opinan que se trata de un río literal y de árboles literales, que nutren y sostienen los cuerpos glorificados del Pueblo de Dios en la nueva Jerusalén.

Otros interpretan que es una metáfora, en parte porque Jesús se identificó como la fuente de agua viva y la fuente de vida. Y lo hizo mediante metáforas:

- "Todos los que beban del agua que yo doy no tendrán sed jamás. Esa agua se convierte en un manantial que brota con frescura dentro de ellos y les da vida eterna" (Juan 4:14).
- "Yo soy el pan de vida" (Juan 6:35).

Ya sea literal o simbólica la descripción de Juan, el paraíso perdido ahora se ha encontrado. Es mejor que nunca. Y por los siglos de los siglos.

Al haber visto este futuro fantástico, Juan pide una sola cosa: "¡Ven, Señor Jesús!" (Apocalipsis 22:20).

¿POR QUÉ JESÚS TARDA TANTO?

"¡Yo vengo pronto!" (Apocalipsis 22:20).

Esas son las últimas palabras que oye Juan en su visión, o al menos son las últimas que comunica. Estaba citando a Jesús.

Las palabras deben de haber resultado conocidas al primer público de Juan.

Los predicadores habían repetido ese cántico durante casi setenta años, desde que Jesús había dejado el planeta en el 33 d.C. aproximadamente.

Mucho antes de que Juan citara esas palabras, algunos cristianos ya estaban ahítos de esperar que viniera "pronto". Y lo hicieron saber.

"¿Qué pasó con la promesa de que Jesús iba a volver?" (2 Pedro 3:4).

Eso es lo que querían saber treinta años antes de que Juan repitiera la misma historia, la misma historia.

Un tiempo antes de morir, a mediados de la década del 60 d.C., el apóstol Pedro ofreció esta respuesta:

> *Dios no tarda en cumplir su promesa según consideran algunos la tardanza.*
> *Se está conteniendo por ustedes y detiene el fin porque no quiere que nadie se*
> *pierda. Está brindando tiempo y lugar a todos para cambiar.*
>
> 2 Pedro 3:9 the message

La letra de un antiguo cántico judío concuerda con esto. En lo que a Dios respecta, "mil años son como un día pasajero" (Salmo 90:4). Muchos judíos conocían ese cántico.

También sabían que no era la primera vez que Dios demoraba el juicio por Su misericordia para brindar a su pueblo tiempo para arrepentirse. Había permitido que los judíos adoraran ídolos durante casi cuatrocientos años antes de exiliarlos de su tierra en el 586 a.C.

Entonces, la explicación de Pedro debe de haber tenido sentido para los creyentes.

Por este motivo, muchos de esos lectores conservaban la esperanza de que Jesús regresara en algún momento, así como lo hacen hoy muchos cristianos.

Sin embargo, algunos eruditos creen que el hecho de que Jesús aún no haya regresado en casi dos mil años es una prueba de que no lo va a hacer nunca. Indica que ya vino en el juicio al permitir que los romanos destruyeran Jerusalén en el 70 d.C.

No obstante, otros argumentan que la tardanza de Jesús confirma la idea de que las profecías están sujetas a cambios y de que Dios adapta sus planes de acuerdo con la respuesta que obtiene de las personas. *(Ver la página 36, "¿Hubo algún profeta que erró su predicción?").*

En la vorágine de todas estas incertidumbres sobre el momento oportuno del regreso de Jesús —o sobre algo más acerca del fin de los tiempos—, todo lo que la mayoría de los cristianos dice que podemos saber a ciencia cierta es que Dios sabe. Y que en Dios confiamos.

DICCIONARIO
DE
PROFECÍAS

SETENTA CONJUNTOS DE SIETE

El profeta Daniel predijo un período de rebelión que duraría "setenta conjuntos de siete" (Daniel 9:24). Esto termina con lo que muchos opinan que parece un sufrimiento terrible durante la Tribulación del fin de los tiempos.

La mayoría de los expertos en la Biblia suponen que Daniel hacía referencia a años: setenta conjuntos de años formados por siete años cada uno. Setenta años por siete años equivale a cuatrocientos noventa años.

Los eruditos han elaborado muchas teorías acerca de la forma de usar esos números en una cuenta regresiva hacia la catástrofe.

Algunos manifiestan que es un calendario en clave que señala al gobernante sirio Antíoco IV Epífanes cuando profanó el Templo en el 167 a.C. Otros dicen que conduce al 70 d.C., cuando los soldados romanos destruyeron el Templo. Y algunos creen que indica el fin de los tiempos, cuando el anticristo ordenará a todos que lo adoren.

Otros incluso prefieren interpretar los años de manera simbólica. Argumentan que los números representan la medida total y completa del castigo de Dios por el pecado de Israel. En la Biblia, el siete representa la compleción porque Dios descansó el séptimo día, después de crear el universo en seis días.

(Ver "Un paquete de seis más uno, multiplicado por diez", página 153).

UN EJÉRCITO DE DOSCIENTOS MILLONES DE HOMBRES

Ubicado al este del río Éufrates, que pasa por Irak, este ejército mata a un tercio de los habitantes del mundo (Apocalipsis 9:14–16). Algunos opinan que esto sucede durante la Tribulación. Otros dicen que es una referencia a un par de legiones romanas asentadas en la región —legiones utilizadas para destruir Jerusalén en el 70 d.C.

(Ver "La sexta trompeta anuncia el segundo terror", página 260).

144,000

Un grupo de personas fue marcado con el sello de Dios en la frente como protección contra todo daño (Apocalipsis 7:4).

Los expertos en la Biblia no se ponen de acuerdo acerca de quiénes son estas personas. Para algunos, se trata de los judeocristianos que Dios protegerá durante la Tribulación.

Pero los eruditos que consideran que la mayor parte del Apocalipsis es un libro de historia sobre los tiempos romanos, creen que el número 144,000 representa a los judeocristianos que escaparon de Jerusalén antes de que los romanos la destruyeran en el 70 d.C.

(Ver "144,000 almas: ¿quiénes son?", página 250).

ABOMINACIÓN DESOLADORA

Tanto Daniel como Jesús dijeron que algo sacrílego profanaría el Templo de Jerusalén (Daniel 11:31; 12:11; Mateo 24:15) o quizá un templo que se construirá en Israel en el futuro.

Muchos expertos en la Biblia dicen que Daniel predecía la profanación del Templo que ocurrió en el 167 a.C. Un invasor sirio llamado Antíoco IV Epífanes convirtió el Templo en un centro de culto a Zeus.

Pero la referencia de Jesús, muchos creen, alude a la destrucción del Templo por parte de Roma en el 70 d.C.

Sin embargo, algunos eruditos insisten en que también hay un elemento futuro en estas predicciones. Argumentan que se construirá un nuevo templo en Israel y que el anticristo lo profanará. A modo de confirmación, recurren a una predicción del apóstol Pablo:

"Porque no vendrá sin que antes venga la apostasía, y se manifieste el hombre de pecado, el hijo de perdición, el cual se opone y se levanta contra todo lo que se llama Dios o es objeto de culto; tanto que se sienta en el templo de Dios como Dios, haciéndose pasar por Dios" (2 Tesalonicenses 2:3–4 RVR1960).

(Ver "El final como lo vio Daniel", página 145, y "La copa del pecado", página 305).

AMILENIARISMO
Ver "Milenio".

ÁNGELES

Los *ángeles* son seres celestiales que suelen transmitir los mensajes de Dios a las personas. A veces son buenas nuevas, como el anuncio de los nacimientos de Jesús y de Juan el Bautista. En otros casos son advertencias, como instar a Lot a irse de Sodoma antes de que caiga el fuego.

De acuerdo con la Biblia, existen al menos dos tipos de ángeles:

Querubines. Es probable que la descripción de los querubines que hizo Ezequiel fuera más simbólica que literal. Dijo que tenían cuatro caras y cuatro alas (Ezequiel 1:5–9; 10:11).

Serafines. Solo los menciona el profeta Isaías. Dijo que estaban junto a Dios. Cada uno tenía seis alas. "Con dos alas se cubrían el rostro, con dos se cubrían los pies y con dos volaban" (Isaías 6:2).

La Biblia también identifica a dos ángeles por su nombre: Gabriel y Miguel.

Cuando el profeta Daniel no comprendía alguna de sus visiones, Gabriel se la explicaba (Daniel 8:16).

ANTICRISTO

El anticristo es alguien que está contra Cristo. Muchos expertos en la Biblia sostienen que también alude a un gobernante malvado del fin de los tiempos que se opondrá a Cristo y a sus seguidores.

Un solo autor de la Biblia utiliza el término *anticristo*. Y solo lo hace en cuatro versículos: 1 Juan 2:18, 22; 4:3 y 2 Juan 1:7. En cada uno de los casos se hace referencia a alguien que se opone a Jesús.

Tiempo después del 600 d.C., los eruditos comenzaron a relacionar la palabra *anticristo* con embusteros del fin de los tiempos:

- **Uno de los tantos engaños religiosos sobre los que habló Jesús** (Mateo 24:24).
- **El misterioso "hombre de maldad" que se llamará a sí mismo Dios** (2 Tesalonicenses 2:3–4 NVI).
- **Una de los dos bestias que se mencionan en el Apocalipsis** (Apocalipsis 13:7–8).

(Ver "El anticristo", página 280).

APOCALIPSIS

Aunque en la jerga actual *apocalipsis* signifique "el fin del mundo", en la jerga bíblica significa "una revelación de Dios", codificada en palabras misteriosas e imágenes extrañas. El mensaje solía tener relación con el fin del mundo.

Esta revelación o visión que Juan tuvo del fin de los tiempos se conoce por el título del último libro de la Biblia, el Libro del Apocalipsis.

LITERATURA APOCALÍPTICA

El término *apocalíptico* describe una manera peculiar de escribir, tan única como la poesía o las parábolas.

Es un poco como los mensajes en clave que se envían durante los tiempos de guerra. En realidad, se solía escribir durante las épocas de opresión, cuando el lenguaje cifrado era necesario para proteger a los escritores y a los lectores en caso de que el material cayera en manos de los opresores. Si no se contaba con la clave del código, el mensaje parecía jerigonza.

Características comunes:

- **Retrata imágenes verbales extrañas.** "Del centro de la nube salieron cuatro seres vivientes que parecían humanos, sólo que cada uno tenía cuatro caras y cuatro alas" (Ezequiel 1:5–6).
- **Utiliza números como mensajes codificados.** "Luego vi a otra bestia... Su número es 666" (Apocalipsis 13:11, 18).
- **Enfrenta el bien y el mal.** "En aquel día, el Señor castigará a los dioses de los cielos y a los soberbios gobernantes en las naciones de la tierra" (Isaías 24:21).
- **Enseña que los buenos ganan.** "El diablo, que los había engañado, será arrojado al lago de fuego y azufre, donde también habrán sido arrojados la bestia y el falso profeta. Allí serán atormentados día y noche por los siglos de los siglos" (Apocalipsis 20:10 NVI).

(Ver "Principios básicos de la escritura apocalíptica: el género", página 120).

ARMAGEDÓN

Este es el lugar donde muchos concuerdan en que se desarrollará la batalla final entre el bien y el mal, las fuerzas de Dios contra las fuerzas de Satanás:

"Los espíritus de demonios reunieron a todos los gobernantes y a sus ejércitos en un lugar que en hebreo se llama *Armagedón*" (Apocalipsis 16:16).

Armagedón es la versión en español de una frase hebrea que suena de manera similar a *Harmageddon*.

No existe mención a dicho lugar en ningún otro lugar de la Biblia. Lo más cerca que han estado los eruditos de resolver esta encrucijada es mediante la unión de dos palabras hebreas: *Har Megiddo*, que significa "colina de Megido".

Megiddo era una fortaleza antigua que estaba asentada sobre la cima de una pequeña colina y miraba hacia el enorme valle de Jezreel en el norte de Israel. Los soldados de la fortaleza protegían el paso cercano que atravesaba la cordillera del Carmelo. Este paso unía Egipto y otras naciones del sur con Roma, Babilonia y Asiria, que estaban en el norte.

Se libraron muchas batallas en este valle, que Napoleón denominó "el campo de batalla perfecto".

(Ver "El campo de batalla de Armagedón", página 301).

BABILONIA

La ciudad de Babilonia —cercana a la actual Bagdad— fue la capital del Imperio babilónico que destruyó Jerusalén y el Templo en el 586 a.C.

Cuando Juan escribió el Apocalipsis, probablemente en la década del 90 d.C., *Babilonia* se había convertido en un nombre en clave para aludir al Imperio romano. Los romanos también habían destruido Jerusalén y el Templo en el 70 d.C.

Este nombre en clave permitió que los judíos criticaran a los romanos sin que estos se dieran cuenta.

De acuerdo con algunos expertos en la Biblia, es probable que Juan no estuviera haciendo referencia a Roma al usar la palabra clave en el Apocalipsis. En cambio, podría haberse referido a un futuro imperio del mal. O tal vez a Jerusalén, la ciudad que primero persiguió a los cristianos.

(Ver "La desaparición de Babilonia", página 305).

BATALLA DE ARMAGEDÓN
Ver "Armagedón".

BESTIA

Hay dos bestias en el Apocalipsis.

La primera sube "del mar" (Apocalipsis 13:1). Se la suele relacionar con el antiguo Imperio romano, un imperio del fin de los tiempos igualmente despiadado, o con el anticristo.

La segunda bestia sale "de la tierra" (Apocalipsis 13:11). En general, está vinculada a un falso profeta que mencionó Juan del Apocalipsis. Este profeta engañaba a las personas mediante milagros. Los eruditos que interpretan el Apocalipsis como si fuera historia romana en vez de futuro opinan que es muy probable que esta bestia represente al emperador Nerón.

(Ver "Bestias y ángeles en lucha", página 266).

LIBRO DE LA VIDA

Es un libro con los nombres o tal vez solo un símbolo de todos los que estaban "incluidos entre los justos" (Salmo 69:28) según Dios.

En el día del juicio, "todo el que no tenía su nombre registrado en el libro de la vida fue lanzado al lago de fuego" (Apocalipsis 20:15).

QUERUBÍN

Ver "Ángeles".

ERA O EDAD DE LA IGLESIA

Esto hace referencia a la época en la que la Iglesia predicaba al mundo transmitiendo el mensaje de perdón y salvación de Cristo.

Algunos eruditos enseñan que esta época, que comenzó después del descenso del Espíritu Santo sobre los apóstoles, es el milenio al que hizo referencia Juan del Apocalipsis: los mil años de paz en la tierra. En lugar de interpretar que el milenio son mil años literales de paz en que Jesús gobierna en Jerusalén, estos eruditos consideran que la edad de la Iglesia es la época en la que Jesús reina por medio de los cristianos y transmite el mensaje de paz y salvación.

DÍA DEL SEÑOR

Es una versión abreviada de "Se acerca el día en que Dios dará a todos su merecido".

En la Biblia, suele referirse a una nación que Dios castigará por sus pecados; con frecuencia, Israel.

En la historia judía temprana, el día del Señor era algo positivo. Solía aludir a la protección de Israel que ejercía Dios al detener a sus enemigos. Pero como el pueblo judío empezó a abandonar su estilo de vida devoto, se convirtió en su propio peor enemigo. En el 586 a.C., Dios permitió que los invasores babilonios de lo que actualmente es Irak los eliminaran del mapa político.

(Ver "El día indeciso del Señor", página 65).

DISPENSACIONALISMO

Se trata de una manera de interpretar la Biblia —especialmente profecías sobre el fin de los tiempos— que es popular entre los grupos cristianos actuales, entre ellos los evangélicos. Muchos otros eruditos cristianos —entre ellos los evangélicos— consideran que el enfoque es excéntrico, defectuoso y absolutamente herético.

Según este enfoque desarrollado en el siglo XIX, Dios cuenta con un sistema por la forma en que actúa en la historia; un sistema que podemos demostrar en forma gráfica mediante un diagrama de flujo.

Normalmente, estos cristianos enseñan que la historia está dividida en siete períodos, o *dispensaciones*. Las tres más famosas:

El período de la ley judía, desde la época de Moisés hasta Jesús.

El período de gracia, que cubre los siglos posteriores a Jesús, en que la Iglesia ha estado obrando.

El milenio de paz en la tierra formado por mil años literales, que aún está por llegar.

Los dispensacionalistas suelen enseñar que:

- el Apocalipsis es una profecía literal y no un simbolismo escrito en un género conocido por su lenguaje figurado: la literatura apocalíptica
- los acontecimientos del Apocalipsis sucederán en el orden descrito
- las profecías sobre "Israel" hacen referencia al pueblo judío de Israel y no son metáforas sobre un Israel nuevo y espiritual que simboliza el cristianismo
- Jesús arrebatará en secreto a la Iglesia antes de la Tribulación y
- Jesús regresará con su Iglesia después de la Tribulación y antes del milenio, cuando reinará en la Tierra durante mil años

Algunos conocidos maestros de la Biblia que son dispensacionalistas son John Nelson Darby, Hal Lindsey, John F. MacArthur, Charles Ryrie

y John F. Walvoord, además de los autores de la serie de libros éxito de ventas *Dejados atrás*, Jerry B. Jenkins y Tim LaHaye.

DRAGÓN

Es uno de los tantos sobrenombres de Satanás: "Este gran dragón —la serpiente antigua llamada diablo o Satanás, el que engaña al mundo entero..." (Apocalipsis 12:9).

En los antiguos mitos de Medio Oriente —y en los primeros escritos judíos— los dragones y los monstruos marinos representaban el caos y el mal que intentaban detener a Dios para que no creara el mundo.

Los escritores de la Biblia recurrieron a este simbolismo para alabar el poder de Dios: "Tú dividiste el mar con tu poder; les rompiste la cabeza a los monstruos marinos" (Salmo 74:13 NVI).

FIN DE LOS TIEMPOS

En la Biblia, esto no suele aludir a los últimos pocos minutos, meses o años del mundo. Es lo que dicen la mayoría de los expertos en la Biblia. En cambio, se trata de la última etapa del plan de Dios para salvar a los seres humanos del pecado: la era que se inició con la llegada del Mesías. Hemos estado viviendo en el fin de los tiempos durante aproximadamente dos mil años. *(Ver "Fin de los tiempos: ¿qué significa?", página 127).*

ESCATOLOGÍA

Es el estudio de las enseñanzas de la Biblia sobre el fin del mundo.

La palabra *escatología* proviene del griego *eschatos*, que significa "último".

VIDA ETERNA

La Biblia enseña que la vida eterna ya ha comenzado para todos los que creen que Dios envió a Jesús al mundo para salvarlos de sus pecados.

"Les digo la verdad, todos los que escuchan mi mensaje y creen en Dios, quien me envió, tienen vida eterna. Nunca serán condenados por sus pecados, pues ya han pasado de la muerte a la vida" (Juan 5:24).

Incluso después de la muerte física, el espíritu continúa viviendo en un cuerpo nuevo y glorificado. Cómo será exactamente ese cuerpo es materia de debate. Algunos creen que será un cuerpo como el de Jesús

después de su resurrección: que se podrá reconocer, tocar y alimentar. Pero que también podrá aparecer y desaparecer repentinamente e incluso elevarse al cielo como hizo Jesús al ascender.

FALSO PROFETA

Cualquier profeta que simule hablar en nombre de Dios pero que no lo haga.

Juan del Apocalipsis dice que un falso profeta se aliará con la bestia.

"El falso profeta... hacía grandes milagros en nombre de la bestia; milagros que engañaban a todos los que habían aceptado la marca de la bestia y adorado a su estatua. Tanto la bestia como el falso profeta fueron lanzados vivos al lago de fuego que arde con azufre" (Apocalipsis 19:20).

Según algunos eruditos, este falso profeta representa a los líderes religiosos que cooperan con los romanos. Esto podría haber incluido a los sumos sacerdotes judíos. Roma los designó para ese alto cargo en el siglo de Juan.

GOG Y MAGOG

En la profecía de Ezequiel, Gog es un gobernante misterioso del igualmente misterioso reino de Magog. Junto con sus aliados, Gog ataca Israel pero es aniquilado.

En la visión de Juan que figura en el Apocalipsis, Gog y Magog es el nombre del ejército de coalición de Satanás. Dios también aniquila este ejército.

(Ver "Armagedón II", página 323).

INFIERNO

El lugar del castigo eterno para Satanás, sus demonios y las personas que rechazan a Dios.

La palabra *infierno* suele ser la traducción al español de la palabra griega *Gehenna*, que es una transliteración de un término hebreo que significa "valle de Hinón".

Es un valle que se encuentra justo afuera de las murallas de la ciudad de Jerusalén. Los judíos solían sacrificar personas en este valle en honor a sus ídolos. Como la idolatría es el mayor pecado que causó que Dios exiliara a los judíos de su tierra en el 586 a.C., pareciera ser que el valle se convirtió en un recordatorio de ese castigo y en un símbolo del juicio de Dios. Por ese motivo, los traductores de la Biblia utilizan la palabra *infierno* como traducción de *Gehenna*.

Los expertos en la Biblia disienten sobre cómo es el infierno e incluso acerca de si existe tal lugar. *(Ver "Teorías sobre el infierno", página 328).*

DÍA DEL JUICIO

Según la Biblia, en el fin del mundo Dios separará los malos de los buenos que han vivido. Como recompensa, permitirá que los buenos vivan con Él por siempre. Pero castigará a los malos. *(Ver "El día del juicio y el fin del mundo", página 326).*

Los expertos en la Biblia discrepan sobre la naturaleza del castigo. Para algunos, el infierno es un lugar literal de sufrimiento eterno. Según otros, se trata de lenguaje figurado que se utiliza para designar algo menos torturador. *(Ver "Infierno").*

LAGO DE FUEGO

Una de las tantas descripciones del lugar de castigo eterno de Satanás, sus demonios y las personas que rechazan a Dios.

"El diablo... fue lanzado al lago de fuego que arde con azufre, donde ya estaban la bestia y el falso profeta... Y todo el que no tenía su nombre registrado en el libro de la vida fue lanzado al lago de fuego" (Apocalipsis 20:10, 15).

(Ver "El lago de fuego", página 314, y también "Infierno").

MAGOG

Ver "Gog y Magog".

MARCA DE LA BESTIA

Es el número 666, "porque es el número de un ser humano" (Apocalipsis 13:18 TLA).

Según algunos eruditos que interpretan la historia romana a partir del Apocalipsis, este número es el nombre judío en clave para Nerón, el primer emperador romano que persiguió a los cristianos. En la antigüedad, las letras tenían equivalentes numéricos. Las letras del nombre y el título de Nerón que aparecían en las monedas romanas —*Nero Caesar*— suman 666. (Ver el cuadro de la página 276).

Los eruditos que interpretan el futuro a partir del Apocalipsis dicen que los números señalan a un gobernante que Juan denomina "la bestia"; un tirano del fin de los tiempos y espíritu afín a Nerón. Muchos identifican a esta bestia como el anticristo.

(Ver "Equipo de bestias", página 273).

MITAD DE LA TRIBULACIÓN

Ver "Tribulación".

MILENIO

Satanás permanece encerrado durante mil años mientras Jesús gobierna el mundo en paz (Apocalipsis 20:1–6).

Los eruditos tienen tres puntos de vista sobre el milenio:

Premilenio. Jesús regresará a la tierra antes del milenio y establecerá su reino mundial en Jerusalén.

Posmilenio. Los cristianos gobernarán el mundo durante una época de paz relativa; quizá se trate de mil años literales o solo de un largo período de tiempo. Jesús regresará después.

No hay milenio. No existe el milenio en forma literal. Actualmente vivimos en un milenio simbólico. Comenzó cuando Jesús venció a la muerte y salió del sepulcro. Jesús ya está reinando en el mundo por medio de la Iglesia, que transmite su mensaje de perdón y paz.

(Ver "El cielo en la tierra durante mil años; después, el fuego", página 317).

POSMILENIO

Ver "Milenio".

POSTRIBULACIÓN

Ver "Tribulación".

PREMILENIO

Ver "Milenio".

PRETERISMO

Esta palabra proviene del latín *praeter*, que significa "pasado". Al igual que el tiempo pasado.

Los eruditos de la Biblia que se denominan a sí mismos *preteristas* dicen que la mayor parte del Apocalipsis hace referencia al pasado: la destrucción de Jerusalén que llevó a cabo Roma en el 70 d.C. Señalan que Juan escribió el libro para alentar a los cristianos perseguidos en los tiempos romanos y así asegurarles que los romanos obtendrían el castigo que merecían y que el pueblo de Dios sería recompensado con la vida eterna.

PRETRIBULACIÓN

Ver "Tribulación".

PROFECÍA

Una *profecía* es un mensaje que Dios pide a alguien que transmita. En los tiempos bíblicos, este mensajero —un profeta— solía recibir el mensaje de Dios por medio de una visión o de un sueño. A veces recibía el mensaje de los ángeles o directamente de Dios.

PROFETA

Mientras que los sacerdotes de los tiempos bíblicos escuchaban los pedidos del pueblo y se los transmitían a Dios, los profetas hacían exactamente lo contrario. Escuchaban los pedidos, las advertencias y otros mensajes de Dios y se los transmitían al pueblo.

Estos profetas eran cuidadosamente escogidos por Dios. Algunos no querían el trabajo debido a las malas noticias que sabían que deberían transmitir. Moisés, Jeremías y Jonás se resistieron al pedido de Dios de servir como profetas.

(Ver "¿Qué es exactamente un profeta?", página 12).

ARREBATAMIENTO

Cuando Jesús regrese, todos los devotos —tanto los vivos como los muertos resucitados— serán quitados de la Tierra en lo que los cristianos llaman "el arrebatamiento".

> *Descenderá del cielo y los muertos en Cristo se levantarán; serán los primeros. Luego, el resto de nosotros que aún estemos vivos seremos atrapados en las nubes junto con ellos y nos encontraremos con el Maestro. ¡Caminaremos en el aire! Y allí habrá un gran reencuentro familiar con el Maestro.*
> I Tesalonicenses 4:16–18
> THE MESSAGE

Arrebatar significa "quitar". Proviene de un término griego que pareciera habernos brindado la palabra *arpón: harpaz. (Ver "Arponeados en el arrebatamiento", página 203).*

Los cristianos que prefieren el enfoque dispensacionalista para interpretar los dichos de la Biblia sobre el fin de los tiempos indican que el arrebatamiento será un acontecimiento secreto que sucederá antes de la Tribulación. De repente, todos los cristianos desaparecerán. Después de la Tribulación, dicen estos cristianos, Jesús regresará junto con los cristianos para gobernar el mundo durante mil años. Luego llegará el día del juicio seguido de la recompensa eterna para algunos y el castigo eterno para otros.

Según otros cristianos, el arrebatamiento y la segunda venida de Jesús son el mismo acontecimiento. Y las teorías acerca de cuándo sucederá abarcan desde antes de la Tribulación hasta después del milenio.

SEGUNDA VENIDA

Jesús dijo a sus seguidores que debía irse, pero que regresaría. "Cuando todo esté listo, volveré para llevarlos, para que siempre estén conmigo donde yo estoy" (Juan 14:3).

Los cristianos no se ponen de acuerdo acerca de cuándo regresará o cómo será su regreso.

Algunos opinan que será un acontecimiento en dos partes. Primero se producirá un arrebatamiento secreto —un arrebatamiento de los cristianos— y años después lo sucederá un regreso público y glorioso con todos los devotos que siempre vivieron.

Según otros, ambos acontecimientos sucederán al mismo tiempo.

Una vez que regrese Jesús, los devotos de todos los tiempos vivirán por siempre con Él.

SERAFÍN

Ver "Ángeles".

TRIBULACIÓN

Una época de sufrimiento extremo en la tierra. Juan, el escritor del Apocalipsis la llamó "la gran tribulación" (Apocalipsis 7:14).

Algunos creen que se trata del mismo acontecimiento que predijeron Jesús y el profeta Daniel.

- *Jesús:* "Habrá más angustia que en cualquier otro momento desde el principio del mundo. Y jamás habrá una angustia tan grande" (Mateo 24:21).
- *Daniel:* "Habrá un tiempo de angustia, como no lo hubo desde que existen las naciones" (Daniel 12:1).

Según una teoría formulada en el siglo XIX (dispensacionalismo), la Tribulación abarcará siete años, y el mayor sufrimiento ocurrirá durante los últimos tres años y medio. Muchos cristianos sufrirán el martirio.

Este período de siete años proviene de pasajes crípticos del libro de Daniel sobre un gobernante malvado del fin de los tiempos que hace algún tipo de acuerdo con el pueblo "por un período de un conjunto de siete [presuntamente siete años], pero al cumplirse la mitad de ese tiempo, pondrá fin a los sacrificios y a las ofrendas" (Daniel 9:27). Dicho de otro modo, prohibirá la adoración a Dios mediante lo que Daniel denomina un "punto culminante de todos sus terribles actos" (Daniel 9:27).

Muchos expertos en la Biblia opinan que el período de sufrimiento que mencionan Daniel, Jesús y Juan fue la destrucción de Jerusalén en el 70 d.C., cuando los romanos arrasaron con el Templo. El sistema de adoración sacrificial judío terminó ese día y nunca se ha restaurado.

Los expertos en la Biblia no se ponen de acuerdo en si Jesús regresará antes, durante o después de la Tribulación y, por consiguiente, sostienen tres puntos de vista:

Pretribulación. Jesús vendrá por segunda vez *antes* de la Tribulación.

Mitad de la Tribulación. Jesús regresa *durante* el transcurso de la Tribulación para llevarse a los creyentes. Luego volverá para juzgar al mundo.

Postribulación. Jesús vendrá por segunda vez *después* de la Tribulación.

VISIÓN

Las visiones y los sueños son dos de las formas más importantes en que Dios se comunicaba con los profetas —y a veces con otras personas—.

Los escritores de la Biblia solían usar la palabra *visión* como sinónimo de *sueño*; de esta manera, llamaban "visiones nocturnas" (Job 33:15) a los sueños.

Pero en otras historias, la palabra *visión* parece referirse a una experiencia durante un trance o incluso una experiencia extracorporal.

El profeta Eliseo utilizó el suave sonido de un arpa para inducir lo que parece ser un trance. Cuando un rey buscó la dirección de Dios, el profeta Eliseo respondió: "'Ahora, tráiganme a alguien que sepa tocar el arpa'. Mientras tocaban el arpa, el poder del SEÑOR vino sobre Eliseo" (2 Reyes 3:15).

(Ver "¿Cómo habló Dios a los profetas?", página 25).

ÍNDICE

CRÉDITOS

AR: Art Resource, NY
BA: Bill Aron
BAL: Bridgeman Art Library
BM: Bradley M. Miller
KA: Kris Andersen
BC: Biblioteca del Congreso
RAF/WM: Ricardo André Frantz, Wikimedia
SH: Sandra Hopp
SM: Stephen M. Miller
UC/F: Unitingchurches, Flickr
V/WM: Vassil, Wikimedia
VMV: Viktor Mikhailovich Vasnetsov
WM: Wikimedia

Portada
Moisés observando la Tierra Prometida, Frederic Edwin Church; Jesús en la cruz, José Manuel/WM/ artista: Diego Velázquez; explosión nuclear, ilustración fotográfica: Tobias Roetsch, www.gt-graphics.de

Sección introductoria
1, 3 explosión nuclear, ilustración fotográfica: Tobias Roetsch, www.gt-graphics.de **9** persona con turbante escribiendo, Théodore Chassériau; Saúl y el espíritu de Samuel, Nikolai Ge; Judas besando a Jesús, Pavel Popov; hombre y mujer sobre la tierra reseca, Pavel Popov; mujer ascendiendo, ilustración fotográfica: KA, fotógrafa modelo: Loopystock/fotografía del cielo: Mara-sky-stock; Biblia antigua, David Ball/WM **10** persona con turbante escribiendo, Théodore Chassériau

Sección 1: Las preguntas más frecuentes sobre los profetas
11 Saúl y el espíritu de Samuel, Nikolai Ge **12** Débora, oleografía de Kevin Rolly/kevissimo.com; Isaías, David Monniaux/WM/artista: Peter Paul Rubens; colegial judío con chal de oración, BC **16–17** Valle de Armagedón, Vadim Levinzon/Flickr; profeta con túnica blanca, BC; profetisa con túnica oscura, Grendelkhan/WM/artista: John William Godward; muchedumbre durante el Éxodo, David Roberts/ BC; hombre que representa a Israel, Erik Möller/WM; hombre que representa a Judá, Erik Möller/ WM; estatua asiria, BM; soldados con escudos, Megistias/WM; Jesús en la cruz, José Manuel/WM/ artista: Diego Velázquez; Jesús como profeta, Nicolai Pavlovich Shakhovskoy **18** mapa, Rani Calvo/ Servicio Geológico de Israel/imagen de profeta, BC/suministrada por SM **19** mapa, Rani Calvo/ Geological Service of Israel [Servicio Geológico de Israel]/imagen de profeta, BC/suministrada por SM **20** Abraham, Ib Rasmussen/WM; Amós y Daniel, Duccio di Buoninsegna **21** Ezequiel, Habacuc y Oseas, Duccio di Buoninsegna **22** retrato de Jesús, Jan Mehlich/WM/artista: Jacek Malczewski; Joel, Jonás, Malaquías y Miqueas, Duccio di Buoninsegna **23** Abdías, Zacarías y Sofonías, Duccio di Buoninsegna **24** sueño de la escalera al cielo de Jacob, Vasili Belyaev **29** Saúl y el espíritu de Samuel, Nikolai Ge **30** profetisa griega en el oráculo de Delfos, John Collier/Art Gallery of South Australia [Galería de Arte del Sur de Australia] **31** modelo en arcilla de un hígado de oveja, Trustees of the British Museum [Patronato del Museo Británico]; hígado real de oveja, Uwe Gille/WM; mapa de Delfos, Grecia, Christoph Hormann/globo, WorldSat/suministrado por SM; ruinas del templo de Apolo, Delfos, History/Flickr **32** profeta, Duccio di Buoninsegna **35** enfermedad cutánea, WM; trigo, Keith Weller/ Departamento de Agricultura de los Estados Unidos de Norteamérica; campo de batalla, ilustración compuesta por SM/artista del cielo: Victor Matorin/artista del campo de batalla: VMV; soldado asirio y exiliados, Erich Lessing/AR **36** velero sobre el río Nilo, Joaquin Granell/Flickr **37** mapa del río Nilo, NASA Worldwind/suministrado por SM **39** World Trade Center, Sean Adair/Reuters/Corbis; Nápoles, Alois Arnegger; **41** Tiro, Líbano, Jennifer Hayes/Flickr; Damasco, ZCU/WM **42** Prisma de Senaquerib, Trustees of the British Museum [Patronato del Museo Británico] **43** Crónicas de Babilonia y Cilindro de Ciro, Trustees of the British Museum [Patronato del Museo Británico]

Sección 2: Profecías para los judíos
44 Judas besando a Jesús, Pavel Popov **45** sacerdotisa del templo, Jan Mehlich/WM/artista: Jacek Malczewski **46** ídolos tallados en piedra, Instituto Oriental, Universidad de Chicago **47** Oseas, Duccio di Buoninsegna **48** Amós, Duccio di Buoninsegna **50–51** Templo de Salomón, Peter V. Bianchi/ National Geographic **52** Joel, Duccio di Buoninsegna **53** Túnel de Ezequías, Wendy L. Scott **54** Amós, Miqueas y Sofonías, Duccio di Buoninsegna **55** Jeremías, Rembrandt; Habacuc y Ezequiel, Duccio di Buoninsegna **56** Miqueas, Duccio di Buoninsegna **58** Sofonías, Duccio di Buoninsegna **59** guerrero asirio con león, ilustración fotográfica de SM/fotografía de la estatua: Samantha/fotografía del cielo:

Joaquim Alves Gaspar/WM **60** ruinas del templo de Baal, Marellaluca/Flickr; Baal, BM **61** Habacuc, Duccio di Buoninsegna **62** Jeremías, Rembrandt **63** leopardo, Liftarn/WM **66** Dios, Igor Kamenev **68** mutilación de prisioneros por parte de los asirios, Trustees of the British Museum [Patronato del Museo Británico] **69** Jonás, Duccio di Buoninsegna **71** Nahúm, Duccio di Buoninsegna **72** pintura de Nínive, colección Stapleton/Corbis **73** estatua de criatura asiria, Instituto Oriental,, Universidad de Chicago; foto aérea de las ruinas de Nínive, Servicio Geológico de Estados Unidos/suministrada por SM **74–75** Jardines Colgantes de Babilonia, Michael Rix, www.mxdesign.dk **78** Daniel, Duccio di Buoninsegna **79** Abdías, Duccio di Buoninsegna **80–81** mapas, Rani Calvo/Geological Service of Israel [Servicio Geológico de Israel]artista del funcionario asirio: Balage Balogh/suministrado por SM **82** espadachín asesinando a bebé, Raphael; árabes a caballo, John Singer Sargent; hombre con hacha, P. S. Sorokin; invasores elamitas, Théodore Chassériau; esclavitud egipcia, Edward Poynter **83** soldado etíope, Ludwig Deutsch; vidente moabita, Alexandre Golovin; grabado filisteo, Eric Lessing/AR; ídolo sentado, Instituto Oriental, Universidad de Chicago; sirio, Simone Martini **85** Job y los consoladores, Ilya Repin **86** Moisés observando la Tierra Prometida, Frederic Edwin Church **88** campamento junto al arroyo, Jose Alsina; rey de Babilonia observa escrito en muro, Rembrandt; niña tocando el pandero, BM; caravana de camellos, Leon Belly **89** personas orando, Fyodor Bronnikov; ciudad amurallada de Jerusalén, Leen Ritmeyer; hombre leyendo pergamino, Lawrence Alma-Tadema; esqueleto, Biblioteca Nacional de Medicina de Estados Unidos/artista: Jan Wandelaar/anatomista: Bernard Siegfried Albinus; oveja, Thomas Sidney Cooper **90** Guerreros persas, BM **91** Ezequiel, Duccio di Buoninsegna **92** Hageo, Duccio di Buoninsegna **93** Zacarías, Duccio di Buoninsegna **94** mapas, Tom Patterson, suministrados por SM; caravana de camellos, Leon Belly; rey persa en el trono, Roger Wood/Corbis **95** Malaquías, Duccio di Buoninsegna **98** ilustración digital de SM/fotógrafo: Bradley M. Miller/artistas: Frederic Edwin Church, Victor Matorin, Jacek Malczewski **100** recipiente con aceite de oliva, Photocuisine/Corbis **101** unción de un príncipe, Fedr Bronnikov **102** David tocando el arpa, Jan de Bray **104** moneda de la rebelión de Bar Kojba, Ingsoc/WM **105** rabino Sabbatai Zevi, BM **106** Judas besando a Jesús, Pavel Popov **107** María y el Niño Jesús, BM **108** Jesús predicando el Sermón del monte a niños, Ivan Makarov; Juan el Bautista señalando a Jesús, the Yorck Project/WM/artista: Alexander Andrejewitsch Iwanow **109** Jesús recibe el Espíritu Santo, Dave Zelenka/WM; Jesús montando un burro, Andreas Praefcke/WM; hombres con dinero, John Singleton Copley **110** Jesús en la cruz, Escarlati/WM/artista: Diego Velázquez **113** Solimán el Magnífico, Shakko/WM/artista: Tiziano; puerta oriental de Jerusalén cerrada, Maison Bonfils/BC **114** emperador Vespasiano, Shakko/WM

Sección 3: El final de algo, quizás del mundo

115 hombre y mujer sobre la tierra reseca, Pavel Popov **116** arca de Noé, MHM55/WM/artista: Edward Hicks **117** soldado asirio y exiliados, Erich Lessing/AR **118** personas corriendo, Karl Pavlovich Briulloff **119** hombre y mujer sobre la tierra reseca, Pavel Popov **121** Juan del Apocalipsis escribiendo una carta, Erik Möller/WM/artista: Diego Velázquez **123** rocío en una planta del desierto, Philippe Girolami/Flickr **125** Dios y el Espíritu Santo, Hendrick van Balen; plato con langosta y otros alimentos, Keith Weller/Departamento de Agricultura de los Estados Unidos; dolor por la muerte de Abel, William Bouguereau; cascada, David Iliff/WM **126** dragón de Babilonia, BM; arte con dragón rojo, Nick Deligaris, deligaris.com **128** Gengis Kan, Victor Matorin **130–131** mapa, Tom Patterson/soldado, Victor Matorin/globo, WorldSat/suministrado por SM **134** mapa, Rani Calvo/Geological Service of Israel [Servicio Geológico de Israel]/suministrado por SM; foto del valle de Jezreel, Vadim Levinzon/Flickr **135** F-22 Raptors, TSgt Ben Bloker/WM **136** pez, Jenny Huang/WM; mano, Departamento de Agricultura de los Estados Unidos/Walter Reed Army Institute of Research [Instituto de Investigación del Ejército Walter Reed]; ciclón, WM/NASA; granizo, National Radio Astronomy Observatory [Observatorio Radioastronómico Nacional], Hollis Dinwiddie; fuego, Balthazar/WM **137** ave, NASA; fogata, Eric Dufresne/WM; cráneo, Ian Goulden/Flickr; cementerio, Christi Hydeck, Flickr, www. createwithchristi.com **138** hombre orando en el Muro Occidental, Stefano Corso/Flickr **142** Cúpula de la Roca, PninaN/Flickr **143** roca interior de la Cúpula de la Roca, Colección de fotografías de G. Eric y Edith Matson/BC **144** Daniel en el foso de los leones, WM/artista: Peter Paul Rubens **147** moneda, Zev Radovan **150** ídolo sentado, Instituto Oriental, Universidad de Chicago; león rugiendo, Mats Carnmaker/Flickr; león tallado en piedra, Flickr; oso gruñendo, iStockphoto; casco medo-persa, Stewart Miller, http://flickr.com/photos/z00p/; guerrero persa, BM; Alexander Klink; leopardo, Edgar Thissen/Flickr; casco griego, Matthias Kabel/WM; soldado romano, Laith Majali/Deviantart; ojo de elefante, Alexander Klink/WM; carnero, John Haslam/WM; chivo peludo, Luke Bosworth/Flickr **154–155** cielo, VMV **156** casco griego, Matthias Kabel/WM; Jesús, Bender 235/WM/artista: Mihály Mukácsy; explosión nuclear, Pierre J./Flickr **157** ángel peleando con espada, ilustración fotográfica: Rick Blackwell, Rickbw1.devantart.com/foto modelo: Rineil Mandre, ahrum-stock.deviantart.com/alas: Alana Seibert, yana-stock.deviantart.com **159** mapa, Tom Patterson/Alejandro Magno, Mirjam Eslas Photography/

suministrado por SM **163** pintura de niño enfermo resucitado, Sergei Chikunchikov **164** Adán y Eva, Melanie B. Hyams, melaniehyams@hotmail.co.uk **166** escriba rabino, Bill Aron; **168** la tierra junto al sol, NASA/JPL-Caltech/R. Hurt (SSC) **169** meteoro impactando contra un planeta, Lifeboat Foundation; explosión nuclear, Pierre J./Flickr **170** mapa, Rani Calvo/Servicio Geológico de Israel/suministrado por SM **173** jinete sobre caballo rojo, ilustración fotográfica: Owl/Deviantart.com/jinete: Rodolfo Belloli/ cielo: Mathew Beeton **174–175** Jerusalén, Balage Balogh **178–179** agricultura en el desierto de Neguev, Richard T. Nowitz/Corbis **180** templo de Herodes, Balage Balogh **184** mapa, Rani Calvo/Geological Suvey of Israel [Servicio Geológico de Israel]/soldados romanos con escudos, David Friel/Flickr/soldados con catapulta y torre de asedio, Edward Poynter; Masada, Liz Leibman, wwwlizleibman.com/suministrado por SM **188** retrato de hombre del primer siglo, Erik Möller/WM **191** estatua de ángel con cuerno, Carolo Natale, Génova, Italia, www.flickr.com/photos/cienne/artista: Giulio Monteverde **192** hombre mirando hacia arriba, David Martin Anton **194** estatua de Jesús en Río de Janeiro, Olivier Petit/Flickr.com/photos/ iko **196** escena en el lecho de muerte, SM **199** modelo del rey Tutankamón, Consejo Supremo de Antigüedades de Egipto/Sociedad Geográfica Nacional; cabeza de la momia del rey Tutankamón, Mike Nelson/epa/Corbis **201** ilustración fotográfica: SH **202** san Agustín, Erik Möller/WM **204** día del juicio pintado en la capilla Sixtina, Alexander Z./WM/artista: Miguel Ángel

Sección 4: Final y un nuevo comienzo: el Apocalipsis

206 mujer ascendiendo (perfil), ilustración fotográfica: KA/fotografía de modelo: Loopystock/fotografía del cielo: Mara-sky-stock **208** monje en el monasterio de san Juan, Patmos, Manel Burgos/Flickr **209** vista aérea de la isla Patmos, Christoph Scholz/Flickr; escena de la isla Patmos, Marie Therese Magnan/ Flickr **210** mapa, Rani Calvo/Geological Survey of Israel [Servicio Geológico de Israel]/globo: Tom Patterson/ambos mapas suministrados por SM **212** Juan, Marie-Lan Nguyen/WM/artista: Jacob Jordaens **213** ruinas de Éfeso, Nejdet Düzen/Flickr **215** ruinas de Esmirna, Georges Jansoone/WM **217** altar de Pérgamo, Jan Mehlich/WM **218** bistec en una fuente, Jeremy Keith/WM **219** ruinas de Tiatira, Metin Canbalaban/WM **221** ruinas de Sardis, Burcu Akin/Flickr **223** ruinas de Filadelfia, Tan Tiang Keng/Flickr **225** aguas termales de Laodicea, Mila Zinkova/WM **226** Nerón, Ed Uthman/Flickr **227** Domiciano, Maia C/Flickr **228** escriba, Bill Aron; soldados romanos con escudos, Dave Nash/ Flickr; cráneo de *Tyrannosaurus rex*, David Monniaux/WM; león y cordero, DLILLC/Corbis; mujer ascendiendo (perfil), ilustración fotográfica: KA; retrato de mujer romana, V/WM **229** mujer ascendiendo, SH: Sandra Hopp, artistical-insanity.com/foto mujer: Tania y Diana Carvalho, stock-lunar. deviantart.com/foto cielo: gromitsend.deviantart.com/foto mar: stock.xchng/pincel 1: miss69-stock. deviantart.com/pincel 3: scully749l.deviantart.co; escriba, Bill Aron; jinete del Apocalipsis, VMV; león y cordero, DLILLC/Corbis; mujer ascendiendo (perfil), ilustración fotográfica: KA **231** ángel con seis alas con Juan, Alex Bakharev/WM/artista: Michail Alexandrowitsch Wrubel **232** Biblia, UC/F; retrato de mujer romana, V/WM; mujer ascendiendo, SH **235** pergamino atado y lacrado, Andy Crawford/Getty **236, 237** cuatro jinetes del Apocalipsis, VMV **238** retrato de mujer romana, V/WM; mujer ascendiendo, SH **239** retrato de mujer romana, V/WM; mujer ascendiendo, SH; jinete, VMV **240** retrato de mujer romana, V/WM; mujer ascendiendo, SH; jinete, VMV **241** retrato de mujer romana, V/WM; mujer ascendiendo, SH; jinete, VMV **242** mártires cristianos, Jean-Leon Gerome/BAL **243** Biblia, UC/F; retrato de mujer romana, V/WM; mujer ascendiendo, SH **244**, retrato de mujer romana, V/WM **245** estatua de Trajano, BM **246** terremoto de San Francisco de 1906, H. D. Chadwick/WM; mujer ascendiendo, SH **247** retrato de mujer romana, V/WM **248** mujer ascendiendo, SH **249** eclipse lunar, Dave Radel/Flickr; sol, SOHO/NASA/ESA; tierra, M. Jentoft-Nilsen, F. Hasler, D. Chesters (NASA/ Goddard), T. Nielsen (Universidad de Hawái); luna, Noodle snacks/WM **250** retrato de mujer romana, V/WM; mujer ascendiendo, SH **251** niña en las nubes, Mel Gama, melgama.com/Deviantart **252** ángel, Grassi Stefano, GrassiStefano.com **253** fuego, Petteri Sulone/WM; cometa, Philipp Salzgeber/WM **254** Biblia, UC/F; retrato de mujer romana, V/WM; mujer ascendiendo, SH **255** pescador, Gioacchino La Pira **256** retrato de mujer romana, V/WM **257** mujer ascendiendo, SH **259** hombre soplando el *shofar* o cuerno de carnero, Kristin Lindell **260**, retrato de mujer romana, V/WM **261** mujer ascendiendo, SH **262–263** mapa, Tom Patterson/soldados romanos, Dave Nash/Flickr/ helicóptero, J. T. Sikorsky/mapa suministrado por SM **265** niño con corona de espinas, oleografía de Kevin Rolly/kevissimo.com **267**, retrato de mujer romana, V/WM **268** mujer ascendiendo, SH **269**; Biblia, UC/F; retrato de mujer romana, V/WM **270** retrato de mujer romana, V/WM **271** ángeles peleando en el cielo, Giovanni Baglione **272** mujer ascendiendo, SH **272–273** galera de guerra romana, Sven Littkowski/Forum Navis Romana/Terra Romana; Navis.TerraRomana.org **274**, retrato de mujer romana, V/WM **275** moneda de Nerón, Natalia Bauer/Trustees of the British Museum [Patronato del Museo Británico]; fragmento del Apocalipsis, Ian W. Carter/WM **276** escritura hebrea, Wikimedia **278** mujer ascendiendo, SH; judíos ortodoxos, Isaac Asknazy **281** el anticristo y Satanás, Sandro Vannini/Corbis **282** el anticristo, ilustración fotográfica de Ivey Green/foto modelo: Luther Thomas, Irtphoto.50webs.com/foto fuego:

lucy-eth-stock.deviantart.com **284** guerreros tribales, Yuri Arsenyuk **285** retrato de mujer romana, V/WM **286** mujer ascendiendo, SH **288** explosión nuclear, ilustración fotográfica: Tobias Roetsch, www.gt-graphics.de **290** ángel, James Mellard/Flickr; sequía, Tomas Castelazo/WM; langosta, G. Eric y Edith Matson colección de fotografías/BC **291** retrato de mujer romana, V/WM **293** Biblia, UC/F; retrato de mujer romana, V/WM; mujer ascendiendo, SH **294** relieve de piedra de espadachín combatiendo con soldado romano, Erich Lessing/AR **295** mujer ascendiendo, SH **296** agua contaminada, Lowell Georgia/Corbis **297** soldados chinos desfilando, Fritz Hoffmann/Corbis **298–299** mapa, Tom Patterson/suministrado por SM **300** ruinas de Megido, Duby Tal/Albatross; mapa tridimensional del valle de Jezreel, Christoph Hormann/suministrado por SM **301** ilustración de la fortaleza de Megido, Balage Balogh; mapa del valle de Jezreel, Rani Calvo/Geological Service of Israel [Servicio Geológico de Israel]/suministrado por SM; sembradíos del valle de Jezreel, Duby Tal/Albatross **304** prostituta de Babilonia, Aundrea M. Anderson **306** modelo de Roma en el 325 d.C., André Caron **307** foto aérea de Roma, Oliver-Bonjoch/WM; modelo de Roma en el 400 a.C., Vanni/AR **309** Biblia, UC/F; retrato de mujer romana, V/WM; mujer ascendiendo, SH **310** Jesús sobre caballo blanco, Jessica Bader, http://janedoe87.deviantart.com/art/Mosaic-62885807 **312** Biblia, UC/F; retrato de mujer romana, V/WM; mujer ascendiendo, SH **313** retrato de mujer romana, V/WM; mujer ascendiendo, SH **315** *Libro de los muertos*, Trustees of the British Museum [Patronato del Museo Británico] **316** erupción, ilustración fotográfica de Catherine Thompson/foto erupción: Wolfgang Beyer/foto de hombre: Diana Ostrat, Mithgareiel.deviantart.com **318** Jesús en la cruz, Escarlati/WM/artista: Diego Velázquez; jinete sobre caballo amarillo, VMV; Jesús ascendiendo, RAF/WM; león y cordero, DLILLC/Corbis; Juicio Final, Hendrick van Balen **319** Jesús en la cruz, Escarlati/WM/artista: Diego Velázquez; león y cordero, DLILLC/Corbis; Jesús ascendiendo, RAF/WM; Juicio Final, Hendrick van Balen **320** asesino de dragones peleando con un dragón, Richard Kitner, Jr., renderosity/com/mod/gallery/browse.php?username=Forevermyt **321** Jesús ascendiendo, RAF/WM; león y cordero, DLILLC/Corbis **322** niños con velas, Nikolay Bogdanov-Belsky **323** Jesús ascendiendo, RAF/WM; león y cordero, DLILLC/Corbis **324** Biblia, UC/F; Jesús ascendiendo, RAF/WM; león y cordero, DLILLC/Corbis **325** Jesús ascendiendo, RAF/WM; león y cordero, DLILLC/Corbis **326** Jesús ascendiendo, RAF/WM; león y cordero, DLILLC/Corbis **327** Jesús ascendiendo, RAF/WM; león y cordero, DLILLC/Corbis **329** pintura de Jerusalén y del valle de Hinom, David Roberts/BC **330** niño nadando, Fendis/zefa/Corbis **331** Tierra versión 2.0, ilustración fotográfica: Tobias Roetsch, www.gt-graphics.de **332** Biblia, UC/F; Tierra versión 2.0, ilustración fotográfica: Tobias Roetsch, www.gt-graphics.de; cielo, Emrah Icten/Deviantart; iglesia, Aspenbreezes/Flickr **334** desconsuelo por el muerto, Vasily Perov **335** jaspe, Moon and Back Photography; zafiro, Daniel Torres, Jr./WM; ágata, Hannes Grobe/WM; esmeralda, Géry Parent/WM; ónix, fotógrafo y diseñador Janna C. www.jacjewelry.etsy.com; cornalina, Marie-Lan Nguyen/WM; crisólito, Géry Parent/WM; berilo, Géry Parent/WM; topacio, Géry Parent/WM; crisoprasa, Ra'ike/WM; jacinto, Vienna Gems/Flickr; amatista, Manfred Heyde/WM **336** cielo, Emrah Icten/Deviantart; Clemente de Roma, Erik Möller/WM; Melchor Hoffman, SM; William Miller, cortesía de The Jenks Memorial Collection of Adventual Materials, Universidad de Aurora **337** Hal Lindsey, Craig Fletcher; Jack Van Impe, SM **338** iglesia, Aspenbreezes/Flickr **341** diagrama de ciclo de vida del sol, WM; sol rojo, ESA/NASA/SOHO; diagrama del crecimiento del universo, NASA, ESA, y A. Feild (STScI) **342** Torre Eiffel, Alexandre Duret-Lutz **345** explosión nuclear, ilustración fotográfica: Tobias Roetsch, www.gt-graphics.de **348** estatua de ángel con cuerno, Carolo Natale, Génova, Italia, www.flickr.com/photos/cienne/artista: Giulio Monteverde **350** Babilonia, Balage Balogh **352** dragón, Nick Deligaris, deligaris.com **354** erupción, ilustración fotográfica de Catherine Thompson/foto erupción: Wolfgang Beyer/foto de hombre: Diana Ostrat, Mithgareiel.deviantart.com **356** mujer ascendiendo (perfil), ilustración fotográfica: KA/fotografía de modelo: Loopystock/fotografía del cielo: Mara-sky-stock **357** explosión nuclear, ilustración fotográfica: Tobias Roetsch, www.gt-graphics.de **359** explosión nuclear, ilustración fotográfica: Tobias Roetsch, www.gt-graphics.de

Contratapa
Guerreros persas, BM; ángel peleando con espada, ilustración fotográfica: Rick Blackwell, Rickbw1.devantart.com/foto modelo: Rineil Mandre, ahrum-stock.deviantart.com/alas: Alana Seibert, yana-stock.deviantart.com; mapa, Tom Patterson/suministrado por SM; río Nilo, Joaquim Granell/Flickr; retrato de Stephen M. Miller, SM

Barbour Publishing desea agradecer a estos artistas y a los titulares de los derechos de autor por autorizar la reproducción de sus imágenes. Hemos procurado obtener los permisos de publicación de todas las imágenes. Si inadvertidamente omitimos alguno, agradeceríamos que los titulares de los derechos de autor se contacten con nosotros.